日本経済
その成長と構造
【第3版】

中村隆英 著

東京大学出版会

The Japanese Economy:
Its Development and Structure (3rd ed.)

Takafusa NAKAMURA

University of Tokyo Press, 1993
ISBN 978-4-13-042042-6

目　　次

はじめに ……………………………………………………………… 3

第 I 部　長期成長過程の概観

第1章　成長と景気変動 ………………………………………… 9
1. 経済成長の数量的要約 ……………………………………… 9
2. 景気変動の趨勢 …………………………………………… 16
3. 資本ストックと労働力 …………………………………… 19
4. 通貨と物価 ………………………………………………… 23

第2章　産業構造と就業構造 …………………………………… 29
1. 産 業 構 造 ………………………………………………… 29
2. 農林業・在来産業と労働市場 …………………………… 33

第3章　海外と日本 …………………………………………… 39
1. 貿易と国際収支 …………………………………………… 39
2. 戦争・植民地・帝国主義 ………………………………… 45

第 II 部　近代日本経済の発展

第1章　明 治 維 新 …………………………………………… 53
1. 江戸時代の経済的達成 …………………………………… 53
　(1)人口・教育・生活 53　(2)農業と工業 57　(3)経済政策とインフレーション 60
2. 近代経済の出発 …………………………………………… 62
　(1)維新の制度改革と地租改正 62　(2)貨幣制度の確立 65

(3)新産業と会社制度 67　(4)殖産興業政策 70

第2章　産　業　化 …………………………………… 75

1. 導入技術とその変容 ………………………………… 75
2. 在来産業の展開 ……………………………………… 80
3. 産業化の担い手たち ………………………………… 86

第3章　戦間期——「動揺」を通じての発展—— ……… 93

1. 第1次世界大戦 ……………………………………… 93
2. 重化学工業化と都市化 ……………………………… 97
3. 戦後デフレーションと恐慌 ………………………… 101
4. 1920年代の経済構造 ………………………………… 104
　　(1)寡占体制 104　(2)「二重構造」の形成 108
5. 1930年代の成長 ……………………………………… 112
6. 1930年代の経済機構 ………………………………… 119

第4章　戦時経済——統制と崩壊—— …………………… 125

1. 戦時直接統制 ………………………………………… 125
2. 太平洋戦争 …………………………………………… 130
3. 被害と「遺産」 ……………………………………… 134

第5章　改革と復興 …………………………………… 139

1. 敗戦の衝撃 …………………………………………… 139
2. 経済民主化 …………………………………………… 140
　　(1)財閥解体 141　(2)農地改革 144　(3)労働民主化 145
3. 「復興」と「安定」 ………………………………… 147

目次 iii

  4. アメリカの政策転換とドッジ・ライン ………………………… 151

  5. 朝鮮戦争とサンフランシスコ講和 ……………………………… 156

第6章 高度成長 …………………………………………………………… 163

 1. 成長と景気変動の年代記 …………………………………………… 163

 2. 成長の国際的環境 …………………………………………………… 167

 3. 成長と国内的条件 …………………………………………………… 176

  (1)積極的な企業行動 176 (2)技術進歩 182 (3)経済政策と経済計画 189 (4)国民生活水準の向上と公害問題 196

第7章 国際化のなかの安定成長 ……………………………………… 207

 1. 高度成長がもたらしたもの ………………………………………… 207

  (1)日本の国際的地位 207 (2)金融引締めと「列島改造計画」210

 2. 高度成長の終り ……………………………………………………… 214

  (1)「ニクソン・ショック」214 (2)「石油危機」と「狂乱物価」220

 3. 成長体質からの脱皮過程 …………………………………………… 225

  (1)1970年代の国際環境 225 (2)「減量経営」228 (3)雇用情勢の悪化と生産性向上・省エネルギー 232 (4)産業構造の転換 234

 4. 第2次石油危機と財政再建 ………………………………………… 238

  (1)第2次石油危機への対応 238 (2)財政再建 243

 5. 自由化と国際化 ……………………………………………………… 245

  (1)金融の自由化と国際化 245 (2)レーガノミックスと日本 247

 6. 円高以後の新局面 …………………………………………………… 251

  (1)プラザ合意 251 (2)円高不況から好況へ 254 (3)通貨膨脹の帰結 261

第 III 部　現代経済の構造

第 1 章　成長の機構と政策 …………………………………… 269

  1. 成長のメカニズム …………………………………… 269
  2. 重化学工業化 ………………………………………… 275
  3. 財政政策の機能 ……………………………………… 279
  4. 金融の機構と政策 …………………………………… 288

    (1)金融制度の再編成 288　(2)金融政策の機能と運用 290

第 2 章　労働市場・中小企業・農業
　　　　——「二重構造」の生成と解消—— ……………… 295

  1. 就業構成と労働力需給 ……………………………… 295
  2. 労働市場と賃金構成 ………………………………… 299
  3. 中小企業の問題性 …………………………………… 308

    (1)中小企業と「二重構造」論 308　(2)付加価値生産性格差の分析 314　(3)中小企業の多様性と規模移動・出生・死亡 317　(4)中小企業の存立条件　319

  4. 戦後の農業の変貌 …………………………………… 324

む す び ………………………………………………………… 333

  1. バブルの崩壊 ………………………………………… 333
  2. 世界のなかの日本 …………………………………… 335

第 3 版あとがき …………………………………………………… 337
初版あとがき ……………………………………………………… 339
図 表 一 覧 ………………………………………………………… 341
索　　　引 ………………………………………………………… 347

日本経済 その成長と構造

はじめに

　「日本経済論」のねらいは，日本経済の発展とその内包するメカニズムについて，基本的な知識を要約し，その基礎に立って，現在および将来の日本経済の諸問題について考察し，分析しうる条件を整えることにある，と私は考えている．それは歴史的な分析と，現状分析の寄せ集めではなく，歴史的過程をふまえた現状の理解でなくてはならない．本書は長期成長過程の要約と，歴史的分析と，現代の構造分析の三部から成るけれども，歴史の部分も，独立した歴史叙述としてではなく，現状との関連で——少なくとも戦後日本の諸問題との連繋を念頭において構成したつもりである．叙述の密度が現代に近づくほど濃くなっているのはそのためである．

　したがって，歴史的事実を取扱うさいにも，できる限り，現代の社会と経済の分析に対応するような，マクロの統計数字の推移を骨格とし，必要に応じて歴史的事実をちりばめてゆくという方法をとろうと考えた．戦前から現代までを通じて，日本の経済・社会のなかにおいて変らなかった部分と変った部分を対比すること，あるいは日本の経済・社会の一般的メカニズムを抽出し，それが現状にどのように生きているかをはっきりさせ，将来を考えるための素材とすることが，この書物のモティーフである．重要と思われる問題でも，以上の問題意識に照らして大胆に取捨選択を行った．ふれられていない問題がたくさんあるが，それは以上のような判断の結果である．

　経済の分析である以上，それは経済学の理論をふまえていなくてはならない．といっても，深遠難解な議論ではなく，ごく単純な古典派の原理と，マクロ経済学の初歩とが本書の基礎に流れている．経済現象は，たとえば戦時の場合のように，短期的，局部的な逸脱はありえても，長期的，大局的には経済の原則から遊離したままではありえないからである．経済原則は，過去においても表面的には全くちがった状況のもとで貫かれてきたし，これからも貫かれてゆく

であろう．それを確認することが，上記した本書のモティーフの理論的な含みである．

　ただし，次のことをつけ加えておきたい．経済過程は経済の論理だけによって説明しつくされうるものではない．政治や思想など一切の社会的現象が経済的な理由によって規定されると考える立場は一面的といわなくてはならない．経済がそれらを動かすことがあることは当然としても，逆に政治や思想や世論やらが経済を動かし，現実の経済が経済の論理からは導きえない方向に突き進んでしまうことがあった．日中戦争から太平洋戦争にかけての事態はまさにその好例であった．逆に戦後の過程は，広い意味で経済が政治をリードした事例といえるであろう．本書において，ときに政治や思想にふれるところがあるのはそのためである．

　経済の歴史的な考察についての私見をとりまとめておくことにしよう．歴史はその著者の関心の過去に対する投影とみることができる．E.H.カーはいう．「歴史とは現在の歴史家と過去の事実との間の相互作用の過程である，対話である」．「歴史家は一人の個人であります．それと同時に，他の多くの個人と同様，彼もまた一個の社会的現象であって，彼の属する社会の産物であると同時に，その社会の意識的あるいは無意識的なスポークスマンであって，こういう資格において，彼は歴史的過去の事実に近づいて行くのです」（以上，清水幾太郎訳『歴史とは何か』岩波新書，1962，pp.47-48）．もっともカーはいそいでつけ加える．「過去に対する歴史家のヴィジョンが現在の諸問題に対する洞察に照らされてこそ，偉大な歴史は書かれるのです」（同書 p.50）．

　幕末から現代に至る日本経済史は数多く書かれているが，それらの大部分はマルクス理論に立脚するものであり，その源流を昭和初年に行われた「日本資本主義論争」に発している*．論敵となった「講座派」と「労農派」とは，コミンテルンの立場に立つか，独立に自らの革命路線を歩むかで対立した．しかし第1次大戦後の不安な社会・経済情勢の中で，農民は窮乏し，失業者は巷にあふれ，資本主義経済体制は破局（一般的危機—スターリン）下にある，という認識をともにしていた．「理想の社会主義社会」がソ連において形成されたという確信が若いマルクシストたちの胸をふくらませたのである．論争の焦点は

日本の資本主義が，欧米とくにイギリスのそれのような形をとりえないのは，半封建的な地主制を「基柢」とする特殊な資本主義だからだという考え方に立つ（講座派）か，資本主義一般の発展法則に日本も従っているので「特殊性」は次第に「一般性」に解消しつつあるという視点に立つ（労農派）かであった．これによって革命のための戦略が，いったんブルジョア革命を行ったのち社会主義革命に転化せしめるか（二段階革命論―講座派），一挙に社会主義革命を行うか（一段階革命論―労農派）の政治路線の対立を内包していたために，譲りえない対立をひきおこしたのである．故宇野弘蔵の「三段階」論は，マルクスの理論を性急につぎはぎして日本の現実に結びつけようとする「論争」に対する，冷静な反省の中から生れたものと見てよいであろう（中村「日本資本主義論争について」『思想』1976 年 6 月，中村『明治大正期の経済』東京大学出版会，1985，所収）．

* 論争の内容についてくわしくは小山弘健『日本資本主義論争史 上』（青木文庫，1953），大内力『日本経済論 上』（東京大学出版会，1965）などをみられたい．前者は「講座派」，後者は宇野理論をとり入れた「労農派」の立場を代表する．

「論争」はカーのいうように「彼の属する社会の意識的なスポークスマン」たちによってたたかわされ，1930 年代の世界恐慌下の日本を反映するかのように，レーニンの『ロシアにおける資本主義の発達』よりもはるかに暗く救いがたい『日本資本主義の発達』のイメージが作られたのであった．あえていえば，戦後の経済成長をへた 50 年後の日本でも論争の系譜をうけつぐ経済学者たちが，いまなおそのシェーマのもとでの実証に安んじているのは，少なくとも，歴史を伝統的な学派の枠のなかでしか見ていないからだと私には考えられる．

他方，戦後，アメリカを中心に発展した日本の近代史の方法は，後進国であり，西欧の文化とは全く異質の土壌に育った日本が，19 世紀後半以来の約百年の間に，政治的，経済的，社会的に急激な進歩を示し，「大国」の一つに数えられるようになった理由は何か，を問うことをその問題意識としていた．それは，広い意味での「西欧化」（ウエスターナイゼーション）の過程である．「近代化」（モダナイゼーション）論とは，その過程の分析の意味である．しかし，それは上記のような問題意識から生れた

分析の意味にすぎない．本書もその意味では経済の角度からみた「近代化」論の範囲に属するといいうるであろう．

「日本経済論」にもどろう．私たちは「彼の属する社会の意識的なスポークスマン」であることを避けるべきではないであろう．私は現代にいたるまでの戦後の経済成長とその屈折という現実のなかから過去をふりかえり，現代を過去からの連続とそれからの変容という形でとらえる作業が「日本経済論」だと考える．過去を現状からの類推で好き勝手にデフォルメしていいということではない．「論争」と「論争」以前からの文献から学ぶべきことはもちろん多い．また1950年代以後，マクロ経済学の立場から明治以来の——最近では江戸時代にさかのぼって——データを再構成して長期統計を整備しようとする努力が，忍耐強く進められてきた．そうした手法とデータを利用して，明治以来の経済発展の事実を再構成してみることが，そして歴史的な事実がいかに現代に継承されているか，失われたか，あるいは変化したかをはっきりさせることが本書のねらいである．本書の第Ⅲ部はそのようなねらいのもとに，太平洋戦争後の経済構造の変化を要約することを目的としている．

日本経済のそのような意味での歴史的な把握が本書の主題であった．ところが，戦後の高度成長の時代は1960年代をもって終りを告げ，70年代からは新しい時代がはじまった．円切上げ，インフレーション，その後の停滞をへて，日本経済はより低い成長に適応する体質に移行した．明治以来百年余の努力の結果，日本は少なくとも経済の面で西欧の水準を超えるに至った．しかし，その達成とともに新しい時代が訪れたのである．第3版においては第Ⅱ部第7章に80年代の過程をとりあげ，「むすび」において90年代への展望をこころみることにした．

今後においても，日本経済は過去から受けついだ構造を完全に棄て去ることはできないのではなかろうか．はげしい変化の底には戦前以来の潮流が静かに流れているのではないだろうか．本書がそのような問題の解明の手がかりになれば，著者にとってこの上の喜びはない．

第I部 長期成長過程の概観

第1章　成長と景気変動

　第2次大戦後，日本においては，明治以来の高い成長が再認識されるようになった．研究の進展の契機となったのは，大川一司を中心とする一橋大学経済研究所グループの手で『長期経済統計』全14巻（東洋経済新報社，以下LTESと略称.）と題する国民経済計算の推計作業が完成したのをはじめ，各方面の地道な推計作業が実を結んで長期的な経済発展が数量的に大観できるようになったことである．明治以来の経済成長率はかなり高いものであったことが確認され，それとともに，経済発展のメカニズムを機能的に解明する試みが行われるようになってきた．この章ではこれらのデータに依拠しつつ明治以来の経済発展のあとをたどって一般的なイメージを作りあげることにしよう．

1. 経済成長の数量的要約

　明治時代における日本の経済成長率は3％内外，正確には3.5％と2.5％の間にあった．このようなややあいまいな表現しかできないのは，大川一司を中心とする研究グループのかつての研究では3％以上の実質GNP成長率が示されていたのに，最近の研究ではそれが2.5％程度に下がっているからである（第1表）．私は旧著に明治期の成長率を3.6％と計算したが，新推計はそれよりも3分の1ほど低くなっている*．こうした食い違いが生ずるのは，明治期，とくにその前期の数字が乏しく，かつ精度も低いために，GNPやそのデフレータの推計のためには，多くの仮定を置かざるをえず，仮定の置きかたによって結果に大きな影響が生ずるためである．長い期間にわたる歴史的な統計数字を整備する仕事は「長期経済統計」ないし「歴　史　統　計」とよばれ，（ヒストリカル・スタティスティックス）
経済史や経済発展の研究の上で基本的な重要性をもっている．同時に基礎資料の制約のために結果が大きく変動するので，使用上細心の注意を要することは，

第1表　各国成長率の比較
(A：1870–1913年，B：1913–1938年，%)

	総額		人口1人当り	
	A	B	A	B
アメリカ	4.6*	1.1	2.5	0.6
イギリス	2.1	0.7	0.9	0.4
ド イ ツ	2.7	1.8	1.6	1.1
イタリア	1.5	1.7	0.9	0.9
デンマーク	3.2	1.9	2.2	0.6
ノルウェー	2.2	3.0	1.5	2.3
スウェーデン	3.0	2.4	2.3	1.9
日　　本	3.6**	4.6	2.5	3.6
	2.4***	3.9	1.3	2.6

1) アメリカは Dept. of Commerce, *Historical Statistics of the United State*, 1976. ヨーロッパ各国は B. R. Mitchell, *European Historical Statistics, 1750–1970*, Macmillan, 1975 による．
2) ＊は1869–78年平均から1913年までの平均．日本は1887–1913年の数字．
3) ＊＊は一橋大学経済研究所グループの原数字の無修正の合計による推計（拙著『戦前期日本経済成長の分析』岩波書店，1971）．
4) ＊＊＊は大川一司による修正推計の結果（『国民所得』LTES 1）．

この事実から理解されうるであろう．以下には大川推計に従って議論を進める．

＊　大川一司らによる新しい推計が行われた結果，成長率が著しく低下するに至ったのは主として次の理由による．新しい推計の結果，(1)明治初期における第3次産業の純生産額が増加したこと，(2)明治初期以来の物価上昇率が大きくなったこと，とくに(2)の要因が大きかったと大川はのべている．その結果は第2表に示すように第3次産業の実質純生産が増加して，成長率が低下したのであった．この結果について，私は名目額でみても明治初期の第3次産業生産が過大なのではないかという疑問をもっている．1890年当時の有業人口構成によれば，農林業人口は65%，その他は35%であった（梅村又次『労働力』LTES 2）．第3次産業に多数の兼業人口が存在したにしても，これと所得構成とはやや不均衡なのではないであろうか．
　　また，農業の成長率については，ジェームズ・ナカムラによる指摘がある．ナカムラによれば，明治初年の農業生産の統計が過小であるために，それ以後明治中期にほぼ妥当な水準に修正されるまでの間の農業生産の成長率は高めにあらわれる．明治初年の農業生産の公式数字によれば，国民1人当りの摂取栄養量は1350キロカロリーにしか当らなかったことになる．ナカムラは，明治初年において国民1人当りの摂取栄養量が1600キロカロリーだったと仮定して，初期の生産水準を引き

第 2 表 新推計と旧推計の比較　　（百万円）

名目額		農業	鉱工業	第3次産業	純国民生産
1888-92	旧	432 (53.4)	129 (16.0)	247 (30.6)	808 (100)
	新	392 (41.5)	120 (12.7)	432 (45.7)	944 (100)
1932-36	旧	2,757 (19.0)	4,291 (29.6)	7,435 (51.3)	14,483 (100)
	新	2,718 (17.6)	4,261 (27.6)	8,491 (54.9)	15,470 (100)
実質額（1934-36年平均価格）					
1888-92	旧	1,185 (53.0)	367 (16.4)	684 (30.6)	2,236 (100)
	新	1,676 (36.4)	358 (7.8)	2,563 (55.8)	4,597 (100)
1932-36	旧	2,870 (19.0)	4,459 (29.6)	7,754 (51.4)	15,083 (100)
	新	2,931 (18.2)	4,330 (27.0)	8,781 (54.7)	16,042 (100)

大川一司他『国民所得』（LTES 1）p.65.
カッコ内は構成比.

上げた上で1920年までの農業生産指数を計算すれば，成長率は1％に下がると指摘し，この修正を行うと実質GNP成長率も2.8％に低下する，従来の成長率推計は高すぎないかと批判した．ただしナカムラは，たとえば初期には麦・雑穀の生産が多かったのが米に切りかえられていったことなどにともなう生産増加を無視しているので，成長率を過小に評価しているうらみがある．しかし，それが従来の成長率を引き下げる方向に推計の改訂を行わしめる有力な動機となったかもしれない（J. ナカムラ，宮本又郎他訳『日本の経済発展と農業』東洋経済新報社，1969）．

第3表，第4表は1885年から1990年までの105年間の国民総支出の推計の要約であるが，これによって，経済成長の時期的な変動について考えておこう．まず名目額統計によって，GNPの構成比をみると，1910年代までは，個人消費が75％前後，政府消費が6-8％，設備投資は12％から次第に比重を高めて20％に近づいてゆく．その中での政府の投資（I_g）の比重が次第に高まってゆくことは，道路・港湾・鉄道などの公共投資が活発化したことを物語っていて，経済成長の基礎条件が次第に整備されていった事実を示している．貿易をみると初期は輸出が6％台であったが，次第に上昇して明治中期から1930

第3表 名目国民総支出の推移（5年移動平均値とその構成比）

	実　　　額（百万円）						構　成　比（％）						
	国民総支出 Y	個人消費支出 C	政府経常支出 C_g	国内総固定資本形成 I_f	在庫品増加 I_i	輸出 E	（控除）輸入 M	$\dfrac{C}{Y}$	$\dfrac{C_g}{Y}$	$\dfrac{I_f}{Y}$	$\dfrac{I_i}{Y}$	$\dfrac{E}{Y}$	（控除）$\dfrac{M}{Y}$	I_f 中の政府資本形成の比率
	百　　万　　円							％						
1885	808	649	62	99	—	52	54	80.3	7.6	12.3	—	6.4	6.6	19.9
90	1,028	818	64	148	—	82	84	79.6	6.2	14.4	—	7.9	8.2	18.0
95	1,542	1,198	113	268	—	140	179	77.7	7.4	17.4	—	9.1	11.6	22.6
1900	2,389	1,876	173	381	—	272	314	78.5	7.3	16.0	—	11.4	13.1	34.3
05	3,171	2,348	447	484	—	462	571	74.1	14.1	15.3	—	14.6	18.0	31.2
10	4,142	3,137	348	733	—	596	672	75.7	8.4	17.7	—	14.4	16.2	36.0
15	5,896	4,139	368	1,062	—	1,330	1,003	70.2	6.2	18.0	—	22.6	17.0	27.2
20	14,729	10,629	973	3,016	—	2,739	2,627	72.2	6.6	20.5	—	18.6	17.8	30.6
25	15,766	12,237	1,190	2,737	—	2,817	3,215	77.6	7.5	17.4	—	17.9	20.4	41.2
30	14,886	10,880	1,655	2,371	—	2,663	2,683	73.1	11.1	15.9	—	17.9	18.0	46.0
35	18,552	12,813	2,192	3,604	—	4,162	4,219	69.0	11.8	19.4	—	22.4	22.7	42.7
40	37,199	21,352	4,389	11,606	—	7,403	7,588	57.4	11.8	31.2	—	19.9	20.4	46.4
	（十　億　円）													
1945	417.0	291.9	36.7	79.6	25.9	7.5	24.6	70.0	8.8	19.1	6.2	1.8	5.9	37.6
50	4,548	2,782	491	869	368	482	455	61.2	10.8	19.1	8.1	10.6	10.0	27.5
55	8,662	5,629	833	1,934	319	1,030	1,083	64.9	9.6	22.3	3.7	11.9	12.5	31.2
60	16,388	9,702	1,330	4,823	528	1,725	1,720	59.2	8.1	29.4	3.2	10.5	10.5	26.1
65	33,995	19,717	2,715	10,584	887	3,486	3,397	58.0	8.0	31.0	2.6	10.3	10.0	27.6
70	72,214	38,747	5,581	24,842	1,803	8,178	6,922	53.7	7.7	34.4	2.5	11.3	9.6	25.2
75	149,327	84,169	14,225	48,739	1,626	20,247	19,679	56.4	9.5	32.6	1.1	13.6	13.2	27.8
80	238,897	140,031	23,438	73,356	1,413	34,802	34,142	58.6	9.8	30.7	0.6	14.6	14.3	30.9
85	318,200	187,526	30,699	88,128	1,138	46,565	35,856	58.9	9.7	27.7	0.4	14.6	11.3	26.0
90	414,400	236,226	37,737	128,572	2,724	58,927	49,782	57.0	9.1	31.0	0.0	14.2	12.0	21.3

1) データは，表示された年を中心とする5年間の，たとえば1890年は1888-92年の平均．1945年の数字はえられないので，1943，44，46，47年の4年平均．1990年の数字は1988-91年の平均．
2) 原資料は1885-1940年は大川一司他編『国民所得』，1940-55年は経済企画庁の旧推計を利用した溝口敏行，野島教之の推計．1992年日本統計学会における報告「1940-55年における日本の国民経済計算の吟味」による．
3) 1940年までは暦年，1945，50年は年度．
4) 1955年以降は経済企画庁経済研究所国民所得部の新SNA方式による『長期遡及主要系列国民経済計算報告（昭和30-平成元年）』および『国民経済計算（平成4年版）』による．
5) 1940-55年の各項目は，経済企画庁の旧推計の構成比をGNEに乗じた暫定推計．

年代まで15―20％となっている．需要に占める輸出市場の重要性が理解されるであろう．また，1905年には政府投資，政府消費の比重が異常に高かったが，ここに日露戦争に備えての軍備拡張と巨大な戦費が反映され，それが経済成長を抑制した事実が見出される．

太平洋戦争後になると，1930年代からみられた消費率の低下と投資率の上昇の傾向が一層はっきりする．それは高い投資による生産能力の拡大と，それによる所得の増加が先行し，勤労者（消費者）への分配がその後におこるとい

第 1 章 成長と景気変動

第 4 表 実質国民総支出の推移

(5 年移動平均値とその構成比,1934-36 年価格)

	実　　額（百万円）						構　成　比（％）					
	国民総支出 Y	個人消費支出 C	政府経常支出 C_g	総固定資本形成 I_f	在庫品増加 I_j	輸出 E	(控除)輸入 M	$\dfrac{C}{Y}$	$\dfrac{C_g}{Y}$	$\dfrac{I_f}{Y}$	$\dfrac{I_j}{Y}$	$\dfrac{E}{Y}$	(控除)$\dfrac{M}{Y}$
1885	4,092	3,505	305	356		77	151	85.7	7.4	8.7		1.9	3.7
90	4,747	4,112	306	446		114	230	86.6	6.4	9.4		2.4	4.9
95	5,592	4,774	478	612		160	433	85.4	8.5	10.9		2.9	7.7
1900	6,256	5,326	524	716		271	581	85.1	8.4	11.4		4.3	9.3
05	6,793	5,418	1,116	793		386	919	79.8	16.4	11.7		5.7	13.5
10	7,645	6,183	756	1,166		563	1,023	80.9	9.9	15.3		7.4	13.4
15	8,777	6,911	730	1,319		1,080	1,263	78.7	8.3	15.0		12.3	14.4
20	11,562	8,808	999	2,364		1,259	1,869	76.2	8.6	20.5		10.9	16.2
25	12,110	10,269	1,118	2,179		1,411	2,867	84.7	9.2	18.0		11.7	23.6
30	13,958	11,065	1,685	2,360		2,210	3,362	79.3	12.1	16.9		15.8	24.1
35	18,105	12,698	2,184	3,352		3,924	4,053	70.1	12.1	18.5		21.7	22.4
40	31,392	18,072	3,756	9,832		6,258	6,426	57.4	11.9	31.2		19.9	20.4
	(十億円：1985 年価格表示)												
1940	37,876	17,763	9,772	8,105	2,310	8,332	8,371	46.9	25.8	21.4	6.1	22.0	22.1
45	30,240	13,457	7,651	7,409	2,328	2,449	3,114	44.5	25.3	24.5	7.7	8.1	10.3
50	30,296	18,814	3,363	5,756	2,393	2,696	2,727	62.1	11.1	19.0	7.9	8.9	9.0
55	43,561	28,848	8,938	6,330	526	2,048	3,129	66.2	20.5	14.5	1.2	4.7	7.2
60	65,441	43,008	10,487	13,268	988	3,225	5,534	65.7	16.0	20.3	1.5	4.9	8.5
65	103,325	66,272	13,576	26,359	1,486	6,190	10,558	64.1	13.1	25.5	1.4	6.0	10.2
70	167,546	100,929	16,736	53,645	2,993	13,749	20,506	60.2	10.0	32.0	1.8	8.2	12.2
75	216,699	133,394	21,437	67,827	2,325	23,245	31,529	61.6	9.9	31.3	1.1	10.7	14.5
80	265,806	161,751	26,696	78,728	1,460	35,198	38,026	60.9	10.0	29.6	0.6	13.2	14.3
85	318,922	189,462	30,832	89,001	1,184	49,018	40,571	59.4	9.7	27.9	0.4	15.4	12.7
90	393,491	227,120	33,919	128,038	3,121	68,065	66,772	57.7	8.6	32.5	0.8	17.3	17.0

1)-3) は前表に同じ.
4) 1985 年価格への換算(試算)の方法は次の通り.1954 年までは経済企画庁の旧旧推計(1930-64 年)の実質額(1934-36 年価格表示)をベースとして使用.53 年以降については,経済企画庁旧旧推計の実質額を経済企画庁の1985 年基準の実質額に接続し,その倍率を旧旧推計の各年の値に乗じて換算した.
5) 1940-50 年の構成比は,経済企画庁の旧旧推計の比率.

うメカニズム(第Ⅲ部第 1 章参照)の反映であったと見ることができよう.

　実質額についての構成比を名目額に比べると,全体の傾向はほぼ変らないが,消費や財政消費はつねに高く,投資や輸出は初期には低く後になると高くなるというような傾向的なちがいがあることに気づく.それは当然,実質化するために用いられる物価指数(デフレータ)の差,すなわち物価体系の長期的変化の結果である.その点についてもくわしくは後述(29－32 ページ)するのでここではふれない.しかし実質額の問題で考えてみたいのは,実質 GNE とその諸要素,農業,鉱工業生産などの成長率の時代的変化の問題である.

便宜上，明治以来の戦前の時期を，1874年，1885年，1900年，1915年，1930年，1940年の6つの時点で区切り，戦後を敗戦直後の1946年，1955年，1970年，1975年，1991年の5時点で区切る．データの制約のためもあるが，同時に，いくつかの意味で日本の経済発展の上で有意義な時期をえらんだ区切り方のつもりである．すなわち，1874（明治7）年は，維新直後の時期を代表し，かつ明治期の基本統計である明治7年「物産表」によって，各種の生産や消費の推計がはじめて可能になる年次である．1885（明治18）年は西南戦争後のインフレーションを収束して通貨制度の確立をはかった松方デフレーション（1881―85年）最後の時期であり，近代産業が発展の緒につく出発点である．1900（明治33）年は近代産業がほぼ成立し，日清戦争の賠償金を基礎に金本位制度が採用され，資本主義経済ができあがった時期である．1915（大正4）年は明治期の経済発展の帰結を示す時期であるとともに，第1次大戦中のブームの直前であり，電気事業，化学・金属・機械工業など重化学工業化の前夜にあたる．1930（昭和5）年はいうまでもなく世界恐慌と，金解禁にともなうデフレーションの谷底の時期であり，明治大正以来の資本主義経済の転換の時期にあたる．そして1940（昭和15）年はすでに日中戦争が勃発していたが，1930年代の成長をふまえた戦前の経済発展の頂点に相当し，また，戦時の重化学工業化が急速に進行していた時点である．敗戦直後の1946（昭和21）年は戦争による経済の崩壊の谷に当る時点であり，1955（昭和30）年は朝鮮戦争をへて復興がほぼ終り，技術革新と成長の時代の出発点である．1970（昭和45）年は，高度成長の時代の終りを示す．この年から75年までには71年の「ニクソン・ショック」と円切り上げ，72年以後のインフレーション，73―74年の石油危機と劇的な事件が相接して発生し，高度成長の屈折がついに現実化したのであった．1991（平成3）年は二度にわたる石油危機を乗り切ったあとの調整期と，1985（昭和60）年以後の円高のもとでの成長が一段落した最近の時点である．

　以上を念頭におきつつ第5表をみよう．この数字からは戦前においては長期的にみてほぼ3％前後の成長がつづいたこと，第1次大戦までは輸出入の成長がともに著しく，いわゆる加工貿易の形態がすでに成立しかかっていたこと，逆に財政支出の伸びが第1次大戦後に大きくなったことなどがただちに読みと

第5表　GNE の諸要素と農業鉱工業生産の成長率　（年率％）

	GNP	C	C_g	I_f	E	M	農業生産指数	工業生産指数
1874- 85	—	—	—	—	—	—	1.2	3.3
1885-1900	3.1	3.1	4.4	5.7	7.4	11.6	1.1	5.6
1900- 15	2.1	1.8	2.4	5.3	7.4	4.7	2.7	4.5
1915- 30	2.8	3.2	4.4	3.6	3.1	6.9	1.0	4.8
1930- 40	5.3	2.3	8.6	12.5	7.6	5.5	1.1	9.0
1946- 55	7.9	9.3	11.1	7.8	38.5	20.6	3.9	21.3
1955- 75	8.7	8.2	4.5	13.2	13.0	12.7	2.2	10.8
1975- 91	4.1	3.6	3.1	4.5	7.3	5.2	0.4	4.3
1885- 40	2.9	2.6	4.6	4.7	6.4	6.4	1.6	5.3
1946- 91	6.8	6.7	5.3	9.0	12.7	10.4	2.1*	8.8
1885-1991	3.8	3.5	3.2	5.8	6.0	5.2	1.4*	7.5

GNE とその諸要素のデータは第4表．鉱工業生産指数は篠原三代平『鉱工業』（LTES 10）pp. 145, 147 の数字より三和良一が指数化したもの（安藤良雄編『近代日本経済史要覧』東京大学出版会，1975, pp. 2-3）を，1938-40年で1960年基準の通産省に接続し，さらに1953-55年で同省1970年基準指数に接続．農業生産指数は梅村又次他『農林業』（LTES 9）pp. 222-223の指数を1949-51年で農林省の1970年基準指数に接続．いずれも暫定指数である．＊の数字は1990年まで．

られる．また1930年代には，著しく設備投資の伸びが高まり，消費の伸びが低かった．その成長の型は戦後の高度成長期を思わせるものがあった．戦後の高い成長はほぼこの延長線上にある．1955年までは消費と財政支出の伸びが大きく，設備投資の伸びはむしろ低かったが，それは当時存在した過剰能力の反映であって，50年代後半から70年代初頭にかけては設備投資の伸びが大きく，消費や財政支出はかえって立ちおくれた．さらに戦後を通じて伸びが大きかったのは輸出入である．繊維原料の輸入とその製品の輸出を中心とする戦前とは異なり，重化学工業の原料と石油をはじめとするエネルギー源，および食料を輸入に依存し，重化学工業製品を輸出して外貨を獲得する貿易のしくみは，戦後の新しい類型と見ることができるが，基礎資源を海外に依存しつつの成長，加工貿易という点ではやはり戦前の型をうけつぐものといってよいかもしれない．石油危機以後の日本経済は，自動車，エレクトロニクスをはじめとする高付加価値産業と，サービス産業の発展に支えられた新しい局面に到達した．同時に，この時期の成長は海外需要によるところが大きくなったが，その一方で日本の国際的な役割が重要になり，金融や援助の面でも世界的な責任を分担しなければならなくなったのである．

2. 景気変動の趨勢

長期のマクロ・データから知られるいま一つの重要なテーマは，景気変動の趨勢である．景気変動には，2－3年程度の周期をもつ在庫循環（キッチン波），7－8年程度の周期をもつ設備投資循環（ジュグラー波），ジュグラー波の約2倍の周期をもつ建設循環（クズネッツ波），技術革新にともなう50－60年の周期をもつコンドラティエフ循環の四つがあるといわれている．今では古典的となった篠原三代平の研究（『日本経済の成長と循環』創文社，1961）によって，戦前の日本において設備投資循環が主要であり，戦後では在庫循環が目立つという定説が確立した．その後の篠原の研究によれば，戦後においても設備投資循環は存在するといわれ，これに対する反論（故渡部経彦ら）も存在する．しかしここでは論争に立ちいることはさけて，戦前から戦後にいたる景気変動の事実を数字的に確認することからはじめよう．

第1図は3年移動平均を行った国民総生産・民間消費の対前年成長率である．3年移動平均を行うのは，もっと短期の景気変動——キッチン波を除去し，7－8年周期の設備循環——ジュグラー波を検出するための操作である．これによると民間消費とGNPの変動幅はGNPの方がやや大きく，かつ両者とも，ほぼ7年周期の波がくり返し見出される．成長率の水準が戦前と戦後とで大きく異なるが，20世紀に入ってのちの循環のタイプはほぼ似ているといっていい．

第1図 実質国民総生産・実質民間消費の3年移動平均値の対前年比増加率

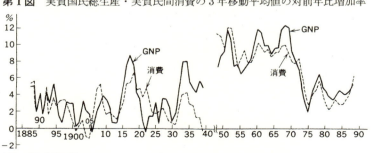

大川一司他『国民所得』（LTES 1），および第4表の注に示した経済企画庁資料による．

それぞれの頂点の時期には，戦前には1880年代後半の第1次企業勃興，1890年代なかばの日清戦争の戦争景気と戦後ブーム——第2次企業勃興，1900年代前半の回復と日露戦争によるブーム，1910年前後の企業勃興，1910年代後半の第1次世界大戦による熱狂的ブーム，20年代後半の小規模なブーム，1930年代の輸出増加と内需の増加による経済成長が対応する．また戦後には1950-51年の朝鮮戦争ブーム，1956年のいわゆる「神武景気」，1960年前後の「岩戸景気」，60年代後半の「いざなぎ景気」の三つの設備投資ブームが目立っているが，1980年代なかば以降，石油危機後はじめてのブームが訪れたので，4回目の設備投資のピークが形づくられた．

またそれぞれの谷間の時期は戦前では1880年代から90年代初頭にかけてのいわゆる1890年恐慌，1890年代半ばすぎの日清戦争後の反動（1897-98年の第1次恐慌），1900年代初頭の義和団事件以後の貿易輸出不振と軍拡による内需の落ちこみによる第2次恐慌の時期，1908年の日露戦後恐慌，1914年の第1次世界大戦勃発直後の恐慌，1920年代初頭の大戦ブームの反動による1920年恐慌から関東大震災までの時期，1927年の金融恐慌，1930年；金解禁と世界恐慌による落ちこみに対応する．また戦後では1954年と58年の国際収支悪化にともなう金融引き締めによる落ちこみ，1964-65年の引締めによる不況，1971年のニクソン・ショック，およびその後の石油危機後の大不況と低成長に対応する．

以上の事実を整理してみよう．第一に，GNEの3年移動平均でみても各年の数字をみても，日本の景気変動は成長率が上昇したり下落したりするのみで，マイナスになるような不景気はほとんどないが，海外諸国の場合はマイナスになることが珍しくなかった．日本の長期成長過程は，比較的高率かつ安定的であったといえよう．篠原三代平がいうように，GNEの水準の絶対的な上昇と下落をともなうサイクルがあったのではなく，成長率の循環が主であったし，とくに戦後には成長率循環のみが存在したといってよい．第二に，設備投資循環は毎回同じ規模で発生するのではなかった．むしろ1880年代後半，1910年代後半，1930年代のような大規模なブームをともなう場合と，むしろ小規模なブームにとどまる場合とが交代してきたことは図からも明らかである．そこで，7年周期のサイクル以外のもっと長期の，たとえばクズネッツの建設循環

第2図　7年平均成長率の推移

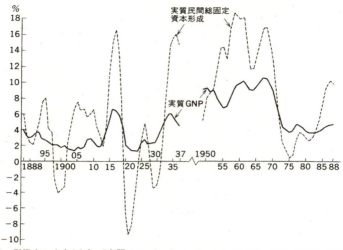

t年のGNPをY_tとするとき，7年間（$t=-3, -2, -1, 0, 1, 2, 3$）をとって$Y_t = Y_\infty e^{gt}$のモデルを用い，最小二乗法によりパラメータgを推定して$t=0$の年に示してある．たとえば，1885-91年の7年間について求めた$g=5.9\%$は1888年に示す．資料は大川一司他『国民所得』(LTES 1)．

のような景気の波が存在するのではないかと考えられる．それを検出するために作成されたのが第2図である．ここでは，7年周期のサイクルを消去したら何がのこるかを知るために，7年ごとに最小二乗法によって平均成長率を算定し，その中央の年にその数字を示してある．

第2図によれば，戦前では1900年代初頭の谷底と1910年前後の小さなピークとボトム，第1次大戦当時のブーム，20年代はじめから30年ごろまでの停滞がきわだっており，戦後では1950年の朝鮮戦争ブームと55年ごろのボトム，1960年代の長期の成長と70年代の落ちこみと80年代後半の回復が目につく．このように整理してみると，明治以来の日本経済は，およそ次のような長期波動を経過したということができよう．

I．松方デフレ（1880年代初頭）にはじまり，金本位制成立期（1900年代末）までの第一の成長期．

II．1900年代後半から1910年代末までの第二の成長期．この時期は1910年はじめの小さな落ちこみによって，前後に区分される．

Ⅲ. 1920年代初頭の落ちこみとわずかな回復, 29年恐慌をへたのちの30年代の第三の成長期.

Ⅳ. 30年代後半から40年代前半の戦時経済と, その打撃による崩壊の時期.

Ⅴ. 40年代後半からの復興とそれにつづく高度成長期は, 60年代いっぱいつづいた. その間, 1955年前後に小さな落ちこみの時期があり, その時期をもって復興期と成長期に分つことができよう.

Ⅵ. 1975年から80年代初頭までの2度にわたる石油危機の時期には, はっきりした落ちこみがあり, 80年代後半に新たな成長期を迎えるが, この時期はまだ終結していない.

以上のように区分することは日本経済の歴史的な時期区分としても適切かと考える. 実は, 松方デフレーション以前にも同様に波動があったはずであるが, それについては数量的に知ることはできない*.

* 以上にみた15年ないしそれ以上の周期をもつクズネッツ循環といわれるものは, 藤野正三郎によれば, 建設活動を中心に発生する (同著『日本の景気循環』勁草書房, 1964). すなわち, 中期的な設備投資を対象にするようなジュグラーの波があるとしても, その波の高さは毎回同じではない. 経験的に, 非常なブームのもとで設備投資が大きく盛りあがるようなサイクルのあと不況がきて, その回復後再び盛りあがるさいにはその規模は前ほど高くないのが普通である. ジュグラーの波の盛りあがり方は, ある時は高く次にはあまり高くないというふうに交互に現われるが, この低い方の中心になるのが建設活動であるというのである. 日本の場合についても, たとえば第1次大戦後の不況から1920年代には産業の設備投資はあまり多くはなかったが, 関東大震災後の建設活動によって落ちこみを支えることができた. 1970年代後半から80年前半にかけての景気停滞期には, 建設も大きな落ちこみを示したために停滞が長びいたと考えられる.

3. 資本ストックと労働力

長期の成長過程の主役となるものは資本ストックと労働力である. その推移を第1次産業とそれ以外とに区分して, 実質純生産とともにとりまとめれば第6表の通りである. 資本ストックは1878 (明治11) 年から1940 (昭和15) 年までに7倍強に増加した. 明治初年にはそのうちの74%は第1次産業のもの

第6表 資本ストックと労働力の推移 (1934-36年価格)

(1) 1878-1940年

	資本ストック*(百万円)			有業者数(千人)			実質純国内生産(百万円)			総人口(千人)	労働力率(%)
	全産業	農林水産業	その他の産業	全産業	農林水産業	その他の産業	全産業	農林水産業	その他の産業		
1878	7,219	5,333	1,886	21,789	14,778	7,011				36,166	60.2
85	7,835	5,425	2,410	22,318	14,542	7,776	3,771	1,590	2,181	38,131	58.5
1900	11,104	5,699	5,406	24,252	14,329	9,923	5,967	2,071	3,896	43,847	55.3
15	18,810	6,541	12,269	26,123	14,114	11,995	8,757	2,691	6,066	52,752	49.5
20	25,075	6,938	18,137	26,904	14,128	12,776	10,936	2,984	7,952	55,963	48.1
30	36,355	8,244	28,112	29,619	14,131	15,488	13,764	3,130	10,634	64,450	46.0
35	42,750	8,730	34,019	31,644	13,986	17,658	17,032	3,052	13,980	69,254	45.7
40	53,779	9,112	44,666	32,942	13,851	19,091	24,417	3,419	20,998	71,933	45.8

資本ストックは住宅を含まない再生産可能な資本ストックの計(粗資本).大川一司他『資本ストック』(LTES 3) pp.148-152, 180-181. 労働力は梅村又次他『労働力』(LTES 2).

(2) 1955-90年

	資本ストック(十億円)				有業者数(千人)				実質純国内生産(十億円)			
	総計	第1次産業	第2次産業	第3次産業	総計	第1次産業	第2次産業	第3次産業	総計	第1次産業	第2次産業	第3次産業
1955	31,179	6,770	11,817	12,591	4,067	1,680	1,011	1,376	47,688	8,633	10,122	28,933
65	82,756	13,805	37,906	31,046	4,960	1,233	1,702	2,025	102,274	10,148	32,460	59,666
75	256,926	41,383	122,137	93,406	5,597	862	1,968	2,765	216,267	10,174	77,868	128,225
85	501,180	76,905	210,714	213,561	6,104	660	2,040	3,404	333,678	10,214	121,012	202,452
90	705,765	92,662	285,606	327,496	6,572	606	2,147	3,819	423,558	10,482	161,074	252,002

資本ストックは経済企画庁経済研究所国民所得部『民間企業資本ストック(昭和60年基準)昭和30年-昭和45年』,同『昭和40年-平成2年度』.有業者実質純国内生産は,『長期遡及主要系列国民経済計算報告』(昭和30年-平成元年)』および『国民経済計算(平成4年版)』による.

であったが,太平洋戦争直前にはその比率は17%に低下した.第2次産業と第3次産業の発展がいかに顕著であったかが知られよう.

一方,総人口は同じ期間に2倍弱に増加した.しかし,そのうちの有業者は約1.5倍に増加したにすぎない.その理由は表に示すように,明治初年の有業人口のうち,72%の1562万人は農林水産業に属していて,約500万戸の農家について平均3人余の有業者が存在したからである.第2次・第3次産業では世帯当りの有業者はそれほどには多くないから,第2次・第3次産業のシェアが高まることは,総人口のなかの有業者の比率(有業率,以後は労働力率ともよぶ)が低下することを意味していた.また,人口のうちの15歳以下の人口の比率は,森田優三の推定した明治5(1872)年の人口の年齢別構成によれば27.4%であったが,1940年の国勢調査によれば36.0%であった.幼少年人口

の比率が後年に至って高まったことは，労働力率を低下させたいま一つの理由であった*.

* 森田優三『人口増加の分析』(日本評論社，1944, p.414). 必ずしも広く世に知られていないこの書物は太平洋戦争下における数少ない学問的収穫の中で最高の地位を占めるものの一つであり，現在も必読の書物である.

敗戦後において，日本の資本ストックは戦争被害をうけて，ほぼ1935年水準に減少してしまった*. 一方，労働力人口は，軍隊からの復員や海外からの引き揚げの結果急増した. 両者はあいまって大量の失業を引きおこし，また産業構造を大きく後退させるのではないかと危惧された. しかし，その後の資本ストックの増加率はめざましく高く，1955-75年の高度成長期には総計で8倍余になり，第2次産業では10倍以上に増加した. 75-90年には第3次産業を中心に，全体で3倍近く増加している. それが二つの側面において高度成長の原動力として働いたことは周知の通りである. すなわち，投資が行われている段階においては大規模な有効需要の源泉として，完成の暁には急激に増加する需要に対する供給源として. かつての明治初年から1940年に至る60年余の蓄積と同じ倍率の増加が，3分の1の期間で達成されたのである.

* 経済安定本部『太平洋戦争による我国の被害総合報告書』(1949年4月)による.

一方有業者は戦後30年余に7割弱の増加を示した. 年率にして1.5%を超え，増加率としては戦前よりも高かったけれども，資本ストックの増加率と対比すれば，労働力の稀少性はいっそう強まったといえる. そこで生じたことは，戦前におけるよりも一層急速な労働力の第2次・第3次産業に向っての移動であった. それによって第1次産業人口の劇的な減少が生じたのである. 以上の過程は戦前において緩やかにつづいていた傾向が，一層急激に展開したものとみることができるであろう.

以上の数字のもつ意味をもう少し分析的にとりまとめれば第7表がえられる. ここでは，資本ストック，有業人口，産業別実質純生産の三者について，それぞれの成長率と平均資本係数および平均雇用係数を計算したものである. 時期の区分は前節にみた中期的な景気変動の区間にあわせてある. この表からわれ

第7表 資本ストック（K）と有業者数（N）および実質国内純生産（Y'）の成長率（％），資本係数，雇用係数

(1) 1885-1940年

	全産業					農林水産業					非1次産業				
	成長率			K/Y'	N/Y'	成長率			K/Y'	N/Y'	成長率			K/Y'	N/Y'
	K	N	Y'			K	N	Y'			K	N	Y'		
1885				2.08	5.92				3.41	9.15				1.11	3.57
1885-1900	2.2	0.5	2.9	1.86	4.06	0.3	0.0	1.7	2.43	6.92	5.1	1.5	3.8	1.39	2.55
1900- 15	3.6	0.5	2.6	2.15	2.98	0.9	△0.1	1.8	2.60	5.24	5.6	1.3	3.0	2.02	1.98
1915- 20	5.9	0.6	4.5	2.29	2.46	1.2	0.0	2.1	2.33	4.73	8.1	1.3	5.6	2.21	3.11
1920- 30	3.8	0.9	2.3	2.64	2.15	1.7	0.2	0.5	2.63	4.51	4.7	1.6	2.8	2.64	1.46
1930- 40	4.0	0.9	5.9	2.19	1.35	1.0	△0.1	0.9	2.67	4.05	5.2	1.8	7.2	2.13	0.91

(2) 1955-90年

	全産業					第1次産業					第2次産業					第3次産業				
	成長率			K/Y'	N/Y'	成長率			K/Y'	N/Y'	成長率			K/Y'	N/Y'	成長率			K/Y'	N/Y'
	K	N	Y'			K	N	Y'			K	N	Y'			K	N	Y'		
1955				0.65	8.53				0.79	19.7				1.17	9.99				0.44	4.76
1955-65	10.3	2.0	7.9	0.81	4.85	7.4	△3.1	1.6	1.36	12.2	12.4	5.4	12.4	1.17	5.24	9.4	3.9	7.5	0.52	3.39
1965-75	12.0	1.2	7.8	1.19	2.59	11.6	△3.5	0.0	4.07	8.47	12.4	1.5	9.1	1.57	2.53	11.6	3.2	8.0	0.73	2.16
1975-85	6.9	0.9	4.4	1.50	1.83	6.4	△2.6	0.0	7.53	6.46	5.6	0.4	4.5	1.74	1.69	8.6	2.1	4.7	1.05	1.68
1985-90	7.1	1.5	4.8	1.67	1.55	3.8	△1.7	0.7	8.84	5.78	6.3	1.0	5.9	1.77	1.33	8.9	2.3	4.5	1.30	1.52
1955-75	11.2	1.6	7.9	1.19	2.59	9.5	△3.3	0.8	4.07	8.47	12.4	3.4	10.7	1.57	2.53	10.5	3.6	7.8	0.73	2.16
1975-90	7.1	1.1	4.6	1.67	1.55	5.5	△2.3	0.2	8.84	5.78	5.8	0.6	4.6	1.77	1.33	8.7	2.2	4.6	1.30	1.52

平均資本（雇用）係数は，表示された期間の末期のものである．データは第6表に同じ．

われは次の諸事実を知ることができる．第一に，生産の成長率が高い時期には，資本ストックや労働力の成長率も高い．あるいは，資本や労働力の増加の結果，生産の伸びも大きくなるというべきかもしれないが，これらの間に密接な関係が存在したことが確認できる．第二に，生産と資本ストックあるいは雇用との関係については，20世紀に入ってのちはほぼ安定した比率がたもたれてきたことが見出される．すなわち戦前については，平均資本係数は不況の時期に若干高まるにせよつねに2と3の間にあった．戦後は長期的には上昇の傾向がみられるが，戦前の水準よりも低くてより小さいのがはっきりしている．長期的には資本係数は上昇すると考えられていたのにかえって低下しているのは，比較的資本ストックが少なくてすむ機械業や第3次産業の伸びが大きかったことや，資本財の相対価格が後出の第9表に示すように低くなったことによるものであろう．平均雇用係数は明治以来一貫して低下の傾向を示して現在にいたっ

ている．とくに戦後の低下が著しいのは賃金率の上昇を反映するものであろう．

4. 通貨と物価

ここで，経済成長の背後にある通貨と物価について要約しておこう．第3図は明治以来現在にいたるまでの通貨量の推移をとりまとめたものである．1873年に1億4300万円しかなかった通貨および準通貨の計M_2（現金通貨，当座性預金，定期性預金の計．なお，通貨M_1とは現金通貨，当座性預金の計である）は，1900年には8億9700万円になり，それが1920年には110億円となり，1940年には420億円となった．戦時戦後の大インフレーションが一段落した時期をとっても1949年の1兆円余から出発して60年には12.6兆円，70年には65.3兆円，90年には500兆円と大膨張を示している．通貨の適切な追加供給なしには経済発展は不可能である．しかしその一方で，通貨の価値の変動（物価の変動）が，社会に及ぼす影響は大きい．日本における通貨供給増加の足どりは急テンポであった．1880年代の松方デフレーションの時期，1900年前後の金本位制成立後の不況期，第1次大戦後の10年間などの停滞は目立つにせよ，他の時期においてはその供給は急速に増加したのである．

通貨供給量と実体経済との関係を見るために，名目GNE（Y）で通貨量（M_1，M_2）を割った商，いわゆるマーシャルのKを求めてみよう（第4図）．日本におけるマーシャルのKは，明治以来一貫して上昇の傾向をたどってきた．なかでもM_2とYの比であるK_2の上昇は著しい．さらに注意してみると，戦前においてさきに景気変動のところでみた7年周期の設備投資循環が，はっきり読みとられる．国際収支の悪化その他の理由でMが資金需要を下回るとき，Kの落ちこみが生ずるが，それは景気のボトムに一致するのである．景気回復にはKの上昇が先行している場合が多い．しかし，その一方で，とくにK_2の持続的な上昇は見逃しえない事実である．生産の規模に比べて，通貨の累積が先行するのは日本だけのことではないが，それが，一方では経済的生産の拡大の条件となるとともに，物価の長期的な上昇の条件になったことも否定しがたい事実であった．

貨幣数量説の妥当性をここで論ずるつもりはない．しかし，潤沢な通貨供給

第3図 現金通貨, M_1, M_2 のうごき

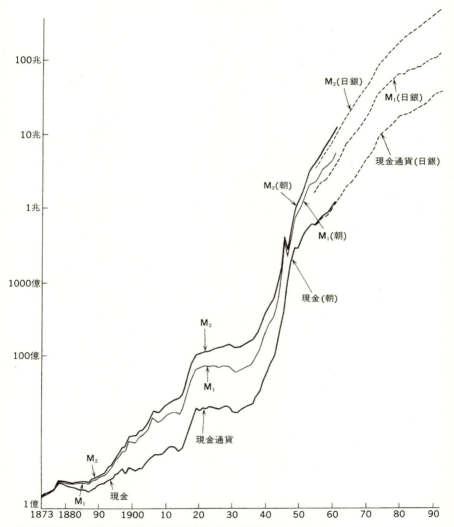

1) 朝倉孝吉・西山千明『日本経済の貨幣分析 1868-1970』(創文社, 1974) p. 659 による.
2) 1954-91 年は日本銀行『経済統計年報』1991 年版.

第4図 マーシャルの K

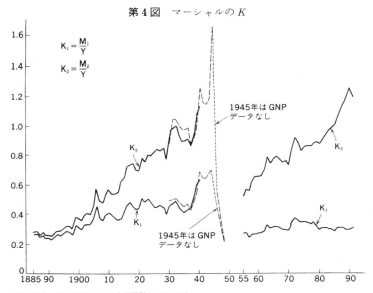

$K_1 = \dfrac{M_1}{Y}$

$K_2 = \dfrac{M_2}{Y}$

1945年はGNPデータなし

実線は朝倉・西山推計の M と大川推計の Y による．
破線は日銀「資金循環」の M と経済企画庁推計の Y による．
点線は日銀データとの回帰式を用いて推計した朝倉・西山データによる K の1971-76年の延長推計値．
データは第3図と同じ．

は社会的需要を増大させ，物価を引き上げる方向に作用することは否定しえないであろう．たとえば，M_2 と GNE デフレータ（P）との間には第8表のような関係式が成り立っている．明治以来のいずれの時期について計算を行ってみても，高い決定係数をもち，すべての係数は著しく有意である．さらに第5図は，M_2 と GNE デフレータおよび消費デフレータについて，7年平均の成長率を最小二乗法によって計算し，その区間の中央の年に示したグラフである．これによると，明治の初期と1960年代以後に若干不整合なうごきが見られるほかは，すべての時期について両者が同時に上下していることが読みとれる．すなわち，短期的なすすみとおくれ（リード）（ラグ）をのぞいたこのデータによれば，M_2 と物価の動きは傾向として一致する．相関係数を計算すれば，戦前においては，第8表の場合とは逆に，第1次大戦から太平洋戦争までの1915年から40年までがもっとも高く0.97，1888年から1914年までが0.83と比較的高い．しかし，戦後の1957年から73年までは相関係数は0.14でまったく無相関といってよ

第5図 M_2, 名目GNE, GNEデフレータの7年平均成長率

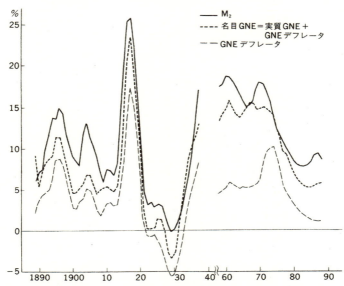

1) 計算法は第2図と同じく、7年平均成長率を $X_t = X_{in}e^{gt}$ のモデルの g を最小二乗法により推定し、この区間の中央の年に示した.
2) M_2 のデータは第3図に同じ（朝倉・西山推計）. 1957-90年の別系列は日銀の推計.
3) デフレータは1940年までは大川一司他『国民所得』のもの. 1933年から73年までは経済企画庁国民所得統計のデフレータを1952年で新旧接続して試算.

第8表 $lnP = A + \beta lnM_2$ のパラメータと決定係数

	β	A	決定係数 R^2
1885–1914	0.44 (0.01)	0.59	0.98
1915– 40	0.32 (0.07)	1.69	0.98
1954– 76	0.31 (0.01)	1.27	0.95
1965– 90	0.45 (0.02)	0.96	0.98

第3図のデータより計算（カッコ内は β の標準偏差）.

第1章 成長と景気変動

第9表 各種生産物の価格指数と相対価格指数

(1) 戦前基準　　（1934-36年を100とする指数，1950年以降は1934-36年を1としてある）

		農　産　物			林産物	工　業　製　品						鉄道	電気	GNE
		総合	耕種	米	まゆ		総合	食料品	繊維	化学	金属	機械	料金	料金	デフレータ
	1880	33.5	30.4	28.6	81.4	37.0	44.1	32.3	72.0	34.6	62.5	62.1	56.7		
	90	27.0	24.3	21.9	67.4	29.3	36.6	27.8	60.5	29.3	42.6	56.4	63.2		23.0
	1900	47.7	43.7	42.5	62.8	50.6	59.1	45.4	85.2	48.8	70.4	73.7	79.0		38.7
	10	62.9	58.9	55.6	82.2	65.3	77.3	70.5	98.2	65.7	69.0	78.8	70.0	125.1	50.1
	20	145.1	134.8	129.7	207.8	178.6	167.7	135.0	228.7	159.5	137.0	127.7	97.1	148.5	139.2
	30	88.3	83.9	76.4	106.2	107.2	100.4	104.1	109.7	100.9	78.1	95.6	103.5	123.3	105.9
	40	160.6	154.4	140.6	202.4	190.7	152.6	135.2	147.2	152.5	179.2	147.6	97.9	98.9	161.3
	50	256.6*	259.0	209.6	295.9	270.7		266.7	320.3	200.8	196.0		108.26	54.33	243.0
	60	427.2	418.6	396.2	465.6	637.4		320.6	310.9	241.1	347.9	286.7	209.7	122.9	407.1
	70	796.1	947.9	765.0	1143.4			403.7	348.9	214.5	388.8	277.6	367.0	113.7	667.3
農産物総合に対する相対価格	1880	100	90.8	85.3	243.0	110.4	131.6	96.4	214.9	103.3	186.6	185.4	169.3		
	90	100	90.0	81.1	249.6	108.5	135.6	103.0	224.1	108.5	157.8	208.9	234.1		85.2
	1900	100	91.6	89.1	131.7	106.1	123.9	95.2	178.6	102.3	147.6	154.5	165.6		81.1
	10	100	93.6	88.4	130.7	104.5	122.9	112.1	156.1	104.5	109.7	125.3	111.3	193.9	79.7
	20	100	92.9	89.4	143.2	123.1	115.6	93.0	157.6	109.9	94.4	88.0	66.9	102.3	95.9
	30	100	95.0	86.5	120.3	121.4	113.7	117.9	124.2	114.3	88.5	108.3	117.2	139.6	119.9
	40	100	96.1	87.6	126.0	118.7	95.0	84.2	91.7	95.0	111.6	91.9	61.0	61.6	100.4
	50	100	100.9	81.7	115.3	105.5		103.9	124.8	78.3	76.4		42.2	21.1	94.7
	60	100	98.0	92.8	109.0	149.2		75.1	72.8	56.5	81.5	67.1	49.1	23.8	95.3
	70	100	119.1	96.1	143.6			50.7	43.8	26.9	48.8	34.9	46.1	14.3	83.8
倍率 1960/1880		1,275	1,377	1,385	572	1,723		993	432	697	557	462	370		

(2) 戦後基準　　　　　　　　　　　　　　　　　　　　　　　　　　　　　　　　（1960年＝100）

		農林水産物	工　業　製　品							一般精密機械	電気機械	輸送用機器	電力ガス都市水道	GNEデフレータ
			総合	加工食品	繊維製品	パルプ・紙	石油石炭製品	鉄鋼	非鉄金属	金属製品					
	1960	100	100	100	100	100	100	100	100	100	100	100	100	100	100
	70	172.6	108.7	118.5	116.1	118.2	91.4	98.0	131.3	113.5	108.6	88.7	92.0	113.0	166.8
	80	350.9	213.7	240.4	187.3	271.7	476.2	186.6	230.4	225.2	175.8	107.5	120.6	383.1	355.1
	90	320.7	198.9	244.2	175.7	268.8	351.4	178.2	218.2	234.0	173.3	83.7	112.4	308.1	542.4
農林水産総合に対する相対価格	1960	100	100	100	100	100	100	100	100	100	100	100	100	100	100
	70	100	63.0	68.7	67.3	68.5	53.0	56.7	76.1	65.8	62.9	51.4	53.3	65.5	96.6
	80	100	60.9	68.5	53.4	77.5	135.7	53.2	65.7	64.2	50.1	30.7	34.4	109.2	101.2
	90	100	62.0	76.2	54.8	83.8	109.6	55.6	68.0	73.0	54.0	26.1	35.1	96.1	169.1

1) データは各年を中心とする年間の幾何平均．
2) 農産物は1960年まで大川一司他『物価』pp.165-166，1970年は1965年基準指数を1960年でリンクして試算．林産物は大川上掲書pp.165-167, 184による．工業製品は1940年までは大川上掲書pp.192-193による．以後は戦前基準日銀卸売物価指数で代用．料金は大川上掲書pp.210-211による．ただし1940年は1938-40年の幾何平均．＊は1950年のみの数字．
日本銀行「卸売物価指数」．

い．これはいわゆる高度成長期をのぞいた戦前において，通貨供給が物価水準に対して決定的な影響力をもっていたことを物語っている．

　物価水準は以上のように規定されるとして，諸価格相互の間の関係はどうなっていたであろうか．きわめてラフではあるが，その関係をまとめたのが第9表である．ここでは農産物，林産物，工業製品，鉄道，電気料金について，1880年から1990年までの110年間の価格指数の推移が要約されている．これによってこの間に何が大きく値上がりし，何が比較的値上がりが少なかったかを見ることができる．値上がりがはげしかったのは米をはじめとする農産物と林産物，とくに耕種作物であり，工業製品のうちの食料品，以下化学工業製品，金属，機械，繊維，鉄道料金の順になっている．その倍率は1880年から1960年までの80年間に1700倍余になった林産物，1400倍近い米に対し，繊維などは400倍余，鉄道料金は400倍弱となっていて，価格上昇率に著しい差があることに気づく．このようなひらきは，基本的にはその製品の生産費の変化にともなって生じたものと見ることができる．明治期に生産性の向上が著しかったまゆや繊維工業製品の価格は早くから伸びが低く，1920年代以降重化学工業製品の技術進歩がめざましく，その価格は抑制される．反対に技術進歩が相対的に立ちおくれた農産物価格の上昇は著しい．相対価格の変化によって，社会的需要に見合うように各種製品の供給量が確保され，また生産性の伸びの低い分野の所得が維持されてきたのであった．戦後（1960年）基準の価格においても全く同様である．この時期にも工業製品の相対価格は全般に低下しているが，とくに電気機械，輸送用機器の低下は目をみはらせるものがある．要約すれば，時期ごとに成長率が高く，生産性の伸びも著しい主導的な産業(リーディング・インダストリー)があり，その相対価格は大きく低下してきたのである．長期的にみて，価格機構は見事に機能してきたということができる．

第2章 産業構造と就業構造

1. 産業構造

次に明治以降の産業の構成について概観しておこう．第10表と第11表は，有業人口と産業別国内純生産の数字をとりまとめたものである．

まず有業人口構成から見る限り，1930年までの日本においてもっとも大量の人口を吸収していたのは第1次産業である．ただし，その動向をみると20世紀初頭までは第1次産業もわずかながら人口増加が見られたが，以後は第2

第10表 有業人口の構成　　（万人）

	総数	構成比（％）		
		第1次産業	第2次産業	第3次産業
1872	2,139	70.1	29.9	
80	2,185	67.3	32.7	
90	2,295	62.6	37.4	
1900	2,425	59.1	40.9	
10	2,526	60.6	16.9	22.6
20	2,726	54.0	21.6	24.4
30	2,962	49.7	20.8	29.5
40	3,300	43.7	26.1	30.3
50	3,963	50.0	20.9	29.0
60	4,369	33.8	28.5	37.7
70	5,224	19.7	34.3	46.0
80	5,581	11.1	34.0	54.8
90	6,173	7.2	33.7	59.1

1) 1872-1940年は梅村又次『労働力』(LTES 2)，以後は国勢調査結果による．
2) 1872-1900年の間の第1次産業は農林業のみの数字．
3) 1905-40年の構成比は分類不詳を除いた合計に対する比率．
4) 第1次産業とは農林水産業，第2次産業とは鉱工業，建設業，第3次産業とは，運輸通信，電気ガス水道，商業，金融業，サービス業，公務．

第11表 国内純生産の構成

	総額	構成比（％）		
		第1次産業	第2次産業	第3次産業
1890	10.77 億円	47.1	13.6	39.4
1900	22.74	39.5	18.7	41.8
10	36.28	33.1	23.1	43.8
20	136.71	32.9	26.5	40.6
30	130.62	18.5	32.1	49.4
40	356.41	20.9	45.6	33.5
50	3.38 兆円	26.0	31.8	42.3
60	16.33	14.3	41.9	43.8
70	75.76	6.7	44.5	48.7
80	249.05	4.1	40.2	55.6
90	449.72	2.6	39.6	57.8

次・第3次産業への移動が見られるようになる．しかし，全期間を通じて有業人口の増加の中心になったのは第2次・第3次産業であり，総有業人口の増加はほとんどすべてこの分野において生じた．第2次産業の中心は当然製造工業であり，これに対し，第3次産業でもっとも大きいのは商業であり，交通関係がこれに次ぐ．さらに興味深いことは第2次・第3次産業の比重の移り変りである．1900年から20年までは第2次産業の比重が高まっていった．しかし1930年までの両大戦間の時期には第3次産業の比重が上昇する．そして戦争中の1940年には当然ながら第2次産業が優位に立った．表には示さなかったが1944年には第1次1207万人（41.7％），第2次976万人（33.7％），第3次713万人（24.6％）になる．敗戦直後の1950年には第1次産業人口は急増し，第2次産業人口は減少する．以後，高度成長のもとで第1次産業人口は激しく減ってゆき，第2次・第3次産業人口の増加がめだつが，とくに第3次産業の増加が著しい．第2次産業は1955年から65年までの成長期には第3次産業と同じテンポで増加したが，戦後の復興期と1965年以後は伸びが鈍く，第3次産業の比重が高まったのである．

一方，産業別国内純生産では，当初から第3次産業のシェアの高さがめだつ．1885年の数字はやや高すぎるかと思われるが（10ページの注参照），たとえそうであったにしても第3次産業の純生産が明治初年からすでに大きかったことはいなみがたい．その後，第3次産業のシェアは太平洋戦争前まではほぼ40％

台で推移した．好況期にはそのシェアは低下し，不況期に高まったことは特徴的である．太平洋戦争後そのシェアはさらに上昇し，ついに60％にせまるにいたった．一方人口の圧倒的部分を占めていた第1次産業のシェアは20世紀に入るころには4割を切り，以後はその比重をさらに低下させて最近では3％を割るに至っている．また第2次産業のシェアは，当初は10％台と低かったが，次第に増加してきて，1940年には45％に達し，戦後はいったん低下したのち，60年以後は40％台に達したが，最近では低下の傾向を示している．

一般に，近代化は工業化と同じ意味をもつと理解されている場合が多い．たしかに，近代産業の中核をなすものは工場制工業であった．けれども海運や鉄道の発達が，明治中期までの近代化の中心だったことはいなみがたいし，治山治水，港湾建設などの役割も無視できない．都市化にともなって商業サービス業が発達したのは，明治後期から昭和にかけてのことである．以上のような推移をみるとき，明治以来の日本経済における建設，運輸通信，さらには第3次産業の重要性を改めて認識せざるをえない．

さらに，第2次産業の中で，化学，鉄鋼，非鉄金属および機械の合計として「重化学工業」を定義して，その工業生産（戦後は出荷）額のなかに占める地位を示し，これと軽工業の代表である食料品工業と繊維工業を対比したのが第12表である．これによれば，明治時代においては重化学工業のシェアはよう

第12表 製造業の生産額とその内訳

（1940年までは百万円，1950年以後は十億円，カッコ内は合計を100とする百分比％）

	重化学工業の生産額	食料品工業の生産額	繊維工業の生産額	合　　計
1885	47.1 (16.7)	119.7 (42.5)	82.1 (29.1)	282.0
90	73.4 (16.9)	156.1 (35.9)	160.0 (36.9)	433.8
1900	191.4 (16.2)	429.1 (36.3)	428.5 (36.3)	1,181.2
10	434.4 (21.0)	707.6 (34.1)	700.3 (33.8)	2,072.9
20	3,202.7 (33.4)	2,285.9 (23.9)	3,286.9 (34.3)	9,579.2
30	2,896 (32.8)	2,206 (25.0)	2,709 (30.6)	8,838
40	19,569 (58.8)	4,058 (12.2)	5,579 (16.8)	33,252
50	9,991 (43.6)	2,872 (12.5)	5,314 (23.2)	22,941
60	85,659 (55.1)	18,434 (11.9)	18,900 (12.2)	155,527
70	393,087 (63.6)	58,822 (9.5)	41,703 (6.8)	617,833
80	1,101,528 (61.9)	173,749 (9.8)	67,445 (3.8)	1,780,316
90	1,909,582 (58.7)	259,131 (8.0)	124,046 (3.8)	3,252,624

資料は篠原三代平『鉱工業』(LTES 10)，通産省『工業統計50年史』(1960)およびその後の工業統計表．なお，この表に含まれていない産業があるため，3産業の計は合計より小さい．

やく 20% に達した程度であり，これに対して繊維工業のシェアは 19 世紀末に 40% に近づき，以後も 30% 台を維持している．さらに食料品工業は，その主たる内容は味噌，醬油，酒など伝統的食品であったが，この時期には繊維産業と匹敵するシェアを維持していた．第 1 次大戦の時期には，重化学工業のシェアが一時高まるが，1930 年の世界恐慌の時期までは，ほぼ明治時代に近い工業構造が維持されたのである．それが急転して重化学工業化が進みはじめたのは，1930 年代に入ってのちのことであった．その契機の一つは軍需であったが，それとともに技術進歩と鉄鋼，化学肥料，産業機械などに対する社会的需要の増加を無視すべきではないであろう．戦後の本格的な重化学工業化の出発点はこの時期に求められるべきであり，戦争による一時的な肥大と，壊滅をへて，戦後に軌道に乗ったと見ることもできよう．

コーリン・クラークのいわゆる「ペティの法則」——労働力は第 1 次産業からより収益性の高い第 2 次産業へ，さらに収益性の高い第 3 次産業へと移動するというテーゼ——は，日本の過去百年についてもあてはまっているかに思われる．この点をはっきりさせるために，第 10 表と第 11 表を使用して，有業人口 1 人当り純生産の比較を行ったのが第 13 表である．これによると，たしかに 19 世紀においては第 2 次・第 3 次産業——おそらく第 3 次産業——がきわだって優位にあったことが知られる．しかし第 1 次大戦以後産業間格差がちぢまってきており，1940 年以後は第 2 次産業の方が優位に立つようになった．

第 13 表 産業別有業人口 1 人当り純生産
(第 1 次産業を 100 とする比率)

	第 1 次産業	第 2 次産業	第 3 次産業
1890	100	257	
1900	100	351	
10	100	251	358
20	100	202	274
30	100	415	451
40	100	365	231
50	100	295	282
60	100	346	274
70	100	379	310
80	100	320	275
90	100	323	268

第 10 表，第 11 表より算出．

ペティは,そしてクラークは,第3次産業の収益性が高いから,そこに人口が集まると論じたのだが,現代では必ずしもそうとはいえないように思われる.

2. 農林業・在来産業と労働市場

産業構造との関係で日本の就業構造について要約しておこう.すでに見たように,明治以後の有業人口の増加は第2次・第3次産業において生じた.しかし,そこでいう第2次・第3次産業の内容は,近代的な工業や銀行や貿易商社のようなものと即断すべきではない.むしろ,そこには伝統的な手工業や,大工,左官や,人力車夫や,町の小売商や,小さな飲食店のような多くの生業が,家族総がかりで,時には若干の雇用者を使って営まれてきたのであったし,現にそのような生業はいたるところで生きつづけている.

第14表は,1920年にはじめてわが国で行われた国勢調査の職業小分類別人

第14表 全国有業人口の構成(1920年)

	実　　数　(千人)				有業人口の合計を100とする構成比(%)			
	近代産業	旧在来産業	新在来産業	計	近	旧	新	計
第1次産業	424.5	14,686.7	—	15,111.1	1.6	53.9	—	55.4
製　造　業	1,722.9	1,790.8	949.2	4,462.9	6.3	6.6	3.5	16.4
建　設　業	7.9	665.0	62.1	735.0	0.0	2.4	0.2	2.7
電気ガス業	92.3	—	—	92.3	0.3	—	—	0.3
第2次産業	1,823.1	2,455.9	1,011.3	5,290.2	6.7	9.0	3.7	19.4
商　　　業	40.4	1,935.5	139.6	2,115.5	0.1	7.1	0.5	7.8
金融保険業	94.3	36.2	—	130.5	0.3	0.1	—	0.5
運輸通信業	482.8	298.7	255.7	1,037.2	1.8	1.1	0.9	3.8
サービス業	460.6	1,161.2	203.2	1,825.0	1.7	4.3	0.7	6.6
家事使用人	—	655.2	—	655.2	—	2.4	—	2.4
日　　　傭	—	441.4	—	441.4	—	1.6	—	1.6
公　　　務	568.9	—	—	568.9	2.1	—	—	2.1
第3次産業計	1,647.1	4,528.2	598.4	6,773.7	6.0	16.6	2.2	24.8
不　　　詳				86.0				0.3
合　　　計	3,894.6	21,670.7	1,609.7	27,261.1	14.2	79.5	5.9	100.0
第1次産業と不詳を除く合計	3,470.2	6,984.1	1,609.7	12,064.0	12.7	25.6	5.9	44.2

中村「在来産業の規模と構成―大正9年国勢調査を中心に―」(梅村・新保・西川・速水編『数量経済史論集1,日本経済の発展』日本経済新聞社,1976,中村『明治大正期の経済』東京大学出版会,1985,所収) p.200, 第2表.合計には不詳を含む.

口のデータを用いて，第1次産業以外の有業人口を近代産業，旧在来産業，新在来産業の三つに区分して集計したものである．近代産業とは，ここでは明治以降に海外から導入された諸産業，たとえば鉄道，電信電話，汽船輸送，銀行，保険，貿易商社，導入技術による工業，医療，公務などである．旧在来産業とは，伝統的な経営形態をそのままに維持する産業分野で，たとえば大工，左官などの建設業，家族経営の卸小売業，家内工業などを含む．そして新在来産業とは，海外から導入された産業ではあるが，技術や経営のあり方が旧来の在来産業に近い形に変容し，定着したもので，たとえば器械製糸や織物業の一部分（他は近代産業），ペンキ職，ブリキ職，靴製造，パン製造などがこれに含まれる．このようにして集計された第14表は，明治維新と現代とのちょうど中間の時期である1920（大正9）年の社会状況の見取図であるが，それによれば，総人口の約44％を占める第2次・第3次産業人口1200万人余のうち，約58％の700万人弱は旧在来産業に属し，160万人余は新在来産業に含まれ，350万人弱が近代産業に区分されたにすぎなかった．

　旧在来産業の例をあげておこう．製造業のなかでも鍛冶職，ブリキ職だけで18万人，木挽・屋根板製造9万人，樽桶製造7万人，建具指物業14万人など179万人を数え，建設関係67万人，商業194万人，人力車夫・荷車・牛車馬車などの輸送関係でも30万人．これに料理飲食店・理容理髪・芸妓などのサービス業や家事使用人などがその内容であった．これらの職種のなかには今日姿を消しているものも多いが，個人商業はこの時期よりもはるかに増えているし，人力車夫は消滅しても個人タクシー業者が生れ，芸妓の数は減ってもホステスが増えるというように，旧在来産業は縮小しても，それにかわる新在来産業的な就業が増えているのも事実である．

　また非農林業の全有業人口から，一応近代産業として確認できる人口をさし引いた残余を在来産業の人口として，戦前の長期系列を推計したものが第15表である．この数字は近代産業に分類すべき銀行・貿易商社従業者，医療関係者などを推計していないので，近代産業を過小に見ているおそれがある．たしかに第14表においては1920年の近代産業従業者は347万人なのに対し，第15表の1916－20年と1921－25年の平均は304万人と43万人余少ない．しかし，この程度の誤差はあるにせよ，在来産業従業者の長期趨勢をこの表から読

第 2 章　産業構造と就業構造

第 15 表　農林業，近代産業，在来産業の人口構成　　　　（千人）

		有業人口 (A)	農林業計 (B)	非農林業 計(C)	近代産業 (D)	在来産業 (E)	構成比 (A=100)			
							B	C	D	E
1872-	75	21,437	14,947	6,490			69.7	30.3		
76-	80	21,752	14,776	6,975			67.9	32.1		
81-	85	22,072	14,606	7,466	406	7,060	66.2	33.8	1.8	32.0
86-	90	22,601	14,427	8,174	468	7,706	63.8	36.2	2.1	34.1
91-	95	23,355	14,312	9,043	681	8,362	61.3	38.7	2.9	35.8
96-1900		24,008	14,326	9,682	906	8,776	59.7	40.3	3.8	36.6
1901-	05	24,614	14,258	10,356	1,165	9,191	57.9	42.1	4.7	37.3
06-	10	25,124	14,189	10,935	1,554	9,381	56.5	43.5	6.2	37.3
11-	15	25,757	14,136	11,620	1,965	9,655	54.9	45.1	7.6	37.5
16-	20	26,684	14,120	12,564	2,837	9,727	52.9	47.1	10.6	36.5
21-	25	27,844	14,128	13,716	3,237	10,479	50.8	49.3	11.6	37.7
26-	30	29,076	14,130	14,946	3,475	11,471	48.6	51.4	12.0	39.5
31-	35	30,713	14,044	16,668	3,696	12,975	45.7	54.3	12.0	42.2
36-	40	32,431	13,898	18,533			42.9	57.2		

1)　非農林業，在来産業には漁業を含む．
2)　有業人口，農林業人口は梅村他『労働力』(LTES 2)による．
3)　近代産業とは，従業員 5 人以上の工場従業者数（1882 年は山口和雄『明治前期経済の分析』1956，東京大学出版会，1894-1908 年は『農商務統計表』，以後は『工場統計表』による．データの存在しない期間は直線補間），鉱業従業者数（『農商務統計表』，『本邦鉱業の趨勢』により，1882-93 年は 1882 年 5 万人として直線補間），教員数（東洋経済新報社『明治大正国勢総覧』），公務員数（江見康一・塩野谷裕一『財政支出』LTES 7），私鉄・電力従業員数（南亮進『鉄道と電力』LTES 12），船員数（労働運動史料編纂会『日本労働運動史料第 10 巻統計編』），市町村吏員数（『明治大正国勢総覧』）の計と定義した．原数字は中村『戦前期日本経済成長の分析』p. 338-339 の付表を参照．

みとろうとしても，大きな誤りは生じないであろう．第 15 表によれば，在来産業従業者数は 19 世紀末に大幅に増加し 1900 年代には停滞した．近代産業従業者はこの間一貫して急増をつづけている．ところが第 1 次大戦を含む 1910 年代には両産業はともに増加し，農林業は減少を示す．都市化にともなう人口移動の事実が読みとられる．大戦後の 1920 年代から 30 年代前半には，近代産業の伸びは鈍化するが，在来産業の増加は衰えない．人口は都市に集中し，在来産業に職を求めたのである．この傾向は，太平洋戦争後にも再現された．第 6 図に見るように，個人業主と家族従業者の数は 50 年代前半に 200 万人増加した．その主たる産業は，製造業，卸小売業，およびサービス業であった．このような傾向をもたらした理由としては，ひとつには都市化にともなう第 2 次，とくに第 3 次産業に対する社会の需要増加をあげるべきであろう．けれどもいまひとつ，労働力が都市に流入し，一方近代産業は伸び悩んで思うような就業

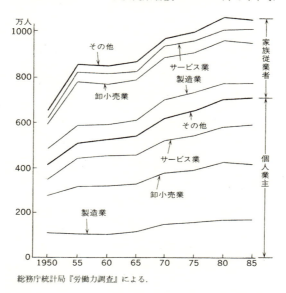

第6図　個人業主と家族従業者数（1950-85年，5年平均）

総務庁統計局『労働力調査』による．

機会を見出しがたかったとき，かれらは生活のために労働条件は低くても，何らかの職業に就かざるをえない．生きてゆくためには失業する自由はないのである．1920年代にいわゆる「二重構造」が出現し，戦後の1940年代後半から50年代にかけて，それがもっとも典型的な形で再現したのは，主としてこの後者の理由からであった（くわしくは第Ⅲ部第2章参照）．

　それでは農村の人口が流出するのは何によるのか．農村の耕地は限られており，農林業によって養いうる人口には限度がある．その限度は，理論的には離村した農民が他の地域においてえられる収入が，在村者の限界生産力と等しくなる点に見出される．労働需要側は農村の生産力よりもやや高い労働条件を設定して労働力を吸引する．しかし，人口が流出したあと，農業の限界生産力は上昇し，都市における収入にいく分なりとも接近する．その後で都市における収入が低下しても，流出した人口が農村に大規模に再流入することは考えられない．農村も帰村者を受け入れて限界生産力を再度低下させることは望まないからである．不況期には農村人口はある程度増えるが，それは自然増と流出減少のためであろう．唯一の例外は太平洋戦争敗戦後の1940年代後半に農業人

口が300万人以上増加した事実であった．流出した人口は都市に滞留せざるをえない．好況であった1890年代前半と1930年代後半には，農林業人口の大規模な流出がみられたにもかかわらず，1900年代前半と20年代後半の不況期には若干の増加がみられたのみで，流出した人口の大規模な再流入はみられなかったのである．

　1950年代後半から70年代にかけて，農業人口は大規模に縮小し，800万人に近い流出をみ，その後も減少がつづいている．しかしそれも上記の論理の枠内で説明しうる現象であった．

第3章 海外と日本

1. 貿易と国際収支

　通貨供給を支配するものは，通貨当局の金融政策であるが，それに対して決定的な影響を与えたのは，かつては金（正貨）保有量であり，管理通貨制度への移行ののちは外貨（主として米ドル）保有量であった．第7図に示すように，日清戦争までのわが国の国際収支は，わずかな赤字がつづいていたが，その規模は小さかった．維新以来，わが国の為替相場は傾向的に低下に向っていたことは第8図にみる通りである．それは明治4（1872）年の「新貨条例」発布当時は金4分（1.5グラム）を1円としたが，金が海外に流出して兌換不能となり，明治15（1882）年の日本銀行創設の後には事実上の銀本位制をとった．ところがその後の世界的な銀の対金価値の低下にともなって，なしくずしに平価が切り下げられ，日清戦争後に金本位制が成立したときには，当時の為替相場の実勢と一致させるために，金二分（0.75グラム）を1円としたという事情のためであった．ただし，この低い為替相場によって輸出が伸び，貿易収支のバランスがほぼ維持されてきたのである．

　為替の低落は，また国内の物価を上昇させる効果をもつ．たとえば日本の為替相場が1割低下したとき，海外の物価が一定であれば，日本の国内物価は1割上昇することによって海外の物価と均衡するからである．1880年代後半から90年代にかけての，銀価格低落にともなう円相場の低落は，国内における緩やかな物価騰貴を引き起こし，国内産業の発展をもたらしたが，国内物価を金（米ドル）建てに直してみればその趨勢は，海外主要国の物価動向とよく一致していたのであった．日本の物価が海外の動向よりも高めになるのはかえって金本位移行後のことである．この事情は第9図，第10図から読みとれる．

第7図　国際収支と正貨(外貨)保有高

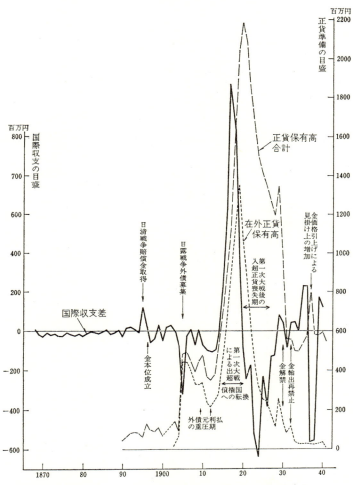

1) 国際収支差は山本有造推計(大川一司他『国民所得』LTES 1, pp. 192-193).
2) 正貨保有高の1890-1900年は『日本銀行沿革史』第1輯第3巻, 大蔵省『大蔵省百年史』別巻 p. 223, 第2次大戦後については日銀『経済統計年報1975年版』による.

第8図 対米為替相場の推移

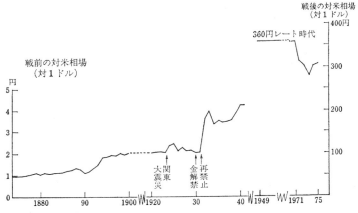

日銀『明治以降本邦主要経済統計』および『経済統計年報』1976年版より作成.

ところが日清戦争後に取得した賠償金3億5000万円余（庫平銀2億3000万両）を基礎として金本位制を成立させたのちは，日本の対外為替レートは1ドル2円弱の水準で固定し，輸出の不振にさいしては国際収支の赤字がめだつようになった．1900年の不況はその最初のあらわれである．とくに日露戦争にさいして17億円余の軍費を要し，そのうち10.4億円を外債でまかなったために，その後の国際収支は外債の元利支払にも苦しむありさまであった．第1次大戦の勃発とともにこの様相は一転した．輸出の好調と価格の高騰のために，貿易収支は大幅の黒字となり，対外債権は増加し，正貨保有高は22億円に達した．ところが大戦が終結するや，貿易収支は大逆調に転じ，保有正貨はたちまち急減する．1920年代の経済政策が引き締め基調に推移したのは，この背景のためであった．1930年の金解禁政策は，金本位に復帰し，きびしい引き締め政策をとって経済の「建て直し」をはかろうとするものであったが，世界恐慌と世界的な金本位制の崩壊にさいして失敗し，管理通貨制度に移行する．

1931年末の金輸出再禁止以後の1930年代には，為替レートを大幅に切り下げ，輸出の増進が実現する．為替低落が国内物価を引き上げる効果をもち，景気回復をもたらしたのは，19世紀末とほぼ同様の経過であった．太平洋戦争後は，国際競争力を強化しつつ，1949年以来360円レートを長く維持し，輸

第9図 日本と海外の物価変動 (1885年=100)

(1) 日本の大阪卸売物価指数(A)と総合デフレータ(B) (1884年以前紙幣建て)

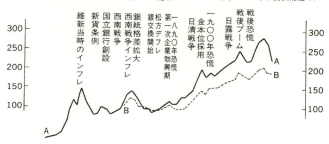

(2) 日本(A)とアメリカ(B), イギリス(C), ドイツ(D)の金建て卸売物価指数

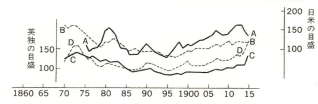

(1)A, (2)Aは斎藤修「大阪卸売物価指数1757-1915年」(『三田学会雑誌』68巻10号), (1)Bは大川一司他『物価』(LTES8), (2)BはDepartment of Commerce, *Historical Statistics of the United States*, 1976, pp. 200-201, (2)C, DはB. R. Mitchell, *European Economic Statistics 1750-1790*, Macmillan, 1975, pp. 737-738, 740.
中村『明治大正期の経済』所収.

第10図 農工両部門の名目総生産額

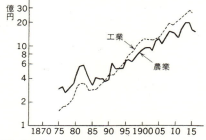

篠原三代平『鉱工業』(LTES10) 1972年, pp. 141, 143, 梅村又次他『農林業』(LTES9) 1966年, p.146.

出価格を海外より低くしてゆくことによって，実質的にはレートの切り下げを行ったのと同じ効果を収めることができた．1971年の円切り上げは，そのような時代の画期であったということができよう．1973年に変動相場制に移行してのちも，為替レートをできる限り円安におさえようとする努力がつづけられた．1973年の石油危機後，日本がすみやかに競争力と貿易収支の均衡とを回復しえたのもその結果であった．このために，恒常的な貿易黒字が発生して対外経済摩擦を引き起したことは周知の通りである．長期的にみて，日本の経済政策は，いくたびか国際収支の赤字と対外支払能力の制約に悩み，その対策として輸出の増進につとめてきた歴史であった．

いま一つ貿易には，輸出市場の拡大によって国内産業を発展させる意味があった．生糸以外には茶と水産物，つづいて石炭・銅などの鉱産物と1次産品し

第16表 日本の主要貿易品の構成比 (%)

		1870	1880	1890	1900	1910	1920	1930	1940	1950	1960	1970	1980	1990
輸出（輸出総額一〇〇）	水産物	7.4	8.1	5.2	1.8	1.6	0.9	2.6	2.9	3.6	3.2	1.6	0.5	0.3
	茶	31.0	26.4	9.0	4.4	3.3	0.9	0.5	0.7	0.6	0.2	0.0	0.0	0.0
	石炭	2.1	3.8	8.3	9.8	3.4	2.3	1.5	0.2	0.0	0.0	0.0	0.0	0.0
	銅	2.1	1.7	9.5	6.3	4.6	0.7	1.5	0.3	0.0	0.0	0.0	0.0	0.0
	綿糸	—	—	—	0.0	10.3	9.8	7.8	1.0	1.6	2.1	1.3	0.1	0.0
	綿織物	0.0	0.1	0.3	2.8	4.5	17.2	18.5	10.9	24.8	8.6	1.0	0.3	0.0
	生糸	29.4	30.3	19.8	21.8	28.4	19.6	28.4	12.2	4.7	2.2	0.1	0.0	0.0
	絹織物	0.0	0.1	1.7	9.1	7.2	8.1	4.5	1.0	2.7	1.3	0.1	0.0	0.0
	人造繊維織物	—	—	—	—	—	—	2.4	3.6	6.0	5.3	3.5	1.4	0.7
	陶磁器	0.2	1.7	1.8	1.2	1.2	1.6	1.8	1.7	2.2	1.7	0.7	0.3	0.2
	セメント	—	—	—	0.1	0.3	0.5	0.7	0.4	0.7	0.6	0.2	0.2	0.1
	機械類	—	—	0.0	0.0	0.9	2.6	1.4	13.0	10.5	25.3	46.3	46.4	75.0
	うち船舶	—	—	—	0.1	0.1	0.8	0.4	1.0	3.2	7.1	7.3	2.7	1.9
	鉄鋼	—	—	—	—	—	0.7	0.6	—	8.7	9.6	14.7	8.8	4.4
輸入（輸入総額一〇〇）	米	43.3	1.2	15.1	3.1	1.9	0.7	1.3	5.7	8.7	0.4	0.0	0.0	0.0
	小麦	0.0	0.0	0.0	0.3	0.6	1.2	2.7	0.6	15.2	3.9	1.7	0.9	0.4
	砂糖	9.0	9.7	10.3	7.0	5.8	2.6	1.7	—	4.8	2.5	1.5	0.5	0.2
	羊毛	—	—	0.5	1.4	3.0	5.2	4.8	3.0	6.1	5.9	1.8	0.5	0.4
	綿花	1.8	0.5	5.1	20.6	34.3	30.9	23.4	14.6	28.4	9.6	2.5	1.0	0.5
	繊維製品	17.9	34.3	16.7	22.3	7.1	2.5	1.5	0.2	0.0	0.4	1.7	2.3	5.5
	石炭	0.0	0.4	0.1	0.6	0.3	0.9	2.2	3.4	1.1	3.1	5.4	3.2	2.6
	原油および粗油	—	—	—	—	—	0.2	0.0	5.8	10.2	10.4	11.8	37.6	13.5
	鉄鉱石	—	—	—	—	—	0.0	0.6	1.2	2.9	1.5	4.6	6.4	2.5	1.4
	くず鉄	—	—	—	—	—	—	0.2	0.1	5.2	0.3	5.1	1.8	0.4	0.1
	鉄鋼	0.7	4.6	2.7	7.6	7.0	11.3	6.1	—	—	—	—	0.6	2.0
	機械類	0.0	2.0	4.7	3.4	3.3	4.7	5.5	7.7	0.9	9.7	12.2	7.0	17.4

経済企画庁統計課監修『日本の経済統計』上（至誠堂，1964）pp.284-286, 292-294，東洋経済新報社『日本貿易精覧』，『完結昭和国勢総覧』および『通商白書（1990年）』より算出．

か輸出できなかった時代から,やがて陶磁器,花莚,絹製品などの在来産業製品がそれに加わり,日清戦争以後,近代産業製品である綿糸が,やがて広幅綿織物が,生糸・絹織物とともに輸出の主力となる時がくる.その変遷は第16表に要約されている.しかし,戦後には様相は一変する.1950年代にはミシン,カメラなどの軽機械類や,朝鮮戦争期には一時的ではあったが鉄鋼までが輸出品に仲間入りし,やがて高度成長期には輸出の主力が重化学工業品にかわり,やがて輸出の大部分が機械類やエレクトロニクス製品という1980年代を迎えるのである.この傾向は1990年までにいっそうはっきりした.その事実は第17表から明らかになる.90年には,エレクトロニクス製品とコンピュータ関係,自動車関係だけで輸出の4割近くを占めている.

輸出品の盛衰はその時代の脚光をあびた花形産業の歴史でもある.輸出がGNEに占める比率は1885年の6%から1910年代の20%にまでぐんぐん上昇していったが,それはその時期の主力輸出産業のめざましい成長の反映であった.製糸と綿業は日本の代表産業の地位を昭和初年まで保ちつづけ,戦後,重化学工業にその席を譲ったのである.輸出の増加には経済全体の成長を促進させる力があったことも重要である.輸出乗数の理論を考えればわかるように,輸出の伸びは経済全体に刺激を与える.綿業や製糸業は戦後の重化学工業と同様に,経済発展のための基軸産業(キー・インダストリー)としての役割を担ってきたのであった.

さらに,日本の輸出は,戦前から戦後を通じて変らない加工貿易という特徴

第17表 機械類の輸出の構成比

	1970	1980	1990
化学製品	0.0	1.0	5.5
原動機	0.0	2.0	2.3
事務用機器	0.3	0.3	7.2
金属加工機	0.0	1.3	1.5
半導体電子部品	0.1	0.3	4.7
VTR	―	1.5	2.2
テレビ	0.3	0.2	0.7
ラジオ	0.5	0.4	0.9
自動車	1.0	3.0	17.8
自動車部品	―	―	3.8
科学光学機器	0.4	0.6	4.0
テープレコーダ	0.4	0.4	2.7

資料は第16表に同じ.

をもっていたことをも，あわせて指摘しておくべきであろう．製糸，製茶，石炭，銅は例外として，戦前の綿業はすでに加工貿易であったし，戦後の鉄鋼業や石油化学工業もまたそうである．原料資源を輸入して，それに加工して付加価値をかせぐのである．その事実は第16表の輸入品の構成比から明確に読みとれるであろう．極端な一例をあげれば綿紡績業の場合，1929年の工業統計表によると製品に対する原材料コストは61％であって，以後この比率はさらに上昇し，30年代には70％台に達している．当然，輸出を増やすには輸入を増やさなくてはならない．かつてのイギリスも同様の経済構造をもっていたが，戦前の日本の場合は，石炭などの資源を国産に依存しうるというイギリスに似た条件をもちながら，食料を輸入しないですむという有利な面と，付加価値の少ない製品を安く輸出しなくてはならぬという不利な面とをあわせもっていた．戦後その特徴はいっそう明確化した．輸出の主力が，付加価値率の高い重化学工業に移行したことによって，GNEに対する輸入依存度は低下したけれども，他方，石炭をはじめとする国内資源を放棄して，低廉な原油に切りかえた例が示すように，輸入資源なしには再生産をつづけてゆくことができなくなり，実質的な海外依存度はかえって高まったのである．

　日本経済は国際経済に深くかかわりあうことによって経済発展を可能にし，また国際経済との関連においてその進路を定めるほかはないことになったのである．

2. 戦争・植民地・帝国主義

　日本が開国したとき，欧米列強は豊かな経済力と強大な武力を備え，アジア・アフリカの天地に進出して，貿易はもちろん，植民地を求めようとする権力政治(パワー・ポリティックス)の渦中にあった．新米の独立国としての日本が，列強に対抗してゆくためには「富国強兵」以外の道はなかったのである．「富国」はたんに「国利民福」のためだけではなく，「強兵」のためにも不可欠であった．鉄道も，通信施設も，近代工業も，すべて「強兵」のためだという考え方が明治政府に強かったことは否定しえない．通信網の建設は西南戦争を契機に急速に進められたし，鉄道幹線の建設も軍隊の輸送を考えて進められ，軍艦からの射撃をお

それて東海道線よりも中央線の建設を急ぐべきだという考えさえ，参謀本部からまじめに提起されたほどであった．軍部はまず清国に，ついでロシアに対抗するための軍備を急いだ．しかしそれを軍の独走とみることはできない．「富国強兵」は国民的合意(ナショナル・コンセンサス)のもとにあった．福沢諭吉が「脱亜入欧」論を唱えたのも，当時の「富国強兵」の合意(コンセンサス)の別の表現だったにすぎない．初期議会において民党が「民力休養」を唱えて軍事費を削減したのも，藩閥政府との政争の手段にすぎず，「強兵」を否定するものではなかった．日清戦争は，早熟な日本の「入欧」の意志表示であり，三国干渉と臥薪嘗胆の末の日露戦争はその確認であった．二つの戦争は日本が西欧列強と同じ道を歩む意志を表明するための手段であった．

以上，乱暴な議論を展開したのは，日本の資本主義が，特別な軍事的体質をもっていたという考え方を再検討するためである．日本が独立を守るためには軍備は不可欠であったし，西欧の仲間入りをするためには西欧型の国際的権力政治に対応した政策をとらなければならなかったのである．「富国」が十分でないのに「強兵」を急ぐ結果になったことは否定しえないけれども，それを日本資本主義の特質と見るのは独断にすぎよう．国際的権力政治への参加が，軍国化を余儀なくし，経済に無理を強いたのである（そのいきさつの一端は陸奥宗光『蹇々録』に生き生きとえがかれている）．

明治7（1874）年の「台湾征討」にはじまって，日清戦争，義和団事件，日露戦争，第1次世界大戦，シベリア出兵，3次にわたる山東・済南出兵，満州事変，日中戦争，太平洋戦争と，日本は50年の間に兵を海外に出すこと十度をこえた．日本は日清戦争において3億余円の賠償金を獲得し台湾を領有して以来，日露戦争において樺太南半と満鉄を入手し，かつ旅順大連を租借地化し，ついで韓国を併合し，第1次世界大戦において南洋群島を委任統治地とした．その後，満州事変による「満州国」の建設，日中戦争から太平洋戦争にかけての華北からビルマ，インドネシア，ソロモン群島におよぶ「大東亜共栄圏」にいたるまで，日本の支配する圏域は拡大をつづけたが，敗戦によってそのすべてが失われたのである．日本の経済発展を論ずるには，戦争のもたらした経済的効果について要約する必要があろう．

まず，戦争には直接戦費のほかにその準備の費用としての軍事費が必要であ

第18表　軍事費と租税負担

(1) 1873-1945年　　　　　　　　　　　　　　　　　　　　　　　　　　(百万円, %)

	一般会計歳出+臨時軍事費歳出(A)	軍事費歳出+臨時軍事費歳出(B)	GNE (C)	構成比 B/A	構成比 A/C	構成比 B/C	租税(国税, カッコ内は地方税を含む) 租税(D)	税負担率 D/C
第1—6期	35.2	5.14		14.6			19.4	
1873- 77	65.1	10.59		16.3			60.1	
78- 82	65.9	10.93		16.6			58.3 (88.1)	
83- 87	76.7	16.3	808	21.3	9.5	2.0	63.6 (94.8)	7.8(11.7)
88- 92	80.7	23.6	1,028	29.3	7.9	2.3	66.8 (97.1)	6.5 (9.4)
93- 97	217.3	137.4	1,542	63.2	14.1	8.9	77.5 (119.0)	5.0 (7.7)
98-1902	264.6	109.6	2,389	41.4	11.1	4.6	129.7 (217.7)	5.4 (9.1)
1903-1907	927.8	620.7	3,171	66.9	29.3	19.5	238.3 (344.9)	7.5(10.9)
08- 12	583.5	196.2	4,142	33.6	14.1	4.7	330.7 (503.1)	8.0(12.2)
13- 17	831.4	413.7	5,896	49.8	14.1	7.0	361.0 (559.3)	6.1 (9.5)
18- 22	2,067.9	1,352.1	14,729	65.4	14.0	9.2	770.9 (1,291.2)	5.2 (8.8)
23- 27	1,894.7	756.4	15,807	39.9	12.0	4.8	871.1 (1,507.9)	5.5 (9.5)
28- 32	1,707.2	519.2	14.886	30.4	11.5	3.5	845.2 (1,417.2)	5.7 (9.5)
33- 37	2,977.3	1,686.7	18,552	56.7	16.0	9.1	1,000.3 (1,624.1)	5.4 (8.8)
38- 42	19,345	11,957	31,392	61.8	61.6	38.1	3,804.7 (4,617.5)	12.1(14.7)
43- 45	39,758	20,906	69,415	52.6	57.3	30.1	9,946.8(10,892.8)	14.3(15.7)

(2) 1946-90年　　　　　　　　　　　　　　　　　　　　　　　　　　(十億円, %)

	一般会計歳出(A)	防衛費(B)	社会保障費(C)	GNE (D)	構成比 B/A	構成比 C/A	構成比 A/D	構成比 B/D	構成比 C/D	租税 国税(E)	租税 地方税(F)	構成比 E/D	構成比 F/D
1946-47	16.1	—	—	800	—	—	2.0	—	—	116.5	11.96	14.6	1.5
48-52	683.7	111.8	73.1	4,548	16.4	10.7	15.0	2.5	1.6	644.2	197.7	14.2	4.4
53-57	1,066.5	147.0	136.8	8,662	13.8	12.8	12.3	1.7	1.6	1,020.3	412.5	11.8	4.8
58-62	1,837.9	174.4	252.3	16,388	9.5	13.7	11.2	1.1	1.5	1,796.1	772.4	11.0	4.7
63-67	3,930.0	313.1	637.9	33,995	8.0	16.2	11.6	0.9	1.9	3,445.2	1,615.9	10.1	4.8
68-72	7,907.1	606.9	1,346.9	72,214	7.7	17.0	11.0	0.8	1.9	7,677.7	3,732.1	10.6	5.2
73-77	21,653.2	1,367.3	4,487.0	149,327	6.3	20.7	14.5	0.9	3.0	15,908.4	8,890.5	10.7	6.0
78-82	42,091.3	2,258.7	9,108.1	238,897	5.4	21.6	17.6	1.0	3.8	27,801.5	15,623.2	11.6	6.5
83-87	53,298.4	3,155.2	11,094.0	318,200	5.9	20.8	16.8	1.0	3.5	40,148.8	23,296.7	12.6	7.3
88-90	65,660.4	3,964.1	12,900.0	414,400	6.0	19.7	15.8	1.0	3.1	57,369.9	31,787.4	13.8	7.7

『大蔵省百年史別巻』p.137, 163, および『財政統計』(1975年)による. 税については日本銀行『明治以降本邦主要経済統計』と『経済統計年報1991年版』を使用, GNEは本書第2表.

る．まず第18表によって軍事費と戦費のデータを検討してみよう．すでにみたように，1900年代の成長率が低かった時期には日清戦争以来の軍事費の増加が著しく目立つことである．それは一方においては税負担率を増加させ，他方においては輸入増加にともなう金融の引き締め，消費やGNP成長率の鈍化をまねいた．昭和前半期において日本の国内市場は狭隘であり，市場を海外に求めなくてはならなかった，という見解が有力であったのは，このような事実に基づいてのことだったといえよう．第1次世界大戦への参戦は，事実上は国力の損耗をまねかず，かえってブームをもたらした．その蓄積があったから，シベリア出兵という「無名の師」も直ちに経済的破局を招くには至らなかったが，大戦後の海軍拡張は財政に重い負担をもたらした．1922年のワシントン体制が成立し，日本がそれに参加して海軍軍縮を行ったことは，20年代の国際的なデフレーションのもとにおかれた日本経済の負担を軽くした．

しかし，いわゆる「大正デモクラシー」の風潮のもとに政党内閣の交代が定着したと見えたとき，世界恐慌を背景にする軍部の反発がはじまり，満州事変を引き起した．一般論としていえば，軍事費の膨脹はつねに経済成長を抑制するとは限らない．不完全雇用下にあっては，その支出がもたらす乗数効果によって景気回復を促進する場合もある．1930年代前半の軍事費の増大はそのような効果をもたらした．しかし経済がほぼ完全雇用に到達したのち，さらに進められた軍備の拡張と戦争への突入は，国民の生活を破壊し，蓄積された資本さえも蕩尽するに至ったのである．占領終結後も，日本が憲法第九条の規定によって軍備を制限してきたことは，敗戦の反動としての国民感情に適応する政策であったが，同時に国力を経済発展に集中しうる効果をもった．ベトナム戦争後の1980年代でも，軍事費がGNPの10%をこえた旧ソ連やイスラエルのような国もあり，アメリカも5%に達しているが，日本はなお1%程度である．日米安保条約の問題を残すにせよ，軍事費の負担の軽さが成長促進の効果をもっていたことは否定しえない．もっとも，高度成長の結果，対GNP比率は低いけれども，戦後の防衛費の絶対額は大きなものになっている．ただし，第18表に示すように，社会保障費の伸びははるかに大きく，比率も高くなっている．そこに戦前と戦後の相違が見出される．

戦前の日本が戦争を賭して進めた膨脹政策を「帝国主義」とよぶことには問

題はないであろう．ただ帝国主義政策の基礎には必ず「独占資本」の利潤追求の目的があったという考え方について一言つけ加えておくことにしよう．少なくとも日本の場合，経済的な市場の拡大や資源の確保を求めて戦争にうったえた事例を見出すことは難しい．1941年の太平洋戦争の開戦は，アメリカの石油輸出禁止政策に対抗して南方の石油資源を確保する目的で決定されたが，これも経済的というよりは軍事的な動機とみるべきであろう．したがって，戦争をその国の経済発展の水準と対応させて考え，日露戦争は帝国主義戦争であったが，日清戦争は国民主義的な戦争であった，と規定してよいかというような論争も，私にはそれほど重要なことではないように思われる．日本をとりまく国際的権力政治が，帝国主義的膨脹を基調として進められていて，早熟な後進国がその仲間入りをするとき，国内の企業の要求を顧慮するいとまがあったであろうか．日露戦争にさいしても，太平洋戦争にさいしても，財界はつねに臆病であり，国力について懐疑的であった．それは歴史の示すところである．

　しかし，経済は帝国主義的膨脹と無縁であったわけではもちろんない．戦争をはじめるときに経済的権益の確保が問題とされていなかった場合にも，現実にある地域に進出したのちは，必ずそこに企業が進出し，権益を求め，商権を植えつける．企業は与えられた条件のもとで利益を最大ならしめようとする＊．変化した環境に敏感に対応して利益を追求するのはむしろ当然の行動様式である．その既成事実は尊重されるべき権利として国の保護の対象となり，国際緊張の原因となるのであった．「十万の生霊」の「血であがな」った「満蒙の権益」とはまさにこのような性格のものであった．経済が帝国主義に協力し，便乗したというのならば，私にも異存はない．しかしつねに経済的動機を基礎において戦争を分析しようとする立場は独断にすぎるといいたいのである．

＊　戦前日本の保有した植民地の経済的意味について論ずることはいまもなお困難である（矢内原忠雄『帝国主義下の台湾』岩波書店，1929，は古典的名著であり，最近，江丙坤『台湾地租改正の研究』東京大学出版会，1974，涂照彦『日本帝国主義下の台湾』東京大学出版会，1975，溝口敏行『台湾・朝鮮の経済成長』岩波書店，1975，溝口敏行・梅村又次『旧日本植民地統計・推計と分析』（東洋経済新報社，1988，などの成果がある）．ただ次のようにいうことはできるであろう．支配者となった日本人は，現地の伝統や慣行を無視し，植民地において本国ないし本国人の

利益を優先する政策を採用し，かつ日本の資本を導入して「獅子の分け前」を獲得しようとした．台湾における糖業の歴史はそのあらわれで，現地人の企業は内地人のそれに比して不利な地域しか獲得できず，農民は製糖会社の小作人とならざるをえなかった．朝鮮においても，日本の土地所有制度を性急にもちこみ，大量の無所有者の土地を占有して東洋拓殖株式会社という一大不在地主会社を創立した．このように見ると，現地の人たちの日本に対する不満が今も残っているのもうなずけよう．しかし，日本の立場からみて，植民地の領有が日本経済全体にとって，たとえばかつてのインドが大英帝国に対してそうであったような利益をもたらしたとは必ずしもいえないようである．研究は着実に進みつつあるが，その全面的な解明は今後にまたなければならない．

　敗戦の結果，日本は植民地を放棄し軍備を制限した．GNE に対する輸入の比率も戦前は 20% 前後であったものが，高度成長期には 10% 強，交易条件の悪化した 1970 年代においても 15% 程度，1990 年代には 10% 前後に下がっている．けれども，そのことは日本の海外への依存が弱まったことを意味するのではもちろんない．むしろ日本経済の海外への依存度は一層強まったとみるべきであろう．かつての日本は，平時においては，綿花を輸入して加工輸出するために，その輸入依存度を高めなくてはならなかったが，食糧やエネルギーはほとんど自給することが可能であった．戦後重化学工業化した日本は，鉄鉱石，ボーキサイトなどの主要原料はもちろん，エネルギーの 70% を占める石油や，石炭までも輸入に依存し，小麦や大豆や飼料をも海外に仰いでいる．資源なき「経済大国」が，海外から輸入の可能性を脅かされたときどのような混乱に陥るかは，1973 年の「石油危機」のさいにあますところなく実証された．日本企業の海外進出が，しばしば「日本帝国主義」の再現とよばれ，悪評を蒙っているのも周知の通りである．戦後日本の発展と「大国」化のもつ意味を，日本人は冷静に考えてみるべきであろう．

第II部　近代日本経済の発展

第1章 明治維新

1. 江戸時代の経済的達成

(1) 人口・教育・生活

　明治以降の長期的成長は何によってもたらされたのであろうか．そのさい江戸時代からうけついだ遺産の評価が問題となる．江戸時代については，これまで，いずれかといえば停滞的な時代のイメージが濃かったが，最近では近世以降の経済を統計的に分析しようとする数量経済史の分野が開拓され，江戸時代についての新しい見方が展開されている．はじめに速水融『近世農村の歴史人口学的研究』(東洋経済新報社，1973)の結論の若干を第1表に紹介する．これは長野県諏訪地方の人別改帳を分析したもので，江戸時代の人口動態を通じて農村社会が急激に変貌していった過程が明らかになる．

　江戸時代の総人口は初期が1800万人くらい，18-19世紀には3200万人前

第1表　諏訪地方の人口動態

		1690-1700	1700-1750	1750-1800	1800-1850	1850-1870
出生率	(‰)	33.1	26.9	23.3	23.1	22.0
死亡率	(‰)	24.5	23.8	20.6	21.2	18.4
平均世帯規模	(人)	7.04	6.34	4.90	4.42	4.25
2組以上の夫婦を有する世帯の夫婦を有する世帯に占める割合		0.421	0.413	0.302	0.259	0.195
年齢15歳以下の比率	(%)	34.2	31.2	28.0	27.8	29.8
年齢61歳以上の比率(男子)	(%)	6.7	9.1	11.6	13.3	9.5
下人を有する世帯の割合	(%)	13.1 (1690)	1.8 (1750)	0.1 (1790)		

		1690-1700	1700-25	1725-50	1751-75	1775-1800	1800-25	1825-50
幼児死亡率の推移(男10歳以下)	(‰)	408.7	333.3	301.1	213.8	101.9	105.6	155.0

速水融『近世農村の歴史人口学的研究』(東洋経済新報社，1973).

後というのが従来の定説であった．太閤検地当時の全日本の石高が約1800万石，人口1人を養うには1石を要するという推算である．それに対し速水は，1石が1人を養うというのは根拠がないとして，残存する人別改帳のデータから人口増加率を求めて逆算すると，江戸時代初期には1000万人から1200万人程度とみるべきだと推算する．実際には，1721年以後の人口趨勢は幕府の調査によってわかっており，1830年代までは3000万人程度で横ばいと見ることができる．人口が1600年から1720年までの約120年の間に2.5倍（年率0.8％）ないし3倍（0.9％）に増えることができたことは，それだけの人口を養うに足りる農業生産の発展がみられたことを意味している．これは近世の農業の発展のテンポとしてきわめて高いものといわねばならない．

次に諏訪地方の農村の人口動態をみよう（第1表）．まず第一に出生率・死亡率の低下傾向がはっきりしている．世帯の平均規模も，初期の7人から幕末の4人余まで急速に低下しているが，とくに低下がはっきりあらわれるのは18世紀においてである．それは中世から近世までに多かった多数の作男・作女（下人）を有する豪農がこの間に急減したことを物語っている．これは，2組以上の夫婦を有する複数世代家族の比率が下がっていくことにも対応している．18世紀には，大家族制度は解体して夫婦を単位とする近代的核家族に変貌していったことが読みとられるのである．270年間に人口が3倍に増え，しかも世帯の規模が7人から4.25人に縮小したことは，世帯数が約5倍に増加したことを意味する．それはこの地方で新田開発が進んで耕地面積が増加し，二，三男の分家などの形で農家戸数が増加した結果である．また男子の年齢構成をみると次第に高年齢者の比率が高まっている．平均寿命がのび，生活環境が改善されたことが読みとられる．全体として出生率・死亡率がともに低下しており，そのなかで人口増加がつづき，明治以後の趨勢に接続する動きが見られることも興味深い．また生活環境や衛生事情が改善されたことは，幼児（10歳以下）の死亡率が17世紀から19世紀前半までに40％から10％まで低下していることにもあらわれている．幕末には上昇しているが，女子の死亡率はかえって低下しているので，大勢に変化はないであろう．

以上は，近代社会に特有といわれる人口動態が江戸時代の農村に見出されることを立証した画期的な業績といわねばならない．その背後にあった江戸期の

経済発展は新たな眼で見直されるべきであろう.

ところで江戸時代の人口は18世紀にいったん伸び悩み, 1830年代以後再度上昇に転じている. これは諏訪地方だけでなく, 森田優三の推計によっても, 天保期 (1830-44年) に人口増加がはじまるのと対応している. 第2表・第1図は19世紀半ば以降の日本の人口をまとめたものであるが, 森田推計によると, 幕末すでに出生率は3%に近かった. 死亡率が2%前後であったとすれば, 1%弱の人口増加率が想定される. 諏訪の場合は例外ではなく, 全国的にその程度の人口増加の条件があったとみてよいであろう. それでは, なぜ18世紀に人口増加がいったん停止したのであろうか. 世界的な気温の低下や, 浅間山の噴火などの自然環境の悪化のために東北・北関東地方の人口が減少した. 西

第2表 総人口の趨勢 (万人)

1872年	3,481	1940年	7,140
80	3,665	50	8,320
90	3,990	60	9,342
1900	4,385	70	10,372
10	4,918	80	11,706
20	5,539	85	12,105
30	6,387	90	12,361

1872-1910年は内閣統計局による各年1月1日現在の推計.
1920年以降は国勢調査 (各年10月1日) 結果.

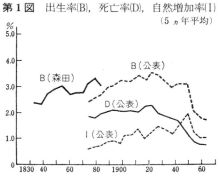

第1図 出生率(B), 死亡率(D), 自然増加率(I)
(5ヵ年平均)

1) 公表出生・死亡率は人口問題研究所の数字. 日銀『明治以降本邦主要経済統計』pp.12-13による.
2) B (森田) とあるのは森田優三『人口増加の分析』(日本評論社, 1944) が明治期年齢別人口構成から逆算して推計した出生率, 中村『戦前期』(前掲) p.44.

日本の人口は増加していたが，合算すれば，人口停滞の様相を呈したのである．これに対応して開墾や土木工事の件数も減少している．ただし，この時期には全国的にみて生活水準の改善が進んでいた．自然環境の改善とともに，人口増加も再開されるが，その一方で，19世紀初頭から幕末期にかけて，日本の教育の普及度も非常に高くなってくる．

ドーアの『江戸時代の教育』(松居弘道訳，岩波書店，1970) は，江戸時代の日本の教育の内容が高かったこととその意義を興味深く考察している．1868 年において，日本の男子人口の 43%，女子の約 10% が読み書き能力を備えていたが，これは世界的にみても驚くべき数字であったようである．1875 年には，男子の 54%，女子の 19% が小学校に通学していた．産業革命後の 1837 年のイギリスにおいて，就学率は 4,5 人に 1 人であった．それは江戸時代以来の庶民教育の帰結であった．ドーアによれば，初等教育の意義は，「もっとも控え目にみても，訓練を受けることに対する訓練が積まれていること」である．日本人は，明治期になって外国の技術・文物を積極的に導入することができたのである．

さらに江戸時代の後期になると，一般に儒教・仏教・心学などが普及した．それらは反動的なモラルとのみ解されるべきではない．たとえば武士階級において支配的であった儒教について，ドーアは，儒教は「知的探求心と向学心」をかきたてるのに効果的であり，さらに「知力の訓練」に役立ったとのべている (pp. 279-280)．幕末の勘定奉行川路聖謨は能力を見込まれて抜擢され，天領の奉行や外国との応接に当った人物であるが，日常生活においては，一汁一菜を固く守り，公退後は下僚を相手に武芸に励み，燈下聖賢の書に親しむ典型的な武士であり，老後江戸開城をみて腹を切った．しかし下田奉行としてハリスに接した時，彼はアメリカの思想・制度・技術・文物に対して抵抗感なくこれを理解，受容する能力を示して，ハリスを驚かせ，やがてその孫をイギリスに留学させている．これは稀有の例ではなく，幕末の最優秀な官僚たちは共通して同様な柔軟性を持っていた．幕府官僚のエリートであった成島柳北，栗本鋤雲，田辺蓮舟らは明治政府には仕えずに武士の意地を貫きながら，外国語を学び，新聞を興し，書物を書き，外国文明の導入に貢献したのである．福沢諭吉の「瘠我慢の説」も，同じ精神を継ぐものとみてよいであろう．

第3表　1897年ごろまでに設立された紡績会社の出資者と経営者

		商工業者	地主	士族	商人と地主の合併	商人と士族	その他	計
1885年までに設立	出資者	6	1	6	4	2	—	19
	経営者	6	2	9	2	—	—	19
	経営をひきついだ者	4	—	—	1	—	—	5
1885-96年に設立	出資者	32	1	—	7	10	5	55
	経営者	34	2	11	4	—	5	56
	経営をひきついだ者	6	—	—	—	—	—	6

絹川太一『本邦綿糸紡績史』全7巻（日本綿業倶楽部，1939-1944）より集計．中村『戦前期』（前掲）p.92.

　また一般に商人は保守的であり，明治になって士族から実業に転身した人たちが進歩的であったと考えられている（J. ヒルシュマイアー『日本における企業者精神の生成』東洋経済新報社，1965，p.39）．しかし必ずしもそうではなく，紡績会社の場合をみても，商人や地主が大量に株主になり，経営に参加している（第3表）．それは商人の富の蓄積を示すとともに，彼らもまた新しい事業に対する興味を，いわば企業者精神（アントゥルプレニュアシップス）を持っていたことを示すものと考えてよいだろう．一般的にもっとも保守的とされる近江商人の場合でも，外村繁の小説『筏』（新潮文庫所収）が示すように，天保改革に際しては政策の方策を正しく洞察し，北海道の開拓と貿易に積極的に参加してゆく進取性をもっていた．

　江戸時代の社会も停滞的なものではなく，内部的にも発展の条件がすでに備わっていたのである．明治期における経済発展は必ずしも外圧によるとばかりはみなし難い．外圧は内生的な変化を促進し，加速し，変容せしめたのである．

(2) 農業と工業

　まず農業の場合をとってみよう．J. ナカムラのいうように，明治初年の反当り収量が1.6石（240キログラム）という水準であるとすれば，それは20世紀後半の東南アジアの水準を超える高い水準を意味する（p.11の文献参照）．また，明治6年の地租改正にさいして政府が作成した検査例には中田の収穫量を反当り1.6石としている．土地生産性はかなり高かったと考えてよいかもしれない．

　次に土地所有の問題がある．江戸時代において農民は，公式には自分の土地

を持ち年貢を納めている本百姓（高持百姓）と，土地を持たない水呑百姓とに区分されていた．しかし実際には，それ以外に新田の開発が進んでおり，幕府や藩による開田のほかに，いわゆる町人請負新田を含めて，かなりの耕地の増加がみられた．その場合，町人は開発した土地を事実上所有し，そこから小作料をとることを領主から黙認されていた．幕末の小作地の比率については，標本は多くないが，大内力の計算がある．それによると幕末の段階で，近畿地方などの先進地帯では小作地比率が31％，中進地帯では地域によって若干差はあるがほぼ20％，東北などの後進地帯で11％である．小作地は明治になってから急に増えたのではなかった．小作料率はどの程度であったろうか．小野武夫の古老からの聞き取りによれば，収穫量の37％程度が年貢，20－28％が地主の取り分，農民の取り分は35－43％というのが幕末の標準であった．寄生地主が高率の小作米をとるという制度は，幕末にはすでに普遍化していたのであって，地主は幕末すでにかなりの支配力を持つに至っていたのである．同時に農産物の商品化が進んでいた．幕末，大坂に入荷する米のうち4分の3が領主が売りに出す蔵米，4分の1が農民が売りに出す納屋米といわれた．この時期になると，農民は飯米を保有してなお余剰を残しえたのである．納屋米販売者の多くは地主であったかもしれないが，相当量の自主流通米が存在したといえよう．江戸の場合も5分の1が納屋米相当の分であったといわれる．

　この時期にはそれ以外にも綿・菜種・藍・煙草・茶・甘蔗等多くの農産物が商品として出回るようになった．綿・菜種・藍は明治後期に入って衰退するが，当時においては重要な商品であった．農民もすでに自給自足の段階をぬけだして貨幣経済に巻きこまれつつあった．農村における代表的商品は肥料で，主に干鰯・鰯粕・胴鰯等イワシを肥料化したものと，西廻り航路で北海道から運ばれる鰊粕であった．肥料問屋で地主を兼ねるものがとくに先進地帯にはかなり多かったようである．塩・木綿・呉服・太物などもすでに全国的な市場を形成していたし，古着なども農村向けに都市から輸出される商品の一例であった．

　農村の就業状態について考えてみよう．野村兼太郎は，文政期の村明細帳によって幕末における農民の職業分析を行った．幕末には農民の20－25％が農間渡世者（兼業を営む者）であった．いちばん多いのは居酒屋で，ついで油屋・材木屋・飲食店・豆腐屋・菓子屋・煙草屋・小間物屋等．兼業農家，当時

のことばでいう農間渡世者の中には，大工・左官など当時の工業労働者をも含んでいたが，農民の相当量は商業を兼営していたのである（『村明細帳の研究』有斐閣，1949）．また，地主層も領主の末端機構をつとめるほか，肥料問屋・質屋・高利貸・医者・呉服屋・醸造業等を兼ねるものが多かった．あるいは商人たちが次第に地主化してゆく例も多かったというべきかもしれない．幕末の農村は商品経済に巻きこまれつつあり，小農民は労働者になるばかりでなく，商業，職人などを兼ねて，農民層の広範囲な分解が始まっていたのである．

工業としては問屋制工業が多かった．町の商人が場合によっては農民に紡糸機や織機を貸して賃仕事をさせる形式は，幕末にはかなり普遍化していた．これは明治から昭和に至るまで存続する農村工業の一類型である．その代表的な事例としては，たとえば関東では桐生・足利の銘仙，八王子・所沢の絣などがある．徳川期から明治初期にかけての木綿の産地としては，年産100万反を超えた河内，和泉（大阪府），姫路，安芸，新川（富山県）をはじめ，知多，尾西（愛知県），因幡，松山，今治（愛媛県），佐野，真岡（栃木県）などが著名であった．その他を含めて，綿布生産を開始した時期と，商品化をはじめた時

第4表 幕末農村綿織物産地の事例

(1) 綿布生産の開始時 (産地数)

地　域	東北	北陸	関東	東海	近畿	中国	四国	九州	計
16-17世紀	1	1	1	3	3	1	1	0	11
18世紀前半	0	1	1	0	0	0	0	1	3
18世紀後半	0	0	1	1	1	0	0	0	3
19世紀前半	0	0	1	0	0	0	0	0	1
計	1	2	4	4	4	1	1	1	18

(2) 綿布商品化の画期 (産地数)

地　域	東北	北陸	関東	東海	近畿	中国	四国	計
17世紀	0	0	0	2	1	0	0	3
18世紀前半	0	0	0	0	0	1	1	2
18世紀後半	0	2	1	1	1	4	0	9
19世紀前半	0	1	2	1	0	0	1	5
19世紀後半	1	0	1	0	0	0	0	2
計	1	3	4	4	2	5	2	21

阿部武司「近世日本における綿織物生産高」（尾高煌之助，山本有造編『幕末・明治の日本経済　数量経済史論集4』日本経済新聞社，1988，所収）より引用．このデータは28の産地の事例のうち，時期の判明しているものの集計である．

期については第4表をみられたい．絹織物業地においては，糸師とよばれる商人が繭を購入し農家を組織して賃挽をさせ，これを織物商が購入して賃機に出すのである．少し大きい糸師になると70軒くらいの農家を組織していたといわれる．江戸時代の経済は，地方の農業も発達し，農業をとりまく経済も発達するという形を示している．それをもっと具体的に示すのが貨幣経済の数字である．

(3) 経済政策とインフレーション

江戸は金を中心とする「金使い」の経済，関西は「銀使い」の経済といわれるが，全体として貨幣量はかなり急速な増加を示している．山口和雄によると，1736年において全国の金銀銭合せた通貨量は1455万両，1818年で3369万両，1832年4686万両，1854年5275万両，1869年では1億3072万両であった（『明治前期経済の研究』（増訂版），1963）．18世紀から19世紀初めの約80年間に2倍強，19世紀の50年間に約4倍に増加している．この間にはしばしば金貨の改鋳が行われ，品質の低下によって増加した金貨を幕府の収入にすることによって幕府は財政困難に対処したのである．この政策はとくに1820年代以後継続的に行われた．それは幕末の経済発展を刺激したと考えられている．このほか，諸藩の藩札の増加も著しく，全体としてはそれによって通貨の流通量は増えていった．それは当時の幕府・諸侯の財政窮乏に起因するが，新田開発や干拓工事などを行って財政支出を拡大することは，結果的に全経済を刺激して経済活動を活発化する一面をも持っていた（新保博『近世の物価と経済発展』東洋経済新報社，1978）．当時からケインジアンのような思想があったわけではないが，財政の急を救うための改鋳を合理化し，いわば積極政策を擁護する経済官僚の立場と，商品経済が発達して人心が奢侈に流れることを慨嘆する新井白石，松平定信らモラリストの消極主義とが，くり返し争われてきたのである．モラリストの最後の反撃は水野忠邦の天保改革（1841－43年）であったが，その失敗の後は，もはやモラリストの立場を主張する余裕もないほど財政危機が切迫したといってよい．各藩も財政危機にあえいでいた．財政難の乗り切りに成功したのは，薩摩・長州・土佐・肥前などのいわゆる西南雄藩である．薩摩藩の調所広郷の場合，大坂商人からの借入金の利子を棒引きにさせ，かつ主要物

産(砂糖,大島紬など)を専売として建て直しに成功した.また長州藩も村田清風らが計画をたて物産奨励と専売によって成功している*.薩長が維新の主導力となりえた基盤はここにもあったといえようが,産業政策が地域的な経済成長を促進する効果をもっていたことも否定できない.

* 楫本洋哉「萩藩の財政と経済政策」(『社会経済史学』1977年2月),西川俊作・楫本洋哉「防長一円《経済表》序説」(社会経済史学会『新しい江戸時代像を求めて』1977,所収)など参照.

幕末のインフレーションは,開国後金貨が海外に流出し,しかも貨幣改鋳,紙幣の濫発が行われたことに起因する.ここには最近の推計(斉藤修)による大坂の一般物価指数をかかげておく(第2図).天保飢饉当時上昇した物価はいったん低下安定するが,開港の後は加速度的に上昇し,1860年代後半には破局的様相を示す.開港以後諸職人の賃金などは約2倍に上昇したにすぎなかったため,実質賃金は60年代後半には破局的に低落した.それが都市における一揆,打ちこわしなどの社会的動揺をまねいたのである*.のち,明治維新の直後,太政官札(不換紙幣)を発行し,既存通貨とともに流通させたために,明治2年にはインフレーションはピークに達した.明治政府は廃藩置県ののち旧藩の藩札の償還をひきうけるが,こうした乱脈な通貨制度の統一が大きな課

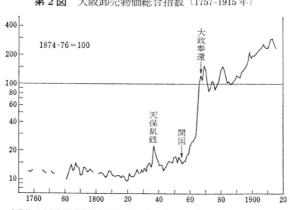

第2図 大阪卸売物価総合指数(1757-1915年)

斉藤修「大阪卸売物価指数 1757-1915年」(『三田学会雑誌』69巻10号).

題となることはのちにみる通りである．

* 幕末におけるインフレーションのひとつの理由を説明しておこう．江戸時代においては，同重量の金に対する銀の相場はだいたい 4.64 分の 1 であった．海外ではほぼ 15.5 分の 1 であったから，海外に比べて銀の対金価値がほぼ 3.3 倍に当る．外国商人は日本に銀を持ちこんで金に換えさえすれば巨利を博しえたわけである．日本で金銀比価が海外の水準に改訂されたのは 1860 年であったが，このときには，銀貨をそのままにして金貨（万延小判）の金含有量を 3 分の 1 に切り下げて，通貨を増発したため，幕末インフレの一因となった．

2. 近代経済の出発

(1) 維新の制度改革と地租改正

明治政府の初期の制度上の変革はその後の経済の方向を基本的に定めたということができるであろう．その政策は欧米の制度の模倣であったが，長期的にみて大きな意味をもつ変革であった．

1868 年，関所や番所を停止するとともに問屋株を廃止して建前上は商業営業の自由を確保した．69 年には農工商身分の廃止と平民の創設によって，農民が他の職業に移ることが公認された．さらに 71 年に一般農民に対する米販売の許可，田畑勝手作りの公認，華士族卒の農工商営業の許可，72 年に伝馬助郷の廃止，田畑永代売買の解禁，農民の身分制（草分・水呑・家抱）の禁止，農民の商業営業の許可，というように近代国家の基本原則が明治の初めに一挙に定められている．政治的問題ではあるが，経済的にも大きな意味をもつ版籍奉還（1869 年），廃藩置県（71 年），徴兵制（73 年）の施行と，次々に近代化施策が行われていく．とくに廃藩置県は，全国を中央政府の直接支配のもとに置いた点で，画期的な意味を持っていた．そして，76 年までには，秩禄公債を交付してすべての士族の俸禄を廃止してしまう．一連の士族叛乱は兵力によって鎮圧された．これらの改革は一朝にしてその成果があらわれるという性質のものではもとよりなく，その影響があらわれるには数十年の時日を要したが，その一つ一つが重要な意味を持っていた．たとえば農民の転職や都会への移住

第1章 明治維新

の自由が認められたことは，江戸時代にも事実上都会への出稼ぎが存在したとはいえ，より広汎な第2次・第3次産業化と人口の地域的移動の機会をつくりだし，その後の都市化と社会的変化の動機となった．とくに廃藩置県によって進められた中央集権化への志向が，政治，経済，文化，教育にいたるまであらゆる側面における国民的統合の基盤となったこともいうをまたない．

　以後の農業の問題との関連で，地租改正にふれておこう．地租改正は本来，財政の窮乏に苦しんできた明治政府の収入を確定する目的で行われた．政府の収入は，各藩の旧税制（物納年貢）をそのまま引きついでおり，これを統一し，かつ金納化して米穀販売の手数を省き，同時に政府の税収入額を安定させたいという考えに基づいて行われたのである．そのためには土地所有者を確定する必要があった．政府は農民の土地を調べ，地価を定めて地券を交付し，その地価の100分の3（1877年以後100分の2.5）を地租として，また100分の1以下を民費（地方税）として納入させた．地価は5年ごとに改訂のはずであったが，実際は長く据え置かれた．地租改正によって土地所有者が確定され，彼らは納税義務を負うとともに，地主としての権利を公認されることになった．しかもその後地価が，したがって地租の額が据え置かれたため，西南戦争（1877年）後のインフレーションのさい，米価が騰貴すると地主の採算は有利となり，土地は有利な投資対象と意識されるようになった．ついで松方デフレーション（1882－86年）のさい，米価は著しく下落して農民が抵当流れや売却の形で土

第5表 地域別耕地中の小作地比率　　　　　　　　　　　　　　　　　　　（％）

	1883-84	1887	1892	1897	1903	1908	1912	1917	1922	1927	1932	1937	1940
東　北	25.1	29.9	32.4	32.7	36.5	40.4	41.0	41.9	43.5	44.1	47.0	46.8	46.7
北　陸	46.3	50.0	49.2	47.1	49.2	49.8	50.5	51.6	51.5	51.2	53.5	52.2	51.9
近　畿	40.2	44.8	44.4	48.2	49.0	49.5	50.1	50.5	50.8	48.7	47.5	46.3	45.1
山　陽	34.4	39.3	40.9	42.4	46.9	47.4	47.9	46.8	46.3	44.7	44.4	43.5	42.8
山　陰	47.9	50.9	51.4	52.3	53.5								
全国計	－	39.5	40.0	41.2	43.9	45.4	45.4	46.2	46.4	46.1	47.5	46.8	45.9
内地計	35.9	39.6	40.2	41.3	43.5	44.9	45.2	45.9	46.2	45.3	46.4	46.3	45.7

1) 1883-84年は山口和雄『明治前期経済の分析（増補版）』（東京大学出版会，1965）pp.60-61．
2) 1887，92，97，1903年は加用信文監修『日本農業基礎統計』（農林水産業生産性向上会議，1959）府県別統計により，各年の耕地面積，小作地比率を得，これによって集計．一部は前後の年次のデータにより直線補間して推定．
3) 1908年以後は『農事統計表』による．加用上掲書，pp.94-95．
4) 中村『戦前期』（前掲）p.49 より．

地を手放し,小作地比率が増加したのである.その経過を第5表によってみよう.1883-84年の内地計で35.9%の小作地があった.この時点で小作地比率の高かったのは北陸・近畿・山陰等先進農業地帯であり,低かったのが東北・関東・九州等後進地帯であった.それが87年39.6%,97年41.3%,1908年44.9%と,明治時代を通じて小作地の割合が高まっていく.このことから,「講座派」によって,地租改正は,「封建遺制」としての寄生地主制を確立させたという評価がなされている.たしかに,地租改正以後平均して小作地比率が高まった.なかでも東日本,とくに東北地方において大幅であったのは事実である.けれども,地租改正によって寄生地主制が確立したという議論には飛躍があるように思われる.幕末において小作地比率はすでに高かったのであって,明治以降は,松方デフレーションを契機にして小作地が増えたにしても,35%から40%への5%の上昇にすぎない.むしろ大切なことは,ひとつにはむしろこの時期以降,土地が好利回りの投資対象として町場の商人や企業からも認識されるようになったことではなかろうか.松方デフレ以後のしばらくの期間には地価が低かったために,地方の豪商はもちろん,岩崎家や武家華族までが土地に投資した.それは営利のための選択にすぎず,制度的な重要性をもつものではない.

　また明治末期まで小作地比率は上昇してゆくけれども,その主たる理由は経済成長の過程における経営条件の変化であった.後進地帯には家族経営の能力をこえる広い農地をもち,明治中期まで多数の農業労働者を駆使して稲作を行う「地主手作り」経営も多く存在したが,労働力が不足化し,「手作り」をやめて寄生地主化していった.1890年代後半以後は,地価が高騰して(1898年には88年の2.1倍)地主の採算は次第に悪化し,土地兼併の動きはおさまるが,地主(大農)の「手作り」が,農業労働者の賃金上昇などのために順次廃止され,寄生地主化がひき続き進む.他方,農産物価格の回復にともない,自作農は経営面積の拡大をはかり,むしろ小作地の借入れを望むようになる.土地を望むものが多ければ小作料率は高いままに据え置かれる.これは経済法則が貫徹していることを物語っているというべきであろう.小作地比率の上昇は以上のようなメカニズムを考えれば明快に理解できるように思われる.

　いずれにせよ,寄生地主制自体,明治政府による改革の結果,公然と可能に

なった土地所有制度を背景に展開された経済現象として理解されるべきものであろう．

(2) 貨幣制度の確立

明治以降の通貨制度についても簡単にふれておこう．明治期の物価は，維新前から急騰し，70年代に入っていったん安定するが，西南戦争（1877年）から80年代前半にかけて再度上昇し，81年にピークを迎え，明治14（1881）年の政変によって大隈重信（参議，前大蔵卿）が失脚し，松方デフレーションがそのあとに展開されるのである．それはわが国の金融制度・貨幣制度を統一し，国際通貨との連繋をはかり，開国以来のインフレーションに終止符を打とうとするこころみであった．

明治政府は廃藩置県のさい，各藩の負債や藩札をその金額を大きく切り捨てたうえで引きついだ．維新のさいに発行した太政官札の整理の目的もあって，明治5（1872）年にアメリカのナショナル・バンクにならって国立銀行制度を採用した（これを国立と訳したのは誤訳で国法銀行とでも訳すべきであろう）．認可された国立銀行は政府にその資本金の6割を太政官札で納入し，同額の政府紙幣をうけとって営業する．残りの4割は金をもって兌換準備とし，金1匁（3.75グラム）をもって1円とする制度である．しかし実際には1872年から76年までの間に，国立銀行は渋沢栄一の国立第一銀行をはじめ四つしか創設されず，その成績は不良であった．国立銀行は兌換銀行であるから，兌換を要求されると拒否できないので，手持ちの金は流出を免れない一方，銀行がうけとる紙幣の金に対する価値は減価するからである．結局，必要な通貨は整理すべき政府紙幣の増発によってまかなわれざるをえなかった．藩札のみは整理されえたが，貨幣制度は依然として乱脈のままに推移したのである．このような通貨発行高の動きをとりまとめると第3図がえられる．

1876年大蔵卿大隈重信は国立銀行条例を改正し，秩禄公債等を資本金として流用することを認め，資本金の8割までの銀行券の発行，兌換義務の停止を承認した．その結果，全国的な国立銀行ブームがおこり，200行近い国立銀行が創設された．当初の紙幣整理の目的は失敗に帰し，西南戦争以後，1870年代末のインフレを助長することになったが，西南戦争の戦費を調達するために

第3図　各種通貨の推移

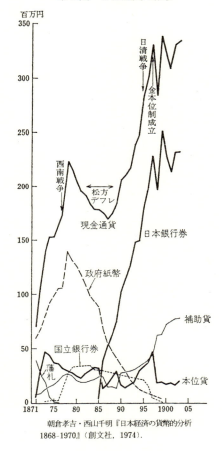

朝倉孝吉・西山千明『日本経済の貨幣的分析 1868-1970』（創文社，1974）．

利用されたことも否定できない．当時，国立銀行以外の銀行としては三井銀行の前身三井組バンクなどがあったが，政府はむしろ私立銀行を歓迎しなかったため，国立銀行を中心として全国に銀行網が発展したのである．西南戦争後のインフレは，大きな問題を引き起した．銀貨に対する不換紙幣の価値が低落したため，紙幣ではかった物価が高騰したのである．大隈はなおも通貨量の削減には反対で，5000万円の外債を募集して，それによって銀本位制度を樹立して紙幣を整理し，産業の発展をはかろうとした．しかし，それも実現できぬう

ちに明治14年政変がおこって大隈は失脚し，大蔵卿となった松方正義は，通貨制度の確立をめざして，財政の緊縮をはかり，政府紙幣と国立銀行券の新規発行を停止してその急速な回収につとめ，強烈なデフレ政策を遂行したのである．

1878年のピーク時点にくらべれば，86年には政府紙幣は7000万円減少し，現金通貨全体としてみても4800万円，約21％の減少をみた．そのために，都市農村を通じて激しい不況にみまわれた．とくに農村においてはブーム期の借金の返済に困り，田畑を手放して小作農に転落する者も多かった．1882年，唯一の中央銀行として日本銀行が創設されるが，銀行券の発行が見るべき水準に達したのは85年以後であり，正貨（銀）兌換がはじめられたのは86年であった．これによって日本の貨幣制度はようやく近代的な基礎をもつことになった．しかし，当時の通貨整理の方法はあまりにも苛酷であり，不況を激しくして社会的混乱を引き起したことは問題といわねばならない．経済政策が唯一の目標を性急に追求して，マイナスの副作用をもたらした例とみることもできる．松方と前任者の大隈を対比して松方をたたえるのは古くからの定説であるが，見方によっては，その後も引きつづく積極政策と消極政策論の対立がここに始まったと考えることもできる．それは以後の経済政策の上でくり返し争われる主題のはじめての登場であった．

(3) 新産業と会社制度

明治政府はもうひとつの近代化の手段として早くから会社制度を導入した．当時，海外から導入された新産業を興すことは，それ自体冒険であった．一番いい例は鉄道の敷設であった．政府は自ら東海道線建設に着手したが資金難で完成には15年余を要したほどだから，他の幹線は民間資金に依存せざるをえなかった．この場合には，会社組織により多くの株主の資金を糾合して行うほかはない．渋沢栄一の主唱で1881年につくられた日本鉄道（上野－青森間）は主として旧大名華族の出資を仰いで成立した．その成功後，山陽鉄道，九州鉄道，関西鉄道などの建設があいつぐが，いずれも株式会社組織によって成功したのである．

会社企業の形態は，前近代社会以来，地主や都市の商人が蓄積してきた資金

第6表　会社払込資本金及び

	1884	1887	1894	1899	1904	1909
農林水産業	0.4 (2.3)	0.7 (6.5)	0.4 (3.5)	0.3 (2.4)	0.3 (2.7)	0.9 (3.2)
商業	0.8(14.1)	3.9(19.6)	2.7(14.5)	4.9(23.5)	4.7(23.4)	5.5(24,9)
金融業	78.1(60.7)	46.3(38.6)	35.8(40.1)	39.3(27.9)	37.1(29.6)	30.7(24.8)
保険業	－ (－)	0.5 (0.3)	1.3 (1.7)	1.4 (1.0)	1.1 (0.6)	0.9 (0.4)
保全会社	－ (－)	－ (－)	－ (－)	－ (－)	－ (－)	－ (－)
サービス業	0.2 (2.0)	1.0 (3.6)	2.8 (7.8)	1.0 (5.7)	1.4 (6.2)	2.2 (6.5)
製造工業	2.0 (7.0)	9.0(20.1)	11.4(20.1)	14.6(26.8)	13.8(24.3)	20.5(27.9)
紡織	1.1 (2.4)	4.8 (8.6)	6.9 (8.2)	7.7 (8.5)	5.4 (7.0)	6.3 (7.5)
重化学工業	0.6 (0.9)	3.5 (5.4)	2.7 (4.2)	4.0 (6.5)	5.6 (5.3)	8.8 (6.9)
その他軽工業	0.4 (3.1)	1.5 (6.0)	1.7 (7.8)	2.9(11.8)	2.8(12.0)	5.5(13.6)
電力ガス水道業	－ (－)	0.5 (0.7)	0.8 (0.7)	1.1 (0.7)	2.0 (0.9)	5.5 (1.2)
運輸業	18.3(13.7)	35.8 (7.4)	41.3 (6.5)	32.4 (7.8)	36.4 (7.8)	21.3 (7.1)
倉庫業	0.1 (－)	0.2 (0.5)	0.3 (1.2)	0.7 (2.0)	0.6 (2.7)	0.9 (2.2)
土木建築業	0.0 (0.0)	0.3 (1.7)	0.2 (0.6)	0.4 (0.8)	0.2 (0.5)	0.2 (0.5)
鉱業	0.0 (－)	1.8 (1.0)	3.0 (8.4)	3.9 (1.5)	2.4 (1.4)	11.2 (1.3)
実数　払込資本金（千円）	105,932	194,598	294,579	701,869	1,003,919	1,555,100
社数	1,492	2,389	3,240	7,486	8,781	11,521

財団法人機械振興協会経済研究所『経済研究資料41-4：機械工業の循環的変動と発展の分析（Ⅱ）』（藤野正三郎，1883年-1946年」として再刷された．

や大名華族が秩禄公債の形でもっていた資産を動員して近代産業に導入するためにもっとも簡便な手段であった．会社制度をとらないとすれば，失敗した場合のリスクが大きいが，有限責任の株式会社制度ならば，失敗しても投資した資金の範囲内に損失が限定されるから，負担が軽く投資しやすかったのである．渋沢をはじめ，大阪の五代友厚，土居通夫，名古屋の奥田正香らの指導によって多くの会社が設立されたのはそのためである．会社制度が日本で急速に発達したことは，民間資金を近代産業に動員する上で非常に大きな意味を持っていた．

　第6表をみると，当時の投資がどこに集中していたかがよくわかる．たとえば1884年には金融業―銀行が払込資本金の61％を占めている．94年には，陸運・海運が41％，銀行金融が36％，合計4分の3をこえている．明治前半における投資の主要対象は，会社の払込資本金でみるかぎり船舶・鉄道・銀行の三部門であった．日露戦争後に政府が鉄道国有化を行った結果，鉄道の比重は低下したにもかかわらず，1914年になっても，45％が銀行と交通関係であ

第1章 明治維新

社数　　　　　　　　　　　（総数を100とする百分比．カッコ外資本金．カッコ内は社数）

1914	1919	1924	1929	1934	1939	1945
1.2 (2.9)	1.3 (3.0)	1.5 (2.8)	1.7 (2.3)	1.6 (2.8)	1.5 (2.3)	1.5 (1.9)
7.4(25.2)	9.8(24.8)	12.4(29.0)	11.5(35.3)	12.2(39.9)	12.0(36.8)	6.8(18.4)
29.5(23.6)	21.9(13.9)	18.6 (9.5)	14.2 (5.5)	11.3 (3.6)	6.6 (2.7)	3.8 (1.4)
1.0 (0.4)	0.8 (0.3)	1.0 (0.2)	0.9 (0.2)	1.0 (0.1)	0.6 (0.1)	0.2 (0.1)
— (—)	— (—)	6.8 (1.0)	8.3 (1.4)	7.9 (1.0)	5.5 (1.1)	1.9 (1.2)
4.9 (6.3)	6.8 (8.3)	4.0 (7.3)	6.1 (8.3)	6.6 (8.7)	4.9 (8.2)	2.0(18.4)
19.3(28.1)	28.8(36.5)	26.3(37.8)	25.2(34.2)	28.5(33.3)	39.1(37.5)	60.3(62.5)
6.1 (6.4)	7.9 (7.9)	7.6 (7.9)	6.2 (5.8)	5.9 (5.4)	5.1 (4.9)	4.5 (5.4)
8.5 (7.5)	15.6(12.8)	12.2(10.9)	13.0(10.6)	15.4(10.3)	29.0(16.8)	48.6(30.8)
4.9(14.2)	5.0(15.8)	6.4(19.0)	6.0(18.1)	6.1(17.6)	5.0(15.7)	8.3(26.2)
12.4 (2.5)	8.7 (2.3)	11.1 (1.7)	14.8 (1.2)	14.7 (0.7)	12.6 (0.5)	12.0 (0.2)
15.5 (7.0)	13.0 (7.0)	9.4 (7.4)	10.1 (8.8)	9.6 (7.3)	7.7 (7.5)	5.6 (4.3)
0.8 (2.3)	0.7 (1.9)	0.9 (1.5)	0.9 (0.9)	0.9 (0.6)	1.5 (0.5)	0.4 (0.7)
0.5 (0.6)	0.6 (0.8)	1.1 (1.1)	0.8 (1.5)	0.6 (1.5)	0.7 (1.8)	1.2 (3.1)
7.4 (1.0)	7.6 (1.2)	6.9 (0.6)	5.4 (0.5)	5.2 (0.4)	8.4 (1.0)	4.3 (0.9)
2,218,290	6,123,689	10,999,121	13,952,008	15,704,040	25,193,851	31,813,393
16,858	26,280	33,567	46,692	78,198	85,122	41,380

1967年4月）より作成．原資料は一橋大学経済研究所のDiscussion Paper Series A, No.203.「産業別法人企業統計：

った．初期には製造業の比重は低く，それが次第に上昇してゆき，第1次世界大戦前にようやく20%に達したのである．その中心は紡織業，とくに綿紡績であった．重化学工業の比重は10%にも達しなかったのである．重化学工業のウエイトが高まるのは第1次世界大戦以後のことである．銀行と交通の発展は，実は国内における生産を開発してゆく上での基礎条件となるインフラストラクチュアを形成したというべきであろう．

　鉄道・金融機関の発展は経済発展の条件を作る上で大きな意味をもっていた．日本鉄道が成功し，つぎつぎに地方鉄道が計画され，山陽鉄道・九州鉄道や産業鉄道として両毛線，筑豊炭鉱鉄道等の私鉄が建設される．鉄道建設は，もちろん営利事業にはちがいないが，筑豊の石炭業の場合，遠賀川の川船による輸送が鉄道に代ったことによって出炭は急増した．諏訪の蚕糸業は中央線開通後生産が伸びるが，これは原料繭の集荷範囲が県内と山梨県程度だったのが関東一円にひろがったためである．地方の銀行は，資金力の薄弱な地場産業の仕入資金を供給したり，製品の販売のさいに荷為替取り組みの便宜をはかったりし

た．第2次産業の発展を急速ならしめるための条件として，会社組織の導入と，銀行および交通機関の整備とは，大きな意味をもっていたのである．

(4) 殖産興業政策

最後に，しばしば明治政府の代表的な経済政策といわれる殖産興業政策について．殖産興業政策は大きく前期と後期に分かれる．明治初年の殖産興業政策は，大久保利通に指導された明治政府の外国の文明に急激に追いつこうとする意志の表現であった．明治14年の政変までは，明治政府が積極的に自らの手で新しい事業を次々に起してゆく．それとともに積極的に民間を指導して新しい産業を開発させるのである．前期の殖産興業政策の内容としては次の四つがあげられる．(1)初期における資金貸付と国立銀行の育成，(2)政府の直接事業としての鉄道・郵便・電信網の形成，(3)官営工場・鉱山の設立とその払下げ，(4)民間企業への資金・設備の貸付とその払下げ．

上記(1), (2)にはすでにふれたので，(3), (4)の狭義の殖産興業にふれてみよう．明治6 (1873) 年，政府は日本坑法を制定し，土地所有権は私人に属しても，地下の鉱物はすべて官有とした．私人は別に採鉱権を認められたうえでなければ開発はできない．政府のみが自由な鉱山開発の権利をもつのである．住友家が辛うじて別子銅山を維持しえたのは広瀬宰平の努力の結果であった．足尾・神岡・日立・阿仁・松尾・佐渡などはすべて官営とされたのである．官営の炭坑として代表的なものが三池であり，その石炭は船舶燃料炭として国際的な評価をえた．三井物産は三池炭を上海・香港・シンガポールに輸出して，貿易業への進出の端緒をえたのである．のちに三井が三池の払下げをうけるために全力を尽したのはそのためであった．

官営事業の例としては，東京・大阪の砲兵工廠，横須賀・呉の海軍工廠，長崎・兵庫の造船所などをはじめ，富岡製糸場での器械製糸，深川のセメント，ガラス，屑糸等がある．あるいは，北海道の開拓使も水車機械・木工・錬鉄所・ビール・葡萄酒・製粉・製鋼・かんづめ・マッチ・石炭等各種の製造所をもっていた．官傭の外国人技師は1874年に213人に達し，以後漸減するが，1880年にもなお103人を数えた．

このほかに政府が機械・技術を導入して民間に貸付けた例もある．紡績の場

合，政府が 2000 錘の紡績工場設備を 10 組輸入して，愛知紡績所など 2 工場は自ら経営したが，残りは民間に貸付けて，紡績業を興そうとした．これらの工場は，技術導入の面では大きな役割を果したが，事業としてはほとんどひとつとして成功せず，赤字であった．

松方デフレのさい，財政緊縮を考えた松方は，赤字のこれらの官業を民間に払下げる方針を定めた．第7表は代表的な官営事業と，その払下げ先をとりまとめたものである．代金はやすく，長期低利の償還がみとめられたので，払下げをうけた者が有利であったと思われるが，工場などは傷んでいて，価格がや

第7表 官業払下げ

払下年月	物件	官業時投下資本(1885)(年末)	払下価格	払受人	現在所属会社
1874.12	高島炭鉱	393,848	550,000	後藤象二郎*	三菱鉱業
82. 6	広島紡績所	50,000	12,570	広島綿糸紡績会社	
84. 1	油戸炭鉱	48,608	27,943	白勢成煕	
84. 7	中小坂鉄山	85,507	28,575	坂本弥八他	
84. 7	深川セメント 梨本村煉化石 深川白煉化石	101,559	61,741 / 101 / 12,121	浅野総一郎 稲葉来蔵 西村勝三	日本セメント / / 品川白煉瓦
84. 9	小坂銀山	547,476	273,659	久原庄三郎	同和鉱業
84.12	院内銀山	703,093	108,977	古河市兵衛	古河鉱業
85. 3	阿仁銅山	1,673,211	337,766	古河市兵衛	古河鉱業
85. 5	品川硝子	294,168	79,950	西村勝三 磯部栄一	
85. 6	大葛金山	149,546	117,142	阿部潜	三菱金属鉱業
86.11	愛知紡績所	58,000	—	篠田直方	
86.12	札幌醸造所	—	27,672	大倉喜八郎	サッポロビール
87. 3	紋鼈製糖	258,492	994	伊達邦成	1896 解散
87. 6	新町紡績	130,000	150,000	三井	鐘淵紡績
87. 6	長崎造船所	1,130,949	459,000	三菱	三菱重工業
87. 7	兵庫造船所	816,139	188,029	川崎正蔵	川崎重工業
87.12	釜石鉄山	2,376,625	12,600	田中長兵衛	新日本製鉄
88. 1	三田農具製作所	—	33,795	岩崎由次郎他	東京機械製作所
88. 3	播州葡萄園	8,000	5,377	前田正名	
88. 8	三池炭鉱	757,060	4,590,439	佐々木八郎**	三井鉱山
89.12	幌内炭鉱・鉄道	2,291,500	352,318	北海道炭礦鉄道**	北海道炭礦汽船
93. 9	富岡製糸所	310,000	121,460	三井	片倉工業
96. 9	佐渡金山	1,419,244		三菱	
96. 9	生野銀山	1,760,866	1,730,000		三菱金属鉱業

小林正彬「近代産業の形成と官業払下げ」(『日本経済史大系』近代上，東京大学出版会，1965) pp. 324-332.
* は 1881 年三菱へ，** は 1890 年，1899 年それぞれ三井へ譲渡されている．

すかったのは当然という森川英正の指摘もある（『日本経営史』日経文庫，1981）．払下げの相手の多くは政府と関係の深い，いわゆる「政商」であった．三池を三井に，高島を三菱に，阿仁・足尾を古河に，長崎造船所を三菱に，兵庫造船所を川崎に，深川セメント工場を浅野に，というように．資本設備を廉価で入手しえたこれら「政商」が，のちに大をなす基盤を得たのは事実であるが，同時に彼らが努力してその経営建て直しに成功したことも認めなければならない．それがのちの「財閥」の基礎をなしたのである．

　殖産興業政策といわれるものは，この時期の近代産業の移植のみにとどまらなかった．外国技術・外国産業の導入に目をうばわれた時代がすぎると，国内の伝統産業（以下，在来産業）を見直そうとする動きが生じた．それを後期の殖産興業政策と呼んでもよいであろう．当時の農商務省にあった前田正名は，官業払下げが行われ，松方デフレが激しく進行している明治 15, 6 年当時，農商務省を動員して全国の産業調査を行い，それをもとに産業発展計画をまとめて，『興業意見』（1884 年）を編纂した．その趣旨は，農業と地方在来産業を地域ごとに計画的に発展させようとするところにあった．前田はのちにその著『所見』（1893 年）において，前期殖産興業政策を批判して次のようにいう．「日本現在ノ工業」に 2 種類があり「其一ハ我国固有ノ工業ニシテ其二ハ器械的工業」である．前者はかつて「旧諸侯保護」のもとに起ったもので，「織物，陶銅漆器，製紙」等みなそうである．しかし現在では粗製濫造でふるわない．政府が「器械的工業」にもっぱら「心ヲ傾ケ」たのは順序を誤ったものである．そして後者もまた失敗した．「固有ノ工業」を発展させねばならない，というのである．前田の主たる関心は工業よりも農業に，都市よりも地方にあった．1890 年「農工商調査」という名前で「興業意見」を再出発させようとして失敗した前田は，野に下って全国を行脚して，村に「村是」を，郡に「郡是」を，県に「県是」を定めて，計画的に地方産業の振興をはかれと説いて倦まなかったのである（祖田修『前田正名』吉川弘文館，人物叢書，1973，参照）．

　農商務省もまた 1890 年代からは農業の振興・発展につとめ，農事試験所を設けて品種改良をはじめとする農業技術の改善に力を注ぎ，土地改良に資金を投入し，また 1890 年代後半には全府県に農工銀行をつくり，中央に日本勧業銀行を置いて不動産金融を行う．さらには産業組合組織を奨励して，金融や共

同購入，販売等にも力をそそぐようになる．こうした政策体系は多くの場合，在村の名望家＝地主層を村の指導者としたものであり，その利害に配慮したために「地主農政」ともいわれるが，農政は日清戦後あたりから本格化するのである．それは地味ではあったが，長期的な経済発展のためには重要な礎石であった．明治中期から第1次大戦終結までの約30年間に，農業と在来産業は着実に発展し，近代産業の発展とほぼ均衡した所得増加をなしとげたのであった．その均衡が崩れた第1次大戦後に「二重構造」が成立するのである．

第2章　産　業　化

1. 導入技術とその変容

　当初の近代産業技術の導入は，政府のリーダーシップによる殖産興業政策によって進められた．前期殖産興業政策は，広範囲の産業を政府の手で移植しようとする努力であった．しかし，周知のように明治日本の工業のうち企業として成功したものは，具体的には繊維産業，その中でも製糸業・綿紡績業および若干の雑貨類に限られていた．なぜそうなったかについて考えてみよう．

　外国からある種の産業を移植するとなると，その産業の技術水準が高ければ高いほど，外国技術をそのままの形で借りてくるほかはない．実際にはその後いろいろ技術的変容が行われるのだが，その問題については後述する．

　いちばんいい例は鉄道であろう．鉄道敷設のためには，機関車，客車，レール，修理用機械に至るまで一切を輸入し，工事に際しても，外人技師の指導のもとに外国そのままの技術が導入されるのである．技術水準の高い製鉄業や，造船の場合でも同様のことが生ずる．このように外国技術そのままを導入することは多くの困難を伴う．第一に，この種の産業では機械設備をはじめ固定資本が大きく，そのために資本費用の人件費に対する比重が高い．もっと一般的ないい方をすれば，資本(K)対労働(L)の比率(K/L)が高い場合が多い．いくつかの産業の中で，相対的にK/Lが高いものを資本集約的（あるいは労働節約的）な産業といい，低いものを資本節約的（あるいは労働集約的）な産業という．一定量の生産をあげるためには，さまざまな$K-L$の組合せが考えられる．そのうち生産量X_0に対応するものが第4図のX_0曲線（原点に対して凸）であるとしよう．これが生産の「無差別曲線」である．一方，使用可能な資金で資本のみを購入すれば図のK_0Oだけを買うことができ，労働

のみを購入すれば図の L_0O だけを買うことができるとしよう。直線 K_0L_0 はそのさいの限定された資金で購入しうる資本―労働の量のすべての組合せを示している。そこで、無差別曲線が原点に対して凸であるかぎり、もっとも有利な生産技術は X_0 と K_0L_0 の接点 Q_0 の示す $K-L$ の組合せ、すなわち資本 Q_0P_0、労働 P_0O の組合せとなるであろう。他のいずれの組合せも X_0 より少ない生産量しかあげられないからである。明治の日本のように資本費が高く、労働費が安ければ、図のように K_0L_0 は水平に近くなるだろうから、Q_0 は図に示すように資本節約的な位置にきまらざるをえない。日本の在来産業は多くこのように資本を節約し、人手を多用するような技術構成をもっていたのである。しかし海外からの導入産業においては、技術的選択の範囲が実際には狭いことはすでに見た通りである。その場合、Q_0 のような最適の点をえらぶことはもちろん不可能で、選択が行われうる他産業に比して、導入産業は不利である。第二に、鉄鋼、造船、機械製造などいわゆる重化学工業に代表される多くの導入産業においては、国内の需要はなお多くはなかった。需要が少ないところで輸入品と競争するのだから容易でない。政策的に国産品を優先する政府需要でさえ、たとえば軍艦などでも、技術水準の相違から、大型艦は輸入という方針を日露戦争当時までとらざるをえなかったのである。

以上の二つの理由から、鉄道などのように需要もあり、独占的で料金をコストにみあって決定できる電気、ガスなど特殊な産業を除いては、導入産業の採算は一般にとりにくかったのである。官業払下げをうけた事業は、低額、しかも長期分割払いだったので資本費が安くなっていたことが事業を成功させた大

第4図 生産の無差別曲線

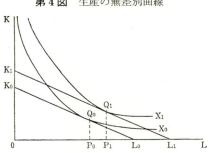

きな要因であったと考えられる．また日清戦争後の1896年，政府は航海奨励法・造船奨励法の二つの法律を制定した．それは大型船によって海外への定期航路を開設する汽船会社と，海外航路に使用できる大型船舶を建造する造船所には，補助金を与えるというものであった．海運業と造船業はこれによって本格的な発展の端緒をえたのである．また同じ年，八幡に官営「製鉄所」がつくられたのも，その技術的困難，投資額の巨大さ，さしあたっての市場の不足が見越されたために，軍需産業の中核として必須の製鉄業を官業で経営しようとしてのことであった．

議論を無差別曲線にもどして考えよう．それでは日本が同じく導入産業である綿紡績，製糸業の発展に成功した理由はどこにあったのか．日本繊維産業の場合，技術の広範な日本型への改造に成功しえたことがその発展に寄与したことは忘れがたい．その適例は，日本の輸出の中核となった器械製糸業においてみられた．簡単に器械製糸技術の導入の歴史を回顧してみよう．まず明治の初めに，フランスとイタリアの器械製糸技術が，フランス式は官営富岡製糸場に，イタリア式は築地の小野組製糸場，官営前橋製糸場などに導入され，全国に伝えられていったのである．器械製糸と日本の伝統技術との基本的な差異は，繭を暖めて糸口を見つける際に，日本の在来の技術では繭を鍋で煮た（練糸）のに対し，フランス式器械製糸の場合には水蒸気でむし（生糸）て糸口を見つけるところにあった．煮繭すると，ある程度成分が溶解して柔らかい糸ができるのに対し，器械製糸の場合には糸の繊維が硬いのである．日本の絹織物は多く練糸を使用したのに対し，海外では生糸を使用したのである．イタリア式にくらべるとフランス式装置は，はるかに複雑で設備費も高いが，品質はよかったようである．長野県においては，一方では富岡製糸場で技術を修得した松代の六工社がフランス式技術を導入し，他方，諏訪地方の人たちが東京でイタリア式の技術を伝習した．技術の基本をそのままにとりいれ，細部を日本的に改造して，資本設備費を節約した工場がつくられていったのである．このようにして，フランス式とイタリア式を折衷してひとつの体系を作り上げたのが諏訪の中山社であった．中山社はすべての設備を近隣の大工，鍛冶屋の手でつくらせた．木にかえられるところはすべて木を用い，鉄を使わない．いかに資本節約的になったかは，富岡では模範工場とはいえ，300釜で19万円余の設備費を

要したのが，100釜の中山社の総設備費が1900円にすぎなかったといわれているところにあらわれている．導入技術の資本節約的改変が行われえたことがこの産業の発展の基礎をきずいたのであるが，それが実現しえたのは，製糸業が比較的簡単な技術体系をもっていたからであろう．長野県諏訪地方の場合，中農層が何人かで組合を作り，農家の庭に小さな工場を建てるというような形で事業が始まり，中山社のような器械製糸が普及したのである．その場合には割合に大胆な技術導入が行われていく．群馬県や福島県の場合には伝統的養蚕地帯であって，その技術が固定しており，最後の揚返（あげかえし）工程についてのみ共同揚返場がつくられたのみで，器械製糸の普及が遅れたのである．しかし，明治30年代くらいになると，全国統計でみても器械製糸の方が優位に立つようになる．

同じような技術の日本化の例はまだいくつかある．織物業の場合には，絹織物に地紋を織出すジャカード織機がフランスから輸入されるが，これも高価なために，西陣に入ったあともなかなか普及しなかった．しかし，そのメカニズムは簡単なので，出口卯之吉らの手で主要部分を全部木製にかえた模倣ジャカード機がつくられ，実際にはこれが織物業地に普及した．

紡績業の場合は，製糸業の場合とはかなり違った発展の形をとる．日本に西欧の紡績機械をはじめて導入したのは，幕末の薩摩藩であったが，明治政府は10組の二千錘紡績機械を導入して紡績工場を創設した（うち2工場は官営，他は民間へ貸付け，代金は分納．十基紡と呼ばれる）が，成績不良のものが多かった．ひとつには生産規模が小さくて規模の経済を実現するに至らなかったこと，いまひとつは動力を直接河川の水力に依存したため，立地が水量豊かな河のほとりに制約されたうえ，冬の渇水期に工場をフル操業することができなかったからである．

そこで1881年に渋沢栄一らが発起し，華族と大阪の綿商の資金を集め，イギリスのランカシャーの技術をそのままに導入することを意図して建設したのが大阪紡績株式会社であった．その規模は1万500錘．動力は石炭による蒸気機関．この時に技術を導入したのが旧藩主の世子とともにイギリスに留学し，法律を学んでいた山辺丈夫であった．山辺は渋沢の希望で綿紡績を学び，ランカシャーで職工として現場に入り，技術を身につけ，機械を購入して帰国した．

大阪紡はイギリスの工場そのままに建築し，イギリスの機械をそのまま入れて開業したが，やはり日本では資本設備が高くつきすぎて，なかなか採算がとれなかった．そこで山辺は二交代の深夜業，24時間操業にふみきり，照明のために自家発電を行って発明されたばかりの電灯を使用した．それによって，資本－労働比率を昼間操業の場合の半分に切上げ，以後，紡績業は発展の契機をつかむのである．

　以上のようにして展開してきた繊維工業の生産の伸びを要約しておこう．まず生糸と綿紡の生産高と，綿紡の1日平均運転錘数をまとめれば第5図がえられる．綿糸の生産と設備の増加は1900年前後を境としてはっきり屈折（年成長率は19世紀は30％以上，以後は4％台）しているし，生糸の生産は1880年代から1920年代まで，比較的屈折なく増加しつづけているように見えるが，やはり1900年前後にひとつの折れ目があると見る（年成長率は19世紀は8.4％，20世紀には5％台）ことができよう．1890年代の経済成長の主役は繊維

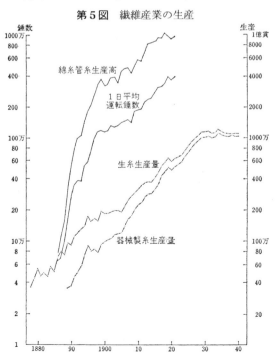

第5図　繊維産業の生産

産業だったのである．もちろん，その後においても日本の代表的産業はまず綿紡績と製糸業とであった．それは当時の紡績業がもっとも安定した高収益の産業であり，また製糸業も，とくに大手にとっては安定有利な事業であったことを意味する．綿紡の経営の秘密が，低賃金の労働力の利用とともに，インド綿とアメリカ綿とを，もっとも価格の低い時期に購入保有し，それらを混合して一定の品質を確保する混綿の技術にあったことはよく知られている．そのためにも綿紡績業は独特の堅実な経営につとめなくてはならなかった．巨額の社内留保資金の蓄積がなくては原綿を安い時期に大量に買付けて保有することは不可能であるが，そのためには借入金の増加を避けて石橋を叩くように用心して，設備投資なども控え目にしなくてはならない．それが戦前の鐘紡や東洋紡や日清紡に代表される堅実経営であった．この型の経営は当然高収益が約束され，かつ不況に対して強い抵抗力を発揮することができる．拡張の場合にも，設備投資よりは他企業の合併などの手段をえらび，高い株価を利して増資に当ってプレミアムをつけて資金を蓄積することもできる．しかし，それは設備の急激な拡張を抑制するわけだから，企業の規模は急に膨脹することはできない．20世紀に入ってからの紡績業の成長率の鈍化にはこのような背景が存在したのである．それは戦後の高度成長期と反対の論理であった．

2. 在来産業の展開

われわれは工業という場合，とかく工場工業を考えがちである．しかし家内工業が幕末すでに広範に発展していたことは前述の通りであり，それらは明治以降も発展し，国内の消費財と輸出向け生産に従ってきた．

1884年以来の日本における工業生産全体の中で工場生産と家内工業生産のおおよその割合を示すのが第8表である．これをみると，1909年においてなお家内工業生産が総計の半分を占め，1930年になっても4分の1を占めていたことがわかる．工業の概念は明治時代と今とではだいぶ違っているが，ここでの工業の中には大工・左官等の建設業関係は含まれていない．現代に対応する工業生産の概念の範囲に限っても，家内工業の割合はなお高かったのである．

明治の GNE 統計をみれば，その8割弱は個人消費であった．その大部分が

第2章 産業化

第8表 工場生産と家内工業生産の構成　　（百万円）

	製造工業総生産額 (A)	工場工業生産 (B)	家内工業生産 (C)=(A)−(B)	B/A (%)	C/A (%)
1884	279.6	a) 6.5	273.1	2.3	97.7
		b) 8.1	271.5	2.9	97.1
92	527.4	a) 16.7	510.7	3.2	96.8
		b) 22.1	505.3	4.2	95.8
1909	1,915	881	1,034	46.0	54.0
14	2,561	1,518	1,043	59.3	40.7
20	9,579	6,544	3,035	68.3	31.7
30	8,834	6,376	2,458	72.2	27.8

1) 1884, 92年の「工場工業生産」の値は山口和雄『明治前期経済の分析』第5章第17表, 第20表の生産金額別工場数の数字を加重平均して推計した. ここでの「工場」生産は推計に含められている調査もれのために過少かと思われる. 過少と思われる理由は, 1892年においても, たとえば精米工場の報告のあったもの18府県, 69工場, 絹織物業8府県, 23工場, 綿織物業10府県, 70工場にすぎなかったことなどから知られよう.
2) 製造工業総生産額は, 篠原三代平『鉱工業』(LTES 10) pp.141, 143.

伝統的な消費財から成っていたことは明らかである. 日本人の生活様式が, どのように変遷をとげて現在の形をとるようになったか, 西洋式をいつどのようにとり入れたのかは, それ自体興味深い問題である. 柳田国男の『明治大正史世相篇』(東洋文庫, 平凡社) などはそれを考えるための道標といえるであろう. 生活様式が都市で洋風化しはじめたのは第1次大戦ないし関東大震災前後からで, それが普及のテンポをはやめたのは第2次大戦後, とくにめざましかったのは1960年代以後のことと考えてよいかと私は考えている. 大正末から昭和初めまでに都市の男女小中学生はほとんど洋風の制服を着るようになった. 主食としてパンが常識化するのは戦後の学校給食以後ではないだろうか. 戦争中の軍服, 国民服, モンペなども, 戦後の日本人を和服から切りはなすための重要な訓練になっていたのではないだろうか. 以上の仮説が正しいとすれば, 戦前には消費の大部分は伝統的な消費財から成っていたはずで, 伝統的な消費財の生産者は大部分が農業と在来的な家内工業であったと考えられる. 織物の場合, 原糸は紡績工場なり製糸工場で作られるが, それを小幅の和服用の織物に織り上げる仕事は, 昔からの織物産地において, とくに明治時代には過半数が農家の女性たちの家内労働（賃織）の形でなされた.

伝統的な消費財の生産と消費の一例として, 愛媛県松山, 今治地区の綿織物

(伊豫縞,伊豫絣,綿ネル,タオル等)の盛衰をみておくことにしよう.松山地方では幕末からすでに縞,絣の生産が行われていた*.まず発展したのは伊予縞の方で,藩の専売品として江戸地方にまで販路を有したが,その生産は問屋制工業の形で,藩の下級武士の家族に内職させたものらしい.明治に入ってその生産は増加し,1877(明治10)年当時は年産80万反に達したが,その後粗製濫造の弊を生じ,1880-84年平均45万反,松方デフレの84-85年には19万反と衰微した.そのころ,縞にかわって絣の生産が増加し,1892年には85万余反となったが,すでにそのほとんどが絣であった.以後その生産は270万反を超えて,大正中期に最盛期をむかえるが,その後衰退してゆくのである(第6図).

* 川崎三郎「伊豫絣の研究」(賀川英夫編『日本特殊産業の展相』ダイヤモンド社,1943,所収).

その生産様式は幕末から日露戦争当時までは,農家や商家の女子が原糸を買

第6図 絣生産反数

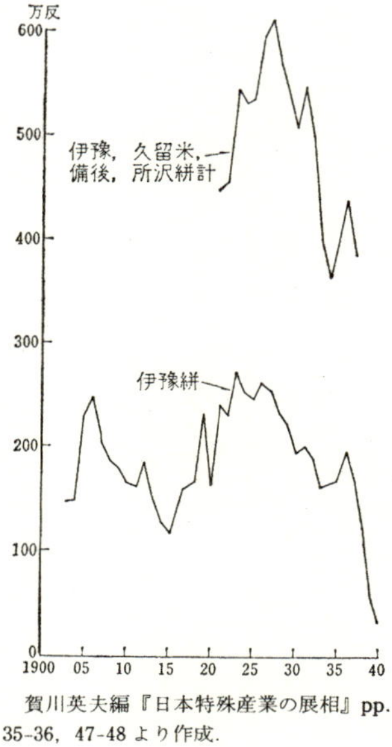

賀川英夫編『日本特殊産業の展相』pp. 35-36,47-48 より作成.

い，準備（元ごしらえ）し，製織してこれを仲買に売るのであった．日露戦争以後は次第に原糸を供給して賃織のみを委託する例がふえたようである．大正末期以後は足踏織機（その能率は手織機の2—4倍）が使用され，1930年代になって動力織機（足踏機の3倍以上の能率）が導入され，一部に工場生産が行われたが，なお賃織も多くのこっていたといわれる．

その市場は，大正初期には関西，関東，九州に分布したが，後には，中部，関東，東北の農民層であった．この頃の高級品としては久留米絣があり，伊豫，久留米の中間をゆくものに備後絣があって，それぞれに市場を有していたのである．これに所沢絣をあわせた生産は1920年代で600万反に達した．その市場の規模は大であったといわねばならない．さらに，その単価と織賃は第9表のようであった．この数字は景気変動による浮沈の大きさとともに，昭和恐慌後の1930年代には驚くべき低賃金労働が出現したことを示す．それはのちに「二重構造」を論ずるときにもう一度ふりかえるべき問題である．

次に今治地方の白木綿（伊豫木綿）は，主として下着用に用いられ，この地方に産する綿花を利用して幕末から発展し1860年代には年産35万反にのぼり，維新後の1877年には40万反に達した（大鳥居蕃「今治綿業の研究」，賀川編前掲書所収）．しかしその後衰微に向い，地方民は唯一の内職を失ったが，日清戦争当時，にわかに繃帯用として復活して年間500万反をかぞえるに至った．その後生産は漸減したが，日露戦争当時ふたたび300—400万反を生産したという．

今治地区で矢野七三郎の努力によって綿ネル生産がはじめられたのは1888年であったが，以後技術の改良と販路の開拓につとめ，94年には生産5,6万

第9表　伊豫絣の単価と織賃　　　　　（円）

	取引単価	織賃		取引単価	織賃
1915年	1.74	0.21	1929年	2.10	0.50
17	2.41	0.34	31	1.40	0.29
19	4.31	0.84	33	1.52	0.22
21	4.09	1.21	35	1.54	0.27
23	3.02	0.87	37	1.62	?
25	2.86	0.67	39	3.00	0.45
27	2.31	0.65	41	3.91	0.65

賀川編前掲書，pp.8-9．

反に及んだ．綿ネルは輸入品の模倣であるが，暖かい下着材料として急速に普及したのである．1900年には村上綿ネル合資が汽機，汽缶を備え，起毛機械と力織機を装備し，とくに片面のみ起毛した三綾白ネルを発売し，今治地方の特産として，日露戦争後は中国から南方への輸出も行われるようになった．第1次大戦期から戦後にかけて極盛期を迎え，年産1150万円に達したが，以後和服自体の衰退と，メリヤス製品に市場を奪われたことや，大手足袋メーカーが裏地を自給するようになったなどの理由で衰退に向ったのである．

　また今治地区では明治中期からタオルの生産がはじまった．とくに1901年，木綿用の二列式織機をタオル製織に利用して好成績をおさめてからは，白木綿業者がまず転換し，綿ネル業者の転向もみられた．その後技術の改良が進み，大正期に入って紋織タオルがはじまり，また従来の一幅織機に代って，二幅，さらには四幅，五幅の織機による生産性向上がはかられ，昭和初年にはジャカード機を導入して広幅の紋織タオルが創始されたのである（賀川編，前掲書）．

　以上の過程は地方における在来産業が経済成長を通じて発展し，やがて衰退してゆく事情と，綿ネルやタオルのような輸入消費財が国産化され，地方に根を下してゆく事情とをものがたっている．これはひとつの例にすぎないが，地方産業の発展のすがたを考えるには好適といえるであろう．また，いまひとつの問題は，これらの綿製品は，幕末から明治初年までは地元産の綿花を用い，自ら紡いだ綿糸を使用していたのが，明治20年代からは紡績工場で作られた綿糸を購入して使用するようになったという事実である．当時の代表的近代産業であった紡績業は，在来産業に対する原料供給者であり，在来産業はこれを加工して最終消費財に仕上げる役割を担当していたのであった．近代産業と在来産業の社会的分業の形態はこのころ成立しはじめたのである．

　その点をもう少し一般化して考えれば次のようにいうことができるであろう．日本の近代産業は大きく分ければ，生産財の生産（たとえば石炭・銅・鉄鋼・セメント・綿糸・洋紙・薬品等），投資財（造船・機械類）と軍需品の生産（鉄砲・銃砲弾・火薬・艦船等），および主要輸送通信手段（鉄道・遠洋海運・電信等）にその分野が集中していた．消費財の分野では，例外的に製糖・製粉など生産財に近い分野と，ビールなどがわずかに見られるのみである．

　これに反して，農業と在来産業では，その生産する領域は消費財（織物・食

品・陶磁器・雑貨・住宅用品等）をはじめ，生産財の一部（木材・繭・皮革・甘蔗などの農産物，生糸などの工業製品等），住宅その他の建設工事に及んでいたのである．それらの生産は，近代産業と在来産業との間でほぼ截然と分野ごとに分割され，相互に他の領域を侵し合うことは少なく，むしろ原糸は近代部門が生産しても織物は在来産業の分野というように，分業関係が成り立っている場合が多かったようである．とかく，近代産業の発展は，在来産業や中小企業と対立し，やがてその分野で競争を挑み，在来・中小企業を駆逐してしまうと考えられがちであったが，少なくとも20世紀半ばまではそのような現象はほとんど見られなかったのである．

もちろん，すでに見た絣の例のように，在来産業の産地や生産物相互間に競争と盛衰があったのも事実である．あるいは消費者の嗜好や消費内容が変化して，たとえば学生・生徒が絣の着物から綿小倉の学生服を着るようになった結果，絣産地が全面的に衰退し，ミシン加工業という別の在来産業に繁栄を奪われるというようなことも時々みられた．ミシン加工も，ミシンという機械そのものは輸入品だが，学生服の基本部分だけを工場で縫ったあとは，ボタンつけや穴かがりなどを家庭婦人の内職とすることによって，問屋制工業化してしまい，新しい在来産業に編成替えされていったのである．しかし，それはあくまで在来産業内部の競争であって，全体として近代産業と在来産業の間にはむしろ相互依存の関係が維持されてきたのであった．

次に輸出をみてみると，ここでもやはり在来産業の製品のウエイトがかなり高かった．輸出額に対する百分比の形で商品を並べてみると，1900年において，生糸21.8％，絹織物9.1％，緑茶4.4％，マッチ2.9％，絹ハンカチーフ2.2％，麦稈真田2％等が続いており，綿糸，石炭，銅を除くとほとんどが在来産業の生産物であり，1920年になっても，綿織物の比重が高くなるだけで，なお伝統的商品の割合が非常に高い．

このような事実を考えると，日本の近代化が急速に進んだことのメダルの裏側には，伝統的な生産様式である家内工業とか問屋制とかの形をとりつつ，在来産業が国内の消費と輸出需要の増加に対応し，拡大していったことを忘れてはならないことがわかる．近代工業はゼロから出発して急速に発展したには違いないが，市場のシェアでみるならば，その対象は投資とか政府消費に限られ，

第10表　各種車輌数の変遷　　　　（千台）

	乗用馬車	荷馬車	牛車	荷車	人力車
1875	0.3	—	1.7	115.7	113.9
80	1.5	0.3	3.1	316.7	160.5
85	2.0	8.6	5.9	474.3	166.1
90	2.9	29.1	11.0	763.1	178.0
95	3.2	51.6	18.5	1,042.9	206.8
1900	6.0	90.1	30.5	1,322.3	205.4
05	6.2	98.4	27.1	1,356.0	164.5
10	8.6	158.6	35.4	1,667.5	149.6
15	8.1	184.0	32.0	1,812.6	115.2
20	6.2	252.7	44.5	2,143.4	110.4
25	3.9	306.0	66.3	2,186.8	79.8
30	2.2	308.9	98.7	1,807.8	42.6
35	1.1	297.8	115.2	1,569.5	20.2

内閣統計局『日本帝国統計年鑑』各年版.

GNPの20％程度にすぎない．残りの約80％の圧倒的な部分を在来産業が占めているとするならば，経済の成長とともにGNPが拡大し，その80％を占める消費が伸び，また輸出が拡大してそれを分担する在来工業も拡大するのは当然のことであった*．

　* この点の理論モデルについては，中村『戦前期日本経済成長の分析』1971，pp. 79-83参照．

　さらに在来産業には，これまでわざとふれずにきたが，広範な第3次産業が含まれている．代表的なものは卸・小売業だが，運輸業の場合も，荷車や人力車の小運送から，トラックを1, 2台持つトラック業が成立した1920−30年代まで，小運送は在来産業と考えてよいであろう．第3次産業には圧倒的に在来産業が多かったのである．第10表は馬車，牛車，荷車，人力車等の数の変遷をとりまとめたものであるが，この時代の事情を推測するに足るであろう．

3. 産業化の担い手たち

　主導産業（リーデイング・インダストリー）としての近代工業と，それをとりまくインフラストラクチュ

アとして成立した鉄道，電力，商社，金融機関などを担ったのはどんな人たちだったであろうか．日本の場合，政府の「富国強兵」「殖産興業」のスローガンが強く国民を刺激したことはたしかであった．たとえば，1877年ごろ，松方正義が大阪で講演したさい，輸入綿糸の増加のために貿易の均衡が破れ，国民経済を危くすることを説いて「諸君の内誰か紡績を起して洋糸の輸入を防遏せんとする者はないか」と問うた．それにこたえて金田市兵衛という一青年が，進んでこれにあたろうと請い，ついに一族を説いて出資にふみ切らせ，十基紡のひとつ桑原紡績が誕生したという話がある．あるいは1886年，倉敷における官民親睦会の席上で，24歳の青年小松原慶太郎が「わが備中産出の綿花は年176万貫，これを用いて紡績を倉敷に起せば，輸入綿糸を抑え，貧民の救済をはかることもできる」と演説したのが，現在の倉敷紡の創業史の第1ページであった．産業発展におけるナショナリズム的契機というべきであろう（絹川雲峰『本邦綿糸紡績史』第2巻，第5巻，日本綿業倶楽部，1937，41）．

　明治政府の財政と経済の担当者といえば，松方と井上馨の名がまず連想される．一方，民間にあっては渋沢栄一，五代友厚，安田善次郎，藤田伝三郎，古河市兵衛，大倉喜八郎，浅野総一郎らの名が思いうかぶであろう．そのなかでもっとも代表的な渋沢栄一は，第一（国立）銀行や王子製紙を主宰するかたわら，1881年東京―青森を結ぶ日本鉄道や最初の大型紡績会社としての大阪紡績をはじめ，重要な新企業の創立にあたっては，必ずといってよいほど発起人として生みの親の役割を果した．人びとは渋沢の名によってその事業を信用し，株式に応募した．彼は中央で旗をふり，それによって近代産業が急速に建設されていったのである．以下，北海道に進出した五代，金融中心の安田，鉱山の藤田・古河，貿易中心に海外に事業を伸ばした大倉，セメント・鉱山の浅野などはみな政府と連絡し，官業の払下げを受けたりして大をなした事業家たちであった．

　ここで，財閥の形成についてふれておこう．三井・三菱・住友などの財閥が，明治中期から活発に事業集団を形成しはじめる．江戸時代からの両替商・呉服商だった三井は，明治初期において，大番頭三野村利左衛門らの活躍によって政府との連絡を密にし，いわゆる「政商」的な活躍を開始した．1880年代はじめ，三井銀行が大をなしたのは公金を大量に扱ったからであり，また三井物

産が貿易に進出しえたのは，益田孝が官営だった三池炭鉱の石炭を船舶用炭として輸出したからであった．三井が三菱と争って三池炭鉱の払下げに執念を燃やしたのはそのためである．一方，三菱は岩崎弥太郎，弥之助兄弟が明治政府の軍事輸送（征台の役，西南戦争）に当り，政府の船舶の無償払下げをうけて大をなした．1881（明治14）年の政変の後，政府と三菱は対立し，政府と三井の合作になる共同運輸との激烈な競争を展開したが，結局政府の調停によって合併，日本郵船を設立，これを傍系会社とした．三菱はそれ以前高島炭坑を入手，以後佐渡・生野両鉱山を入手し，筑豊炭田に手をのばして鉱山業や銀行業務をいとなみ，官業払下げにさいしては長崎造船所を入手して多角経営の基礎をきずいたのである．

　三井は1890年ごろから中上川彦次郎をはじめ慶応義塾出身の新人をいれて改革を行い，公金の取扱いを返上するなどして政商的色彩から脱皮して銀行を改革し，三井合名を創立して本社機構を整備し，三井物産を外国貿易中心の商社に改組し，鐘紡，王子製紙，芝浦製作所（現在の東芝）などを傘下に入れて工業に進出した．三井財閥の後年の姿がここにえがかれはじめたのである．ただし中上川の死後，三井は日露戦争前後から相談役井上馨の意向で工業関係の持株を整理して，銀行，鉱山，貿易を中心とする企業集団にまとまってゆく．事実，三井出身者が経営する王子・芝浦などの成績は当初は不良であったが，明治の末年までには芝浦はゼネラル・エレクトリック社（GE）と提携し，王子も苫小牧工場が完成して経営が軌道に乗るようになり，それぞれ日本の代表的企業に発展したのである．一方三菱も，1893年資本金500万円の合資会社に改組され，鉱業と造船を中心とする多角経営組織に変貌していったのである．また住友家も，江戸時代からの別子鉱山の経営を主とする商店の機構をあらため，住友家法を改正し，本店重任局において事業運営を統括することとし，銀行，鉄鋼等への発展をはかることになった．

　財閥の組織が整備されるのはそのやや後の1910—20年の間のことである．すなわち三井は1909年三井銀行・三井物産を，ついで1911年には三井鉱山を，それぞれ資本金2000万円の株式会社とし，これらの株式は1909年創立の三井合名（資本金5000万円）が全額保有してこれを統轄するという，持株会社を頂点とするコンツェルンの形をととのえた．三井合名の社員は三井11家のみ

であり，全体が三井一族の事業とされた点が，日本型「財閥」の特色だったといえよう．三菱が，三菱合資を頂点として部門別に株式会社を擁する形態をととのえるのは1917年であるが，1908－10年には鉱業・造船両部を独立採算制とし，ほぼ同じような実質をそなえていたのである．このほか，住友，安田，大倉，古河，鈴木，浅野なども1910年代ころには皆これに類似の本社組織をつくり上げたのであった．

　日本経済における財閥の機能については，多くの議論がなされている．たとえば柴垣和夫は，『日本金融資本分析』（東京大学出版会，1961）において，財閥が「ファミリー・コンツェルンとしての封鎖的性格」をもっていたが，それは「資本蓄積の資金源は大部分みずからの内部蓄積に依存」しえたことを意味するという．それは事実であろう．しかし柴垣はそのあとですぐ，これは欧米の「金融資本」が重工業を基盤としたのにくらべて，日本はその基盤を欠いていたので，「資金需要が小さ」かったからだ，とのべている．この点は，造船を中心にした三菱にあてはまるのかどうかは疑問である．三井も東京芝浦電機や王子製紙などを手がけ，のちには造船，肥料工業等，当時の重化学工業に手を伸ばした．それはともかく，財閥が貿易，造船をはじめ次々に新しい産業分野を開拓し，新産業をわが国に植えつけるのに貢献したことは否定すべきではないであろう．

　これに対して，紡績業は多くの点で特色があった．立地が大阪を中心とする関西・中国地方に多く，中央政府との連絡はほとんどなく，多くの場合地方の資本を中心とする一業主義であったことなどが直ちに連想される．それとともに，綿業自体が市場も広く技術も確立した有利な産業であり，地方の資産家も大量に参加して，地域的に大型企業が形成されたのである．紡績とならぶ地域的産業は，銀行，鉄道，電気事業などである．これら業種のうち一部の大企業は中央に立地したが，むしろ全国各地でその地方の資本を動員して形成されたのであった．

　以上，簡単にみたところから知られるように，日本における近代産業の形成は，当初は政府と中央のビジネス・リーダーたちの指導誘引によって進められた．しかしながら，その波及は中央の政商・財閥に限定されることなく，全国的に広汎な反響をまきおこしたのである．従来次のような主張が行われてきた．

「明治のビジネス・リーダーたちの多くは武士階級出身者が多く，ついで農民出身者が多かった」．一方，商人たちは保守的で「近代的知識も近代的感覚も，革新的意識も少なかった」*と．

* 土屋喬雄『日本資本主義の経営史的研究』（みすず書房，1954）pp. 170, 182；J. ヒルシュマイアー（土屋・由井訳）『日本における企業者精神の形成』（東洋経済新報社，1965）pp. 216-219.

しかし，このような考え方には問題があると思われる．たしかに新しい産業の中心的リーダーたち，渋沢，五代，土居，奥田，中上川らは武士や豪農出身の知識層であった．しかし，その指示する方向に従って新しい産業に身を投ずる層が，地方の商人や地主のなかに数多くあったことは見逃すべきでない．青沼吉松の作成した第11表はこの点をあざやかに示している．この表には示されていないけれども，まず1900年には，族籍別にみて全体の4分の1強が華士族であった．士族のうち26％は官吏出身であり，11％は金融機関からの転職者，10％は終身雇用者である．一方4分の3に近い平民の44％は商人出身であった．第11表は1900年，1928年，1962年の経営者の出身と経歴を産業別に示している．これらは日本における経営者（企業者）たちの類型の変化を長期的に示して興味深い．これによるとまず1900年当時には，大企業といえども大株主（所有者）がただちに経営者であって，雇われ経営者（雇用者が経営に当る）は少なかったことが知られる．そして所有型の中心となったものは自営業とくに商人出身者であった．産業別にみると，所有型経営が多かったのは銀行（55％），綿紡（55％），その他繊維（64％），貿易（63％）などであり，もっとも多いのが商業出身者であった．1928年になると，所有型は17％に減り，雇用型が増えるが，それでも繊維関係，商業などでは所有型の比率が高い．またこの時期には雇用型でも終身雇用者の比率はなお18％で，転職者の比率が高い．他の分野で頭角をあらわしたものが経営者として迎えられるという事情が多かったのだろうか．はるかのちの1962年になると，所有型は12％におち，雇用型のなかでも終身雇用者がふえてくる．最近の問題についてはのちに言及する．以上をまとめて，経営者が所有型から雇用型に変っていくとしても，明治の産業化のなかで商人の果した役割は無視できない．彼らは自

らの資本を動員して近代産業の創設に貢献したのである．

ただし，この時期の銀行の特色（機関銀行的性格）に注意しておくべきであろう．1900年当時，全国の銀行数は2271行，私立銀行1802行（翌年には2358行，私立1867行と史上最大となる），私立銀行の貸出6.6億円（1行平均34万円），預金4.4億円（24万円），払込資本金積立金合計2.7億円（15万

第11表　産業別にみた経営者の経歴　　　　　　　　（千分比）

			総数	水産業	鉱業	製造業				商業		銀行		電力ガス運輸保険その他
						計	うち綿紡	繊維その他	その他	貿易商社	その他	特殊	その他	
1900		総数	1,000	—	35	205	52	45	43	48	16	359	264
	所有型	創業者	59	—	2	9	—	3	5	2	—	35	4
		自営業出身者（うち商業から）	374 (333)	— (—)	12 (12)	90 (82)	26 (26)	26 (26)	9 (7)	15 (15)	2 (2)	146 (139)	98 (76)
		家族経営者	50	—	2	—	—	—	13	2	—	31	46
		小計	488	—	16	99	26	29	27	19	2	212	104
	雇用型	終身雇用者	43	—	2	—	—	—	2	2	2	23	12
		転職者 企業外から	78	—	—	14	—	2	—	5	7	22	28
		銀行から	76	—	8	9	—	—	—	5	—	28	24
		その他	94	—	5	31	14	2	—	2	—	20	28
	不明		219	—	4	52	12	12	14	15	5	54	68
1928		総数	1,000	8	22	454	128	94	22	20	56	98	269
	所有型	創業者	32	—	—	20	4	—	—	—	—	—	6
		自営業出身者（うち商業から）	86 (50)	2 (0)	— (—)	52 (40)	18 (14)	10 (8)	6 (6)	2 (2)	— (—)	4 (2)	20 (14)
		家族経営者	56	—	2	22	2	8	—	8	2	8	12
		小計	174	2	2	94	24	18	6	10	2	12	38
	雇用型	終身雇用者	180	—	4	68	32	8	4	—	24	32	36
		転職者 企業外から	110	—	4	42	2	6	—	—	20	8	34
		銀行から	98	—	—	40	16	8	—	4	6	18	28
		その他	224	—	12	114	26	26	8	6	—	8	52
	不明		214	4	—	96	28	28	4	—	4	20	76
1962		総数	1,000	11	29	597	36	38	27	13	11	57	455
	所有型		115	3	3	78	4	3	1	3	—	—	18
	雇用型	終身雇用者	464	3	19	240	20	18	17	6	8	43	92
		転職者 企業外から	54	1	—	37	1	—	—	—	1	—	13
		銀行から	93	1	1	58	1	1	1	1	2	11	12
		その他	245	2	5	166	10	12	7	3	—	2	42
	不明		29	1	1	18	—	1	1	—	—	1	6

1) 青沼吉松『日本の経営層』（日経新書）pp. 151-152.
2) 人事興信録・日本紳士録・会社職員録・会社四季報・会社年鑑・株式年鑑などにより，次の基準で選ばれた企業の上位4人程度の取締役500名についての結果の分析表．1962年のみは最高経営者1,500名に1,700名の部長で，5,200名の課長が加えられている．
3) 企業の選定法は，1960年については公称資本金の順位による329社をえらび，420名の取締役を選出（地域は東京，神奈川，京都，大阪，兵庫の5都府県）．1928年は売上高の順位に従って製造業250社，他の業種では業界の序列に従って125社をえらんだ．1900年については公称資本金の順位にしたがって選ばれた329社をえらんだ．

円）であった．いかにその平均規模が小さく，かつ激しいオーバー・ローン状況にあったかが知られよう．これら小銀行は多く地方の名望家（商人，地主等）の出資経営するところであったが，彼らは自ら別の事業を経営し，銀行から融資をうけてその事業に投入する場合が多かった．銀行は彼の事業のための資金吸収機関になっていたのであって，このような銀行を機関銀行とよぶ．そこで，その事業が不振となると銀行の貸出も焦げつき，しばしば共倒れの結果となり，預金者に迷惑をかける事例も少なくなかった．銀行の増加にはこの種の弊害があり，大蔵省は以後，銀行の濫設をおさえ取締りを強化したが，機関銀行の弊害は1927年の銀行法改正までつづくのである．

第3章 戦間期——「動揺」を通じての発展——

1. 第1次世界大戦

　日露戦争以後の日本経済は不安定な状況にあった．その最大の理由は，国際収支の危機がたえず日本の経済を圧迫したためであった．日露戦争によって，日本は南樺太と関東州の租借権と南満州鉄道とを獲得したけれども，17億円の戦費に対する賠償金は一切得られなかった．また当時の貿易は入超つづきであり，そのうえに日露戦争のための外債発行は当時の平時予算の約2倍の10億円を超え，その元利支払いのためにさらに外債を募るというような状態に立ち至ったのである．1905年末の外資導入高は14.1億円，1914年末には19.8億円であった（うち国債はそれぞれ11.4億円，15.2億円，他は地方債，社債その他）．

　日露戦後は政治的には長州閥を代表する桂太郎と，政友会総裁西園寺公望が交互に内閣に立つ，いわゆる「桂園体制」の時代である．この時期の経済政策は以後1960年代に至るまでの日本の経済政策のジレンマを象徴するかのようであった．すなわち，国際収支の危機に対処するために財政・金融を引き締め，非募債主義をとって節約につとめようとするのが大蔵省・日本銀行のつねに変らない立場であり，一方，地方に選挙地盤をもつ政友会としては，政権を握れば鉄道・道路・港湾などの公共投資を行い，公約を実現して党勢の拡張を図ろうとした．この対立はたえずくり返された．たとえば若槻礼次郎大蔵次官は1911年8月山県有朋に対して，①財政収入は減退の傾向にあり，新計画を一切行わないとしても，明治48（1915）年度には2800万円以上の財源不足を生ずること，②「現状の儘に放置するときは，明治四十八年に至れば我正貨は全く消散し尽くすべきこと」，③「正貨維持の根本政策は産業を盛にして輸入を

減じ，輸出を増す」にあるが，急にその実効を望みがたいので「一時応急の処置」が必要である旨を説明した．山県は「思の外に困難の状態なりとて，是にては何等の請求も出来ず」と大分心配の様子であった*．一方，時の政友会内閣の内務大臣原敬は「行政費は可成(なるべく)節約の方針を取り，国力発展に必要なる費用」は惜しまない方針を取るべきである，それでなくては「輸出入の不平均」も「正貨欠乏」も処置できないと主張した．彼は内相辞任を賭して鉄道拡張費9000万円を確保したが，全体としての緊縮方針を否定し去ることはできなかった．ただ例外的に日銀総裁高橋是清のみは，持論として外貨導入中止，金利引下げに反対し，むしろ「国際貸借上利払ノ為メ足ラザル所ノモノハ外資ニ依リテ補充スルト共ニ，内地ニ生産資金ヲ供与」して産業の発展を図るべきだと考えた**．原は高橋と意気投合し，のちの政友会内閣の「積極政策」の担当者としたのである．以後，政友会の積極政策対憲政会（民政党）の消極政策が戦前の政策の基調となったし，戦後も自民党政権の内部で，池田勇人・田中角栄らの成長論と佐藤栄作・福田赳夫らの「安定成長」論が交代して登場するのである．ともあれ，このときの国際収支の赤字の重圧は第1次大戦によって急激に解消したのであった．

  * 若槻礼次郎『古風庵回顧録』（解説・伊藤隆）（読売新聞社，1975）p.484.
 ** 高橋是清「正貨準備ニ関スル日本銀行総裁ノ上申」（1912）（坂野潤治「桂園内閣と大正政変」岩波講座『日本歴史』近代4，p.228 による）．

 第12表によって，第1次大戦にともなう経済拡大の規模をみよう．大戦前年の1913年に約8億円であった輸出額は，1918年には30億円と驚異的な増加を示し，他方，輸入も1918年には20億円を超えるが，大戦中の日本は異常な輸出超過を経験した．当然，国際収支は赤字から大幅の黒字に変化した．第13表のように，1914年に19億円もあった外貨債が20年には16億円に減じ，他方，海外投資は4.6億円から22億円に，正貨準備が1.3億円から11.1億円に，在外正貨も2.2億円から10.6億円に増加した．結局大戦の6年間に，日本は10.9億円の債務国から逆に27.7億円の債権国になったのである．しかし異常な輸出の伸びと輸入の不足とは，あいまって，国内の経済に大きな波紋を投げかけた．

第3章 戦間期

第12表 第1次世界大戦とそれ以後の経済指標 (百万円)

	GNE(名目)(1)	GNE 1934-36年価格(2)	財貨サービスの輸出(3)	財貨サービスの輸入(4)	正貨準備高(5)	鉱工業生産指数(6)	民間設備投資(名目)(7)	うち生産者耐久施設(8)	同1934-36年価格(9)	銀行会社計画資本(10)	事業会社総資本利益率(11)	消費者物価指数1913年100(12)	工業賃金指数(男子)1913年100(13)	工業賃金指数(女子)1913年100(14)
1913	5,013	8,001	845	951	376	100	569	282	380	381	—	100	100	100
14	4,738	8,061	799	816	341	102.4	521	244	347	251	8.1	94.1	100	103
15	4,991	8,527	1,004	788	516	119.8	540	257	307	293	9.6	89.4	98	100
16	6,148	9,233	1,646	1,041	714	138.9	789	453	433	658	15.9	97.1	103	97
17	8,592	10,061	2,356	1,419	1,105	145.2	1,454	970	745	1,563	20.9	121.2	119	113
18	11,839	10,929	3,017	2,217	1,588	150.6	2,186	1,482	1,101	2,676	21.1	164.3	152	141
19	15,453	11,475	3,243	2,909	2,045	152.7	2,223	1,309	1,142	4,068	21.1	218.9	222	203
20	15,896	11,422	2,984	3,095	2,179	141.5	2,566	1,383	1,125	5,114	20.7	222.6	297	300
21	14,886	12,153	2,065	2,338	2,080	149.3	1,708	650	794	2,236	12.1	205.6	294	303
22	15,573	11,831	2,388	2,578	1,830	165.5	1,804	674	608	1,492	13.3	201.2	312	325
23	14,924	11,292	2,184	2,720	1,653	159.2	1,421	498	393	1,482	10.1	201.3	309	306
24	15,576	11,659	2,665	3,354	1,501	172.5	1,872	545	426	1,004	9.4	203.0	314	313
25	16,265	12,332	3,272	3,524	1,413	170.7	1,592	435	403	1,330	8.6	208.8	319	322
26	15,975	12,424	2,986	3,364	1,357	184.3	1,709	406	403	1,678	7.5	199.7	319	328
27	16,293	12,843	2,981	3,112	1,273	194.7	1,690	430	438	1,558	7.2	190.7	317	316
28	16,506	13,673	3,033	3,168	1,199	216.3	1,524	499	486	1,488	6.6	186.4	317	313
29	16,286	13,735	3,300	3,223	1,343	248.5	1,620	578	550	1,042	6.4	181.0	315	325
30	14,671	13,882	2,486	2,439	960	249.7	1,329	456	457	1,004	5.4	166.0	299	288
31	13,309	13,941	2,030	2,105	557	266.9	1,058	259	333	558	—	146.0	283	247

(1)(2)(3)(4)(7)(8)(9)(12)大川一司他『国民所得』(LTES 1). (5)大蔵省『大蔵省百年史』別巻. (6)篠原三代平『鉱工業』(LTES 10)より指数化. (10)(11)日本銀行『本邦主要経済統計』. (13)(14)大川一司他『物価』(LTES 8).

第13表 日本の対外貸借 (億円)

日本の対外債務			日本の対外債権		
	1914	1920		1914	1920
日本の外貨債	19.0	16.0	海外投資	4.6	22.0
差引対外債務残高	△10.9	27.7	正貨準備	1.3	11.1
			在外正貨	2.2	10.6
計	8.1	43.7	計	8.1	43.7

『井上準之助論叢』第1巻 (1933) pp. 272, 273.

　最大の問題は，国内の需要超過が著しくなり，インフレーションが激化したことであった．需要超過の状況の下で有利な輸出を優先して国内需要を後まわしにしたのが1916-17年当時の実態であった．欧米が手を引いたアジア，アフリカの軽工業製品市場をほとんど独占したことが，これだけの輸出増加を誘発したのである．

　もうひとつは，このような需要超過の一方で輸入が困難になったことから生ずる問題である．大戦までの日本においては重化学工業はなお未発達で，機械

類，鉄鋼等は大部分輸入に依存していた．その輸入が突然停止した結果，国産化の動きが発生した．たとえば鉄鋼をはじめ，造船，電気機械，化学工業製品（染料等）等の生産拡大と国産化が企てられ，アメリカから鉄鋼を輸入し船舶を輸出する「船鉄交換」さえ実現した．ところが輸入の不振と機械設備の国産化の困難のために，生産能力の増加は急テンポには進まなかった．設備投資の増加は1917年以後に目立つのであって，生産の伸びは需要に比して大きくはなかったのであった．

他方，企業の新設・拡張計画は1916年から増加する．「銀行会社計画資本」の合計は，14年の2.5億円から19年の40.7億円まで，設備投資よりもはるかに大幅に拡大した．企業の資金需要だけが実態に先行したのである．拡張の対象となったのは，電力，紡績，鉱山，鉄鋼，造船，海運等当時の花形産業であった．新企業の簇生を生んだのは「成金」という言葉がはやったことからも知られるような，インフレーションの下における「思いがけない」（ウィンドフォール）利潤の増加と，それにともなう期待利潤率の上昇の結果であった．企業の総資本利益率は急に高まり，16年には15％，17・18・19年とも20％を超える記録的な水準に達したのである．企業の配当率も，3割，5割というような異常に高いものも多くなった．しかし，一方では物価も急激に上昇し，16年から19年までに2.2倍に達する．賃金はこれに立遅れ，18年までは実質賃金の低下がつづく．所得分配は著しく不平等化し，労働者の不満は生活必需品，とくに米価の値上りによって激化した．1918年夏の「米騒動」はその危機の反映であった．以後「大正デモクラシー」下に労働運動が公然と活発化し，実質賃金は1919年以後はじめて上昇しえたのである（以上第12表参照）．

しかし大戦は1918年末に終り，19年いっぱいはブームが続いたが，早くもこの年から貿易収支は逆調に転じた．欧米の輸出力が回復して日本の輸入が急増し，他方アジア・アフリカ市場で競争が再開され，輸出は伸びなやみ，正貨は流出に転じ，金融が引き締まってきた．一方，ブーム下の企業の新設，増資と，株式や商品の投機のために資金需要は旺盛であったから，金融市場は急速に逼迫し，1920年3月の株式を契機に各種商品価格も暴落して，1920年の恐慌が起り，ブームは終結したのである．

ブームとその後の不況が日本経済にもたらしたさまざまな影響は，きわめて

大きいものであった．日本経済は第1次世界大戦によって新しい局面を迎えた．その代表的な事実が重化学工業の出発と人口の都市集中とであった．

2. 重化学工業化と都市化

まず，大戦の影響として電力業と重化学工業の拡大が指摘される．第14表をみると，1913年から19年までに，金属，機械器具，化学工業が異常な成長を示している．繊維製品の成長率が平均より低いのは，出発点の水準がすでに高いうえに，設備投資が立遅れたためであった．1920年代には国際競争が再開され，重化学工業はふたたび苦難の時期をむかえ，多くの企業は倒産の憂き目を見たが，生き残った企業は海外の技術を導入し，熟練労働力を温存して，30年代の発展をまつことになった．しかし不況といわれる20年代にあっても，鉄鋼，化学などの生産は着実な伸びを示しており，30年代以後における発展の条件をととのえていった．

この時期には，電力業の成長が重要な意味をもっていた．日露戦争後から水力発電の開発が進み，1913年には，猪苗代湖の発電所と東京までの送電線が完成し，高電圧による大量電力輸送が実現した．それは大幅なコスト・ダウンと電力料金の低下をもたらし，電灯用のみならず動力源としての利用が進むことになったのである．中部山岳地帯をはじめ，各地で水力開発がブームになった．それは電力事業が発展したことを意味するにとどまらず，中小企業をも含

第14表 製造業生産額の成長率と構成比（1934-36年価格）　　（百万円，％）

		食料品	繊維	化学	鉄鋼	非鉄金属	機械	その他とも計	発電力（千kW）	うち水力発電（千kW）
生産額	1913	1,343	1,080	338	66	70	307	3,698	597	322
	19	1,642	1,690	523	120	395	955	6,100	1,133	711
	30	2,360	2,601	1,190	618	336	1,098	9,261	4,500	2,948
成長率	1913-19	3.4	7.7	7.5	10.5	33.4	20.8	8.7	11.3	14.1
	1919-30	3.4	4.0	7.8	16.1	△1.5	△3.2	3.9	13.4	13.8
構成比	1913	36.3	29.2	9.1	1.8	1.9	8.3	100		
	19	26.9	27.7	8.6	2.0	6.5	15.7	100		
	30	25.5	28.1	7.3	4.1	3.6	7.2	100		

製造業の生産額は篠原三代平『鉱工業』（LTES 10）pp.144-145，電力は日本銀行『本邦主要経済統計』p.124．

めた産業用動力の電力への移行をおし進めた．それまで動力をほとんど持たなかった中小企業（織物，製材業など）の 8 割までが原動力をもつようになり，その 8 割以上が電動機だったのである（第 15 表）．在来産業をふくめた技術進歩と生産性向上が可能になったことは注目すべき変化であった*．

   * 南亮進『動力革命と技術進歩』（東洋経済新報社，1976）はこの問題の綿密詳細な分析である．

次に，労働力の移動と都市化の問題である．第 I 部第 15 表にみたように，第 1 次大戦期における農林業人口は他産業へ流出をつづけた．梅村又次の推計によれば，1914 年から 18 年までに約 85 万人減少したわけである．この間に第 2 次・第 3 次産業は合計 180 万人，うち製造業は約 96 万人増加している*．それは都市化の傾向が大戦を契機に急激に進行したことをものがたる．都市の有業者の限界的な所得が農村よりも高くなったために，流出が農村に残るよりも有利な所得をもたらすからである．それに応じて，農村においても農産物価格が上昇し，また人口が減少したことによって所得が増加し，人口を農村にひきもどす動きも働いた．ただし，そのあとで不況になった場合には，もし都市人口が農村に逆流すれば，農村の人口が増えすぎて都市・農村間の所得格差がひらいてしまうから，生じうるのはせいぜい人口流出の停止であって，逆流ではありえない．事実 1920 年代には，農村からの流出はしだいに衰え，1930 年前後には農村人口の増加が一時的に見られたけれども，全体として都市に移動

第 15 表　製造業工場の動力化率（α）と電化率（β）　　　　（%）

	1909		1914		1919		1930	
	α	β	α	β	α	β	α	β
全製造業	28.2	13.0	45.6	30.1	61.1	58.5	82.5	86.7
5-9 人	14.4	10.6	28.5	27.4	46.0	56.9	76.6	84.4
10-29	30.1	9.8	48.8	26.1	65.0	58.7	87.2	86.3
30-49	63.7	7.0	75.9	20.5	85.7	55.1	93.8	82.9
50-99	78.0	9.8	87.7	23.7	92.8	59.8	97.3	88.0
100-499	87.1	13.2	92.8	26.1	97.2	59.3	99.1	87.2
500-999	95.1	9.7	96.8	33.7	100.0	69.1	100.0	95.8
1,000-	100.0	18.3	97.6	36.7	99.4	55.7	100.0	78.6

1)　「工場統計表」のデータ．南亮進『動力革命と技術進歩』（東洋経済新報社，1976，付表）による．
2)　α＝原動機使用工場数÷工場総数×100．β＝電動機馬力数÷原動機馬力数×100．

した人口はそこに定着したのであった．農村が過剰労働力のプールであったという考え方は，好況時に労働力を供給しうる給源であったという意味であって，不況時に逆流する労働力を吸収しえたということではない．

* 梅村又次他『労働力』（LTES 2）第3部，第8表．

かくて都市化が進行する．大戦中それがとくに著しかったことは，第16表から知られるであろう．1913年に総人口の74%を吸収していた人口1万人以下の町村の人口は20年には62%に縮小したが，他方人口10万人以上の都市の人口は12%から19%に増加したのである．それは明治以来の連続的な変化のひとこまであったにはちがいないが，1913年から20年にかけての変化が，その前後に比してとくに著しかったことは明らかである．

都市化の傾向は，また地方財政，とくに大都市のそれの拡大をもたらさずにはおかなかった．道路，上下水道，学校，公園などの近代都市施設の整備などがそれである．これに近郊からの通勤電車や住宅建設などの民間投資が付加されるから，その投資の規模は巨大化した．第17表の数字に要約されるように，1920年代において，地方，とくに市の財政の規模が拡大したことはこの事実のあらわれである．関東大震災を契機に東京や横浜は都市計画をたてて近代都市の形をととのえはじめ，大阪，名古屋，神戸，札幌等も都市計画を実施したのは，人口の集中とともに，都市の形態や機能が急激に変化しはじめたことを示している．その変化が第1次大戦後にはじまっていたことは興味深い事実といえよう．

都市化と重化学工業化は，また大都市周辺の工業地帯と，階級としての工場労働者層をつくりだした．重化学工業を中心とする京浜工業地帯と阪神工業地

第16表 人口の市町村人口階級別構成比 (%)

	1898	1903	1908	1913	1918	1920	1925	1930	1935
人口1万人以下	81.6	79.4	76.5	74.2	70.1	62.0	59.4	56.9	54.3
1万人－5万人	8.2	8.5	9.4	10.9	12.6	14.1	14.3	14.6	14.9
5万人－10万人	1.1	1.1	1.7	2.3	3.2	4.4	4.8	5.1	5.3
10万人以上	9.1	10.9	12.4	12.5	14.1	19.5	21.6	23.5	25.5
計	100	100	100	100	100	100	100	100	100

中村『戦前期』（前掲）p.18．1898-1913年は，長崎，新潟，愛知，石川，岡山，鳥取，福島，大分，鹿児島，北海道を除く．1920-35年は全国を1935年の市町村境域に調整，高木尚文の推計．

第17表 財政支出の主体別分類　　　　　　　　（百万円，％）

	全財政支出	中央財政	地方財政計	地方財政計のなかの比率(%)				(参考) 地方財政支出中の主要費目の比率(%)			
				府県	市	町	郡および水利組合	行政費	土木費	教育費	公債費
1880-84	107.7	73.1(67.9)	34.6(32.1)	50.8		49.1		17.2	24.6	22.0	0.0
85-89	111.8	77.0(68.8)	34.8(31.1)	59.8	0.9	39.3		17.8	22.3	19.2	0.0
90-94	129.6	81.0(62.5)	48.6(37.5)	47.7	7.6	44.7		16.6	22.7	19.1	1.2
95-99	275.7	190.3(69.0)	85.4(31.0)	43.6	12.1	44.3		14.9	24.6	22.1	4.1
1900-01	421.0	275.0(65.3)	146.0(34.7)	35.5	16.4	44.1	2.9	13.1	20.0	26.7	8.6
05-09	735.4	531.3(72.2)	204.1(27.8)	30.9	23.1	41.2	4.6	13.7	19.2	32.6	10.6
10-14	929.3	594.0(63.9)	335.3(36.1)	28.8	30.3	36.0	4.9	10.4	17.4	24.0	8.4
15-19	1,261.1	819.6(65.0)	441.5(35.0)	29.0	27.8	38.1	5.0	11.9	15.5	27.1	10.6
20-24	2,626.2	1,485.1(56.5)	1,141.1(43.5)	31.6	30.8	33.4	4.2	10.2	19.5	26.0	7.6
25-29	3,426.2	1,684.1(49.2)	1,742.1(50.8)	26.8	42.1	29.7	1.5	8.4	18.2	26.8	18.8
30-34	4,038.4	1,880.5(46.5)	2,158.0(53.4)	33.4	41.2	24.3	1.0	6.8	16.6	20.6	31.2
35-39	5,561.8	2,995.9(53.9)	2,565.9(46.1)	36.3	40.5	22.7	0.4	6.1	13.4	21.9	27.0
40-44	14,745.0	10,939.0(74.2)	3,806.1(25.8)	51.2	31.2	14.1		9.3	14.0	21.8	14.2

江見康一・塩野谷裕一『財政支出』(LTES 7) による．

帯が成立したのはともにこの時代である．「工業統計表」によれば，重化学工業の労働者数は，民営企業についていえば，1914年の6.8万人（全体の6.7％）から20年の36.4万人（23.5％），30年の37.9万人（22.1％）に増加している．これに官営工場（八幡製鉄所，砲兵工廠，海軍工廠等）を加えれば，1914年の14.3万人から，20年には51.5万人に増加し，不況の30年にも46.4万人を維持していた．成人男子労働力を中核とする基礎産業の比重が高まったのである．それは農村出身の若年女子労働力が短期間に交代する繊維産業とは異なって，一生をその産業にささげる労働者を大量に創出したことを意味し，かつ，近代的な階級関係と労働運動が興隆する条件をつくりだした．第18表にみるように，労働争議の増加は1917年からのことであるが，実質賃金の低下と，労働者数の増加と，ロシア革命の刺激とがあいまって，一挙に大衆的な運動にもえあがったのである．それ以後1920年代を通じて組織労働者の増加が目立ってゆく．1920年代に入ってのち，小作争議の件数も参加人員も増加している．この変化はやはり大戦がもたらした大きな影響のひとつであったというべきであろう．

なお，人口の都市集中は国民の生活様式の変化をもたらした．大戦中から，衣食住のすべてにわたってようやく洋風に変りはじめる傾向が見られるようになった．家庭での肉食が普遍化し，サラリーマンが洋服を着，小学生や中学生

第18表　労働運動と農民運動　　　　　　　　　　　（千人）

	労働組合数	労働組合員数	労働争議件数	労働争議参加人員	小作争議件数	小作争議参加人員(小作人)		労働組合数	労働組合員数	労働争議件数	労働争議参加人員	小作争議件数	小作争議参加人員(小作人)
1913			47	5			1928	501	309	397	46	1,866	75
14			50	8			29	630	331	576	77	2,434	82
15			64	8			30	712	354	906	81	2,478	59
16			108	8			31	818	369	998	65	3,419	81
17			398	57	85		32	932	378	893	55	3,414	61
18	107		417	66	256		33	942	385	610	49	4,000	48
19	187		497	63	326		34	965	388	626	50	5,828	121
20	273		282	36	408	35	35	993	409	590	38	6,824	113
21	300	103	246	58	1,680	146	36	973	421	547	31	6,804	77
22	387	137	250	42	1,578	126	37	837	395	628	124	6,170	63
23	432	126	270	36	1,917	135	38	731	375	262	18	4,615	53
24	469	228	333	55	1,532	111	39	517	366	358	72	3,578	26
25	457	254	293	41	2,206	135	40	49	9	271	33	3,165	39
26	488	285	495	67	2,751	151	41	11	1	159	10	3,308	32
27	505	309	383	47	2,052	91							

内閣統計局『労働統計要覧』，労働省『統計よりみたわが国の労働争議』，農林省『小作年報』『農地年報』による．『日本経済統計集―明治・大正・昭和―』（日本評論社, 1958）より引用．

が木綿の制服をまとい，弁当にパンをもって学校に通うようになったのである．それにともなって毛織物，既製服，パン，西洋菓子など新しい産業が生れたことも生活様式変化の産物であった．

3. 戦後デフレーションと恐慌

社会構造の変化が大戦のもたらした第二の変化であったとすれば，第三には大戦中のインフレーションとそのあとのデフレーションをあげねばなるまい．第19表に示すように，インフレもデフレも世界的な問題であり，日本だけのことではなかったけれども，大戦から世界恐慌に至る20年あまりの動揺はあまりにも激しく，経済と社会はそれによって著しい影響をうけたのである．大戦によってインフレが起ったのは避けられなかったとしても，問題は日本がイギリスにならって大戦前の状態にかえることを理想とし，戦前の通貨価値を維持しつつ金本位制に復帰しようとした点にあった*．ケインズの『貨幣改革論』は，大戦後のインフレによる社会的変化，たとえば金利生活者の地位の低下，相対価格の変化などがすでに既成事実になっていることを認めた上で経済を安

第19表　各種物価の国際比較（1913年＝100）

	卸売物価指数				農産物価格指数		消費者物価指数		
	アメリカ	イギリス	フランス	日　本	アメリカ	日　本	アメリカ	イギリス	日　本
1917	168	206	253	147	180	104	129	107	114
20	221	313	488	260	211	193	202	152	263
25	149	163	529	203	154	187	177	107	196
29	134	139	588	166	147	147	173	100	173
31	102	107	435	116	91	93	154	90	137
33	95	104	365	147	72	105	131	85	143
35	104	108	329	154	110	132	138	87	149

1) アメリカはDept. of Commerce, *Historical Statistics of the United States, from Colonial age to 1975.*
2) イギリス，フランスは1914＝100. B. R. Mitchell, *European Historical Statistics 1850-1970.*
3) 日本は卸売物価は日銀調，消費者物価は大川一司他『物価』(LTES 8)の消費者物価指数（総合）．

定させるべきであり，平価を切り下げて金本位に復帰せよと説いたが，この主張は少数意見に終ったのであった．日本においても石橋湛山・小汀利得・高橋亀吉・山崎靖純ら4人のジャーナリストがこの説を唱えたが，ついに顧みられなかったのである．

　＊　拙著『戦前期日本経済成長の分析』第4章1参照．

　ともあれ，インフレによって一時的に企業の利潤は急増し，ブームに酔ったけれども，1920年の恐慌によって挫折したあとは，一転してデフレーションのもとでの慢性不況になやむことになった．デフレーションが国際的に継続し，日本の国際収支の赤字と正貨の流出がつづく以上，日本においては短期的な景気対策はとりえたにしても，長期的な成長を意図することは不可能であった．1920年代の経済・社会は，デフレーションの基調の上に組立てられたのである．それは第Ⅰ部第3図にみたように通貨の供給量が1920年代を通じてほぼ一定であったという事実から理解されよう．

　デフレーション傾向下に財界「動揺(パニック)」がくり返されたのはむしろ当然であった．1920年の不況はもっとも著しい例であって，株式相場も商品市況もほとんどが半値以下に低落した．倒産する企業も数多く，倒産を免れたものも大戦中の蓄積を蕩尽して悲境にあえぐものが多かった．以後の1920年代には，企業は貸借対照表を操作し，資産を水増しして表面をとりつくろい，金融機関も回収不能の債権をかくして利益を計上するものが多くなった．打撃をうけな

ったものは，ブームに乗じて経営を膨脹させなかった財閥系企業と優良紡績会社など少数の企業にすぎなかった．1922年には「石井定七事件」が起って若干の倒産企業が出た．1923年9月1日には関東大震災が発生し，東京・横浜は壊滅的な打撃をうけた．この地域の企業を救済するために，震災地域にモラトリアムが施行され，その解除後もこの地域を支払地とする手形（「震災手形」）を日銀が再割引することにして，パニックの防止がはかられた．1925年には大貿易商高田商会が倒産し，27年には「震災手形」整理のための法案をめぐる政争から，金融恐慌が発生し，台湾銀行，十五銀行，近江銀行などが倒産し，大戦中には三井物産を抜く取引高をあげた神戸の貿易商鈴木商店も崩壊した．金融恐慌に至るまでの「財界動揺」は，いずれも1920年恐慌以来の企業経営内容の悪化が表面化したものであったといえるであろう．

第2章（pp.90-91）でみたような多くの「所有型」経営者はこの過程において没落した．金融恐慌の際に破綻した銀行の多くが，渡辺銀行，中井銀行，左右田銀行，村井銀行，神田銀行など，創業者ないし経営者の姓を冠した銀行だったことは，その象徴的な一例である．また，小銀行がしばしば機関銀行化して引きおこす弊害を避けるために，1927年には銀行法が改正され，銀行経営者の兼業を禁じ，資本金100万円（大都市では200万円）以下の銀行は5年以内に整理統合されることになった．このような「動揺」と「整理」の過程は，資本主義的な企業が個人の創意と手腕によっては維持しきれなくなり，次第に組織と制度を基礎とする機構に変貌していったことをものがたる．

この時期の財界の「動揺」と「整理」は，単純に強行されたのではなく，大企業が危機に瀕すると，そのたびごとに「救済」の手が日本銀行等を通じてさしのべられたことも事実であった．それは自由経済の原理からいえば合理的とはいえないかもしれないし，「整理」を遅延させたという非難も起った．第19表をみても，日本の物価低落のテンポが英米に比して鈍かったことも否定しがたい．その結果1920年代の日本の国際競争力は低く，国際収支の赤字がつづき，正貨の流出を招いたという見方が当時の正統的見解であった．しかし，その一面で「救済」によって通貨の収縮が急速に進められなかったからこそ，重化学工業化や電化の進行とあいまって，1920年代の日本は3％程度の経済成長率を維持しえたことも認めなければならない．それがなければ国内の経済は

より以上に激しい不況に当面せざるをえなかったであろう．理論家たちによって「不徹底」と批評されたこの時期の経済政策は，「不徹底」であったがゆえに，期せずして世界最高の経済成長を導いたのである．

4. 1920年代の経済構造

1920年代のデフレーションが長期化したことは，日本経済に大きな変化をもたらした．その代表的な側面として，ここでは寡占体制，農業，中小・零細商工業の就業構造をとりあげ，いわゆる「二重構造」の問題を考えてみることにしよう．

(1) 寡占体制

デフレーション下に多くの財閥や企業が経営困難となり，崩壊したり，整理を余儀なくされたことはすでに見た．その結果，日本の財界において，三井・三菱・住友・安田の4大財閥の覇権が確立したのである．これら財閥の1928年ごろにおける支配網は第7図のように巨大であり，全国の法人企業の払込資本金のうちの30.1％を三井・三菱・住友の3大財閥系企業が手中に収め，これに安田・浅野・大倉・古河・川崎の5財閥を加えれば39.5％に達する（柴垣和夫『三井・三菱の100年—日本資本主義と財閥』中公新書，1968, pp.90-91）．

財閥の支配力はおそらくこの時期に最高の強さに達したとみてよいであろう．たとえば三井の場合，経営の中心は物産・鉱山・銀行であり，3者だけで本社の配当金収益の85％を超えている．物産は，貿易はもちろん国際仲継商業に活躍し，国内にあっても三井系大手メーカー（王子製紙・台湾製糖等）の製品の専売権を握って収益をあげ，「軍艦から鶏のエサまで」を扱う総合商社であった．鉱山は三池をはじめ石炭，金属にわたって優良鉱山をおさえていた．さらに銀行は，20年代の金融恐慌前後から，その信用によって増加した豊富な資金を利用して，三井の系列網を拡張した．たとえば東京電灯・東邦電力・宇治川電気など5大電力会社への貸出金の増加に悩んだ三井銀行は，自ら斡旋して貸出金を外債に振替えさせ，やがて重役の人事に干渉し，1932年には5大電力のカルテル（電力連盟）を結成させ，設備投資その他重要事項はその顧問

である5大銀行の同意なしには行えないことにした．鈴木商店の破綻のさいその傘下の企業を三井支配下に吸収したときも，あるいは王子製紙が大川平三郎の富士製紙・樺太工業を合併して新聞紙の全国生産の90％を支配するトラストを形成したさいも，資金的背景は三井銀行であった．三菱銀行，住友銀行もこれほどはなばなしくはなかったにせよ，同じような機能を果したのである．

また財閥はその豊富な自己資金によって，次々に新しい産業にのりだした．長期資金の預託，運用にあたる信託事業，新興産業としての空中窒素固定法による化学肥料事業，電気機械事業，レーヨン事業など．明治期以来の諸産業を統合した財閥の実力は，量的にも質的にも日本経済の支配権を掌握したといえるであろう．

他方，当時の産業のうちもっとも有力であったのは，綿紡績業と製糸業を主力とする繊維工業であった．しかし，これらの産業は，その技術は本来労働集約的で資本設備費は比較的少額ですみ，小規模経営が可能で新規参入も容易なため，少数企業の寡占体制は本来成立しにくい業種であるうえ，国際競争力も強く，内需も大きかったから，デフレーションのもとでもっとも存続しやすいという特質をもっていた．それゆえに，これらの産業では20年代のデフレ下にあって企業数は増加しつづけ，生産や従業員数の集中度は第20表に示すようにかえって低下した．この表によれば，従業員数でみたときの集中は，全産業についてみても，化学工業以外の各産業についてみても，1925年がピークで，以後はかえって低下に向っていたことが明らかである．

以上のように考えると，この時期における寡占化の傾向は，一般的なデフレーションの進行下にあって，資金の面でも，企業経営の内容の面でも卓越していた財閥の支配力が強化されたこと，とくに財閥系金融機関がその豊富な資金によってその支配網を拡大したこと，カルテル化が進行したこと，および製紙，鉄鋼業などで1930年代初頭に大合同（王子製紙，日本製鉄）が成立したこと，の四つによって説明されると思われる．しかし，それは企業の集中があともどりできないようなものであったことを意味しない．財閥に代表されるいわゆる「独占資本」の支配力は，デフレーションの環境が生みだしたものであり，しかも一方で競争は激化し，それゆえに不況期にカルテルを結成せざるをえなかったという見方もなりたつであろう．のちに見るように，1930年代に入って

第7図　三井・三菱の関係企業系統図（1928年頃）

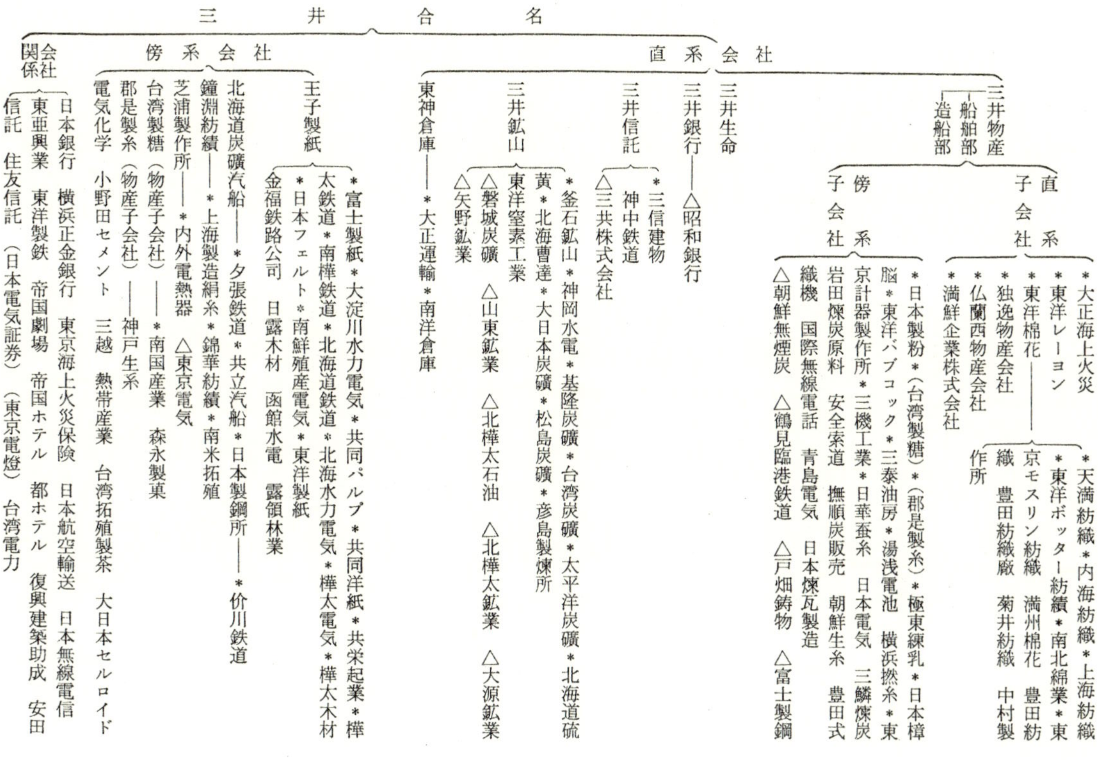

第 3 章　戦　間　期　　　　　　　　　　　107

1) 柴垣和夫『三井・三菱の百年』(中公新書, 1968) pp. 84-85, 88-89による。原資料は高橋亀吉『日本財閥の解剖』.
2) *は三井・三菱の支配力が大体決定的なもの。無印は準支配的なもの。△は支配力いまだ以上のごとくならざる関係会社。三井各名の関係会社中カッコ内はもっぱら金融関係が主たるもの。
3) (久) は岩崎久弥, (小) は同小弥太, (俊) は同俊弥の投資をそれぞれ示す.

第20表 製造業における大企業への集中度 (%)

		工場数		従業員数		生産額	
		1000人以上	500-999人	1000人以上	500-999人	1000人以上	500-999人
全製造業	1914	0.3	0.4	16.7	8.5	—	—
	20	0.3	0.5	21.7	10.6	—	—
	25	0.5	0.6	26.8	10.8	—	—
	29	0.3	0.5	20.1	11.3	19.9	11.5
	34	0.3	0.4	18.7	10.6	26.2	12.0
紡織工業	1914	0.5	0.6	20.7	10.5	—	—
	20	0.6	0.8	24.0	13.8	—	—
	25	0.9	1.1	30.9	13.7	—	—
	29	0.7	1.0	25.3	15.3	32.5	14.6
	34	0.4	0.6	18.8	14.5	32.6	17.2
化学工業	1914	0	0.5	0	10.2	—	—
	20	0.2	0.3	9.9	5.8	—	—
	25	0.3	0.7	11.0	10.8	—	—
	29	0.3	0.6	12.6	10.8	7.3	11.6
	34	0.5	0.6	25.6	10.2	16.6	12.0
金属工業	1914	0.1	0.3	7.6	8.0	—	—
	20	0.3	0.4	24.9	10.8	—	—
	25	0.2	0.4	31.8	7.3	—	—
	29	0.1	0.3	11.8	9.3	14.8	13.6
	34	0.2	0.5	25.0	10.0	46.0	11.2
機械工業	1914	0.6	0.5	43.1	8.4	—	—
	20	0.6	0.9	47.1	11.0	—	—
	25	0.8	0.8	46.7	10.1	—	—
	29	0.5	0.5	37.0	8.4	35.5	9.0
	34	0.5	0.4	34.6	9.2	35.7	10.8

1) 通商産業省『工業統計五十年史』第1巻より算出．
2) 金属工業で1934年の集中度が急上昇しているのは，33年に官営だった八幡製鉄所が日本製鉄に参加したためである．
3) 中村『戦前期』(前掲) p.171．

様相は大きく変化するのである．

(2) 「二重構造」の形成

「二重構造」ということばは，1950年代なかばに広く用いられるようになった．50年代には，中小企業の労働者や農民の収入に比して，大企業の労働者（主として組織労働者）の収入は著しく高く，いわゆる賃金格差が目立つよう

になり,そのために国民の生活水準にも階層による差が生じた.しかも,この格差が存在するために,大企業は高い賃金の労働者を使用して自ら生産を行うよりも,中小企業を下請として部品生産や仕上げ加工を行わせる方が安くつくために,大企業による中小企業の下請化が進行した.その低賃金労働力の供給源は所得水準の低い農村である.つまり大企業と中小企業・農村の格差が拡大し,前者が後者を利用するしくみができあがっている,というのである.そして,「二重構造」はすでに1930年代にもみられ,賃金格差もこの時期から発生していたという議論が展開されたのである(第21表).

この議論は,1950年代に活発に行われたのであったが,その淵源を1930年代の「日本資本主義論争」に求めることができる.「講座派」が「半封建的」な高率地代に呻吟していた農民が「日本資本主義」の「基柢」であると説いた(山田盛太郎『日本資本主義分析』岩波書店,1934)のは,ほぼ同じような事態が,とくに1920-30年代の農村の疲弊の上に進行しつつあったことに注目したからである.当時の実態を簡単に要約してみよう.

第22表は,明治以来の経済発展の中での農業の相対的な地位を示している.この表のA,Bはそれぞれの時点における純国内生産の中の農林水産業所得のシェアを示し,D,Eは有業人口中の農林業人口のシェアCで割って,有業人口1人当り生産に対する農林業有業人口生産の比を求めたものである.実は

第21表 東京における職工数10人以上の工場の賃金の10人以下の工場の賃金に対する倍率

	計	男	女		計	男	女
1917	1.03	1.11	0.55	1928	1.21	1.28	1.22
18	1.04	1.12	0.56	29	1.25	1.32	1.24
19	0.99	1.07	0.54	30	1.38	1.45	1.40
20	1.09	1.17	0.61	31	1.43	1.50	1.40
21	1.15	1.23	0.64	32	1.37	1.50	1.32
22	1.16	1.26	0.67	33	1.41	1.56	1.34
23	1.05	1.13	1.16	34	1.42	1.55	1.28
24	1.33	1.43	1.17	35	1.36	1.49	1.26
25	1.09	1.15	1.16	36	1.35	1.48	1.19
26	1.20	1.26	1.36	37	1.29	1.43	1.14
27	1.26	1.34	1.12	38	1.30	1.42	1.09

『東京市統計年表』より南亮進が集計したものから算出(南亮進『日本経済の転換点』創文社,1970,p.228).

第Ⅱ部　近代日本経済の発展

第22表　経済の中の農業の位置　　　（%）

	国内純生産の中の農林水産業のシェア		有業人口中の農林業のシェア	全国内生産に対する農林業の相対生産性	
	名目 A	実質 B	C	名目 $D=\dfrac{A}{C}$	実質 $E=\dfrac{B}{C}$
1887	40.1	41.1	64.4	62.3	63.8
90	41.2	39.5	62.8	65.6	62.9
95	37.2	35.7	60.6	61.4	58.9
1900	38.3	34.1	59.0	64.9	57.8
05	36.0	33.2	57.3	62.8	57.9
10	34.9	31.3	55.9	62.4	56.0
15	28.3	29.5	53.9	52.5	54.7
20	29.2	24.9	52.0	56.2	47.9
25	24.6	22.4	49.2	50.0	45.5
30	19.2	21.3	48.0	40.0	44.4
35	17.3	18.5	45.6	37.9	40.6

1) 国内純生産（名目），同（実質）は大川一司他『国民所得』（LTES 1）資料第9表及び第36表による．有業人口中の農林業のシェアは梅村又次他『労働力』（LTES 2）いずれも7年移動平均．1887年のみは5年移動平均．
2) D, E は次のような意味をもつ．

$$=\dfrac{農林水産業国内生産}{国内純生産} \div \dfrac{農林業有業人口}{有業人口}$$

$$=\dfrac{\dfrac{農林業国内生産}{国内純生産}}{\dfrac{農林業有業人口}{有業人口}} = \dfrac{農林業人口1人当り生産}{有業人口1人当り生産}$$

3) 拙稿「日本資本主義論争について」（『思想』1976年6月，前掲『明治大正期の経済』所収）の数字を改訂したもの．

生産の中には水産業がふくまれているので正確には対応しえないが，大勢をみるために使用する程度ならば大きな誤りは生じないであろう．松方デフレーションの最中の1887年以後1920年ごろまで，農民の相対生産性（相対所得）には大きな変化はみられなかった．それが1920年代から30年代にかけて，急激に低下したことは明らかであろう．第1次大戦後世界的な慢性農業恐慌が発生し，そのために各国とも農業対策に苦しんだことは事実であるが，日本においてはそれがとくに激しくあらわれたのである．

　しかし，この数字はもうひとつの意味をもっている．農業の生産性は，明治以来第1次大戦当時までほぼ他産業と同じテンポで上昇してきた，だからこそ，相対生産性が50－60％台で推移してきたのである．農業と他産業の生産性はほぼ均衡をたもってきたのである．農村は都市よりも貧しかったにはちがいな

いが，それなりに技術進歩を重ね，都市との所得の均衡が可能な範囲の人口を内部に維持し，それを上回る人口を都市に送り出してきた．この関係がみられる間は，農村が異常な窮乏に苦しむことはなかった．しかし第1次大戦後に，世界的な農業恐慌が発生し，日本政府が米騒動以後低米価政策をとり，植民地の産米奨励を行うに至って，均衡は崩れざるをえなくなった．それが農業問題を深刻ならしめたのである．

一方，第1次大戦によって農村から流出した人口が都市に集中したことはすでにのべた．しかし，20年代のデフレーションのもとで，第2次産業の雇用は伸びなやみ，人員の淘汰がつづいた．重化学工業にあっては，熟練した労働力を温存し，若年労働力を整理して雇用量を抑制しつつ再起の日に備え，そのために勤続年数の多いものを給与の面で優遇するいわゆる「年功賃金制」をとるようになっていった．その結果，男子熟練労働者と，未熟練労働者・若年労働者との賃金格差がしだいにはっきりするようになった．また，活発化しつつあった労働運動の影響から自社の労働者を切離すためには，年功賃金制とともに，終身雇用制や経営家族主義を打ち出す必要が生じた．それらはあいまっていわゆる「日本型」労使関係を形成する基盤となった．そのために，新たに都市に流入した人口は第2次産業に就業することができなくなり，第3次産業に職を求めるほかはなくなった．こうして，第Ⅰ部第10表にみたような，第3次産業人口の増加が引き起されたのである．それは都市化の帰結であるが，それだけではなく，何らかの収入を求めなくてはならない人たちが，大量に第3次産業に流入したと考えるべきであろう．

中小工業や第3次産業等に流入する階層には，生活のために収入の多寡を論ずるいとまのないものが多かった．労働力もひとつの商品であって，需要供給の法則の作用を免れることはできないとすれば，労働力が供給超過となっているときに雇用量を維持するためには，賃金が低下するのは当然の帰結である．この背後には，農村の窮状が存在した．農村における限界収入が低下すれば，都市への人口流出圧力が強まる．都市における世帯主の所得が低下すれば，家族も労働市場で窮迫販売を行わざるをえない状況に追いこまれ，内職などに手を出さざるをえなくなる．このような悪循環の結果，都市における労働の供給超過は一層はげしくなる．こうした事態が急激に進行したのが1920年代から

第23表 男子各種賃金の比較
(1日当り銭,カッコ内は農業を100とする格差)

	農業日雇	日雇人夫	土建業平均	工業平均
1920	139	201(145)	274(197)	193(139)
23	163	217(133)	317(194)	201(123)
26	161	205(127)	306(190)	207(129)
29	144	193(134)	293(203)	205(142)
32	82	130(159)	210(256)	181(221)
35	91	133(146)	207(227)	190(209)
38	124	158(127)	250(202)	215(173)

大川一司他『物価』(LTES 8) pp. 243, 245 より算出.

30年代初頭にかけてであった.第23表において,男子のみをとって農業日雇賃金,都市の日雇人夫賃金,土建業の平均賃金,工業の平均賃金を比較すると,1920年代後半から農業や都市の日雇の賃金と土建業や工業賃金の格差が急激にひらいてゆく.農業賃金は6年間に5割下がったが,工業は1割減にすぎない.労働市場が供給超過になっても,長期勤続者や熟練者の賃金はにわかには下がらないが,日雇や不熟練者の賃金は直ちに下がるからである.のち30年代後半以後格差が漸次狭まってゆくのは労働市場の需給が次第に均衡に近づき,ついで需要超過になってゆく事情を示すものとみてよいであろう.

以上のようなメカニズムによって,「二重構造」は1920年代から30年代初頭にかけて形成された.そのなかで中小商工業従業者が増加したこともむしろ当然の帰結であった.低賃金に甘んじて就業を求める労働力のゆくえは,そこしかなかったからである.高い給与を支払っては引き合わないような労働集約的な事業が,低賃金を前提に成立する.あるいは低賃金を前提に労働力を大量に使用したサービスを行う.大企業がこれを利用して下請依存する形態が生れたのはむしろ当然であった.そのなかで金解禁政策が強行されたのである.

5. 1930年代の成長

大戦中の1917年,日本は金輸出を停止した.それは世界の諸国が金輸出を禁止したため,日本のみが金輸出をみとめていると,日本の為替レートが異常に高騰するためであった.しかし,大戦終了とともに,世界は金本位制への復帰の傾向を明白に打ち出し,1919年にアメリカが金本位制にもどったのをは

じめ，1924年にはドイツが，25年にはイギリスが，27年にはイタリアが，28年にはフランスが，それぞれ金本位制に復帰した．日本もこの潮流に無関心ではありえなかった．29年7月に成立した民政党の浜口内閣は，政友会の「積極政策」に対抗して健全財政を唱え，金解禁を党の第一の政策にかかげていたので，30年1月に旧平価で金本位制復帰を強行したのである．

1922年，第1次大戦後の世界経済の再建を議するために開かれたジェノア会議は，国際通貨制度の金本位制への復帰の方針を打ち出したが，必要ならば金為替本位制をとってもよいし，平価を変更し，通貨の金価値（平価）を切り下げてもよいと決議していた．戦後のインフレが甚だしかったドイツ，フランス，イタリアでは，通貨価値を切り下げて金本位に復帰した．しかし日本は金価値を変更することなく，旧平価で金輸出を解禁したのである．あえて旧平価解禁を選んだ理由は，第一に経済的な判断よりも国の「威信」という政治的な判断であり，第二に不況によって財界の「整理」を行おうという思想であった．1929年の対米為替相場は最低が $43\frac{3}{4}$ ドル，平均で46ドルであったが，日本の旧平価は対米 $49\frac{7}{8}$ ドルであったから，旧平価で金解禁を行うことは，為替相場を約1割近く切り上げることを意味していた．この時期の貿易は，第12表にみたように入超つづきであったから，国際競争力が低下している時期に円切上げ――為替相場の切上げをともなう金解禁――にふみ切ったのである．それは経済の論理からみれば異常な政策であり，放置すれば国際収支は一層悪化するに違いない．そこで政府は激しいデフレーション政策――「緊縮」政策を強行した．それは，時の蔵相井上準之助の名を冠して「井上財政」と呼ばれている．

「井上財政」の骨子の第一は，財政支出の削減であった．中央財政歳出合計は，1928年の18.1億円から，29年17.4億円，30年15.6億円，31年には14.8億円まで，4年にわたって削減が行われている．第二に井上は全国を遊説して消費節約，勤倹貯蓄，輸入抑制，国産品愛用のキャンペーンをくりひろげた．第三は，産業合理化運動であり，原材料費，人件費の節約を政府が先頭に立って推進しようとしたのである．

為替相場を切り上げて輸出の伸びが抑えられたときに，国内の消費を節約し財政支出を節約すれば，当然大幅な需要抑制がもたらされる．他方，日銀に命

じて内々で金融引き締めが行われていた．急激な総需要の縮小と金融面からのデフレ圧力によって，世界経済に変化がなかったとしても，日本経済は相当の不況を免れなかったであろう．実際には29年秋のニューヨーク株式市場の暴落を契機に世界恐慌が訪れる．日本経済は，金解禁に伴うデフレーションと，世界恐慌による世界経済の激しい落ちこみの双方によって，急激な不況（昭和恐慌）に見舞われた．

民政党内閣が上記の金解禁政策を強行したのは，相当の不況は覚悟の上で，経営内容の不良な企業を整理して産業を再建し，国際競争力の強い，合理化された経済を作ろうとする意図を秘めてのことであった．それは金本位制の論理の上に立つ構想で，すでに高い競争力をそなえていた財閥系企業，大紡績会社など少数の優良企業にとっては歓迎すべき政策であったにせよ，大多数の企業にとってはきびしい試練を意味していた．

世界恐慌とあいまって，農村の不況は未曾有の激しさを示し，農産物価格は急落し，農家所得は2年間に半分以下に低下した．雇用も1割あまり減少し，企業の利益率はゼロに近くなった（第24表）．松方デフレ以来，日本が経験したもっとも深刻な不況であった．産業界は不況にあえぎ，社会不安は激化した．陸軍はこのなかで次第に独走しはじめ，31年9月，外では満州事変をおこし，国内では3月事件，10月事件とあいついで未発のクーデターを計画した．31

第24表　世界恐慌の影響

	農産物価格指数	農家所得自小作平均（円）	民営工場労働人員（指数）	民営鉱山労働人員（指数）	企業対使用総資本利益率(%)（上期-下期）
1926	100	1,374	100	100	
27	87.5	1,219	94.8	99.9	
28	86.2	1,197	90.4	99.4	4.0-3.2
29	85.2	1,150	91.1	95.4	5.0-3.6
30	56.2	723	82.0	85.3	2.6-1.0
31	51.7	541	74.4	65.7	1.5-2.4
32	58.0	624	74.7	57.5	3.2-4.2
33	63.8	726	81.9	59.4	5.9-6.5
34	68.8	838	91.3	64.9	6.6-7.5
35	75.3	913	99.9	66.9	7.8-7.5
36	79.6	1,028	105.5	72.0	7.3-7.4

農産物価格指数は大川一司他『物価』(LTES 8)，農家所得は農林省『農家経済調査』，企業利益率は製造業計で，三菱経済研究所，他は日本銀行調査による．

年夏にはドイツの金融恐慌が激化し，イギリスのドイツに対する投資が凍結され，イギリス自体も金本位離脱を余儀なくされた．イギリスの金本位離脱に伴って，日本もそれに同調せざるをえないだろうと考えての投機が，外国銀行などを主力として発生した．またこの時期に，三井，三菱など財閥系銀行は，国内に適切な投資対象を見出すことができず，かつ海外の金利が高かったところから，イギリスに投資し，公債や大蔵省証券を買っていたが，その資金がイギリスで凍結されてしまい，その見返りのドルを必要とするという事態が生じていた．このために，投機と実需とがあいまって，大量の円売りドル買いが行われた．政府はドルを売りつづけながら，金融を引き締めてドル買い筋に対抗したが，1931年12月，閣内不統一のために民政党内閣は退陣し，これに代った政友会内閣は金輸出を再禁止し，金兌換を停止した．それは金本位制度の終焉と，現代までつづいている管理通貨制の出発を意味していたのである．

この時以後1936年2月まで蔵相をつとめたのが高橋是清であった．いわゆる「高橋財政」の開始である．その時期の経済過程について簡単に要約しておこう．高橋は金解禁に反対であったが，1929年11月，金解禁についての心がまえを語って次のように述べている．

「緊縮の問題を論ずるには，国の経済と個人の経済の区別を明らかにせねばならぬ．例えばここに一年五万円の生活をする余力のある人が，倹約して三万円を以て生活し，あと二万円は之れを貯蓄する事とすれば，其の人の個人経済は毎年それだけ蓄財が増えて行って誠に結構な事であるが，是れを国の経済の上から見る時は其の倹約に依て，是れ迄其の人が消費して居った二万円だけは，どこかで物資の需用が減る訳けであって，国家の生産力はそれだけ低下する事とである．故に国の経済よりみれば，五万円の生活をする余裕がある人にはそれだけの生活をして貰った方がよいのである」（原文のまま）．

高橋はつづけて大要次のようにいう．

ある人が待合に行って二千円の金を使ったとする．道徳上の非難はあろうが，待合遊びをして芸者をよんだりぜいたくな料理を食べたりするのも，国民経済的には，料理人の給料が増えたり，さらにそれが食料品の生産者や輸送業者や商人の収入になる．芸者の収入も食料，納税，衣服，化粧品等々になって，その金は転々として農工商漁業者らの手に移り，それがまた「諸般

産業の上に,二十倍にも,三十倍にもなって働く」.待合遊びをやめて二千円を貯蓄したとするならば,「其の金の効果は二千円を出でない」.緊縮政策によって,建築中であった現在の国会議事堂,内務省,警視庁などの工事も全部中止されているが,進行中の仕事を停止すれば,まず請負人が,またこれに従事する従業員などが職を失い,ついで彼らの購買力が減少して,建設工事に関係のない生産者も「将来における需要の減退を慮って,自分の現在雇用せる労働者を解雇」し,「其の結果一般の一大不景気を招来するに至る」であろう.金解禁を行うためには「自主的の準備」が必要である.すなわち,国際収支の赤字を出さないように「国内の産業,海運其の他の事業の基礎を確立する事」である(「緊縮政策と金解禁」昭和4年11月,高橋是清遺著『随想録』千倉書房,1936,所収).

高橋はケインズ『一般理論』のもっとも重要な結論を,1929年当時,直観的にさきどりしていたのである.金本位離脱の後,高橋がとった政策の内容は次のように要約することができる.第一には,為替レートの低落を放任した.その結果,日本の対米為替相場は,31年の100円につき49ドル強から32年末の20ドル弱まで低下し,33年春から30ドル強(対英1シリング2ペンス)の線におちつく.約4割のレート切り下げであった.それが輸出の増加に寄与したことはいうまでもない.また為替相場が大幅に低下したために,国内物価

第25表 1930年代の

	GNE (名目)	GNE 1934-36年価格	財貨サービスの		正貨準備高	鉱工業生産指数
			輸出	輸入		
1929	16,286	13,903	3,300	3,223	1,343	100
30	14,671	14,137	2,486	2,439	960	74.1
31	13,309	14,194	2,029	2,105	557	67.0
32	13,660	14,682	2,466	2,479	554	70.6
33	15,347	15,971	3,092	3,107	495	86.3
34	16,966	17,349	3,580	3,639	494	92.2
35	18,298	18,382	4,158	3,991	531	97.7
36	19,324	18,875	4,580	4,389	576	110.1
37	22,823	19,610	5,401	5,969	890*	129.1
38	26,394	20,729	5,283	5,924	582*	133.1
39	31,230	22,217	6,298	6,204	586*	147.1
40	36,851	23,178	7,192	7,152	593*	153.9

資料は第12表に同じ. *は1937年の評価替後の数字.

が2割前後上昇しても,国際物価と均衡しうる条件が生じ,事実,国内物価は反騰して,産業界は一息つくことができた.第二に,金利を思いきって切り下げた.日本銀行の公定歩合は,31年のピークに5.84%だったのが,33年までに3.65%まで引き下げられた.第三には財政支出の拡大であった.一般会計歳出は31年から32年にかけて14.7億円から19.5億円に増加し,33年にはさらに22.6億円に拡大した.歳出増の中心となったのが軍事費の増加(31年の4.6億円から32年6.9億円,33年8.7億円)と,時局匡救費といわれる農村振興費(32年1.8億円,33年2.1億円,34年1.6億円)の増加である.財源の不足をまかなうためにとられたのが公債の日銀引受発行方式*であった.

* 発行された公債をまず日銀が一時買取り,財政資金が市中に撒布されて,金融機関の余裕資金が増加するのを待って,日銀が手持ち公債を市中銀行に売却するという方式である.公債発行のさい,直接市中に売却する方式に比して,市中資金を一旦吸収してのち撒布するのでなく,日銀がこれを一旦引き受けることによって,財政資金を先に撒布してのちに余裕資金を吸収し公債を消化するので,市中金融に影響なく公債発行が可能になる.この方法は太平洋戦争期まで行われたが,安易な公債の増発による戦費支出のためにインフレーションを招く結果となった.戦後は日銀引受発行の方法は一切とられていない.

以上のように,高橋の財政は3つの柱を軸に進められたが,その成果は第

経済指標　　　　　　　　　　　　　　　　　　　　　　　　　　(百万円)

民間設備投資(名目)	生産者耐久施設(名目)	1934-36年価格	銀行会社計画資本	事業会社資本利益率	消費者物価指数	卸売物価指数	工業男子賃金指数	工業女子賃金指数
1,620	578	550	1,042	4.3	100	100	100	100
1,329	456	555	457	1.6	92	82	94	87
1,058	259	333	558	2.0	81	70	88	78
971	288	329	439	3.7	82	77	89	74
1,310	540	516	1,136	6.2	85	88	91	74
1,715	862	840	1,334	7.0	89	90	93	74
2,006	1,004	1,025	1,427	7.6	93	92	91	76
2,209	1,164	1,164	2,000	7.4	95	96	89	77
3,195	1,857	1,227	3,627	7.6	102	117	94	83
3,947	2,752	1,787	4,052	7.2	113	123	100	87
5,284	3,787	2,544	5,635	6.8	121	136	106	95
6,367	4,445	2,944	4,902	5.9	138	153	—	—

25表にとりまとめられている．輸出は1931年から37年までに倍増し，また内需も財政支出を先頭に消費や民間投資も伸びはじめて，実質GNPの成長率も，6.2％の高さに達した．この回復は不完全雇用下の経済に独立投資の与える刺激が見事に作用した例として長く記憶されるであろう．これほどの成長にもかかわらず遊休資源が存在したために，物価も1933年までに異常な低落から回復して以後は，36年までは落着いた動きを示していた．

しかし，貿易の面での輸出の増大は，国際収支の均衡を保ちつつ国内生産を刺激する起動力になったにせよ，為替レートの低落にもとづく交易条件の悪化をともなったために大きな問題をはらんでいた（第26表）．一例として，アメリカからみた日本の輸出価格は，日本国内価格の低下と為替レートの低下の双方が働く結果，1930年に比べて32－36年には約半減した．輸出数量はほぼ2倍に増加したが，円建ての輸出額は増えても，ドル建ての輸出額はそれほどには増えない．その一方で輸入単価が上昇して，円建ての輸入金額は1.80倍になったのに輸入数量は26％しか増加しないという交易条件の悪化を招いた．このために円建ての国際収支は辛うじて均衡を保ちえたにすぎなかったが，輸出数量の増加のために，イギリス，インド，アメリカなどでは産業界の不満が甚だしくなって，日本品に対する差別関税政策を生じたのである．

以上のような問題はあったにせよ，高橋財政に象徴される金輸出再禁止後の

第26表 交易条件の変遷(1934-36年＝100)

	対米為替レート(1ドルの円表示)	純交易条件	アメリカの日本からの輸入価格	(参考)アメリカの卸売物価指数
1929	2.17	163.6	249.6	121.3
30	2.03	151.2	198.5	110.0
31	2.05	154.3	152.3	92.9
32	3.56	129.7	89.3	82.5
33	3.97	119.1	94.8	84.0
34	3.39	103.4	99.9	95.4
35	3.50	96.2	95.8	101.8
36	3.45	100.6	104.3	102.9
37	3.47	98.3	119.6	109.9

アメリカの卸売物価は，商務省 *Historical Statistics of the United States* より．アメリカの日本からの輸入価格は「対米為替レート×日本の輸出物価指数」を指数化したもの．輸出物価指数は大川他『物価』（LTES 8）による．

一連の変容は，戦後の経済に接続する重要な意味をもっていた．金本位からの離脱は，通貨発行の物理的限界が失われて，管理通貨制度に移行したことを意味する．それは本来諸刃の剣であって，運用よろしきを得れば，通貨面の制約によって成長を阻害するおそれがなくなり，「完全雇用」の実現を企図しうるかわり，通貨の増発によってインフレーションをもたらす危機を内包している．高橋の財政はこの視点から考えても成功した一例だったといえるであろう．高橋の財政政策は，1933年までは財政支出を大幅に膨脹させて景気回復を進め，通貨の増加をいとわなかった．しかし回復が軌道にのった1934年以後は陸軍の軍事費拡張要求を極力抑制して，財政支出を22—23億円台に維持し，インフレの発生を極力防止することに努めた．1935年下半期以後，ようやく企業の設備投資が増えて金融機関の貸出が増加して以後は，とくに財政支出の伸びを抑え，軍事費の膨脹が国民経済の均衡を破ることを警告した．それが軍部とくに若い将校らの反感を買い，二・二六事件における悲劇的な死を招いたともいえるであろう．高橋の死とともに，軍部に対する抑制力が失われたことは後述する通りである．

6. 1930年代の経済機構

1930年代は，戦前と戦後をつなぐかけ橋というべき時期に当るが，そればかりではなく，経済のメカニズムの面においても，すでに戦後を予見させるようないくつかの事実が見られた点でも注目に値する．

第一に，すでに見たように金本位を離脱して管理通貨制に移行したことは，その後の経済の方向を定めたものといえるであろう．その後，太平洋戦争中の1942年には，「日本銀行法」が改正され，銀行券について正貨兌換の義務が完全に免除されるとともに，通貨は「国家目的の達成のために発行される」ことが規定され，日本銀行の政府に対する中立性も否定されるに至ったのである．通貨の供給量はこれ以後物理的制約を失い，全面的に通貨当局の判断に委ねられることになった．それによって通貨供給の制約のために経済の成長が阻害されるおそれがなくなり，完全雇用への道が開けたかわりに，判断を誤ればインフレーションを激化せしめるおそれが生じたのである．たとえば，金本位制の

全盛期であった19世紀後半から第1次大戦までの時期においてはヨーロッパ諸国の消費者物価指数は安定していた．1948年以後80年までに，イギリスの卸売物価は7倍以上，アメリカで3倍，西ドイツも2.5倍になっている．日本の場合もまたその例にもれなかった．高橋財政は産業の発展，雇用の増加の面で管理通貨制のもとにおける典型的な政策運営を行い，ほぼ戦後の経済成長に直結する内容をもっていたのである．

　第二に，この時期における重化学工業化の進展を考えるべきであろう．第27表は1920－60年の重要工業製品の生産量を示す．軽工業では長く発展をつづけてきた生糸が，アメリカの需要減少のためにようやく頭打ちとなり，綿業だけがなお伸びつづけてランカシャーを凌ぐ生産をあげたが，それを追うように重化学工業が例外なく発展しはじめていた．たとえば，比較的軽工業に近いパルプ（その製品としての新聞紙その他を含めて）は，1920年代に王子製紙（三井系）と富士製紙・樺太工業（大川系）の2グループが大工場の建設をきそいながら生産を増加してきたが，1933年，後の2社は王子製紙に合併され，典型的な寡占産業になった．また同じく軽工業に近い人絹は第1次大戦中からの技術開発と戦後の技術導入がみのって，30年代に入ると東洋レーヨン，帝国人絹，旭ベンベルグなどを中心に生産が激増し，30年代後半には世界一の生産量を誇るようになる．化学工業でも，硫安をはじめソーダ，油脂などの各

第27表　重要工業製品

	綿織物(千平方メートル)	生　糸(千トン)	鋼　材(千トン)	鋼　船(千トン)	自動車(千台)	工作機械(千台)	誘導電動機(千台)	硫　安(千トン)	苛性ソーダ(千トン)
1920		21.9	811	487.0	—	—	—	80.1	4.11
25	2,140*	31.1	1,300	48.2	—	—	—	131.1	25.4
30	2,187	42.6	2,289	206.1**	0.37	2.25	77.5	265.8	38.8
35	3,438	43.7	4,704	141.9	5.33	10.1	148.9	611.8	245.1
40	2,194	42.8	6,856	307.2	37.8	58.1	185.7	110.9	406.5
45	46	5.22	1,963	607.6	6.9	7.32	116.4	243.0	56.8
50	1,289	10.6	4,839	227.0	31.6	4.04	366.5	150.2	194.8
55	2,523	17.4	9,408	502.4	68.9	18.1	666.8	212.9	501.8
60	3,222	18.0	22,138	180.7	48.2	80.1	550.6	242.3	868.6

1）　経済企画庁統計課監修『日本の経済統計』上(至誠堂，1965)，設備投資は江見康一・塩野谷裕一『資本形成』
2）　＊印は1926年の数字．＊＊1930年の数字は前後に比して異常に高い．28年は75.3千トン，29年は98.6千ト

産業はいずれも好調な発展をつづけるが，その背後にも1920年代以来の技術導入と設備投資があった．同じような条件のもとに，鉄鋼業，電気機械工業，工作機械工業なども拡張の機をとらえたが，これには当時増加しはじめた軍需の影響以外に，設備投資や建設投資の好況が大きな需要源になったことを忘れてはならない．たとえば1935年の普通鋼圧延鋼材の需要は，総計315（万トン）のうち，軍官公需40，土木建築85，造船32，機械109であって，軍官公需の比重はなお低かったのである（東洋経済新報社『昭和産業史』第1巻）．1930年代の成長は軍需のみによって引きおこされたものではなく，産業の発展にともなって，従来は輸入依存度が高かった生産財・投資財の国産化が進み，また資本形成需要が拡大して，自律的な再生産が可能になってきたのである．それは1920年代以来，発展しつつあった重化学工業が，この時期の需要拡大によって開花したのであった．

さらに1935年以後になると直接軍需に結びついて，いくつかの産業が発展した．たとえば自動車，航空機，アルミニウムなどがその好例である．これらの産業については，1934年の「石油業法」を皮切りに，30年代後半にかけて自動車，製鉄，工作機械，航空機，造船，軽金属，有機合成事業，重要機械などにつき「事業法」が制定され，事業経営は許可制，事業計画も認可制，税の減免，奨励金・助成金の交付，金融上の特典が与えられるかわり，規格，生

の生産量

セメント	パルプ	板ガラス	人絹糸	(参考)国内粗固定資本形成 (1934-36年価格)(百万円)	
(千トン)	(千トン)	(千箱)	(千トン)	政　府 (うち非軍事)	民　間
1,217	—	—	0.09	782(401)	1,799
2,292	508*	—	1.45	952(680)	1,326
3,237	636	2,252	16.9	1,121(813)	1,102
5,683	770	3,448	101.6	1,483(833)	2,257
6,085	1,155	4,282	98.0	3,064(672)	7,462
929	243	408	2.55		
4,462	749	3,783	46.8		
13,024	1,907	6,650	88.6		
22,537	3,531	12,426	142.8		

(LTES 4).
ン，31年は100.5千トン，32年は45.0千トン．

産・販売・設備などについて統制をうけ命令に従わなくてはならないということになった．それは軍需のために制定されたものであったが，これらの産業もまた戦後に結びつく重化学工業の一翼を担うことになったのである．たとえばアルミニウムの場合，1929年には年産6千トン弱だったものが，35年には20.0千トン，40年には29.4千トン，42年には72.6千トンに増加したのであった．

なお，重化学工業化に関連して，特徴的な存在であった新興コンツェルン——重化学工業に基礎をおく企業集団にふれておこう．鮎川義介の日本産業（「日産」），野口遵の日本窒素（「日窒」），森矗昶の昭和肥料（のちの昭和電工），中野友礼の日本曹達（「日曹」），大河内正敏の「理研」，中島知久平の中島飛行機などは当時彗星のように拡張したが，それはこの時期の重化学工業化と密接に結びついていたからである．

たとえば1910年代から戸畑鋳物を経営していた鮎川は1927年久原房之助の日本鉱業・日立製作所（日立）をひきついでから，これら企業の持株会社として日本産業を創設し，その株式を大衆に公開した．「日産」は重化学工業に関係の深い企業の株式を買占めて経営権を手中にし，その経営を立て直して収益をあげるのである．32年以後景気回復につれて「日産」の株式は暴騰し，増資のさいには大幅なプレミアムを収得することができたので，「日産」は急激に拡張した．日鉱，日立をはじめ日産自動車，日本化学，日本油脂などが傘下の主力であったが，このほかに水産業（日本水産等），日本蓄音機・日本ビクターなどのレコード産業や，石炭，電力，海運，土木，マッチ，火災保険などにまで手をのばしたのである．1937年，その資本と技術の主力を満州にうつして満州重工業（「満業」）を設立したのは，結果においては失敗に終ったが，鮎川の飽くなき事業欲を示す事実であった*．

   * 以上くわしくは和田日出吉『日産コンツェルン読本』（春秋社，1937），原朗「『満州』における経済統制政策の展開」（安藤良雄編『日本経済政策史論』下，東京大学出版会，1976，所収）参照．

一方，野口遵は1910年代に水俣に日本窒素を創立，電気化学や人絹事業に手をのばして大をなしたが，1920年代から北朝鮮に大容量の水力発電所をつ

くり，その豊富低廉な電力で大量の硫安をはじめ火薬，メタノール，マグネシウムなどの生産によって飛躍した．野口は資金を三菱に仰いでいたが，1933年，三菱のもっていた長津江の水利権を入手したさいに三菱と絶縁し，国家金融機関である日本興業銀行と朝鮮銀行の資金に依存するようになった．そのほかビタミン，合成酒からピストンリングに至るまで，理化学研究所の研究の工業化を志した大河内にせよ，ヨード工業からはじめて東京工業試験所の技術によって硫安の製造にのりだした森にせよ，いずれも新たな技術的着想により，当時開発されつつあった電力を利用した工業の発展に成功したのである*．

　*　三宅晴暉『新興コンツェルン読本』(春秋社, 1937) 参照.

　彼らはいずれも経済や法律を専攻した経営専門家ではなく，技術者や軍人などの出身で，経営の中心を技術において成功した点で共通するところがあった．さらに，いずれも従来の財閥との関係がうすく，その拘束をうけることが少なかった半面，金融の面で苦労したけれども，30年代の金融の緩慢と需要の増加に際会して急成長することができたのである．彼らの事業の多くは植民地に主力をおいていたために敗戦とともに崩壊したが，その着眼は戦後における重化学工業の新興企業（たとえば松下，ソニーなど）と共通する性格をもつものと考えてよいであろう．「新興コンツェルン」は戦後の経済発展の方向を指し示した点で，1930年代における特徴的な存在であった．

第4章 戦時経済——統制と崩壊——

1. 戦時直接統制

　1937年7月に日中戦争がはじまってから、45年8月の敗戦に至るまで、日本は戦争のために全力を傾注し、壊滅した。経済の面では日中戦争の開始とともにきびしい直接統制が行われ、経済力は戦争遂行のために動員された。そのために産業構造は軍需生産部門のみが肥大し、生活物資の生産は極度に圧縮された。最良の労働力は兵力として動員されて戦場の土となり、「銃後」の国民は極端な生活水準の低下にあえぎ、空襲に逃げまどい、廃墟に立って呆然とした。その記憶はいまも忌まわしい。そのためもあり、また資料の制約もあって、日本の経済を論ずるさいに、しばしば戦時中を省いて戦前と戦後とが短絡される。ひとつの長期波動として1935-36年と1952-53年とを結びつけて日本の経済発展を論じた例さえある*。前章で述べたように、35年前後の日本経済は戦後につながる多様な萌芽を秘めていたけれども、戦後を考えるためにも戦時中を無視することは許されない。のちにみるように、戦時中に作られた諸制度が、そのまま戦後の経済制度として受け継がれ、戦時中に発展した産業が戦後の主要産業となり、戦時中の技術が戦後の輸出産業に再生され、戦後国民生活の習慣にも戦時以来の変化が生きのこっているからである。

　　＊　たとえば大川一司、ヘンリ・ロソフスキー『日本の経済成長—20世紀における
　　　趨勢加速』(東洋経済新報社、1973).

　まず戦時経済について簡単な展望をこころみることにしよう。二・二六事件(1936年)によって陸軍を抑制する政治勢力が存在しなくなったあと、陸軍は軍需工業を中心とし、それに鉄鋼、石炭、人造石油等基礎産業を優先した「重

第28表 重要産業五ヵ年計画中産業の生産力拡充目標（1937年）

	生産目標			現在能力			拡充率		
	計	日 本	満州国	計	日 本	満州国	計	日 本	満州国
一般自動車（千台）	100	90	10	37	37	—	2.7	2.4	—
工作機械（千台）	50	45	5	13	13	—	3.8	3.5	—
鋼材（万トン）	1,300	900	400	485	440	45	2.7	2.0	8.9
石油（万キロリットル）	565	325	240	36.4	21	15.4	15.6	15.5	15.6
石炭（万トン）	11,000	7,200	3,800	5,556	4,200	1,356	2.0	1.7	2.8
アルミニウム（千トン）	100	70	30	21	21	—	4.8	3.3	—
マグネシュウム（千トン）	9	6	3	0.5	0.5	—	18.0	12.0	—
電力（万キロワット）	1,257	1,117	140	721	675	46	1.7	1.7	3.0
造船（万トン）	93	86	7	50	50	—	1.9	1.7	—

1) 一般機械の拡大率はおおむね1.8倍とする．
2) 石油は揮発油の国産原料による生産拡大率を示す．輸入原油による生産能力（1936年）を基準とするときはその倍率はおおむね10倍弱とする．
3) ここには示されなかったが，兵器の拡大率は2.1倍，航空機，軍用自動車のそれはともに10倍で，生産目標はそれぞれ1万機，10万台であった．
4) 拙著『日本の経済統制』（日経新書，1975）より．

要産業五ヵ年計画」の実現を企図した（第28表）．それは石原莞爾の構想にもとづき，来るべきソ連との戦争に備える準備であった．石原らは1936年以来この計画の原案を近衛文麿や財界の池田成彬，結城豊太郎らにみせ，大筋の合意をとりつけてあったのである．この計画を実行するために，37年1月に広田内閣が倒れると陸軍はその傀儡として陸軍大将林銑十郎の内閣を擁立し，結城を蔵相，池田を日本銀行総裁としてその実現を企てた．当時結城が軍部と財界が「抱き合って」ゆかなければならないとのべたのにはこうした背景があったのである．37年6月成立した近衛内閣も，陸軍の計画（「生産力拡充計画」）の実現を使命のひとつとしなくてはならなかった．

　一方この時期にはすでに，日本の国際収支は破綻に瀕していた．その状況は第29表に明らかである．30年代前半も若干の入超になっているが，それは貿易外収支の黒字でうめ合せがつく程度であった．しかし36年から37年にかけて急激に貿易収支の赤字幅が拡大して，国際収支の均衡は全く失われた．しかも当時の国際収支は，満州・華北（円ブロック）に対しては黒字であり，それ以外の第三国に対しては赤字であって，とくに36年から37年には異常に大幅な赤字となった．円ブロック内では，日本円を基軸通貨とし，満州国と華北の通貨（いずれも単位は元）との交換を等価（1円＝1元）で行うことになって

第29表　日本の貿易収支（1930年代）　　　　　　　（百万円）

	合　計			対中国（満州国，関東州を含む）			対　第　三　国		
	輸　出	輸　入	出(入)超	輸　出	輸　入	出(入)超	輸　出	輸　入	出(入)超
1931	1,147	1,235	△89	221	236	△15	926	1,000	△74
32	1,410	1,431	△21	276	206	70	1,134	1,226	△92
33	1,861	1,917	△56	411	281	130	1,450	1,636	△186
34	2,172	2,283	△111	520	311	209	1,652	1,972	△320
35	2,499	2,472	27	575	350	225	1,924	2,122	△198
36	2,693	2,764	△71	658	394	264	2,035	2,370	△335
37	3,175	3,783	△608	791	437	354	2,384	3,346	△962
38	2,690	2,663	27	1,166	564	602	1,524	2,099	△575
39	3,576	2,918	658	1,747	683	1,064	1,829	2,235	△406
40	3,656	3,453	203	1,867	756	1,111	1,789	2,697	△908
41	2,651	2,899	△248	1,659	855	804	992	2,044	△1,052

大蔵省通関統計．

いた．したがって，円ブロックからの受取りは円貨でしかないが，第三国に対する支払いは外貨か金でなければならないから，実態は数字が示す以上に悪かったというべきである．政府は為替管理を強化したが入超がつづき，37年3月から金現送を実施しなくてはならぬ状況に陥った．

　輸入の増加は，二・二六事件後に成立した広田内閣の馬場鍈一蔵相が軍部の意向をとり入れて組んだ軍拡型の1937年度予算（30.4億円，前年度は22.8億円）に刺激された結果であった．政府は生産力拡充政策のために「重要」産業の設備投資を促進するのが使命とされていたから，財政や金融を引き締めて輸入を抑える正統的な政策をとるわけにはいかなかった．残された手段は政府の直接統制によって輸入を抑制する以外にはない．馬場財政が契機となって深刻化した国際収支の悪化は，政府による直接かつ強権的な経済統制をもたらす契機となったのである．

　近衛内閣の賀屋興宣蔵相，吉野信次商工相の名で発表された「賀屋・吉野三原則」は，「国際収支の均衡，生産力の拡充，物資需給の調節」であった．通常の資本主義的な経済政策，たとえば金利政策，財政政策の範囲を超えて，物資や資金を直接政府が統制し，消費財の輸入や生産をおさえ，軍需関連の輸入や生産を増加して，モノとカネを軍需をはじめ「生産力拡充」産業など重要部門に優先して流そうというのが「三原則」の含意だったのである．

1937年7月日中戦争が勃発し，満州事変以来の華北進出の野望を達成する好機と考えた陸軍は強硬論を主張し，近衛内閣はこれに追随して戦争は拡大の一途をたどった．近衛内閣は直ちに5億円，9月には20億円の臨時軍事費予算を編成しなくてはならなくなった．修正後の37年度予算28億円とほぼ同額である．経済の直接統制は不可避となり，この予算と同時に成立したのが「臨時資金調整法」「輸出入品等臨時措置法」という二つの法律であった．前者は企業の創立，増資，払込，社債募集，長期資金の借入等について統制し，長期資金を軍需産業に優先して流そうとするものであり，後者は輸出入に関係する商品，原材料について，その生産，加工，流通，保存，消費に至るまでの統制の権限を政府に与えるものであった．この2法につづいて，翌38年春には「国家総動員法」が成立し，労働力について徴用を行い，賃金その他の労働条件を定め，物資の生産配給について命令を下し，企業行動や利益金処分，金融機関の資金運用など広汎な統制が可能とされることになった．これらの法律の実際の運用は，勅令，省令，通達等に委ねられていたから，経済統制上ほとんどの権限を官庁に委任する結果となったのである．

　37年10月からは新設の企画院において，物資動員（物動）計画といわれるものがつくられるようになった．鉄鋼，石油，銅，アルミ，綿花，ゴムなど輸入に依存する主要物資を中心に，重要物資について，陸海軍，民需等への配当をきめて求めた総需要から，国内生産量と在庫の食いつぶしの和をさし引いた要輸入額に対して，外貨を割り当てるのである．輸入の規模を決定するものはおもに輸出による外貨収入であるが，それに加えて民間の手持の外貨債や金現送までが考慮される．したがって，所要の輸入をまかなうためにどれだけの外貨を確保できるかが，生産の規模を決定する鍵になったのである．

　当時の輸入の計画を示すのが第30表である．1938年の当初計画では輸入可能量を約30億円と見込んでいたが，37年の輸入が37億円だから，これでも約2割の切り下げである．ところがアメリカの不況と輸出不振のために，同年6月にはそれを25億円に切り下げねばならなくなった．以後，輸入力はさらに低下の一途をたどってゆく．輸入総額が縮小してゆくのに，陸海軍に乏しい物資を優先的に割り当てるために，民需は次第に抑制される一方であった．39年には第2次世界大戦が開始され，重要物資が入手できなくなるおそれも生じ，

第30表 物動計画輸入力一覧表（主要品目）　　　（百万円）

	1938年	38年改訂	39年1-3月	39年度	40年度	40年度第3四半期	40年度第4四半期	41年度第1四半期	41年度
鉄鋼	557.1	442.3	390.4	497.2	469.1	259.6	270.4	133.2	54.2
非鉄	293.9	300.4	351.6	347.9	284.4	187.2	256.4	203.6	98.9
繊維・紙	853.9	586.7	563.6	497.5	770.1	422.8	432.8	427.2	345.9*
燃料	524.8	417.0	312.0	282.5	229.2	204.0	351.2	301.6	112.3
食糧	43.9	34.3	22.3	23.9	142.4	46.0	8.0	55.6	33.3
計**	3,056.9	2,554.3	2,230.3	2,395.0	2,629.0	1,614.0	1,846.4	1,600.0	787.6
対前回比増減（%）									
鉄鋼	—	△20.7	△11.7	27.4	△5.7	△44.6	4.0	△50.7	△59.3
非鉄	—	2.2	17.1	△1.1	△18.2	△34.1	36.8	△20.6	△51.4
繊維・紙	—	△31.3	△3.9	△11.7	54.8	△45.1	1.1	△1.3	△19.0*
燃料	—	△20.5	△25.2	△9.4	△18.8	△10.9	72.0	△14.2	△62.8
食糧	—	△21.8	△34.6	4.7	496.0	△67.5	△82.7	596.9	△20.1
計**	—	△16.4	△12.6	7.4	9.4	△38.6	14.4	△13.3	△50.8

1) 1-3月分および四半期計画については，4倍して年率とした．数値はすべて原計数により計算したうえ四捨五入したもの．
2) *には皮革，ゴム，木材を含む．**の計は表にあげたもののほか，化学，肥料，機械その他の物資を含む総計．
3) 中村隆英・原朗編『現代史資料　国家総動員(1)経済』（みすず書房，1969）解説 p.67．

　40年度には手持外貨を動員してガソリン，鉄，ニッケル，コバルト等の戦略物資の買付けが行われた．日本銀行の金保有は底をつき，国民の手持金製品を買上げたり，外国債や外国株式なども回収して輸入資金にあてたのである．

　物資不足が深刻化するにつれて，統制の強化は避けられなくなった．すでに38年6月の物動計画改訂のさいには，輸入計画の縮小にともなって，統制が一段と強化された．この時期以後本格的な経済統制が全経済をおおうに至る．たとえば綿製品については民需向けの使用は原則として禁止され，鉄鋼その他の金属類切符制が採用された．それにともなって市場価格が騰貴するのは当然であるが，その抑制のためには公定価格制がとられるようになる．ところが公定価格は需給均衡点よりも低目に設定されがちだから，買いだめ，売り惜しみが横行して，公定価格を設けられた商品は市場から姿を消し，市場には公定価格がきめられていない財ばかりが出回るようになるので，当局は公定価格の対象を次第に拡大せざるをえなくなる．そうなればヤミ取引が増加する．経済警察がこの時期に発足したのはこのためである．このようにして直接統制がひとたび開始されたあとは，その対象とされる財も，統制の範囲も，次々に拡大さ

れてとどまるところを知らない状況になった．価格の統制を行うためにはコストの抑制が必要になり，そのためには賃金の統制が必要になる．39年10月にはすべての物価と賃金とを9月18日の水準に釘付けにする「9・18ストップ令」が出され，やがてすべての物価と賃金を公定することになったのである．

　39年には西日本から朝鮮にかけて日照りが続いた結果，米作と水力発電が危機に陥り，食糧管理制度が発足して，米の配給が行われるようになり，以後国民生活に切符制が採用されるようになる．企業利益の配分，事業の運転資金なども39年には統制の対象となり，国民の軍需産業への徴用や学生・生徒の工場への動員も行われるようになった．それとともに，資金統制も順次強化されて，長期資金はもちろん短期資金も軍需産業や重工業に優先的に割り当てられ，平和産業や商業などは最低の順位に甘んじなければならなくなった．こうして1940年ごろには，経済のすべての面に統制の網の目がはりめぐらされるに至ったのである．この時期の日本経済は，旧ソ連の場合のような，中央指令型の計画経済に近い状況が成立していたとみてよいと思われる．そのもとで，企業の性格を私的な利潤追求から「公的」なものにあらためて，「生産」第一に徹底させ，資本の所有者と経営担当者を分離すべきだという「経済新体制」論議が展開され，財界が激しく反発したのは1940年秋であった．

2. 太平洋戦争

　1940年になっても中国との戦争は解決の見通しがつかず，第2次近衛内閣は，松岡洋右外相の方針で，日独伊三国同盟を締結してアメリカ，イギリスを威圧し，和平の機をつかもうとした．アメリカは39年に日米通商航海条約を破棄して対日制裁の準備をととのえていたが，屑鉄や工作機械の輸出禁止をもって対抗した．日米関係は次第に切迫し，日米交渉が41年4月から始められるが，交渉は進まず，かえって同年6月にはドイツがソ連に侵攻し，日本でも対ソ開戦論が高まり，その熱気を南方に向けようとするかのように，7月には南部仏領印度支那（現在の南ベトナム）への進駐が行われた．これに対してアメリカは，航空機用ガソリンその他石油製品の全面的輸出禁止と日本の在米資産凍結という最終最強の切札をもって応じたのである．

当時日本が保有していた石油は約840万キロリットル（現在のほぼ2週間の消費量）で，連合艦隊が2年間作戦できるといわれた．石油禁輸のままに推移すれば，乏しい石油ストックはさらに減少して，戦争能力は失われるであろう，開戦か屈伏かの選択を迫られたと軍部は判断し，開戦にふみ切ったのである．

開戦にさいしての計画の根本は，南方に進出してフィリピン，シンガポールを占領し，蘭領東印度（現在のインドネシア）の資源を抑えて「不敗」の体制をつくることにあった．作戦が成功したとして，その後の最大の問題は，獲得した資源を日本に輸送して戦力化しうるか否かであった．それまでの隘路(ボトルネック)は輸入のための外貨の不足であったが，それが輸送力にとってかわったのである．1941年当時日本が保有していた船舶は約650万トン，造船能力は年間約60万トンであった．陸海軍がそのうち約300万トンを作戦用に徴用するとしても，南方からの輸送用に残りの300万トンが確保されるならば，戦争遂行に支障がないと判断された．年間の船舶喪失量は60－80万トンと推測され，その程度ならば新造船で補充して持久可能という判断のもとに開戦が決定されたのである．開戦を合理化するための楽観的な見通しであったといわざるをえない．

開戦後日本は半年にして計画通り南方資源地帯を占領したが，以後の太平洋戦争期の経済はいかに推移したか．第8図は太平洋戦争下の船舶保有量と物資輸送量を示しているが，それが国力のバロメーターとしてもっとも適切であろう．43年前半までは何とか持ちこたえた輸送力は，潜水艦と航空機による輸送船への攻撃のために急激に減少し，それとともに国力の消耗は著しく，44年秋には南方航路は途絶するに至った．日本はこのときすでに敗北していたといってよいであろう．日本経済は「二度かさねて破壊されたともいえる――一回目は輸入の遮断によって，二回目は空襲によって」（ジェローム・コーヘン大内兵衛監訳『戦時戦後の日本経済』上，岩波書店，p.82）．

1943年から，日本はおくればせながら全国力をあげて航空機公称5万機（現実の目標は2.7万機）の生産にとりくんだが，44年後半からはそれも衰退に向った（第31表）．日本の農業・鉱工業生産の動向は第32表に示す通りであるが，鉄鋼生産すら43年をピークとして以後は減退に転じている．繊維，食料品，紙パルプなど消費財生産は，開戦当時すでに戦前の5割前後に落ちこんでおり，以後の低落は著しい．農業生産さえ44年以後は崩壊した．戦争は国

第8図 太平洋戦争中の船舶と物資輸送
（船舶容積総トン，物資重量トン）

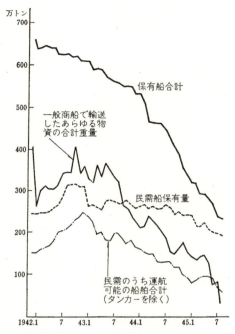

大井篤『海上護衛戦』（日本出版協同，1953）附表より作成．

第31表 軍需品生産の推移

		1941	1942	1943	1944	1945
航　空　機	機　体（台）	6,174	10,185	20,028	26,507	5,823
発　　動　　機（台）		13,022	18,498	35,368	40,274	6,509
艦	艇（隻）	48	59	77	248	101
	（トン）	200,860	230,724	145,760	408,118	98,240
小　　　　銃（千挺）		729	440	630	827	209
火　薬　及　び　弾　薬（トン）		52,342	67,461	71,574	81,324	21,279
合　計（実質額指数，1937年を100とする）		474	659	923	1,406	447

国民経済研究協会（岡崎文勲編）『基本国力動態総覧』（1953）．

第4章 戦時経済

第32表 生産指数の推移 (1937年=100)

	1941	1942	1943	1944	1945
農林業	95.1	99.8	96.3	76.2	59.3
米	83.0	100.6	94.8	88.2	59.0
鉱工業	123.0	119.4	121.0	123.0	53.1
鉱業	120.2	117.4	118.5	107.8	56.9
製造工業	123.1	119.6	121.0	124.2	52.7
鉄鋼	132.0	139.5	156.1	145.8	51.8
非鉄金属	111.4	126.1	153.2	170.2	63.2
機械	188.2	195.4	214.3	252.3	107.2
化学	120.3	100.3	87.1	80.0	33.2
紙パルプ	106.3	83.6	71.5	41.4	19.5
繊維	60.4	47.7	31.3	16.6	6.4
食料品	78.1	69.4	57.5	47.4	31.6
その他	60.8	59.2	52.1	31.3	11.3

通産省,農林省の公式指数.日本銀行『明治以降本邦主要経済統計』.

民の犠牲においてはじめられ,継続され,ついに壊滅したといってよい.

眼を産業の統制に転ずれば,1941年以後「経済新体制」論の帰結として,重要産業において「統制会」が結成された.それは各業界ごとに統制のカルテルを結成して会員に対する強い統制権限をもたせようとしたものであって,民間人の手による自主規制の形をとってはいたものの,実際には政府が広範な監督権を握り,政府の下部機構の役割を担わされていた.しかし,その効果にも限界があり,43年に航空機増産体制をとるにあたって,「軍需会社法」が制定された.重要企業を「軍需会社」に指定し,企業の代表者に公務員の資格を付与し,国家の指揮命令のもとに増産を行わせ,損失を補償する制度がつくられたのである.これが戦争中の統制の最終の形態であったが,資源の不足は増産の足かせとなった.しかも,軍需品増産のためには,繊維産業をはじめ消費財産業の企業整備を行い,その工場を軍需産業に転用し,その機械をスクラップ化し,労働力を軍需生産に徴用するという政策がとられたのである.一方,動員された兵力は41年241万人,43年381万人,終戦時719万人に達した.その労働力の補塡のために,44年には中等学校以上の学生・生徒のすべてを動員するに至ったのである.わが国の産業別人口の構成は第33表のように推定されるが,1945年5月の有業人口の著しい減少が印象的である.

1945年においては,空襲によって東京・大阪はじめ大都市は灰燼に帰した.

第33表 戦時下の有業人口構成

(千人，カッコ内は構成比，%)

	1940.10	1944.2	1944.11	1945.5	1945.12	1947.10
全産業	32,483 (100.0)	31,695 (100.0)	29,721 (100.0)	27,641 (100.0)	30,069 (100.0)	33,329 (100.0)
農林業	13,850 (42.6)	13,571 (42.8)	13,685 (46.0)	13,633 (49.3)	17,520 (58.3)	17,102 (51.3)
水産業	543 (1.7)	457 (1.4)	370 (1.2)	359 (1.3)	533 (1.8)	710 (2.1)
鉱業・製造業・運輸通信業	9,985 (30.7)	11,717 (37.0)	10,011 (33.7)	8,510 (30.8)	7,183 (23.9)	9,381 (28.1)
商業	4,991 (15.4)	2,510 (7.9)	2,035 (6.8)	1,588 (5.7)	2,016 (6.7)	3,004 (9.0)
公務・自由業	2,187 (6.7)	2,831 (8.9)	2,905 (9.8)	2,942 (10.6)	2,339 (7.8)	2,588 (7.8)
家事業	709 (2.2)	468 (1.5)	299 (1.0)	224 (0.8)	238 (0.8)	101 (0.3)
その他	218 (0.7)	141 (0.4)	417 (1.4)	384 (1.4)	237 (0.8)	444 (1.3)

中村隆英・新居玄武「太平洋戦争期における有業人口の推計：1940-1947」(東京大学教養学部『社会科学紀要』第27輯).

国民は飢えに瀕し，軍需生産よりも国民の最低限度の食料の確保が緊急の課題となった．残った船舶は中国・朝鮮からの食料輸送に動員された．1945年度第1・四半期の「物動計画要旨」は満州の雑穀類と大陸の塩の取得のため「最優先配船」するとともに「敵の本土上陸」に備え「最小限の戦備」を整えるために「一部の軍需生産を続行」する，重要産業は「前期の五割程度に稼働せしむ」とのべるにいたった．原爆投下やソ連参戦以前に，日本の経済的戦力は崩れ去っていたのである．

3. 被害と「遺産」

1945年8月の敗戦時における日本経済の状況をとりまとめてみよう．まず人口について．戦死・戦病死者は陸軍165万人，軍属等2.7万人，海軍47万人，沖縄戦の一般市民の戦死者9万人，内地の空襲等による死者43万人，負傷行方不明を加えて合計250万人以上，シベリア抑留者，満州開拓団等在外邦人を加えて310万人余と見積もられる（広田純「太平洋戦争におけるわが国の戦争被害」，『立教経済学研究』，1992年3月）．

第4章 戦時経済

第34表 国富の被害 (億円)

	被害計	無被害想定額	終戦時残存国富	被害率(%)	1935年国富の終戦時現在換算額
資産的国富総額	643	2,531	1,889	25	1,867
建築物	222	904	682	25	763
工業用機械器具	80	233	154	34	85
船舶	74	91	18	82	31
電気ガス供給設備	16	149	133	11	90
家具家財	96	464	369	21	393
生産品	79	330	251	24	235

経済安定本部『太平洋戦争による我国の被害総合報告書』(1949).

第35表 重要物資生産設備能力

生産設備	1937年度生産設備能力	戦時中最高生産能力 年度	戦時中最高生産能力 生産設備能力	終戦時生産設備能力	備考	
銑鉄(千トン)	3,000	1944	6,600	5,600		
圧延鋼材(〃)	6,500	〃	8,700	7,700		
銅 (トン)	120,000	1943	144,000	105,000		
アルミニウム(〃)	17,000	1944	127,000	129,000		
石油精製(千kl)	2,320	1942	*4,157	2,130	*原油精製設備能力	
工作機械(台)	22,000	1940	*60,134	54,000	*実産額	
軸承(百万円)	36	1944	320	245		
苛性ソーダ(千トン)	380	〃	723	661	同実産能力	473
ソーダ灰(〃)	600	〃	889	835		504
硫安(〃)	1,460	〃	1,979	1,243		689
過燐酸石灰(〃)	2,980	〃	2,846	1,721		1,141
セメント(〃)	12,894	〃	9,621	6,109		3,520
綿紡(千錘)	12,165	〃	13,796	2,367		
人絹(千ポンド)	570,000	1937	570,000	88,600		
スフ	451,000	1941	813,000	184,000		
綿織機(台)	362,604	〃	393,291	113,752		
毛織機(〃)	29,185	〃	31,815	9,802		
絹人絹織機(〃)	356,119	1942	343,845	135,582		
人絹パルプ(千英トン)		1940	404	201		
製紙パルプ(〃)		〃	1,329	705		
洋紙(千ポンド)		〃	2,617,643	1,183,000		

稲葉秀三『日本経済の現実』(太平書房, 1947) p.18.

物的な損害は，第34表によると，資産的一般国富の被害総額は643億円，残存国富は1889億円で，被害はほぼ4分の1に達し，残存国富は1935年の国富総額とほぼ同じで，35年以降の10年間の蓄積は灰燼に帰したのである．

　次に生産能力についてみてみよう．第35表は1937年の生産設備能力と戦時中最高能力，敗戦時の能力を対比したもので，戦時中に重化学工業の設備は戦前に比してはるかに大きい能力を残しており，繊維をはじめ軽工業の設備は戦災よりも戦時中の企業整備――スクラップ化のために著しく縮小されていたという事実が読みとられる．戦後の重化学工業化の基礎はここにあった．

　戦後の重化学工業化の背後には，戦時中に軍需工業として重化学工業の設備が大量につくられたことばかりではなく，これらの工場で技術を修得した技術者や労働者が養成されていたことが，戦後の発展を直接準備した事実も忘れがたい．戦時中の機関銃工場がミシンを作り，光学兵器工場がカメラや双眼鏡を作るというように，設備と技術，労働力の蓄積が，その後の日本経済の方向に大きく影響したのである．

　戦後広く定着した下請制が普及したのもまた戦時のことであった．軍需生産にたずさわる大企業も，はじめは部品に至るまで自家生産する建前をとっていたが，次第に部品その他を中小企業に下請させる体制をつくりあげていったのである．それは増産のための緊急措置であったが，同時に中小企業の技術を錬磨し，生産水準を向上させるとともに，中小企業と大企業の結び付きを強く安定的にする機会でもあった．重化学工業に属する中小企業が安定した受注を確保して発展するために，それは重要な意味をもっていたのである．戦後長くつづいた中小下請企業と親企業の関係の源流はここに求められるべきであろう．

　44年春「軍需会社指定金融機関制度」が制定されたが，これが戦後の金融系列の形成と結びついている．すでに見たように，軍需産業の主力企業を政府が軍需会社として指定し，会社は政府の命令に従って生産にたずさわったが，政府は軍需会社に対して「指定金融機関」を定めて，この金融機関から必要資金を円滑に供給することにした．指定金融機関に対しては，他の金融機関はもちろん，日銀や政府も応援して資金供給に不自由させないようにする仕組であった．三井，三菱のような財閥系のほかに，日本興業銀行や富士，三和，第一勧銀などの系列がはじめて形成されたのはこのときである．この関係が，戦後

の復興に当って金融系列として再現し，やがて企業集団になったのである．

　通産省や運輸省が産業界に対して強い行政指導力を持つようになったのも，戦時中における商工省や軍需省の統制の経験が戦後に引き継がれた一面があったことは否定できない．また1942年につくられた全国金融統制会によって金融統制が行われたが，実質的中心となったのは日本銀行であり，その統制の経験が戦後にうけつがれて，日本銀行による窓口指導のような直接統制が行われる条件になったのである．外国と対比して，日本では戦前から官庁の権限と指導力が強かったとしばしばいわれるが，必ずしもそうではなく，紡績工業などは政府に対する自立を誇っていたのであった．戦時中の統制を通じて，企業と官庁，銀行と日本銀行との間に「指導」する関係ができあがったのである．

　戦後の労使関係の源流も戦時中に求めることができる．戦時中に労働組合が解散されて企業ごとに産業報国会が組織され，労使双方が参加して産業安全運動，生活指導，物資の配給などに当った．戦後，占領軍によって労働組合の結成が指令されたとき，多くの組合が急速に結成されえたのは，この組織が母胎になったからである．日本の組合が企業別組合として結成され，現在に至っているのは，戦時中からの産業報国会などの組織が衣替えして成立したからである．さらに，年功序列型賃金や終身雇用制にしても，第1次大戦後の不況期に重化学工業を中心に形成されたことは前述したが，全国的な制度に拡大されたのは，1940－41年に賃金統制が行われてからである．39年9月18日の水準に賃金・物価を据え置くように命令され，ついで実態調査にもとづいて学校卒業者の初任給から，年々の昇給額までが政府によって決定された．これによって，年功序列型賃金と，勤続による昇進が全国的に普及したのである．

　さらにまた，戦時であることを理由にして，それまでは不可能であった「進歩的」な政策が実現し，戦後にうけつがれた例もある．「健康保険法」は，1922年，常時従業者300人以上の事業を対象として制定されたが，その対象が拡大されたのは戦時においてであり，日中戦争開始の1938年4月，「国民健康保険法」が制定され，ついで39年には「職員健康保険法」「船員保険法」が制定されて，日本の健康保険制度はほぼ完備した体系をととのえるにいたった．41年に「労働者年金保険法」が成立し，老齢・廃疾・死亡のさいの年金支払いがはじめて法定され，44年にはこの対象が職員と女子に拡張された．平時

においては実現しえなかった社会保険が戦時において体系化されたのは，戦時において動員された大量の労働力に対する最低の生活保障を行い，国民に「安心と希望」を与える（41年金光厚生大臣の議会説明）ことを目的としたためであった．それが戦後の社会保障制度発展のための出発点になったのである．

農民，とくに小作人の保護政策も41年に「食糧管理制度」が制定されたのを契機に米価政策を通じて実現の緒についた．すなわち，戦時下における食糧増産の重要性を理由に，一般の政府買上米価を石（150キログラム当り）55円と低くおさえる一方，生産者から直接米を買上げる場合には増産奨励金を交付するが，地主から買上げるさいにはこれを交付しないことにして，実際には生産者米価と地主米価の二本建て米価とし，それによって生産者の手取を高め，小作料の実質的軽減をはかった．以後一般買上米価は45年まで55円に据え置かれたが，増産奨励金ははじめは石当り5円だったものが，昭和20年産米については245円に引き上げられ，生産者の手取は300円になり，小作制度は農地改革をまたずして形骸化し，地主の地位は低下していったのである．戦後農地改革がスムースに進行しえた一半の理由はここにあったといいうる．

国民の生活様式も全般的に変化した．かつての農業，在来産業の労働力は都市に集中し，重化学工業でハンマーを握り旋盤を操作することになった．野良着が作業服にかわり，作業時間に縛られる生活を身につけた．和服を着ていた婦人たちもモンペをはき，洋服を身につけることに抵抗を感じないようになった．米や酒，砂糖，煙草も配給となり，国民の消費内容も画一化されるようになった．雑穀や甘藷を主食にしていた地帯が米食の習慣を身につけたのは，米が欠乏していた戦時下だったのである．このような変化も，戦後のドラスティックな都市型の生産・生活様式の普及の準備として記憶されるべきであろう．

以上にあげた諸例から，戦後と戦前とは戦時を飛びこえて結び付いているのではなく，戦後における社会制度，経済制度，技術，生活様式，慣習などが戦時中に形成され，受けつがれているものが意外に多いことに気づくであろう．その成立のさいには長期的見通しをもってつくられたのではなかったにせよ，それらは戦後の企業のありかた，生産組織や生活様式までを規定することとなったのである．太平洋戦争が日本の社会に及ぼした災害については論ずるまでもないが，さらにその広い影響の検討は今後にまたなくてはならない．

第5章　改革と復興

1. 敗戦の衝撃

　敗戦とともに日本経済は多くの課題に当面した．第一の課題は失業問題であった．軍隊が解体されて復員する軍人761万人，軍需生産の停止にともなう離職も400万人（うち女子75万人），150万人と見込まれる海外引揚者，合計約1310万人．そのうち農業をはじめ，かつての職業に復帰しうる者もあるにしても，もどるべき職場をもたぬ約1000万人の雇用をいかに創り出すか．失業者の激増はさけられまいというのが一般の予想であった．しかし現実には大量の失業者が顕在化する事態はついに生じなかった．あるいは失業するゆとりさえなかったといえよう．収入がなくても生活できるだけの蓄えがない限り，復員者や離職者は何らかの生活の手段をもとめなくてはならず，露店商人やかつぎ屋やヤミ・ブローカーになっても失業してはいられなかったのである．農村も1947年には戦前より400万人近くも多い1800万人の労働力を吸収した．そのために大量の人口が失業者として顕在化するという事態はおこらずにすんだ．しかしその後において，低所得の「不完全就業者」の問題，「二重構造」の問題として長く残されたことは後述する通りである．
　第二に，エネルギーと食糧の不足が深刻であった．国内の主要エネルギー源は石炭と水力発電であった．軍需生産が停止して需要は減少したとはいえ，それ以上に出炭が急減したのである．敗戦までの出炭量は毎月約400ないし500万トンであったが，45年秋にはほとんど100万トンを切るにいたった．その最大の理由は，炭鉱で労働を強制されていた朝鮮人や中国人が敗戦とともに労働を拒否し，炭鉱の機能が麻痺したためである．石炭不足から鉄道輸送さえ危機に陥った．加えて45年の米作は平年の3分の2程度の大凶作といわれ，食

糧の配給も見通しが立たず,餓死者が出はしないかと心配された.そのために石炭増産と食糧供出の奨励,さらに占領軍に対する食糧輸入の懇請がなされたが,いずれもはかばかしくは進まず,その解決の曙光が見えはじめたのは1947年以後であった.

第三に,この時期にはインフレの問題があった.原因はいくつか数えられる.まず戦時中の企業や個人の所得(戦争保険金までを含む)は預貯金や公債の形で蓄積されていたが,それが有効需要として市場に出現する可能性は戦時中といえども存在した.ただ貯蓄を強制されたために表面化しなかっただけである.しかし,1944年秋以後,空襲が激化してのちは,政府や日本銀行は人心の動揺をおそれて資金放出の手心をゆるめざるをえなかった.しかも,敗戦直後に臨時軍事費が大量に放出された.復員軍人に対する給与,発注ずみの軍需品に対する支払あるいは前渡金,損失補償などのためである.その結果,急速にインフレーションが顕在化した.財産税の徴収,紙幣の交換,預金封鎖の可能性がささやかれ,商品の買い占めが激化し,12月からは銀行預金総額が減少に転じた.これに対処するために,46年2月に「金融緊急措置令」が発動された.現金はすべて一度金融機関に預金し,新通貨が発行され,賃金給料も新円支払いは500円までに限られ,ほかに毎月1世帯当り生活費として世帯主300円,その他世帯員1人100円の引出しを認めるという「新円」切換えを行い,財産税(当初案1000億円,最終的には300億円)を徴収して,インフレを抑制しようとした.しかしそれだけではインフレの抑制は不可能で,その解決は49年のいわゆる「ドッジ・ライン」をまたなければならなかった.

2. 経済民主化

敗戦とともに日本は連合軍の――実質的にはアメリカ軍の――占領下におかれた.日本政府の存在は認められ,間接統治の形がとられたが,基本的な改革の方針はワシントンでつくられたのである.マッカーサー総司令官は1945年9月6日,ワシントンから「降伏後における米国の初期対日方針」を受け取り,9月10日に日本管理方針を公表した.その具体化が,「非軍事化」とともに,連合軍による一連の改革――「民主化」だったといってよいであろう.その

「第4部，経済」を要約しておこう．

「1，経済の非軍事化」においては，まず軍需工業の停止と将来における禁止，艦艇，航空機用施設保有の禁止，「重工業の規模及び性格」の制限，商船保有の制限，があげられている．第二に「民主主義勢力の助長」として，まず労働組合・農民組合等の奨励があげられ，法的に認められていなかった労働組合その他の活動が公然化する条件が備わった．次に，生産や所有権についての広い意味における「集中排除」があげられる．また財界人の追放と財閥の解体がここではっきりとうたわれている．第三の「平和的経済活動の再開」においては，まず日本の経済的苦境は自らの責任であってその復旧は自らの責任であるといい，かつ占領軍の物資サービスの調達，物資の公正な配給，賠償引渡しなどの義務を課している．そのトーンは全体としてきわめてきびしいものであった．それらは時をうつさず実行されたのである．

まず，3大改革といわれる財閥解体・集中排除，農地改革，労働民主化の内容と，後における効果についてふれておきたい．

(1) 財閥解体

「財閥解体の目的は……日本の軍事力を心理的にも制度的にも破壊するにある」．日本の産業は「日本政府によって支持され，強化された少数の大財閥の支配下にあった」．また，「産業支配権の集中は労資間の半封建的関係の存続を促し，労賃を引き下げ，労働組合の発展を妨げ」「独立の企業者の創業を妨害し，日本における中産階級の勃興を妨げた」．「かかる特権的財閥支配下の低賃金と利潤の集積は，国内市場を狭隘にし，商品輸出の重要性を高め，かくて日本を帝国主義戦争に駆りたてたのである」（1946年1月来日した日本財閥調査使節団団長コーエン・エドワーズの「財閥に関する報告書」）．

公平にみて，戦前の財閥の行動のすべてが害悪を流すのみであったとはいえないであろう．たとえば財閥は次々に新しい産業を導入し，それを定着させる力をもっていた．「低賃金」と「国内市場の狭隘」とが財閥の「半封建的」支配の結果だというのも信じがたいし，「中産階級の勃興を妨げ」たというのも論証しがたい．財閥が「帝国主義」の尖兵であったといえるかどうかも問題である．むしろ三井・三菱の主たる致富の源泉は貿易にあり，海外企業とも提携

関係があり，英米との協調を望んでいた．しかしながら，財閥が日本経済において特権的な支配力をもっていたことも事実であった．ニュー・ディールと独占禁止を信奉する1930年代のアメリカのエコノミスト（ニュー・ディーラー）の立場からは，「財閥」が諸悪の根源とみえたとしても不思議ではない．

　財閥解体の具体的内容は，まず財閥支配の中心になっていた財閥本社——持株会社——を解体し，その所有する株式を公開することであった．当時財閥本社所有の株式は1億6700万株，金額にして81億円であったが，1946年現在の国内総株数が4億4300万株であったから，財閥本社は4割近くを所有していたわけである．一連の解体措置の結果，1951年までに1億6500万株，75億7000万円が処分された．財閥の指導者は財閥の家族を含めて追放され，財界活動を禁じられた．近代社会の原則に反して家族にまで処分が及ぶほど，財閥解体は峻烈に行われたのである．

　以後も産業組織についての民主化政策が続けてとられた．第一は独占禁止法（1947年4月）であり，これは1949年，53年の2回にわたる改正でだいぶ緩和されたが，はるかのちの77年の改正で再度強化され，戦後日本経済の基本原則となったのである．つづいて47年12月には過度経済力集中排除法（集排法）が成立した．それは，指定会社については審査のうえ，市場支配力を持つと認められた場合には分割を命ずると規定していた．これにもとづいて48年2月に325社が指定されたが，実際には冷戦下に日本経済の再建が緊急とされたために集排法の適用は大幅に緩和され，分割されたのは18社であった．代表的なものとしては，日本製鉄が八幡製鉄と富士製鉄に，三井鉱山が三井石炭鉱山と三井金属鉱山に分割されたのを始め，三菱鉱業，井華（住友）鉱業，東芝，日立製作所，三菱重工業，王子製紙，大日本麦酒等であった．

　しかし大幅に緩和されたとはいえ，第36表に示すように，生産の上位3社あるいは10社での生産の集中度を戦前にくらべれば，戦時中に企業の統合が進んだ繊維とか，強度に寡占的なアルミとかビールなどを例外として，大部分の産業で集中度，とくに上位3社のそれが低下している．さらに大企業が保有する関係企業の株式も公開され，企業間の支配関係も断ち切られた．それらが戦後日本における産業の特色である激しい競争の条件をつくりだしたのである．競争を通じての設備拡張と技術進歩が，経済成長をもたらしたのである．

第5章 改革と復興

第36表 生産の上位集中度 （％）

	1937		1950		1962	
	上位3社	10社	3社	10社	3社	10社
銑　　　　　　鉄	97.8		88.7	93.0	27.7	38.4
フェロアロイ	51.2	60.0	48.8	81.2	34.6	69.3
熱間圧延鋼材	56.2	81.3	49.6	77.1	49.8	78.9
亜　鉛　鉄　板	19.9	85.5	32.8	70.3	37.6	73.6
電　気　鋼	74.9	100.0	73.4	100.0	65.3	100.0
ア　ル　ミ	91.8	100.0	100.0	—	100.0	—
ベアリング	100.0	—	76.3	95.4	68.7	92.6
鋼　　　　　船	67.5	96.7	39.1	94.1	37.7	75.5
硫　　　　　安	60.6	93.5	41.2	87.3	32.7	78.2
過りん酸石灰	46.6	80.6	47.3	89.7	32.0	72.5
苛性ソーダ	55.1	86.5	33.8	71.1	23.5	59.8
合　成　染　料	56.3	70.1	75.2	92.7	64.8	88.8
セルロイド生地	77.7	91.2	69.2	89.2	80.6	95.0
レーヨンフィラメント	36.5	76.1	70.8	100.0	60.5	100.0
綿　　　　　糸	33.9	59.1	35.1	88.1	16.6	48.2
綿　織　物	16.5	30.6	18.6	44.2	6.6	17.2
パ　ル　プ	65.2	85.3	39.5	73.0	30.5	60.6
洋　　　　　紙	83.1	99.3	57.0	80.3	39.9	65.9
し　ょ　う　油	20.1	28.2	16.7	23.7	25.3	30.3
セメント	40.1	78.5	55.9	91.3	47.1	82.0
石　　　　　炭	35.4	60.6	35.9	59.6	31.0	55.8
貿　　　　　易*	35.1	51.7	13.0	30.5	24.8	50.5
銀　　　　　行	25.8	61.1	21.8	59.6	19.9	54.5
海　　　　　運	29.8	46.8	18.1	33.1	22.8	56.6
生　　　　　保	41.4	81.6	47.2	83.7	43.5	85.1
倉　　　　　庫	37.8	61.4	25.2	37.4	20.6	31.2

1) *戦前は1937-43年平均，50年は51年，62年は57年の数字．
2) 公正取引委員会『日本の産業集中』資料第1表による．

　以上の政策は戦後の経済全体に大きな影響を投げかけた．戦後の経済は産業内部の競争が激しいことが特色であった．鉄鋼業や自動車産業のように，産業の性質上十指に足りぬ少数寡占企業間の競争となる場合もあるし，繊維のように数十社の多占的競争になるときもあるが，ガリバーのいない小人同士のデッド・ヒートが戦後日本経済の基本的傾向となり，良好な市場機能をつくりだし，経済成長の有力な要因となったのである．そこに，財閥解体から集排法に至る一連の政策の効果があったといえよう．経済政策はしばしば立案者の意表外の効果をあらわす場合があるが，財閥解体と集中排除とはその好例であった．

(2) 農地改革

戦時中食糧管理制度を通じて小作料の大幅な引下げが生じたことはすでにのべた．敗戦後間もなく農林省は，地主に5町歩を残してそれ以上の土地については耕作者への譲渡を義務づける，第1次農地改革案を議会に提出した．この案の審議中に占領軍から農地改革に関するメモランダムが発表されたため，議会を通過した法案は実施されることなく，やがて総司令部の指示で第2次改革案が準備された．その内容は農林省案よりもはるかに徹底したものであった．以後，占領軍と日本側の折衝をへて確定した案は，不在地主の土地は全部，在村地主でも1町歩（約1ヘクタール）を残して全部買いあげること，第1次案では当事者の話しあいによることになっていたのが，国家が介入して売買させることなど，徹底した内容になっていた．

改革の結果は第37表に示されている．農地総面積に占める小作地の割合は全国平均で46％から10％前後に下っている．とくに東北・北海道において著しい．この激しい改革が大地主の勢力の強かった北海道・東北・北陸・東山等における米の土地生産力を急速に高める効果をもったことも重要である（第38表）．所有権の移転がすんだあと，大規模な土地改良が行われ，新しい米作技術の導入とあいまって農業生産性が上昇したのである．農村における技術進歩と所得増加とが，やがて全経済的にみて国内市場の拡大をもたらしたことも記

第37表 農地改革による小作地比率の変化

	農地総面積（千町）	うち小作地割合(%)	
		1946年11月	50年8月
総　　数	5,156	45.9	10.1
北 海 道	726	48.7	6.7
東　　北	813	48.2	8.4
関　　東	874	50.6	12.5
北　　陸	426	49.0	9.1
東　　山	298	43.4	10.3
東　　海	343	40.5	12.4
近　　畿	352	44.9	13.6
中　　国	398	40.3	10.2
四　　国	220	43.5	10.0
九　　州	706	41.0	10.3
内 地 計	4,430	45.5	10.7

加用信文監修『日本農業基礎統計』（前掲）．

第5章 改革と復興

第38表 反当り米収増加率の高い県と低い県

(1951-55 年平均の対戦前増加率, %)

高い県順位	対1930-34年平均	対1939-43年平均	低い県順位	対1930-34年平均	対1939-43年平均
1 北海道	74	32	1 大阪	-11	-10
2 青森	57	27	2 静岡	-10	-13
3 岩手	31	22	3 奈良	-11	- 3
4 秋田	29	11	4 広島	-10	-10
5 山形	28	10	5 高知	- 8	7
6 宮城	27	15	6 和歌山	- 7	- 7
7 福島	26	10	7 愛知	- 6	-10
8 新潟	23	5	8 兵庫	- 6	- 1
9 長野	19	6	9 香川	- 4	6
10 鹿児島	15	21	10 山梨	- 3	-11

同前. 1反はほぼ0.1ヘクタール.

憶されるべきであろう.

(3) 労働民主化

占領軍の指令によって労働組合法・労働基準法・労働関係調整法のいわゆる労働三法が制定されるとともに,労働組合運動が奨励されるようになった.労働組合の組織率は急速に高まって,1945年にはゼロだったのが48-49年には60%に近づいた(第9図).組織率は外国でも30%程度が普通だから,異例の高さというべきであろう.

労働組合の組織がこのように急速に進んだのは,すでに見たように戦争中の産業報国会の組織が企業別組合に移行できたこと,戦前からの組合運動家たちがただちに組織活動を行ったことなどによる.後者の場合には激烈な組合運動が行われ,しばしば会社の経営者の戦争責任を糾弾してつるしあげる例も見られた.当時から末端の組合は企業意識が強かったが,中央では組合運動は大別して左派と右派に分れていた.当初は共産党と結びついた産業別労働組合会議(産別)が強い力をもち,右派社会党系の総同盟と対立した.占領軍も当初は左翼系組合の動きに対し好意的であったが,産別が中心となった47年の2・1ゼネストに対しては中止を命じ,また公務員のスト権を否認する有名な政令201号を出し,49年には政治的解雇――レッド・パージを容認するにいたる.当初は民主化のために左翼的組合活動の自由を認めていたのが,やがて弾圧に

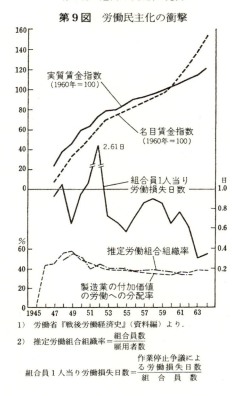

第9図 労働民主化の衝撃

1) 労働省『戦後労働経済史』(資料編) より.
2) 推定労働組合組織率 = 組合員数/雇用者数

組合員1人当り労働損失日数 = (作業停止争議による労働損失日数)/組合員数

変ってゆくのは,戦後たちまちはじまった米ソの冷戦が強い影をおとしていたからである.ともあれ,産別は勢力を失ってゆき,産別の中の批判勢力(民主化同盟)を中心に総評が結成され,戦前からの総同盟系の運動とともに二つの潮流が形成されたのは1950年ごろであった.

その過程を経ながら日本の組合運動が定着していく.中央の動揺とは別に,組合運動は労働者の労働条件を改善していくためには重要な役割を果した.初期における実質賃金の改善(第9図)はめざましいが,労働組合の交渉力なしにはこの成果は望みえなかったであろう.企業への忠誠を誓うかわりに労働条件の改善を行わせ,人員整理を行わず終身雇用を認めさせるという組合の方針は,このころからその萌芽を示し,1950年代にくり返された労働条件の改善,首切り反対・合理化反対の大争議――たとえば炭労の争議,日産争議,尼崎製

鋼の争議，王子製紙の争議，そしてもっとも激しかった三井三池の争議等——を通じて企業側も暗黙の了解に達したとみてよいであろう．いずれが勝つにしても，長期の闘争を行えば最後には経営が破綻し，労働者も失業してしまう．そこに終身雇用制，年功序列賃金制，企業別労働組合を3本の柱とする日本型の労使関係が定着したのであった．労働組合の主たるエネルギーが「春闘」によるベース・アップに注がれるようになるのが1950年代後半からであるのは，この事実を裏書きしているようである．

マクロ的にいえば，労働組合による労働条件，とくに賃金の改善は，日本の経済にとって国内の消費市場を拡大し，農民の所得上昇とあいまって，経済の発展に大きく寄与するところがあった．ベース・アップは個別の経営者にとっては負担であっても，国民経済的にはその意義は大きかったと見るべきであろう．戦後改革は全体として後の成長を準備する役割を果したのである．

以上三つの改革について述べたが，それ以外にも**GHQ**は日本の経済制度に対してさまざまな改革を強いた．たとえば財界指導者のパージは，若い経営者との交代を促進した．それらの効果が積み重なって現在の日本の経済の基礎が形成されたのである．

3．「復興」と「安定」

敗戦直後，連合国は日本経済の復興については責任を負わない建前であった．経済復興は日本人自身の責任であり，いつの日か国際経済に復帰しうる希望が与えられているだけであった．45年11月に来日したポーレー賠償使節団は，同12月きびしい賠償案を提示した．陸海軍工廠をはじめ，航空機，軽金属，ベアリング工場の全施設と鉄鋼，工作機械，造船，火力発電，硫酸，ソーダ工場の施設の約半分を撤去し，鋼材生産能力は250万トンとする．日本の工業水準は1926-30年の水準とするというのであった．そのなかで「復興」はいかに進められたであろうか．

1946年2月，金融緊急措置が財産税の徴収をともなって実施されたあと，同年7月，戦時補償の打切りが占領軍の要請によって決定された．企業は戦時

中に政府の命令によって軍需品生産を行い，設備投資をし，工場疎開や地方移転を行った．そのさいに損失補償が公約されていたのに対して，占領軍からその実行の打切りが指令されたのである．占領軍の立場からすれば，それは「戦争は儲かるものでない」ことを体得させるための実物教育ないし懲罰であった．軍需生産関係会社は巨額の貸倒れを発生して経営が成り立たなくなり，それに融資していた金融機関もまた立ち行かなくなったのである．

当時の要補償額は，軍需会社に対して539億円，一般民間に対して210億円，財閥系会社に対して210億円，計960億円といわれた．補償をうけた企業が銀行に借入金を返済し，銀行はそれで日銀その他に対する債務を返済し，それぞれが身軽になって再出発させようというのが日本政府の構想だったが，それが不可能になったのである．軍需補償打切りにさいしてとられた措置が企業・金融機関の再建整備であった．企業も金融機関も，資本金・積立金等を整理し，銀行は封鎖預金の一部を切り捨てて清算に入り，残された生産設備，原料，製品等実物資本を出資して第二会社を発足させ，生産活動を継続し，旧会社は清算のうえ，第二会社に吸収合併されるという手続きである．企業は動揺し，生産も手につかなくなった．再建整備が軌道にのり，曲折をへて再建が成って企業・金融機関が本格的に活動を開始できるようになったのは48年から49年にかけてであった．

戦後の復興は大きなハンディキャップを負って進められねばならなくなり，物資と資金の両面から，企業や金融機関を援助する体制が必要になった．これより先，政府は日本興業銀行内に復興金融部を設立して，復興のための資金供給を担当させることにしていたが，それを拡充して復興金融金庫（復金）を設立することにしたのが，そのひとつのあらわれである．復金の資金は，復金債を発行し，それを日本銀行が引き受けて供給される仕組みであった．

1946年第1次吉田内閣の大蔵大臣石橋湛山は「ケインジアン」であったから，次のように考えた．現在の日本では労働力も生産設備も過剰であり，しかも生産が停滞して物価が上がるという状態にあるが，これはケインズのいう「真のインフレーション」ではない．設備や労働力を全部稼動させて生産を行い，しかも物価が上がるのが「真のインフレーション」であるが，現在の日本はむしろ過小生産に悩んでいる．一時物価は上昇しても，むしろ政府の資金を

そういう生産事業に投入して生産を回復させるべきではないか，というのである．したがって石橋は財政支出の増加と財政の赤字をおそれなかった．復金は石橋のこの信念にもとづいて設立され，生産部門に政府・日銀の資金を投入するパイプとして拡大されたのである．

　また1946年秋，吉田首相が占領軍に「懇請」して輸入を認められた重油をテコとして生産復興をはかろうとしたのが，有澤廣巳の着想にもとづくいわゆる傾斜生産方式である．当時の石炭生産は戦時中の4割弱の年産2100万トンに落ちており，鉄道用，進駐軍用などをさしひくと，産業用炭はほとんど残らなかった．当時の主要エネルギーは石炭であったから，石炭増産が工業生産回復のための鍵になっていたわけである．傾斜生産の構想とは，まず輸入された重油を全部鉄鋼業に投入し，増産された鉄鋼をつぎに石炭産業に投入し，増産された石炭を再び鉄鋼業に投入するというように，二部門間で製品を相互に投入し合うことによって鉄鋼と石炭の生産をまず増加させ，それがある水準に達したとき，増産された石炭を順次他の基幹部門に回し，全体としての生産復興をはかろうという構想であった．それが実行に移されたのは1947年であり，その年の目標3000万トンの出炭は辛うじて達成された．その達成のためには，石炭産業に対して復金の資金を最優先に投入し，労働力を大量に注ぎ込み，乏しい食糧や生活物資も可能なかぎり配給するという手段がとられた．その甲斐あって，48年からは電力，海運，肥料等の重要産業に対する石炭の配給も十分にできるようになり，経済復興はようやくその緒についたのである．

　傾斜生産による生産復興は，一面では復金を通じての資金供給量を拡大させた．増産のためとはいえ，それは当面はインフレーションを促進する結果になる．増産によって供給が増加し需給が均衡するまでは，金融緊急措置によって抑えた物価を刺激するであろう．1946年以後の消費者物価指数（ヤミを含む）の上昇は，47年には3ヵ月ごとに40％前後のはげしい上昇を示し，48年に入っても15％前後の上昇がつづいた（第10図）．それが落ちつくのは49年のドッジ・ラインをまたなくてはならなかった．しかし48年後半に生産が上昇してくると，インフレが次第に沈静に向ったことも事実である．そこに後述するドッジ・ラインが必須であったかどうかという論争が発生する理由があった．

　また，公定価格に対するヤミ値の倍率は，46年で7.2倍，47年で5.3倍と

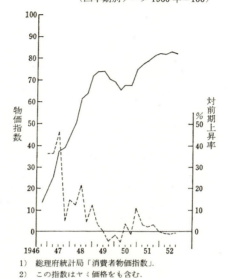

第10図 消費者物価指数と
その上昇率
（四半期別データ 1960年＝100）

1) 総理府統計局「消費者物価指数」．
2) この指数はヤミ価格をも含む．

いう高さを示している．ヤミ取引の存在はこの時代の大問題であった．金融緊急措置後も，新円は農村やヤミ商人のふところに集まった．ヤミ経済を解消し，インフレーションを克服し，しかも生産を回復することが，47年5月に発足した社会党・民主党連立の片山内閣の課題であった．

　この内閣が同年7月に決定した緊急経済対策は広範囲な総合政策体系であって，傾斜生産によって生産の回復をはかるとともに，公定価格体系を改訂して，その線でインフレーションを食い止めようとはかったのであった．とくに基礎物資（いわゆる安定帯物資——鉄鋼，石炭，肥料，ソーダ，ガス，電力等）の公定価格は，生産費よりも低く定め，そのために生ずる企業の赤字は政府が価格差補給金を支給して補塡する．それによって，安定帯物資を原材料とする他の物資の公定価格を低く定め，インフレ抑制をはかろうというのである．一方，賃金は戦前に比して労働の生産性が低下していることを考慮して，物価は戦前の65倍，賃金は28倍におさえ，実質賃金は大幅に下がるが，その低い生活水準において経済の需要と供給の均衡を回復させようというのであった．具体的

には公務員給与をその水準に定め，民間もそれにならうことが期待されていた．

その後，インフレーションが高進して，1948年の6月に前の公定価格体系が維持できなくなり，公定価格の改訂が行われたが，この時は，物価は戦前の110倍，賃金は57倍と定められた．しかしこの政策にともなう重要物質に対する価格差補給金の財政負担が膨大なものになった*．しかも47年6月の時点で算定された補給金額では，インフレ高進のために上昇するコストをカバーすることができず，炭鉱などでは赤字が累積して，復金からの借入金などで一時補塡するなどの問題が発生した（最終的には政府は交付公債によってその赤字を補給し，復金からの融資を返済させた）．

* 補給金の規模は，1948年度には価格調整補給金とその他を合計して1141億円，一般会計歳出に対して24%，49年度は1988億円，27%となっていた．

公定価格体系を定めて物価を抑え込もうとする政策はある程度効を奏したといってよい．生産の上昇をはかりつつ，公定価格を低目に抑えてゆくうちに需要と供給のギャップがちぢまってくれば，インフレーションは抑制されうる．さきの物価の動きを見ても，インフレの進行がゆるやかになっていたことが知られる．しかしその効果が表面化しないうちに，ドッジ・ラインによる急激な安定政策がとられたのである．

4. アメリカの政策転換とドッジ・ライン

東西の冷戦が深化するにつれて，アメリカが日本の復興を促進しその経済力や軍事力を利用しようと考え始めたのは1946年の秋，おそくとも47年初頭であった．その線にそって対日対策が変更され始めたのは47年の夏以降である．

たとえば賠償については，45年のポーレー案の緩和が考えられ，47年1月にはストライク調査団が来日し，これを契機に賠償緩和策の検討が本格化した（第39表）．48年1月にはロイヤル米陸軍長官が日本を「反共の防壁」とすべきだと演説し，3月にはドレーパー陸軍次官らが来日して賠償をポーレー案の4分の1に切下げる案を公表した．ついで49年には，賠償の取り立ては全面的に中止された．集中排除についても，47年12月に集排法が成立したときの

第 39 表 賠償案の変遷

(百万円, 1939 年価格)

	産業施設	軍事施設	合　　計
ポーレー案	990	1,476	2,466
ストライク案	172	1,476	1,648
ジョンストン (ドレーパー)案	102	560	662

1) ポーレー案は46年11月の最終案, ストライク案は48年3月, ジョンストン (ドレーパー) 案は48年4月.
2) 『エコノミスト』1955年4月15日号 p.72, 林雄二郎・宮崎勇『日本の経済計画』(東洋経済新報社, 1957) p.38 より引用.

　厳格な方針が48年春以後変更され, 18社のみの分割に終ったことは前述した.
　しかしもっと実質的だったのは, 1947年8月に民間貿易が再開されたことであった. これを機にアメリカによって, 紡績業の再建のために通称綿花回転資金と呼ばれるクレジットが計画され, 48年には合計2.1億ドルが実現したのである. 当時の貿易はなお国営貿易であり, 為替レートさえ一定していなかった. 日本政府は「貿易資金特別会計」を設置して貿易を行っていた. この会計で国内から輸出品をA円で買い, 海外に対してB米ドルで売渡したとすれば, この商品についての円ドル比率は, 1ドル=A/B円と事後的に計算できるのみである. 輸入もその逆が行われるにすぎない. したがって当時は, 為替レートが貿易品目ごとにないし取引ごとに複数存在したわけである.
　当時の実情は, 政府が国内の輸出品生産者に対しては高く支払い, 海外には安く売ったので, 結果的には, 輸出品については1ドル=500円とか600円とかという円安のレートが多く, 輸入品については国際相場で買入れて比較的安く国内に払下げたから, 1ドル=100円前後の円高なレートになる場合が多かった. 結局, 貿易資金特別会計は赤字を出し, それを一般会計から補塡する仕組みになっていたのである. 結果としては日本政府は, 産業に貿易補給金 (のちにドッジによって「見えざる補給金」とよばれた) を与えて産業の振興をはかっていたことになる. ある計算によれば1946年から49年3月までの間に, 政府が貿易を補助するために支出した金額は約1760億円といわれ, これは49年度の価格調整補給金とその他の補給金の合計にほぼ匹敵する.
　1948年5月, 経済安定本部では経済復興五ヵ年計画 (第1次案) を作成し

第40表　経済復興五ヵ年計画（目標：1952年度）

	目　標	実　績		
		1951	1952	1953
鉱工業生産 指数（1930-34年：100）	130	127.8	136.4	161.4
石炭（千トン）	44,000	43,312	43,359	43,538
鋼材（千トン）	2,300	4,972	5,099	5,404
発電量（百万kWh）	37,920	47,729	51,645	56,305
農林水産業 指数（1930-34年：100）	116	106		
生　　産 　米（千石）	67,921	60,278	66,152	54,924
輸出（百万ドル）	1,647	1,354	1,272	1,156
輸入（百万ドル）	1,657	1,995	2,028	2,101
生活水準指数(1930-34年の国民1人当り所得：100)	97	82.7	96	109

林・宮崎前掲書，p.120.

ていた．その内容を第40表によってみよう．1952年度までに経済をどこまで復興させうるかの計画数字である．それは，戦前にほぼ近い生産なり生活水準を，5年先の52年度には達成する計画であって，当時極東委員会でも，1930－34年平均の日本人の生活水準を目標として認めてもいいと態度を緩和したので，その実現を企図したのであった

　この計画の特色は，生活水準は戦前水準に復帰していないのに，生産は戦前よりも増加し，とくに重化学工業の生産は戦前をはるかに上回ることになっていた点であった．戦前水準に戻るといっても，もはや軽工業中心の経済から，重化学工業中心に脱皮しなければならないという構想がほぼ常識化していたのである．そして実績がその方向を歩んだことも表から知られる通りである．ただしその道は平坦ではなく，ドッジ・ラインの試練を経なければならなかった．

　ドッジ・ラインとは，1949年2月から4月まで，デトロイト銀行頭取ジョセフ・ドッジが公使の資格で来日して，総司令官の経済顧問として指導した財政・金融政策の大綱をいう．この前提になるような動きは，それ以前から見られた．アメリカの対日政策の転換にともなって，48年6月にはラルフ・ヤングを長とする使節団が，複数為替レートを廃し，270円から330円の間で単一為替レートを設定すべきであると勧告した．一方，1948年には大規模な対日援助の可能性（アジア・マーシャル・プラン）が濃くなり，日本側でも「外資導入」にともなう「中間安定」論が叫ばれたりしたが，48年のアメリカ議会は

この予算案を大幅に削減し，構想は画餅に帰した．

しかし，1948年10月，中国において，共産軍に圧迫された国民党政権の頽勢が次第に明らかになり，冷戦下のアジアにおける日本の経済力のもつ意義の重要性が認識されて，アメリカの国家安全保障会議（National Security Council）は NSC 13/2 と呼ばれる日本に関する決議を採択した．それによってアメリカの対日基本政策の大転換が正式に決まったのである．それは総司令部の行政権を日本政府に委譲し，日本に対して課せられていた各種の制限を取りのぞき，経済復興を促進することをきめていた．その決定にもとづいて，対日援助を削減しつつ日本の経済復興を行うように，48年12月「経済安定九原則」がワシントンの指示によって公表され，復興政策の実行を委ねられてデトロイト銀行頭取ジョセフ・ドッジが来日したのである．

ドッジは1945—46年，西ドイツの通貨改革を立案した人であったが，その財政・金融政策思想は自由経済を信条とし，国家の介入を全面的に否定し，国民自らの努力によってのみ資本の蓄積と生産復興が可能になるとする古典派的なものであった．ドッジは，次の三つの基本政策を日本経済に要求した．

第一は，財政の均衡化．長期の公債を発行することは財政法（1947年）によってすでに禁止されていたが，政府は1年以内の短期債を発行し，たえずこれを借り換えて赤字財政を補塡していた．ドッジの予算案は，一般会計のみならず特別会計を含む全財政を均衡化するとともに，法定率以上の債務償還を行うという「超均衡」予算，実質的には黒字予算であった．第二は，復興金融金庫の新規貸出の停止．インフレーションの基本的要因と目された新規通貨供給の根源を絶とうとするのである．第三に，補給金の削減と廃止．そのためには貿易資金特別会計の赤字のような，明るみに出ていない補給金をすべて予算に組込み，その結果，49年度予算ではいったん補給金の金額は大きくなるが，できるだけすみやかに経済の統制と補給金制度を廃止するというのである．

以上の方針のもとに，ドッジは日本経済はアメリカの援助を期待することなく，自力で資本を蓄積して復興しなければならないと説いたのである．それとともに日本経済は国際競争にさらされるべきである．その表現が単一為替レートの設定であって，1949年4月，1ドル＝360円のレートが決められた．当時広く流布していた330円説に比べるとやや円安ではあったが，企業はこのレー

トにもとづいて，国際競争に耐えてゆくための合理化計画を立てなくてはならなくなった．さらに，政府の補給金や赤字補塡などに期待することなく，自力で競争に打ち克たなくてはならないことを覚悟した．ドッジ・ラインのもっとも重要な意義はここにあったともいえよう．

以上のようにして設定されたドッジ・ラインは，松方デフレ，「井上財政」とならぶ本格的なデフレーション政策であった．それは占領軍の権威によってはじめて実行可能であった．この政策が実行に移されると，経済界は金融逼迫に苦しみ，急激な不況に見舞われた．ドッジ・ラインなしにはインフレは収束しえなかったのか否かについては，いまも意見が分れているが，私見によれば，少なくとも1948年秋には，インフレーションの基本要因である需給ギャップは著しく縮小しており，インフレ収束の条件がほぼととのっていたのは事実であった．1949年3—4月のころ，ドッジ・ラインが本格的に発動される以前から，徴税の強化，貸出の縮小などの結果，金融はすでに引き締まっており，そのうえに強烈な引締政策が展開されれば多くの企業は倒産の淵に追い込まれたであろう．そこで大蔵省と日本銀行は，ドッジに対して内心こころよくなかったGHQ経済科学局と連絡し，財政による資金の引揚超過分を民間に還流させるために「金詰り緩和方策」を実施した．銀行その他の市中金融機関を動員し，民間企業に対して大量の貸出を行わせてその倒産を救おうとしたのである．その資金は主として金融機関所有の債券の大量の買オペレーションと日銀貸出で，ドッジ・ラインのデフレ的性格をせめてディス・インフレ程度に変えようというのであった．その効果は第41表に示す通りである．戦時中以来の企業と金融機関の結合が再建されていわゆる金融系列ができあがり，また市中銀行の貸出増が預金増を超過するいわゆるオーバー・ローン現象が発生し，そのために日本銀行の市中銀行に対する支配力が強化されるなど，多くの戦後日本経済の特徴が政策の実施過程で形成されたのであった．

終りに，労働政策の変化について．労働改革の結果，日本の労働組合は非常に強化されたが，とくに強力であったのは左翼の産業別労働組合会議（産別）であった．当初好意的であったGHQも，46年の読売争議，47年の2・1ストあたりを境に抑圧の色を濃くしはじめ，48年には官公労働者のスト権を否認するポツダム政令を発出せしめるにいたった．それは占領政策の転換とほぼ撥

第 41 表　1949 年 4 月–1950 年 6 月の間の金融事情

(1) 資金需給　　　　　　　　　　　　　　　　（億円）

財政による民間からの資金引揚額	1,289
金融機関預金等の増加	3,825
以上計（民間からの資金引揚額）	5,114
金融機関の貸出増加	4,753
その他を加えた産業資金供給額	5,574

(2) 普通銀行主要勘定

	預金計	借入金計	貸出金計	保有国債	保有社債
49 年 3 月末	5,060	534	3,571	799	312
50 年 6 月末	7,896	1,017	6,815	426	528
この間の純増	2,836	483	3,244	△373	216

1) 日本銀行調査局『資金循環の分析』第 5 号.
2) 日本銀行『本邦経済統計』昭和 25 年.

を一にする動きであった．ドッジ・ラインと時を同じくして，国鉄・電信電話が独立採算制の日本国有鉄道，日本電信電話公社に切りかえられ，そのさい，国鉄は 10 万人弱，郵政・電電は約 2 万人という大量の人員整理を行った．民間企業においても，電力，電機，自動車，石炭など鉱業，重工業の分野において，人員整理を含む合理化が 49 年に展開された．労働組合は激しく反発して労働争議が続発したが，ほとんど敗北に終った．そのさい左翼活動家の解雇（レッド・パージ）が公然と行われた．「民主化」はここに終止符を打ち，資本主義的な再建がはじまったのである．

5. 朝鮮戦争とサンフランシスコ講和

1950 年に入ってもドッジ・ラインは変更されず，金融の緩和にも歯止めがかけられ，本格的な恐慌の危機が心配されていた．ところがその 6 月に朝鮮戦争が始まり，事態は一変した．

朝鮮戦争の影響は異常といえるほど大きかった．1949 年は世界的な景気後退の年であったが，一転して戦争を意識した世界的な戦略物資の買いあさりがはじまったのである．朝鮮戦争の始まった 50 年から 51 年にかけて世界貿易は金額にして約 190 億ドル，34% の増加を示している．この間に輸出数量の増

加は1割余にすぎなかったから,金額増加の大部分は世界の輸出単価が23%上昇したためであった.それがドッジ・デフレ下の日本経済に及ぼした影響は大きかった.国際価格の上昇に対応して,日本の輸出は急増し,それとともに生産も雇用も企業の利潤も急増して,日本経済はブームに湧きたった.

当時の経済指標をまとめた第42表が示すように,輸出は49年から51年までに2.7倍に増加し,生産もほぼ7割増加した.しかも企業の収益率の上昇はめざましい.それは生産の増加とともに物価,とくに卸売物価の上昇によるものであった.企業にとって,このブームは敗戦と再建整備によって痛めつけられた経済の回復のために,何よりの栄養になり,のちに見る活発な設備投資の契機となったのであった.

しかし,この時期の日本経済にとって重要であったのはアメリカ軍の特需(special procurement)——アメリカ軍および軍人の支出によって生じた外貨収入——が51年で5.9億ドル,52,53年はそれぞれ8億ドル以上の巨額に達したことであった.当時の輸出は13億ドル前後であったから,特需の規模はまことに大きく,日本の国際収支の天井は特需収入によって一挙に高くなった.すなわち,輸出と特需収入とによって,だいたい年間20億ドル程度の輸入が

第42表 朝鮮戦争前後の経済指標

	1949	1950	1951	1952	1953	1954	1955	1956
輸 出(百万ドル)	510	820	1,355	1,273	1,275	1,629	2,011	2,501
特需収入(〃)	—	592		824	809	597	557	595
輸 入(〃)	905	975	1,955	2,028	2,410	2,399	2,471	3,230
鉱工業生産指数 (1960年/100)	18.2	22.3	30.8	33.0	40.3	43.7	47.0	57.5
使用総資本収益率 (上期-下期,%)		2.8-5.1	10.6-6.7	4.8-4.2	4.2-4.6	3.2-2.4	3.0-3.6	4.1-4.5
製造業常用雇用指数 (1960年/100)	50.7	48.3	51.9	53.1	55.6	58.7	60.4	66.2
卸売物価指数 (〃)	59.3	70.1	97.3	99.2	99.9	99.2	97.4	101.7
消費者物価指数 (〃)	72.6	67.6	78.7	82.6	88.0	93.7	92.7	93.0
製造業名目賃金指数 (〃)	33.1	40.2	51.6	60.7	68.1	71.7	74.5	86.4
製造業実質賃金指数 (〃)	45.6	59.5	65.6	73.5	77.4	76.5	80.5	87.5

輸出入は大蔵省通関統計,特需は日本銀行,生産指数は通産省,収益率は三菱経済研究所,消費者物価指数は総理府統計局,雇用指数・賃金指数は労働省の公表数字.

可能になったのである．49,50年には10億ドル弱の輸入が精一杯であった日本経済にとって，20億ドルの輸入が可能になったことは，輸入原材料に依存する主要産業の生産規模をほぼ2倍にすることが可能になったことを意味していた．国際収支の天井が急に高くなって，生産増加のための原材料の輸入が可能になったのである．

　戦前，1930年代半ばの日本の輸出・輸入は，それぞれGNPの約20％であった．1950年代初め，GNPに対する輸入の比率は10％ないし12-13％になっている．しかもこの比率は，以後1973年の石油危機にいたるまで不変ないし微減の傾向をたどった．輸入依存度の低下の理由については多くの説明がなされえようが，もっとも重要な理由として産業構造の変化をあげるべきであろう．戦前の主力であった繊維産業は付加価値率が低く，1ドルの原綿を輸入加工して製品を輸出しても，2ドルないしそれ以下にしかならず，手取外貨収入は1ドル以下にすぎなかった．したがってGNPの20％を輸入するといっても，その半ば以上は再び輸出されてしまい，国内に残る分はGNPの10％にみたない．戦後は重化学工業化が進んで製品の付加価値率が上昇したために，GNPの10％強を輸入すれば，加工されて輸出される分を差し引いても国内で必要な物資がまかなえる状態になったのである．その後，付加価値率が高い産業（高加工度産業——たとえば機械工業）の比重が高まり，さらに交易条件が改善されたために，石油危機が発生した1973年までは，GNPに対する輸入の比率はさらに低下して10％以下になっていたのである．

　国際収支の天井が高くなり，かつ輸入の対GNP比率が低下したことは，GNPの増加の上限が高まったことを，すなわち成長率上昇の可能性が生じたことを意味する．輸入の対GNP比率が12％で，輸出のみによって輸入をまかなうとすれば，輸入額の上限が13億ドルであれば，GNPの上限は108億ドル（13÷0.12）にすぎないが，8億ドルの特需収入によって輸入額が21億ドルに増加すれば，GNPの上限は175億ドル（21÷0.12）に引き上げられるからである．朝鮮戦争期の日本の急激な回復と成長とは，このメカニズムによって可能になったのである．

　産業の設備投資と技術革新も朝鮮戦争を契機として活発化した．多くの産業が国際競争における立遅れを自覚して，外国技術を導入し，能力の拡張をめざ

すことになった．この時期には電力・鉄鋼・海運・石炭など基礎産業の能力不足がボトル・ネックとして生産の拡張を制約したことから，上記の4大重点産業を中心にして，経済復興が進められたのである．第43表の産業別設備投資の数字がその事実を象徴する．

産業復興のための「資本蓄積」促進政策があいついで打ち出されたのは1951－52年である．それらは戦後の日本の産業政策の原型となった．その第一は，国家資金による日本開発銀行の設立である．同行は，復金の債権・債務を引き継ぎ，主要産業に低金利の設備資金を供給する使命をもっていた．開銀の融資は市中銀行からの融資の誘い水の役割をも果したし，また海外の融資をうけるさいには保証を行うなど，主要産業の長期資金の調達にあたって大きな役割を果した．また，ほぼ同時に設立された日本輸出入銀行は，輸出にさいして企業に融資し，輸出振興をはかることを使命とした．

第二に重要なのは税制である．1949－50年に来日したシャウプ使節団の勧告によって日本の税制の根本的な改革が行われたが，その際，法人については比例税の制度が採用された．ところが貯蓄や設備投資を優遇し，輸出の振興をはかるために租税特別措置をはじめとする税制の改革が行われたのである．1951年には利子配当所得の分離課税，52年には非同族会社の積立金課税の廃止，退職給与引当金の設定，電力会社に対して渇水準備金の設定．いずれも事実上の減免税であった．また同じ年に企業合理化促進法が制定され，これにも

第43表　産業別設備投資の推移

(億円，カッコ内は百分比)

年　　度	1951	1952	1953	1954	1955	1956	1957	1958
鉄　鋼　業	369 (8.4)	379 (7.7)	396 (6.4)	256 (4.8)	267 (4.5)	625 (6.1)	1,119 (8.8)	1,197 (9.4)
海　運　業	640 (14.6)	615 (12.4)	465 (7.5)	313 (5.9)	390 (6.5)	741 (7.2)	967 (7.7)	744 (5.8)
電　力　業	553 (12.6)	1,054 (21.3)	1,461 (23.7)	1,422 (26.8)	1,483 (24.8)	2,010 (19.6)	2,437 (19.2)	2,901 (22.7)
石　炭　業	208 (4.8)	202 (4.1)	206 (3.3)	137 (2.6)	143 (2.4)	135 (1.3)	301 (2.4)	338 (2.5)
重点産業計	1,770 (40.4)	2,250 (45.5)	2,528 (40.9)	2,128 (40.1)	2,283 (38.2)	3,511 (34.2)	4,824 (38.1)	5,180 (40.4)
その他とも計	4,389 (100)	4,955 (100)	6,170 (100)	5,303 (100)	5,989 (100)	10,259 (100)	12,647 (100)	12,789 (100)

日本開発銀行調．

とづいて重要機械に対する特別償却制度が制定され，個別に機械を指定して，それについては高い償却率が承認されることになった．企業は設備投資を行えば，償却負担を増やしてみかけ上利益額を減らすことができ，税負担が軽減されるので，設備投資を促進するうえで大きな役割を果した．53年には有価証券の譲渡所得の非課税化，輸出所得控除制度，輸出損失準備金制度，さらに重要物産免税制度，貸倒れ準備金の拡充など，企業課税に対して大幅の優遇が行われた．これらがその後の企業課税制度の根幹となり，資本蓄積を促進したことはいうをまたない．その利用状況は第44表に明らかである．

第三には，外貨割当制度がある．1949年にはじまったこの制度は国際収支の均衡をはかるために，輸入については毎四半期ごとに政府が予算を作り，輸入業者に対して品目ごとに外貨を割当て，きめられた数量の輸入を認める政策であった．これは建前としては輸入の総額を制限するための制度であったが，同時に産業保護のために絶好の手段を提供することになった．たとえば，自動車産業の育成は戦前以来の政策目標であったが，外貨割当制度によって，これ以降10年あまりの長期にわたって自動車の輸入は極端に制限され，ほとんど輸入禁止に等しい措置がとられた．これによって，自動車産業は国内市場を確保して発展する条件を整えることができたのである．石油に対しても輸入制限を行ったのは石炭保護のねらいであったが，52年に63日に及ぶ石炭産業の争議によって石炭が不足した際には，重油の輸入割当を増やす，というような措置もとられている．また，石油産業に対しては，輸入割当を外国資本との合弁会社よりも国内資本だけの会社（民族資本）に有利になるようにする態度も見

第44表 主要大法人の特別措置利用状況

(総所得を100とする比率)

	A 鉱業	B 紡績	C 化繊	D 製紙	E 肥料	F 鉄鋼	G 電気	H 商事	I 電力	J 銀行
総　所　得	100	100	100	100	100	100	100	100	100	100
重要物産・増資配当輸出所得などの免税所得	0.6	24.1	114.4	3.4	45.1	18.4	4.7	27.1	17.6	4.0
各種準備金及び引当金	66.8	6.7	△26.4	41.5	0.8	8.5	14.3	14.2	22.0	29.2
交際費損金算入額	△4.2	—	—	△5.3	△5.4	—	—	△1.7	△1.2	△0.9
特　別　償　却	4.9	5.7	3.0	—	—	13.2	11.3	—	—	0.3
課　税　所　得	31.9	63.5	9.0	60.4	59.5	59.9	69.7	60.4	61.6	67.4
推定実効税率	17.8	31.2	4.4	29.8	29.3	29.5	34.3	29.8	30.4	33.2

大蔵省主税局調査．森田稔「資本蓄積と国家の施策」（相原茂編『現代日本の資本蓄積』）より引用．

第5章 改革と復興

られた.このように外貨割当制はその運用によって,産業の保護育成に大きな役割を果したのである.

第四に,外国技術の導入がこの時期に大幅に行われるようになった.50年度27件,51年度101件,52年度133件,53年度103件,54年度82件と急速に外国企業との技術提携による技術導入が増加した.当時の企業には設備投資に際し,海外との技術提携によって戦時戦後の遅れを取戻そうとする意向が強く,それが外資法・外国為替管理令によって積極的に保護奨励されたのである.この時期は海外においても,戦争中に開発された技術が民間の一般産業に適用されていく時期であった.とくに電子機器,石油精製,石油化学などはこの代表的分野である.しかも,日本ではそれ以外に,1930年代に実用化されていた多くの技術が導入された.日本は1930-40年代に発展してきた技術を一挙にうけいれて,産業技術を一新しようとしたのである.導入技術のなかには工業化に成功しなかったものもあったけれども,全体としてみればその成果は大きいものがあったことは次章にあらためてのべる.また日本はそれを受けいれて自分のものにするための条件を備えていた.多くの企業は軍需生産以来の技術を身につけており,それを民需用にふりかえ,生産性を高め,コストを切下げるために外国技術を導入して,成功したのである.

1951年9月,サンフランシスコ講和条約と日米安全保障条約が締結された.それが発効した翌52年5月,米軍基地を残しつつも,日本は独立を回復した.ときの首相吉田茂は,防衛を米軍に委ねることによって,軍事費を節約し,経済の復興と発展を当面の政策目標にすえたのである.「強兵」なき「富国」の目標はやがて高度経済成長に結実したのであった.

独立とともに,占領中に定められた制度や政策の改訂が各方面で実現したが,産業政策の面で重要だったのは独禁法の改正であった.1953年の独禁法改正は,不況カルテルと合理化カルテルを認め,また企業による株式の保有,役員の兼任,合併等の制限を緩和し,さらに再販売価格維持契約を許容した.それは財界の要望にこたえたものであり,とくにカルテル行為の制限を緩和したことはそのあとに大きな意味をもつことになった.なおカルテルの復活に関しては,通産省は独禁法改正を待たずに,1952年以来勧告操短といわれる行政指導を行っていた.すなわち同年の繊維産業の不況に際しては,通産省は業者に

対して直接勧告を行って生産・出荷の調整をはかり，独禁法の規定にふれることなくカルテルの効果を収めさせたのである．ただし，このような競争制限政策がただちに寡占企業による産業支配を許したとは限らないことに注意すべきである．カルテルはあくまで不況時における緊急避難の可能性を示すにどどまり，戦後に形成された市場における競争状況を一般的に制限することはなかった．むしろ避難の可能性が認められたことによって，企業は大胆な行動をとり，競争はいっそう活発に行われたのである．

このようにして，朝鮮戦争を経て講和条約が締結されるまでに，日本はほぼそれ以後の経済政策の方向をきめてしまっていた．まず，占領軍による改革は，外から与えられたものであったが，戦前の日本経済の固定した制度を大きく変更し，その結果「民主化」のみでなく経済成長のための豊かな土壌をつくりだした．たとえば農民や労働者の所得水準の向上と消費能力の拡大，財閥解体・集中排除によってもたらされた市場における競争条件などがそれである．その上に本節でみたような資本蓄積，外国技術導入政策が採用され，かつ軍事費を抑制して「強兵」なき「富国」の途を歩もうとする方針が選ばれたのである．その意味で以後の高度成長のレールは，この時点までにほぼ敷かれていたといってよいであろう．この意味で私は，1951－52年以後1970年ごろまでの時代を一括して高度成長期と呼ぶのがふさわしいかもしれないと考えている．

朝鮮戦争による経済の成長の結果，家計の所得も改善され，消費の水準も目に見えて上昇してきた．昭和9－11（1934－36）年に代表される「戦前」の生活水準を取りもどすことは，この時期の，とくに都市生活者にとって，共通の願望だったように思われる．当時の人たちは，所得が増えてくるのにつれて，和服，米，みそ，しょうゆなど戦前型の消費財をまず購入した．これらの伝統的消費財の消費のピークが共通して1950年の前半に見出されるのは，このような傾向の反映である．いわば生活水準とともに生活様式の復興がなされたのであった．それが一段落したのが1950年代半ばであったが，50年代後半以後は，生活水準の向上とともに，生活様式は戦前の類型をはなれて西欧風になっていったのである．

第6章 高度成長

1. 成長と景気変動の年代記

 1950年代初頭から70年代初頭までの約20年にわたる世界にもまれな「高度成長」の時代は，日本経済の内部においても，またその世界経済との関連においても，目ざましい変化が生じた時代であった．しかし，ここで生じた変化は連続的・数量的な性格のものであった．特定の政策や少数の英雄の業績ではなく，国民的な努力の積み重ねがもたらした成果であった．金解禁やドッジ・ラインのような劇的な「事件」は，1970年代の「ニクソン・ショック」や石油危機にいたってふたたび訪れることになる．したがってこの間の変化を理解するために，まず成長と景気変動を数量的にあとづけ，その年代記を概観することからはじめよう．

 第11図は1951年以来の実質GNP（＝GNE）と，実質民間企業設備投資（四半期データ）およびGNEデフレータ（物価水準指標，3期移動平均）を示し，第12図は名目額での商品サービスの輸出入の差額（経常収支差額3期移動平均）と，民間在庫増加額（3期移動平均，四半期データ）の対GNE比率を示す．両者をあわせて，朝鮮戦争以後現在にいたるまでの経済の成長と循環の動向を示している．戦後経済の特色を知るために，そこから読みとられるいくつかの事実を要約しよう．なおこの図は石油危機以後の動きをも示していて，高度成長期とははっきり異なった特色がみられるが，それについては次章で取りあげることにしたい．

 (1) 戦後の日本経済は，1973年の石油危機にいたるまで，ほとんど変動らしい変動を示すことなく直線的な経済成長（平均成長率10％）をつづけてきた．くわしくみれば，50年代の成長率はやや低く，60年代に高まっ

第11図　実質 GNP，実質民間設備投資および物価の推移
(1970年価格，兆円，GNE デフレータは1970年=100)

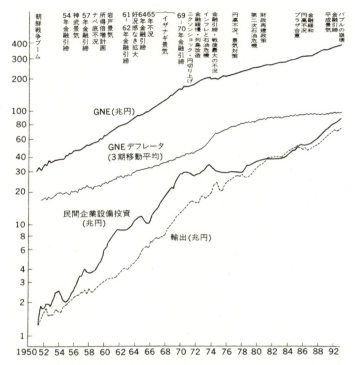

経済企画庁『長期遡及主要系列国民経済計算報告（昭和30年-平成元年）』，『国民経済計算年報平成4年版』および『国民所得統計年報昭和52年版』より算出．

たのであるが（第Ⅰ部第4表参照），その点をとくに区別する必要はないであろう．

(2) この成長のなかで，高い伸びを示したものは設備投資であった．その成長率は1951-73年の間で22%．それは高い成長をよびおこす国内需要の主力であったが，同時にその高い成長に見あう生産能力の創出を意味していた．

(3) 物価の上昇は比較的高率であった．同じ期間に総合物価指標としてのGNE デフレータは約3倍，年率5.2%の騰貴を示した．それも50年代には上昇率がやや低く（4%），61-73年の間にはやや高かった（5.6%）

第12図　経常収支と在庫の対 GNE 比率
（経常収支と在庫は3期移動平均値，％）

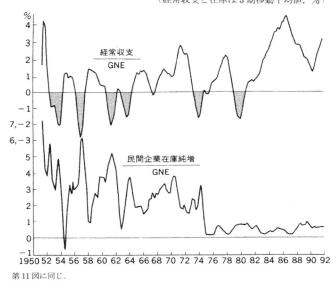

第11図に同じ．

が，まずゆるやかなインフレーションであったといっていい．
(4)　しかしその過程は滑らかな一本調子の成長であったのではない．その間の日本経済はほぼ3年余，ときには2年ないし5年の周期でめぐってくる景気の上昇と下落を経験した．その動きは規則的であり，そのメカニズムもほぼ一定の型をもっていた．それが在庫循環（キッチン波）の形をとっていたことは第12図の民間企業在庫増加の比率の動きから明らかである．
(5)　在庫循環が繰返し発生した理由は，同じ図の上方に示す国際収支（経常収支）の変動にもとづくものであった．すなわち経済の成長がつづき，設備投資をはじめ在庫品の積み増し，民間消費，政府の購入など内需が活発化すると，一方では生産増加にともなって輸入が膨脹し，他方で増加した生産は内需に向い，輸出は抑制されて，経常収支は赤字化する．
(6)　外貨準備が減少すれば，金融当局は金融の引締め（その手段については後述）を余儀なくされる．また輸入超過となれば，その決済のために外国為替の支払超過分だけ，国内の円資金が外貨の購入のために吸収されるの

でこの面からも金融は引き締まってくる．かくして内需は抑制され，企業は期待よりも需要が伸びないために意図しなかった在庫増加を強いられて，それを持ちこたえるためにさらに資金を必要とするにいたる．図において国際収支が赤字化したあとの1957，62，63-64，70年等において，在庫比率が急増していることが読みとられるが，これが意図しなかった在庫増加なのである．その結果金融はますます引き締まり，企業の設備投資も繰り延べや中止に至るし，雇用の増加も鈍り，国民の所得は伸びなやみ，消費もいく分かは影響をうける．第11図の設備投資も，在庫の変動にややおくれて落ちこみを示している．このようにして景気の落ちこみがおとずれ，企業の利益率は低落する．ただし，マクロ的にみれば高度成長期にあっては，この落ちこみは成長率が鈍化する程度にとどまったため，日本の不況とはせいぜい「成長率循環」だといわれた．

(7) 内需が沈静すれば，生産物は輸出に向い，輸入は抑えられるので，当然経常収支は改善され，金融引締めは解除される．引締めが行われる期間は，73-75年の引締めが2年にわたったのをのぞき，いずれもほぼ12ヵ月であった．日本の金融引締め政策の効果は大きく，かつ速やかに作用したということができよう．

(8) 引締め解除後も，意図しなかった在庫が残っている間は，市況は直ちに回復することはなく，しばらくは景気は沈滞ないし低下をつづける．そのさいには，金融の緩和，財政支出の拡大など景気刺激が行われる．その結果，企業は需要の回復をみとめると，ふたたび在庫の積み増しを意図して行うようになり，ついで設備投資を再開する．こうして景気は次第に活気を取り戻し，新たな成長に向うのである．

以上のようなサイクルは，第11図に示すようにくり返された．すなわち，ブームをかぞえれば，51年（朝鮮戦争ブーム），53年（投資景気），56-57年（神武景気），59-61年の設備投資の大拡張（岩戸景気），63年（好況感なき拡大），67-69年（イザナギ景気）と70年までに6回，73年と88-89年のブームを加えれば8回を数える．また金融引締めは，51，54，57-58，61-62，64，67，69-70と70年までに7回くり返され，73-75，79-80，89-90年を加えれば10回に達する．このうち67年の分は海外景気の好転にともなう国

際収支の回復が速やかだったためにリセッションを引き起すに至らなかった．また69−70年の引締めは国際収支の悪化を原因としてではなく，物価の上昇を抑制するために行われたのであった．また73, 79年のものは第1次，第2次石油危機に対応するために，89年は地価，株価の異常な値上りを鎮静させるために行われた．

以上の観察の結果，1950−60年代の経済成長は短期的な景気変動をくり返しながら達成されたものであったことが知られる．その変動を引き起さざるをえなくなった最大の制約要因は経常収支の赤字であった．この時期の日本経済はつねに最大の成長を達成しようとして，生産を拡大し，設備を拡張し，そのために輸入力の限界に突き当って反転を余儀なくされてきた．その限界が10％成長だったといってよいであろう．しかし，そのパターンは60年代の終り近くになって明らかに変貌した．67年の経常収支赤字が景気後退を引き起すに至る前に克服されたあと，10％を上回る成長をつづけながらも経常収支の黒字がつづき，外貨準備高は増加をつづけるようになった．国際競争力が強化されたために，経常収支は少なくとも360円レートのもとにおいては，もはや成長の制約要因にならなくなった．69年の引締めは，卸売物価の上昇を抑えることを目的としてなされたが，内需の抑制によってその目的は一応果されたものの，輸入は停滞し，内需の伸び悩みとともに輸出は一層増加して，国際収支の黒字幅は一層拡大するにいたった．それは結局360円レートの放棄と円切上げをもたらした．円レートの切上げとその後に来た石油危機とは，高度成長の時代の晩鐘であった．したがって，その時期以後の70年代は，狭い意味での「現代」として第7章でとりあげることにし，ここでは高度成長期についていくつかの角度から解明を行ってゆくことにしよう．

2. 成長の国際的環境

高度成長が可能になった条件としては多くの要因を数えることができるが，大別して国際環境と国内の条件とに分つことができよう．そのうち国際環境が日本にとって及ぼした影響はきわめて重要なものがあったと考えられる．ここではやや一般的にこの問題をとりあげ，国内の条件については次節以下にとり

あげることにしよう．

　国連統計によると，1950年以来60年代半ばまでの世界の国内総生産（GDP）の成長率は約5％，東欧およびソ連を除いても約4.4％という高さであった．マディソンの推定によれば，ヨーロッパとアメリカの長期的な成長率は1870－1913年の間が2.7％，1913－50年の間は1.3％であった*．第2次大戦後の成長率は戦前よりもはるかに高いのである．

　　＊　A・マディソン，松浦保訳『西欧の経済成長』(紀伊國屋書店，1965) p.17.

　また国連統計によれば，世界貿易の数量は，1955－70年の間にちょうど3倍となり，成長率7.6％を示したが，戦前の成長率は，1870－1913年の間で3.5％，1913－50年の間は1.3％（マディソン前掲書）であった．全世界的な成長率の上昇は日本の高度成長にとってきわめて有利な条件であった．

　世界経済の高い成長の背後には，技術進歩と産業の発展があったことはもちろんであるが，それを支える制度としてIMF体制がつくられ，またケインズ以来のマクロ経済学に支えられた完全雇用政策の全世界的な普及があったことを指摘したい．IMF体制は世界的な通貨機構として，かつての国際金本位制に代位するものとして考案された*．その骨子となる考え方は次の二つである．

　　＊　日本経済との関連で，この問題に幅広く論及した好著として，吉冨勝『現代日本経済論—世界経済の変貌と日本』(東洋経済新報社，1977) の第一部がある．

　第一に，かつての金にかわり，金との兌換可能な通貨（具体的には米ドル）の金為替をもって基軸通貨とする．米ドルといえども国内においては兌換可能ではないが，1971年8月までは内外の通貨当局に対して，1オンス＝35ドルで兌換が認められていた．第2次大戦中から，全世界に卓越した経済力をもつと自他ともに許したアメリカのドルが，当然のことのように基軸通貨にえらばれたことは，アメリカが基軸通貨国として世界的な通貨体制の維持と完全雇用の達成に貢献することを前提にしていた．アメリカは以後その責任を果すために努力することになったのである．

　第二に，各国通貨は基軸通貨との固定した為替相場を設定し，その変動幅はごく狭いものとする．経済の基礎的不均衡などの理由がない限り，その変更は

行われない．ここでいう基礎的不均衡とは，経常収支の赤字がつづくとか，国内景気の好・不況を問わず，慢性的失業に悩まされるというような場合である．1944年のブレトン・ウッズ会議におけるイギリス代表がケインズであったことに象徴されるように，ケインズの『一般理論』が出版されて10年たたぬうちに，完全雇用は世界的に共通の政策目標として確認されたのである．

基軸通貨国であったアメリカは，自己の責任としてヨーロッパの復興を援助するために大規模なドル資金の撒布（マーシャル・プラン）を行った．アジア・マーシャル・プランは実現しなかったが，アメリカは自ら任じた「自由世界の守護者」としての役割を果すために朝鮮戦争に介入し，その結果日本をはじめとするアジア地域に対して「特需」その他のかたちで大量のドルを撒布した．その後コロンボ・プランが発展途上国を対象として実現する．かつての国際金本位制度の祖国であったイギリスは，民間企業が商業ベースで国際収支の黒字分を海外に投資し，収益をあげるとともに海外の金本位の維持に貢献したが（中村『戦前期日本経済成長の分析』第4章参照），アメリカはまず政府自らが，IMF体制の維持育成につとめたのである．

マーシャル・プランによって再建の緒についたドイツ，フランス，イギリスをはじめとするヨーロッパ諸国も，1950年代後半には，完全雇用を目標に「安定」よりは「成長」を目的とする経済政策をとるようになった．それはやがて国際競争力を回復し，大陸の6ヵ国は，1958年1月にはEEC（欧州経済共同体）を発足させ，1967年からECとして発展的に組織替えし，イギリスをはじめ12の加盟国を擁するようになった．しかも，アメリカは，60年代に入るころからは国際収支の赤字が慢性化するようになる．海外向けの軍事費の支払など政府の支出とともに，大企業の多国籍企業化にともなう海外投資が大きな赤字要因であった．60年代末には貿易の赤字が恒久化しはじめる．60年代以後のアメリカはかつてのような唯一の超大国ではなくなり，ECや日本などの追上げをうけつつ，基軸通貨国の役割を果してゆくことになったのである．ベトナム戦争以後，アメリカのドル流出は加速度的に増加し，IMF体制は動揺を重ね，71年8月にはドルの金兌換は停止され，同年12月のスミソニアン協定によるドルの実質的な切下げにつづいて，73年からは全面的な変動相場制（フロート）に移行し，再度ドルの実質的な切下げの必要に迫られた．

以上が IMF 体制の簡単な年代記であるが,それが 60 年代後半以後の日本の動きともほぼ全面的に対応していることが知られるであろう.日本は 1949 年に世界経済に復帰し,360 円レートを設定して以来,71 年の円切上げまでの 22 年余の間,終始このレートを維持しつづけた.その間,日本の目標は,360 円レートを基準として国際競争力を強化することに向けられた.その目標が達成されたことは,各国輸出物価指数の比較(第 45 表)から明らかである.この数字はカッコ内に対米為替レートによって調整されたアメリカの国内価格指数をあわせ示し,先進工業諸国との比較において日本の優位が次第に確立していった過程を知ることができる.それが成長率を次第に高めつつ,60 年代後半に至って国際収支の黒字を定着させることができた理由であった.

しかし,日本の経済の世界経済への依存度はきわめて大きいものがあった.次の簡単なモデルによって日本の輸出関数を計測してみよう.世界の総輸入額 (M_w) と日本の輸出競争力指数 (P_j/P_w)——日本の輸出価格指数 (P_j) と世界の輸出価格指数 (P_w) の比——によって,日本の輸出額 (E_j) を説明するのが次式(1)である.

$$E_j = AM_w^{\beta_1}\left(\frac{P_j}{P_w}\right)^{\beta_2} \quad (1)$$

また,日本の輸出競争力指数を省いた,

$$E_j = AM_w^{\beta_1} \quad (2)$$

をあわせて計測した.その結果は第 46 表の通りである.

(1)式の推定結果は日本の輸出について次のことを示している.世界貿易の拡大が日本の輸出の拡大の第一の要因であったことは,すべての係数が高度に有

第 45 表 輸出物価指数の各国比較(1958 年 =100)

	日本	アメリカ	イギリス	西ドイツ	フランス	イタリア	世界
1950	102.2	81	73	72	61	110	—
55	109.3	92	89	91	71	111	99
60	95.9	99	96	94	95	102	100
65	100.8	104	104	102(107)	105	102	103
70	109.5	121	131(112)	104(119)	126(112)	110	113
75	151.6(183.9)	213	260(206)	137(219)	197(217)	225(206)	241
77	160.3(217.0)	242	370(228)	142(257)	236(240)	324(231)	268

日本銀行『日本を中心とする国際比較統計』より算出.
カッコ内の数字は各年の対米レート(1963 年基準)指数を乗じて試算.

第6章 高度成長

第46表 日本の輸出関数の計測

期 間	$E_j = AM_w{}^{\beta_1}\left(\dfrac{P_j}{P_w}\right)^{\beta_2}$				$E_j = AM_w{}^{\beta_1}$		
	A	β_1	β_2	R^2	A	β_1	R^2
1951-70	2.1445×10^{-6}	1.8165 (24.125)	1.3331 (3.6154)	0.9909	2.0672×10^{-3}	2.0281 (33.125)	0.98386
51-60	4.0495×10^{-6}	2.4384 (10.677)	0.76066 (1.6912)*	0.96864	2.6222×10^{-5}	2.6663 (13.028)	0.95499
61-70	7.6429×10^{-6}	1.7045 (34.369)	1.7368 (2.2441)†	0.99727	1.3150×10^{-2}	1.7828 (4.1205)	0.99531
68-75	1.5480	1.1713 (11.929)	−0.48146 (−0.88802)*	0.986722	2.9143	1.1004 (19.615)	0.98464

1) M_wは億ドル,E_jは百万ドル,いずれも名目値.
2) 世界のデータは IMF の統計,日本のデータは通関統計による.
3) P_w は国連の単価指数,P_j は日本銀行の輸出物価指数により1958年基準にして求めた.
4) カッコ内は t 値,* は $\alpha=5\%$ で有意でない.
5) † は5%でわずかに有意でない.
6) R^2 は決定係数.

意であり,決定係数 R^2 がきわめて高いことから明らかであるが,その係数 β_1 は1950年代,60年代,70年代の順に低くなっている.競争力要因の係数 β_2 は50−60年代を通じて見れば有意な効果を認められるけれども,時期を区切ってみると,1960年代がほとんど有意に近かったのみで,他はいずれも有意ではない.競争力要因を除いて,世界貿易のみによって日本の輸出を説明した (2)式においても,高い決定係数と高度に有意な係数がえられる.ただし係数 β_1 の値は,50年代,60年代,70年代の順に低くなっている.

係数 β_1 は,日本の輸出額の世界の輸入額に対する弾性値 $\left(\eta=\dfrac{\Delta E_j}{E_j}\bigg/\dfrac{\Delta M_w}{M_w}\right)$ を意味する.その値は(2)式の計測値によると,50−60年代を通じてほぼ2であり,50年代には2.7,60年代には1.8,70年代には1.1であった.すなわち,日本の輸出は世界貿易の拡大に対応して高い弾性値をもって拡大しえたのであったが,その傾向は50年代においてとくに高かったのである.

高度成長期の日本の輸出が世界貿易の動向によってほぼ説明しつくされることは,日本経済が世界的な景気変動に対して敏感であったことを意味している.日本経済は世界の景気変動の衝撃から,自らを遮断するすべをもたなかったといってもよい.実際,第13図に示すように,日本の輸出の対前年増加率と,世界輸入のそれとは年々明らかな対応を示しており,不規則なところは,ほと

第Ⅱ部　近代日本経済の発展

第13図　世界輸入と日本輸出の対前年増加率（％）

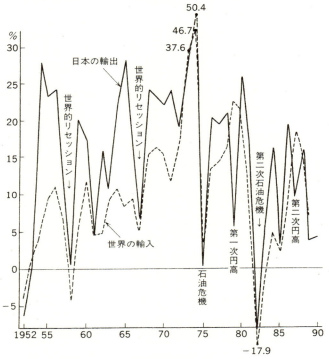

日本銀行『日本経済を中心とする国際比較統計』各年版より作成.

んど日本国内の好不況によって説明できそうに見える．ただし，1979年や80年代後半の不規則さは，主として急激な円高によるものと思われる．

　このような性格は，1960年代前半までの日本国内の事情からも説明できるであろう．すなわち，輸出によって得た外貨をすべて輸入に投じて生産の拡大をはかり，高い成長を実現してしまうために，外貨準備を積み増しする余裕は残らなかったし，海外が不況になれば，直ちに輸出の伸び悩み，国際収支の赤字化，金融引締めの連鎖反応を引き起すのである．50年代後半以後の西ドイツは企業の行動が慎重であり，生産能力も高い低圧経済だったから，輸出の伸びが低下しても直ちに国際収支や外貨準備に影響が及ぶことはなく，余裕をもって対応することができた．しかし日本では輸出不振と経常収支赤字が直ちに

国内の不況をもたらしたのは,高い成長率とのトレイド・オフであったというべきであろう.さらに,日本は世界最大の貿易額を擁するアメリカとの貿易が大きかった.日本の貿易は,1950年代後半以後,アメリカとの取引の比重が輸出入とも30%を超える時代がつづき,アメリカの景気変動が貿易を通じて日本に強く影響を及ぼした.こうした関係からの脱却が可能になったのはやはり60年代後半の国際収支の恒常的黒字化以後のことであった.

　輸出においては,日本は戦前以来の加工貿易国の性格を一層濃くした.それは第47表によって,1955-90年の日本とヨーロッパ諸国の輸出入の構成を比較すれば明らかにその特色を読みとることができる.すなわち1950年代以来,日本の輸入の60%前後は原燃料で,これに食料を加えて1次産品の輸入が8割に近く,機械類その他工業製品の輸入は65,70年を例外として2割にみたなかった.西欧の輸入が原燃料25-30%,工業製品40-60%となっているのにくらべて顕著な相違である.それは当然輸出の構成に反映される.日本の輸出は1955年において8割以上が工業製品であり,70年代にはほとんど95%がそうである.ヨーロッパではその比重は60-75%の間におさまっている.しかもヨーロッパでは工業製品を輸出するとともに輸入しているのであるが,日本では,工業製品の自給度が高くて輸入は少なく,輸出のみにかたよっていたのである.もっとも70年代以後,石油の値上りのために西欧も日本も燃料輸入の比重が高まり,また日本は円高以後は工業製品輸入が増えて,輸入の面では西欧の型に近づいてきた.ただし,輸出はますます機械類に特化しているのは明らかである.

　もちろん,経済の成長と重化学工業化にともなって,輸出工業製品の内容には大きな変化があった.1950年には輸出の約半分が繊維製品であり,55年にもなお37%を占めていたが,75年には5%にまで低下した.一方鉄鋼は,1960年までそのシェアを高めて34%に達し,以後は10%台におちた.それに代る輸出の主力は,船舶と自動車をはじめとする機械・輸送用機器であった.70年代後半以後は電気機械,精密機械の伸びが著しい.この変化は,国内産業構造の変化との関連で理解されるべきものであるが,一言でいえば,それは加工度が高く,付加価値率が高い輸出商品への移行過程であった.輸入原料を加工して輸出する点においては変りはないが,その技術が高度化し,低額な輸

第47表　日本と西欧の輸出入の構成比（総輸入・輸出額に対する百分率）

(1) 輸入

	食料		原料		燃料		化学製品		機械・輸送用機器		その他工業製品		輸入額（億ドル）	
	日本	西欧	日本	西欧	日本	西欧	日本	西欧	日本	西欧	日本	西欧	日本	西欧
1955	26.4	23.5	50.5	23.6	9.7	11.0	4.7	4.8	5.2	13.1	3.5	24.0	24.7	407.2
60	13.6	20.0	49.5	19.8	14.1	10.0	6.4	6.0	9.0	17.5	7.4	26.7	44.9	571.1
65	19.3	17.9	36.5	14.6	19.0	9.8	5.2	6.7	9.6	21.4	10.3	29.6	84.5	892.8
70	13.6	14.0	35.4	11.1	20.7	9.3	5.3	7.5	11.4	25.1	12.2	31.3	193.2	1503.1
75	15.2	11.4*	20.1	9.9*	44.3	20.3*	3.6	8.5*	6.6	21.0*	9.7	27.9*	557.5	3451.5*
80	10.5	10.7	17.7	7.4	50.1	24.0	4.2	7.9	6.0	21.7	10.8	26.4	1409	8854
85	12.2	10.0	14.5	6.7	43.8	18.7	6.2	9.8	8.3	25.8	13.5	26.5	1295	7388
90	13.6	10.4†	12.9	6.1†	24.8	7.9†	6.6†	10.2†	15.6	33.7†	25.3	30.3†	2348	15667

(2) 輸出

	食料		原・燃料		化学製品		機械・輸送用機器		その他の工業製品		輸出額（億ドル）		（別掲）日本の輸出中	
													繊維のシェア	鉄鋼のシェア
	日本	西欧	日本	西欧	日本	西欧	日本	西欧	日本	西欧	日本	西欧		
1955	6.8	13.5	6.1	16.4	4.7	7.6	12.3	24.7	70.0	36.2	20.1	350.2	37.3	24.0
60	6.7	11.8	4.2	13.1	4.2	8.4	23.2	30.0	62.0	35.4	40.6	515.1	22.8	34.2
65	4.1	11.7	3.3	10.9	6.5	9.2	31.2	31.9	54.3	34.9	84.5	786.3	13.5	15.3
70	3.4	10.2	2.1	9.2	6.4	9.7	40.5	34.3	46.8	35.3	193.2	1369.8	9.0	14.7
75	1.4	10.3	2.0	9.5	7.0	10.5	49.2	35.5	39.2	33.0	557.5	3717.8	5.3	18.3
80	1.2	10.5	1.6	11.5	5.1	11.4	58.6	32.7	32.4	9.9	1298	8095	4.8	11.9
85	0.7	10.0	1.1	12.5	4.3	12.7	67.9	33.3	24.9	7.1	1756	7537	3.5	7.7
90	0.6	9.8	1.2	6.8	5.5	12.0	70.8	38.3	20.4	14.7	2869	15794	2.5	4.4

1) *印は1974年の数字．†は1989年の数字．
2) 西欧とは，EC（西ドイツ，フランス，イタリア，ベルギー，オランダ，ルクセンブルグ，デンマーク，アイルランド，イギリス），EFTA（オーストリア，ノルウェー，ポルトガル，スウェーデン，スイス）諸国およびギリシア，スペイン，ユーゴスラビア等．
3) 日本銀行『日本を中心とする国際比較統計』各年版．
4) なお1950年については輸入9.74億ドル，うち食料30.0%，原料56.5%，燃料5.5%，化学製品2.6%，機械0.8%，その他1.2%，輸出8.20億ドル，うち食料5.9%，化学製品2.0%，繊維製品48.7%，鉄鋼8.8%がおもなものであった（通産省監修『戦後日本の貿易20年史』pp.39, 50）．

入原料を使用して，高額の輸出品を生産するようになったのである．

このようにして，日本は原材料品の輸入の比率を低下させ，国内消費のための輸入の規模を拡大しうることになり，GNPに対する輸入比率を低下させたのである．しかし，それは日本にとって輸入の重要性が低下したことを意味しなかった．むしろ，燃料（原油，粘結炭）をはじめ，各種鉱石，繊維原料，食料の中の小麦や家畜飼料など国内経済のために不可欠の輸入が一層増加した．

その点においても,高度成長期の日本は国際環境に恵まれていた.

日本にとって有利であったいまひとつの国際環境とは,重化学工業化のための原料資源とエネルギー源とを,安くしかも安定的に入手することができたことである.もっとも重要なエネルギー源である原油は,1950年代以後,中東油田の開発が進み,その生産量は急増して,60年代終りまでは,原油についてはほぼつねに供給超過の状態にあり,その価格も低下ないし安定していた.鉄鉱石をはじめとする1次産品の価格も比較的落着いていた.そのために,第14図に見るように,1950年代後半に日本の純交易条件は著しく改善され,以後60年代から70年代初めまではこの状態が持続された.その後は原油をはじめ1次産品の値上がりによって交易条件は著しく悪化したが,60年代までは良好な交易条件が,日本の成長を支えた大きな要因だったのである.

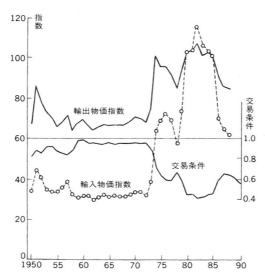

第14図 輸出入物価指数と交易条件
(指数は1985年=100,交易条件は1960年=1)

指数は,1960年以降は日本銀行「卸売物価指数」の輸出入物価指数,1950-60年の間は大蔵省「貿易指数」を使用し,1960年で接続.
交易条件は輸出指数÷輸入指数を1960年を1に換算した.

3. 成長と国内的条件

　高度成長をもたらした国内の諸条件のうち,「強兵」なき「富国」のための産業政策の出発については前章に述べたので,それ以外のいくつかの要因をとりあげてみよう.

(1) 積極的な企業行動

　敗戦後の「民主化」によって財閥が解体され,巨大企業の生産集中が排除され,大企業のトップが追放され,さらに企業再建整備を余儀なくされた企業は,朝鮮戦争によるブームを契機にこの衝撃から立ち直った. そのとき企業内部に重要な変化がおこりはじめていた. 第一は,経営者が全く一変したことである. 第Ⅱ部第2章第11表にみたように,明治以来日本の経営者層はかつての「所有型」経営者が後退し,「雇用型」の「専門経営者」がとって代る傾向が進みつつあったが,戦時・戦後の激変と,インフレーションと,財産税の負担などによって,かつての「所有型経営者」の多くは経済的実力を失い,あるいは追放をうけてその地位を去った. また「財界」のリーダーたちや旧財閥の「大番頭」たちも退陣した. それに代ったものは,従来よりもはるかに若い,それまでの平取締役ないし工場長,支店長,部課長などであった.「三等重役」(源氏鶏太)と揶揄されたこの階層が再建と復興の責任を負うことになったのである.

　戦時戦後の変化は,企業の「所有と経営の分離」を決定的におし進めた. たとえば,かつて三井一族の資産と考えられ,堅実をむねとして経営されてきた三井系企業は,この時以後,独立の企業として,自己拡大と高収益とを目的とする組織体——企業は本来そのような性格をもつにせよ——として純化され,若い「専門経営者」たちが目標達成に邁進することになったのである. 彼らはいわゆる貫禄は足りなかったが,積極的にこの目標にいどみ,多くの場合成功した. もっとも「専門経営者」たちが「堅実」であるよりも「積極的」であったのにはそれだけの理由があった. そのひとつは,競争が激しくなったためである. たとえば集中排除法による企業分割の結果つくられた第二会社同士の競争は,同じ日本製鉄から分れた八幡製鉄と富士製鉄,大日本麦酒から分れたサ

ッポロビールとアサヒビールの場合のように激しかったし,すでにみたように,銀行を中心に結集した系列企業が他の系列の企業と競争し,さらに海外の技術導入をめぐって争うなど,競争の理由にはこと欠かなかった.

　生産を拡大し,売上を増加するためには,新しい分野への進出がたえず計画される.その結果,鉄鋼メーカー相互間では,他社の独占する特殊品種の生産をめぐる「独占品種のつぶし合い」が展開されたし,自動車メーカーはそれぞれ大型車,中・小型車のすべてを生産して各企業の競争が激しく展開された.合成繊維の場合,ナイロンは東洋レーヨンと日本レイヨン,テトロンは帝人と先発メーカーが優位を維持していたが,立ちおくれた各社もあいついでナイロンに進出し,ポリエステルの生産に当っては,当初から5社が競って技術導入を行った.石油化学の場合にも,通産省が企業の統合をねらってエチレンプラントの能力は30万トン以上でなければ認めない意向を表明したとき,各社がいっせいにその建設を声明し,統合は不成功に終った.

　また,整理再建後の企業の経理内容は,第48表にみるように戦争による痛手を克服しておらず,自己資本比率は,戦前には60％以上であったものが25％程度に低下していた.社債・借入金の比率は高まり,利子負担の増加はさけられないので,収益増加のためにも思い切った事業規模の拡張が必要だったのである.1950年代には,自己資本比率の改善こそ,堅実な経営の基礎であるという主張が強かった.しかし,自己資本の範囲内で設備投資を行ってゆくならば,急激な拡張は不可能で,収益の増加も限定され,同業各社に立ちおくれるであろう.企業は結局自己資本比率の改善よりも,借入金や社債など他人資本による企業規模拡張と収益増加の方針をとり,設備投資を拡大した.新投

第48表　企業経理内容の戦前・戦後比較

（全産業, カッコ内は製造業計の数字, ％）

	1935年上期	1950年上期	1955年上期	1960年上期	1965年上期	1970年上期
総資本中自己資本比率	61 (67)	23 (26)	39 (41)	29 (32)	24 (26)	19 (21)
総資産中固定資産比率	60 (51)	29 (23)	54 (42)	53 (45)	47 (43)	43 (42)
使用総資本回転率(回)	0.42(0.67)	1.64(1.42)	1.08(0.86)	1.12(0.84)	1.03(0.84)	1.21(0.92)
使用総資本利益率	5.7 (7.8)	2.2 (2.8)	2.4 (5.2)	5.8 (7.9)	2.1 (2.3)	2.6 (2.7)
払込資本金利益率	12.1(16.3)	18.3(23.6)	21.6(40.1)	40.5(50.6)	13.7(13.9)	25.8(25.8)
使用総資本中社債借入金比率	21.1(13.1)	30.9(28.5)	33.1(28.2)	39.1(35.3)	42.4(40.6)	39.6(38.7)
固定資産減価償却率	3.9 (5.8)	8.0(6.3)	8.3(10.9)	10.1(13.7)	12.3(14.9)	13.4(15.5)

三菱経済研究所『本邦事業成績分析』,のち『企業経営の分析』と改題.各年版.

第15図 法人企業総資本経常利益率（年平均％）

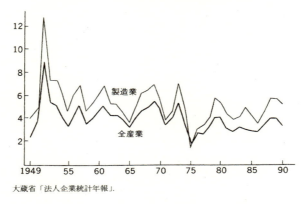

大蔵省「法人企業統計年報」．

資は，新しい設備が完成して100％に近い操業率を維持しうるならば，金利や償却費を負担してもなお高い利益率をあげることができるように計画されるのが通常であった．日本経済の高い成長を期待しうるならば，成功の可能性が大きいと考えられたし，事実多くの場合，強気の計画は裏切られなかったのである．しかしすでに見たように景気変動は規則的にくり返され，金利や償却費の負担は不況のたびに利益率を大幅におし下げた．その波動の状況は第15図に示す通りである．好況期と不況期とでは，製造業の利益率の変動の幅がとくに大きいことが読みとられる．

　落ちこみがあまりひどくなりそうだと，政府によってカルテルの結成，設備投資の調整，減免税等々の救いの手がさしのべられ，落ちこみの底を支えるうち，景気は回復に向う．企業は活気をとりもどし，次の計画につき進んでゆく．その意味で政府の産業政策は，企業が安んじて大胆に積極的方針をとるための安全弁として機能したのであった．企業の強気な行動様式は，少なくとも1960年代までは成功したといえよう．それは1974－75年の利益率の大幅な低落をみるまでは大きな破綻なくくり返されたのである．

　企業の行動様式を理解するためには，この時期の企業の投資行動をみるのがもっとも便宜であろう．1952年から70年まで，年間の民間投資は10倍以上に増加し，民間の資本ストックの大きさも54年末から70年末までに5倍以上に膨脹した．このような急激な投資活動をもたらしたのは何であったろうか．

これを解明するために,次の簡単なモデルを設定した.民間設備投資(1970年価額)を I_p, 前期末の民間資本ストック(1970年価額)を K_p, 法人企業所得と在庫品評価調整額の和(実質額)を Y_c として,

$$I_p = \alpha + \beta_1 K_p + \beta_2 Y_c \tag{3}$$

という投資関数を推定したのが,第49表のパラメータである.その推定結果は60年代までについては決定係数もきわめて高く,企業の投資行動をほとんど説明しうると考えてよいであろう.その特色は次の点にある.第一に,通常は負になるとされている資本ストックの係数が正であり,1950年代と50−60年代については有意である.50−60年代においてこのことが決定的であったことは,1956−70年の間について,I_p を K_p だけで説明したさいの決定係数は0.9831, 56−75年の間でも0.9289という高さを示していたことからも知られるであろう.すなわち,資本ストックが増加すれば,かえって投資が刺激されるのであって,のちに見るような「投資が投資を呼ぶ」という事態の存在が確認される*.

* このことは内田忠夫によって60年当時すでに指摘されている.

第二に,投資行動は企業の所得(税,配当込み)によってつねに強い影響をうけた.年々の投資は企業利潤の額に敏感に反応し,かつその額を上回って投資がきめられたのである.それは,借入金や社債の増加を意に介しない強気の

第49表 民間設備投資関係($I_p = \alpha + \beta_1 K_p + \beta_2 Y_c$)の計測

(十億円)

期 間	α	β_1	β_2	R^2	ダービン・ワトソン比
1956-75	−163.54 (−0.401)**	0.05457 (5.115)	0.99765 (10.121)	0.98037	1.4965
1956-70	−587.38 (−0.987)**	0.04574 (1.940)*	1.25383 (7.990)	0.99472	1.40192
1956-65	−738.68 (−1.114)**	0.03136 (1.023)**	1.60985 (5.640)	0.97518	2.47395
1966-70	1634.60 (1.382)**	0.04801 (3.491)	0.87305 (6.234)	0.94080	1.49657

1) 資料は I_p, Y_c は『国民所得統計年報』昭和51年版.K_p は経済企画庁国民所得部『民間企業粗資本ストック.昭和30-50年度』.
2) カッコ内は t 値. * は5%で有意でない. ** はとくに有意でない.
3) R^2 は決定係数.

態度を示すとみてよいであろう．現実には景気変動が存在し，企業はそのために利益率の大幅な変動を経験しなくてはならなかったが，企業が重視したのは利益率よりもむしろ利益額であったように思われる．さきの企業所得等（Y_c）を総資本利益率（π_c）におきかえた式を推定した結果は次の通りとなる（カッコ内は t 値）．

1956-70年　$I_p = -9,494.30 + 0.23310 K_p + 592.47 \pi_c$
　　　　　　　　　　　　　(25.35)　　　(3.14)　　　　　　$R^2 = 0.98167$

1956-75年　$I_p = -10,183.48 + 0.16433 K_p + 1,116.07 \pi_c$
　　　　　　　　　　　　　(11.53)　　　(2.38)　　　　　　$R^2 = 0.89657$

この式も良好なフィットを示してはいるが，利潤額の方がフィットがさらによいことは明らかである．企業は高い利潤率よりも，高い成長率を望んだということができそうである．

また，企業が積極的な行動方針をとって成功しえたいまひとつの大きな理由は，労使関係の安定であった．「民主化」によって復活した労働組合運動が，1949年のドッジ・ラインまで急進的な方針をとって高揚を示したことはすでに見た．その後も50年代前半までは活発であったが，その後は次第に沈静してゆく．労働組合員1人当り労働損失日数が年間1日を超えたのは，戦後を通観して1946，48，51，52年の4年だけであり，0.8日をこえたのは47，50，57，58，59年の5年であった．この数字はアメリカ，イギリスなどに比べてはるかに少なく，西ドイツに次ぐ安定度を示している．しかも50年代までは損失日数が比較的多かったのは，人員整理をともなう合理化に反対しての長期ストライキが，電機，炭鉱，自動車，鉄鋼などの部門で発生したためであり，全体として争議が多発したためではなかった．

そこに，終身雇用，年功序列賃金制度を軸とする日本型の労使関係（経営家族主義）の大きな役割を認めなければならない．経営家族主義は戦前以来徐々に普及してきたが，戦後の十数年間に一般化したと見ることができる．敗戦とともに企業はその経営を縮小せざるをえなかったが，そこに残留した従業員と経営者とは，結束して再建につとめた．労使の結束を堅くするためのテコに用いられたのが，戦前・戦時を通じて形成されてきた終身雇用と年功賃金制度とを暗黙のうちに確認し，強化することだったのである．戦後実質賃金は大幅に

第16図 男子労働者勤続年数別平均賃金指数

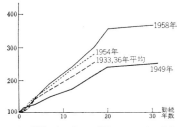

1) 勤続0年のものの賃金を100とする指数.
2) 労働省労働統計調査部『戦後労働運動史』分析編 (1968) p.187.
3) 原資料は, 戦前は内閣統計局『労働統計実地調査』, 戦後は1949-54年は労働省『個人別賃金調査』, 58年は同『賃金構造基本調査』.

低落し, 勤続年数による賃金格差は戦前よりも縮小していたが, それが1954年になると戦前よりも格差が開き, 58年にはさらに拡大したことは, 第16図に示す通りである. それは日本の企業別労働組合が, 年功賃金・終身雇用を歓迎し, 企業に対する忠誠を表明したことを意味するといえよう. 上にのべたように大規模な人員整理は1954年不況まではしばしばみられたが, エネルギー革命によって縮小を余儀なくされた石炭産業を例外として, 以後はほとんど跡をたった. 経営の立場からいえば, 人員整理を軽々に行わず, 年功者に対する待遇を厚くするかわり, 労働者に対して企業の方針への協力を強く求めることができるような体制が確立したのである. そのような条件が成立したのは朝鮮戦争以後50年代後半の不況をのり切るまでの期間であったと見ることができよう.

企業の強気の行動は経済成長の原動力となった. それまでの高い成長は戦後復興期の特殊事情であり, 今後は戦前なみにもどるだろうという, 政府や一般エコノミストの弱気な計画や予測はくつがえされた. 当時は成長率が戦前なみに低下して, 労働力が過剰となることが真剣に心配されていたが, 現実には驚くべき成長が悲観的予測を吹き飛ばしてしまったのであった.

(2) 技術進歩

　第2次世界大戦中，多くの技術が戦争のために開発された．たとえば電子技術，原子エネルギーなどはその代表的な事例であるが，それ以外にも広い範囲にわたる技術が蓄積され，戦後，その産業への応用が進められつつあったのである．加えて，戦前に実用化されていた産業技術，たとえばナイロン，鉄鋼業の連続圧延装置などは，欧米では実用化されていたけれども，日本ではまだほとんど導入されていなかった．1950年ごろから，外国技術の導入がはじめられたとき，戦前・戦時に蓄積された技術が一時に流入したのである*．

　　*　この時期は，近代に入ってのちの世界経済における4回目の技術的興隆期であって，技術進歩にともなって発生する，周期約55年のコンドラティエフ循環の4回目のピークに当っているという考え方がある．

　日本がうけいれた技術と，その内容の主要なものを要約すれば，第50表がえられる．この表について，若干の例をあげながらその特色を要約しておこう．

　まず，日本の多くの産業は，1950年代のはじめにいっせいに海外からの技術の導入を開始した．それは個々の産業の技術水準を高めただけでなく，それに関係する産業の技術を改善せずにはおかなかった．たとえば，佐久間ダムの建設が，発電技術の導入に役立ったことはもちろんだが，それによって土木建設関係の大型機械が導入され，土建業の技術進歩がはじまった．1950年代後半には，日本の産業機械メーカーは，アメリカの企業と提携して，土木機械の生産に乗り出している．こうした動きは，当然設備投資の増加に結びつく．設備投資を軸とする経済成長はこのようにして開始されたのである．

　つぎに，その技術をうけいれるさい，戦前・戦時中の技術の蓄積が大きな役割を果していることを指摘したい．すなわちラジオ，テレビ，ミシン，カメラ，時計などの電気機械，精密機械にしても，造船のような組立工業にしても，いずれも戦時中の軍需生産によって技術と熟練を形成していたことが，この時期に外国技術をとりいれ，量産をなしとげてゆく素地になったのである．造船業が1950年代半ばに輸出産業として定着し，以後世界第一の水準にのし上がっていったのは，その条件の上に，電気溶接とブロック建造の技術をとりいれたところにあった．

第6章 高度成長

　さらに技術進歩の進展のうえで興味深いことは，その展開の順序が，鉄鋼，電力などの素材産業からはじまり，電気機械に移行し，新興の組　立　工　業（アセンブリ・インダストリ）である自動車産業やエレクトロニクス産業がもっとも遅れたという事実であった．また化学工業においては，表には示さなかったが，戦前以来の化学工業が一応新技術をとりいれたのち，50年代後半以後，ナフサ分解を中心技術とする石油化学工業が出現して，化学工業のほぼ全体を石油化学を軸とする新しい体系に組みかえてしまった．その中で製品の用途も開発される．たとえばプラスチック成形加工業は，かつては塩化ビニールとユリア樹脂を中心に伸びはじめたが，石油化学が発展するとポリエチレンを原料とするように再編成されてゆき，その用途も小型容器などから，台所用品，農業用のビニールハウス，自動車や電気製品の部品，建設資材に至るまで，その用途を拡大していった．それとともに多くのプラスチック成形加工工場が出現した．このような展開の順序をみてゆくと，素材中心の産業から，加工中心の産業へと，技術進歩の中心になる分野が交代していったことに気づく．新しい素材が出たり，従来の素材が改良されたりすることによって，その用途が拡大し，新製品が生れるのである．日本の自動車工業にしても，日本の鉄鋼業の技術が進歩して，自動車用の特殊鋼の品質が向上したり，部品用の鋳物の技術が進歩したことによって，はじめて国際的に声価を競うことができるような産業に育ったのである．

　当時は，日本には自主技術が少ない，模倣ばかりだという声が高かった．50年代から60年代にかけての日本の技術のうち，独自に開発された画期的なものはたしかに少なく，倉敷レーヨンの塩化ビニール，ソニーのトランジスタ（エサキ・ダイオード）などを数えるにすぎない．しかしながら，当時の日本の技術の特色は，むしろ海外から導入された多くの技術を組み合せて，コストの低い量産体系に仕上げてゆくことであった．鉄鋼業の場合をみると，日本の製鉄所は，海外からの原料輸送の便宜のために海岸に立地し，原料から高炉，製鋼，圧延の工程が連続的にレイアウトされ，最新の技術をとりいれて建設されている．石油精製と石油化学の場合も同様である．そうした技術の体系化は，大型の設備投資によってはじめて可能となるが，おりからの成長のもとでの設備投資ブームはそれを容易にした．鉄鋼業，造船業，自動車工業など多くの産業が10年内外で面目を一新したのはこのような理由によるものである．

第50表　戦後主要技術進歩一覧

	1950-54	1955-59	1960-65	1965以降
鉄鋼業	50年6月「鉄鋼業・石炭業合理化閣議決定」，これにもとづく鉄鋼第一次合理化計画51年度から発足．高炉の大型化，焼結装置の改良等連続圧延装置（ストリップ・ミル）の導入．川崎製鉄，千葉工場新設，住友金属，神戸製鋼も一貫化を指向．	55-60年間，「第二次合理化計画」推進．高炉大型化（コークス比16%低下），大型連続圧延装置新設相いつぎ，製鋼過程をLD転炉に切り替え新設．大型一貫工場新設─八幡製鉄（戸畑），神戸製鋼（灘浜），日本鋼管（水江），住友金属（和歌山）．	大型工場新設，八幡（堺），富士（名古屋），川崎（水島）鉄（コークス比「大主火従」から「大主火従」への移行．（熱効率の上昇，重油使用） 世界最新鋭の工場群を保有．	大型一貫工場新設，八幡（君津），日本鋼管（福山），神戸製鋼（加古川），住友金属（鹿島），日新製鋼（呉），新日鉄（八幡・富士は1970年合併）（大分）等．この時期，戦後の技術進歩はほぼ一段落．公害問題とその対策が課題となる．
電力業	大型ダム式水力発電所（佐久間），大型土木機械を駆使して建設に成功したのち，奥只見，田子倉，黒部第四等いついで着手．大型火力発電設備をアメリカから導入，これを技術提携によって国産化（熱効率の上昇，重油使用），自動化．	前期に引きつづき大型発電所（火力，水力とも）の完成．需要の拡大にともない，かつての「大主水従」から「火主水従」への移行．原子力発電研究開始．	原子力発電の実験開始．大型化によるコスト低下があらわれる．63年当時，火力発電所につき1kW当りコストは世界最低となる．	公害問題がはげしくなり立地困難となる．
造船業	電気熔接，ブロック建造法，切断の採用による受注の増加（粗鋼輸入のさいの特別利益によるプラント輸出のあと押しを相殺する制度により輸出価下げの作用）．	船舶の大型化，高速化に対応する新工場の出現にともなうコスト低下．	三菱長崎，石川島横浜第二等大型新鋭ドックの装備．熔接ブロック建造方式の進歩．先行艤装方式の採用．	20万トン以上タンカーの出現，コンビネーションキャリアー，カタログ船（標準船）の開発．自動化船，自動車専用船（カー新品種の開発．三菱香焼造船所の30万トンタンカー用ドックと工場の新設．
電気機械工業	大型発電機等の技術導入，各種電子技術の導入．ソニー，早川（シャープ）等新企業の出発，ソニーは53年国産トランジスタを製作．松下，サンヨー等各社は洗濯機，テレビ，掃除機など家庭用電機の生産を開始．大型電機メーカーも競争参入．	テレビ，トランジスタラジオ，テープレコーダー，冷蔵庫等家庭用電気機械普及．重電各社もこれに対抗．ソニー，トランジスタラジオを輸出商品として開発．	家電の普及と輸出による発展．大型電気機械の発展．コンピューター技術の導入．	カラーテレビの量産化．ルームエアコン，その他大型家電の発展．電卓の発展，ICの発展．コンピューター・ニクスとエレクトロニクスと機械工業を結合したメカトロニクスの展開．

第6章 高度成長

ミシン、カメラ、時計等	戦時中の技術を生かして光学機械メーカーはカメラ、双眼鏡等に、機械メーカーはミシンに転進、ミシンは部品の規格化、量産化に成功、ともに輸出産業化する。	両部門とも量産技術を発展させる。品種の高級化の進展、腕時計の量産と輸出産業化の成功。	カメラは品質・生産量ともにドイツ水準を抜く。生産量的量産技術の開発。自動旋盤・トランスファーマシン等労働力節約的量産技術の開発。	時計のデジタル化、無人組立技術の発展。世界的な高級品としての地位の確立。カメラのクォーツ化の急展開。
自動車	日産はオースチンと、いすゞは「ルーツ・グループ」のヒルマンと、日野はルノーと技術提携、また日産はトヨタ、プリンスは自力で乗用車の開発にとりくむ。トヨタ、生産工程の半自動化に成功。	55年ごろ、トヨタ・クラウン、プリンス・スカイライン発表、日産ダットサン開発以後、各社とも乗用車を発表、コロナ、ブルーバード、グロリアなどモータリゼーション時代はじまる。	需要拡大、価格も低下して自由化への対抗可能と踏む。ホンダなど後発メーカーの参入。生産拡大、欧米水準への急速な接近。	輸出産業として定着。生産規模の拡張。海外生産の開始。
石油化学		日本石油化学、三井石油化学、三菱油化出発、ナフサ分解によるポリエチレンと、ポリスチレンの生産を開発、以後、合成繊維、プラスチックの原料として発展。	先発4社、後発5社の技術開発競争はじまる。エチレンプラントの大型化による合理化進展、合成樹脂の発展いちじるしく、石油化学コンビナートの続出。	プラントの大型化による合理化、量産問題発生。公害問題発生。
合成繊維	倉敷レーヨン自社技術によるビニロンの企業化、東洋レーヨン、デュポン社よりナイロン技術を購入。	55年日本レーヨン、ナイロンに参入、アクリル系繊維の開発各社によってはじまる。ポリエステル系繊維の技術導入(東レ、帝人)。	合繊需要がいちじるしく拡大、輸出産業として綿糸系にかわる。業界の競争激化。	先発企業による原料の自給化によるコスト切下げ。

技術進歩は，日本の企業の積極的な行動のゆえんであり，またその成功の秘密であったといってよい．その発展は，産業と産業の間で相互に影響しあい，多くの産業を次々に発展のうずにまきこんだ．その代表的な例が，設備投資のための機械，装置を生産する諸産業，たとえば工作機械工業，産業機械産業の発展である．工作機械工業は，1950年代の終り近くまでは，戦時中に生産された機械の過剰のために沈滞したままであった．それが息を吹きかえし，新しい技術をとりいれて高級機械の生産にとりくみ，生産量を拡大してゆくようになるのは1960年前後のいわゆる岩戸景気の時期であった．また化学工業をはじめとする巨大な装置産業のための機械を製作する産業機械工業，それを総合してプラントの建設を仕事にするプラント工業の発展も，それに前後した出来ごとである．

　技術進歩はさらに広い範囲に及んだ．新しい製品が開発されて大きな変化をうけたものに，建築・交通などを数えることができる．建築の技法は，この技術進歩を背景に大きく変化した．さまざまな新建材，合板，合成樹脂製品，アルミ・サッシ等の出現は，巨大なビルディングから個人住宅にいたるまで，その素材をまったく変え，それに応ずる建築の方法をも一変せしめた．交通の面では，電気機械，電子工学の成果をあつめた新幹線が出現した．個人の消費生活も，家庭用電気機器や乗用車の出現によって一変した．それらの器具にとりかこまれ，これも新技術の製品であるインスタント食品や，冷凍食品で食事をする生活が，急激におしよせたのである．

　技術進歩が犠牲なく行われえたのではない．その最大のものは，いわゆる「エネルギー革命」であった．それは，中東の原油の発見によって，国際的な原油価格が大きく値下がりしたことにもとづく変化であった．1950年代まで日本の主力エネルギーは石炭であったが，それが急激に石油エネルギーに交代してゆくようになったのは，やはり50年代半ばからの10年間である．第51表に示すように，日本の主力エネルギーはたちまちのうちに輸入原油にかわり，70年代に入るころにはそれが8割近くを占めることになったのである．第52表に示すように，重油価格は，1950年はじめから低下に向い，56－57年のスエズ危機のさい，いったん騰貴したものの，中東の増産などによってふたたび低下した．石炭価格との差がとくに目立ちはじめたのは1958年以後である．

第6章 高度成長

第51表 1次エネルギー供給

(1) 1935-60年度　　　　　　　　　（石炭換算100万トン，カッコ内は合計を100とする百分率）

年度	水力	石炭（うち輸入）	亜炭	石油（うち輸入）	天然ガス	薪	木炭	合計（百万トン）	全体に占める輸入エネルギーの比率(%)
1935	18.3	61.7 (9.2)	0.1	10.4 (8.0)	0.1	5.9	3.7	62.8	18.8
40	16.2	66.1(12.0)	0.2	7.0 (6.5)	0.1	7.0	3.7	90.7	18.5
47	35.5	45.9 (0.2)	2.8	3.7 (3.2)	0.1	8.3	3.6	50.5	3.3
50	32.7	51.2 (1.6)	0.9	6.3 (5.5)	0.1	6.2	2.7	69.4	7.1
55	30.5	44.0 (3.7)	0.7	17.9(17.4)	0.3	4.4	2.2	95.5	21.1
60	22.7	38.1 (6.2)	0.4	34.7(34.1)	0.7	2.3	1.0	154.5	40.3

通商産業大臣官房調査課編『エネルギー統計集』1962年度版．

(2) 1953-91年度　　　　　　　　　　　　　　　　　　　　　（合計を100とする百分率）

	1次エネルギー総供給（兆kcal）	石炭	石油	天然ガス LNG	電力 水力	電力 原子力	地熱	新エネルギー等
1953	61.6	47.7	15.3	0.2	29.0	—	—	7.8
58	73.9	44.1	24.2	0.7	24.7	—	—	6.3
63	136.6	31.6	52.6	1.5	12.1	—	—	2.1
68	243.2	23.6	67.1	1.0	7.0	0.1	0	1.2
73	385.4	15.5	77.4	1.5	4.1	0.6	0	0.9
78	386.5	13.3	73.3	4.7	4.3	3.5	0	0.9
83	383.6	18.0	61.5	7.5	5.1	6.7	0.1	1.2
88	445.5	18.1	57.3	9.6	4.7	9.0	0.1	1.3
91	479.5	17.3	56.1	10.9	4.7	10.0	0.1	1.3

新エネルギーとは太陽熱，ごみ発電等をいう．
資源エネルギー庁官房総務課編『総合エネルギー統計』各年版による．

(3) 石炭の生産と原油輸入量　　　　　　　　　　　　　　　（百万トン，100万kl）

	1953	1958	1963	1968	1973	1978	1983	1988	1991
石炭生産	46.5	51.3	54.9	50.5	21.7	19.3	18.4	12.8	7.9
原油輸入	7.4	16.3	59.3	140.5	286.7	270.2	207.8	193.9	238.6

これ以前から，石炭から重油への転換ははじまっており，これにたいして1954年から非能率炭鉱の買いつぶしと，優良炭鉱に限って開坑を認めるという「石炭産業合理化法」と，重油転換を規制するための「重油ボイラー設置規制法」が制定され，また輸入石油への関税賦課がきめられていたが，この大幅な原油の値下りに対しては焼け石に水であった．以後，石炭産業は3次にわたる思い切った合理化――大幅な人員整理と非能率鉱の閉山，労働の強化――を行ったが，結局は大勢に抗しきれなかった．炭鉱各社は大きな赤字を負い，産

第52表 石炭・重油の1キロカロリー当り単価比較（東京）

年度	石炭		重油		10^3 kcal 当りの重油価格と石炭価格の比率
	円/t	円/10^3 kcal	円/kl	円/10^3 kcal	
1955	4,065	0.754	9,677	0.982	1.30
56	4,426	0.847	12,160	1.233	1.46
57	5,167	1.003	11,281	1.144	1.14
58	4,501	0.871	8,566	0.865	0.99
59	4,106	0.811	8,368	0.845	1.04
60	3,887	0.777	7,480	0.755	0.97
61	3,708	0.732	6,523	0.658	0.90
62	3,638	0.708	6,191	0.627	0.89
63	3,582	0.682	6,199	0.628	0.92
64	3,546	0.686	6,048	0.611	0.89
65	3,757	0.730	5,913	0.600	0.80

日本エネルギー経済研究所編『戦後エネルギー産業史』東洋経済新報社，1986．原資料は電気事業連合会『電気事業便覧』昭和41年版．なお，使用上のメリットを考えれば，重油価格は単価の80%とみて石炭価格と比較すべきだという考え方が，「石炭鉱業合理化臨時措置法」(1955年6月) の附帯資料に示されている．

炭地帯には失業者が大量に発生し，地域全体が衰退するという大きな社会問題となったのである．石炭生産は70年代に入ってからも依然として減りつづけ，現に稼働中の炭鉱は指で数えられるほどになってしまった．処理も容易で低廉な重油を使用するようになったのは，産業の側からいえば広い意味における技術進歩である．産業構造の変化は成長のもとでは必然的という見方も成立する．しかし石炭産業の崩壊という大きな犠牲を払わざるをえなかったことは，技術進歩の盾の半面だったといえよう．

さらに技術進歩による重化学工業化が進んだことは，他面において公害と環境汚染を引き起した．工業地帯の海や河川の水が汚濁され，工場の煙によって空気が汚染されて SO_x や NO_x が増加し，悪臭や騒音が発生し，住民はそのために精神的肉体的な被害をうける．さらに自動車の普及によって排気ガスが増加する．水俣病，四日市ゼンソクのような公害病が注目をあびる．公害に対する批判は60年代後半から強くなり，環境への配慮を全く欠いた産業技術への批判となった．これに対して公害発生源となった企業の責任において補償するという原則がうちだされ，それが強化され公害対策基本法が成立したのは1970年である．産業発展のための技術進歩が，このようなかたちで転機を迎えることになったのは，やはり高度成長の終りと時を同じくしていたのである．

(3) 経済政策と経済計画

　経済成長をもたらしたのは主として産業界を中心とする国民の側の努力であったが，経済政策の役割を軽視してはならない．経済政策当局は当初，成長力を過小評価したことは事実であるが，成長が開始されてのちは，成長の支持に力を尽し，成長の障害をとりのぞくことにつとめたのもまた事実であった．

　高度成長期の内閣は，吉田茂，鳩山一郎，石橋湛山，岸信介，池田勇人，佐藤栄作，70年代に入って田中角栄へとうけつがれたが，いずれも自由党ないし自由民主党の内閣であり，ひろい意味における資本主義的な経済体制の擁護を建前とする点では変らなかった．しかし戦前にも積極主義と消極主義の対立が，政友会と桂内閣（それをうけついだ憲政会，民政党）の間に存在したように，内閣のちがいによって政策上のニュアンスのちがいが見られたことは明らかである．

　積極主義（成長路線）をとったのは，さきの吉田内閣において長く蔵相であり，のちに自ら内閣を組織した池田であった．池田は経済成長の意味をいち早くみとめ，「所得倍増計画」を旗印として，その推進に積極的であった点で，高度成長にとってもっとも重要な人物である．彼は経済成長をナショナル・コンセンサスたらしめた人物として，また古典的な「大国主義」のド・ゴールによって「トランジスタ・ラジオのセールスマン」と嫌味をいわれるほどに，経済成長の実現につとめた点において，長く記憶されるべきであろう．かつて池田内閣の蔵相であった田中の「列島改造論」は時代的背景の変化を無視していた点でドン・キホーテ的であったが，主観的には池田の方針をうけつごうとしたものであった．

　これに対し，反成長論的であったのは，鳩山内閣の蔵相であった日銀出身の一万田尚登であり，50年代半ばに彼は国家財政の規模を1兆円に固定しようとする政策（「1兆円予算」）を固持し，古典派的な経済への郷愁を示した．佐藤は，福田赳夫らとともに「安定成長」をとなえ，成長にともなうインフレーションの抑制を問題にしたが，現実においては池田の敷いた成長の路線を踏襲せざるをえなかった．成長の終りの時期に田中内閣の蔵相となり，三木武夫内閣の経済企画庁長官として安定成長路線を推進してきた福田は，三木のあとの

首相となってからも「安定成長」論を推進し，石油危機以後の経済政策の舵をとってきた．ただしのちに見るように，その福田が，首相として1978年にアメリカの要求に応えて大型の成長政策をとることになったのは皮肉な巡り合せといえよう．なお石油危機以後の1970－80年代には，財政赤字が累積したために，積極政策の主張は全体として弱まったが，それでも1978年や，1986－87年の円高不況時には復活した．

以上のように考えるとき，高い成長のなかにあっても，それに対しての積極政策と消極政策が交代しつつ経済政策が運営されてきたことが知られる．大局としてみれば，日本は軍備を抑制し，軍事費を極力抑制してむしろ経済の復興をはかるべきであると考えた吉田茂の考え方が一貫してきたのであった．現在においても，防衛費がGNPの1%以内におさまっている．

さて，もっと具体的な政策に立ちいってみよう．政策は成長の中心である産業を中心に推進された．経済成長がはじめられる前に，産業の保護育成のための一連の政策体系が整備されていたことはすでにのべた通りである．そしてその後においても，これらの制度はそのままに維持されたし，政府は産業界との連絡をきわめて密にし，業界に対する指導（行政指導）を行った．高度成長期の一，二の例をひろってみよう．

1950年代後半ごろになると，世界は貿易の自由化の潮流にまきこまれ，復興したヨーロッパ諸国はいずれも輸入制限の撤廃に向った．おりから工業品の輸出国としての地位を高めつつあった日本にたいしても，「自由化」を求める声が高まり，1960年，日本政府は外貨予算制度を廃止して「自由化」にふみきる原則を定めた．それまでの一般的な輸入制限の原則から，「非自由化」を示すネガティブ・リストを公示する方式に転換し，62年には輸入額の90%までが自由化された．ただし農産物や戦略産業の生産物はその例外とされ，たとえば乗用車がそれからはずされたのは1965年，電子計算機は73年であった．オレンジ，牛肉などの自由化は1991年のことで，そこには消費者にとっての不利益を知りつつ，産業を保護する原則が貫かれたのである．重化学工業に対しては，通産省は62年3月，国際競争力を強化するための「産業の効率化」を目標として，「特定産業臨時措置法」案を国会に提出した．それは，自動車，自動車タイヤ，石油化学，機械など「特定」産業を指定して，その振興基準

(規格の整理,生産の専門化,共同出資企業の設立,コンビナート化,設備投資の適正化,合併,事業転換等)をさだめ,業者はこれに従わねばならず,政府は金融,税制上必要な措置を講じ,銀行も資金を供給するし,必要とあれば独禁法の特例を設けるというのである.この法案は資金供給を義務づけられようとした金融機関の反対などのために廃案となり,以後2年間かたちをかえて国会に提出されたけれども,ついに実現するに至らなかった.当時の通産省の産業保護,競争力強化の姿勢を思いみるに足りるであろう(通産省『通商産業省二十年史』1969,pp.29-31).

合成繊維工業については,1953年に「合成繊維工業育成五ヵ年計画」が次官会議の決定となり,57年度合繊年産1億ポンドを目標に,ナイロン,ビニロン,塩化ビニリデンに対し優遇措置を行うことになった.年間1600万ポンドにのぼると思われる官公需をはじめ漁網など各方面の需要を喚起し,資金供給,税制上の優遇措置,電力の優先割当,研究助成などを行うというものであった(『二十年史』pp.80-81).

また,1957年に「電子工業振興臨時措置法」(電振法)が制定された.その主要目標は,「研究開発を促進すべき機種」,「工業生産を開始すべき機種」および「生産の合理化を促進すべき機種」を指定し,それに対して通産省が電子工業課を新設して「振興施策」を行おうというものであった.その成果は「研究機種についての官民一体となっての研究開発目標の設定」と,「試験研究補助金の重点的交付」(1957年から68年まで総額36.4億円),「生産合理化機種に対しての日本開発銀行からの長期低利資金の貸付」(同期間計73.6億円),「企業合理化促進法」にもとづく特別償却の大幅適用などとなってあらわれた.そのとき研究開発の対象として指定されたもののうちには電子計算機,オートメーション用の工業計器などがあり,その成果は大きかった.とくに電子計算機に対しては1962年,電子計算機企業3社に対し4年間に3.5億円の補助金が交付された(『二十年史』pp.62-66).

これらの事実は,日本経済は「世界でもっとも巧みに行われている計画経済」であり,「発芽する日本の企業努力に方向をあたえ,またそうした方向をとった場合,企業を保護育成する最終的責任は政府が負っている」とロンドン・エコノミストのノーマン・マクレーが書いたことや[*],アメリカ国務省の

「日本株式会社論」を思いおこさせる．政府の保護救済の手は，衰退産業である石炭産業や繊維産業にも，また石油危機以後は，造船業，石油化学工業，非鉄金属工業などに対しても衆知をあつめて差しのべられたのだが，次章に取りあげることにしよう．マクレーの叙述にたいして注釈が必要だとすれば，日本の一部の産業（海運業など）には，こうした指導と保護とがむしろ当然で，不思議ではないと考えるような慣習が，とくに戦時統制以来形成されてきたという事実を思いおこすべきだろう＊＊．

＊　ロンドン・エコノミスト特集，河村厚訳『日本は昇った・日本経済の七つのカギ』（竹内書店，1967）p.13．
＊＊　海運業や造船業に対してはもっと古く，20世紀のはじめからというべきであろう．

けれども，日本は自由企業システムをとっている．企業は自己の責任において行動すべきことは当然である．もしも政府の指導を受けてその方針を定めて成果があがらなかったとしても，政府はその損失を補償することはない．政府にできることは，せいぜい低利資金を斡旋するなどの措置をとることである．行政指導が行われたとはいっても，それは計画ではないから，有望と考えられた分野には新規参入が殺到するし，激しい競争によって生産過剰となり値崩れが発生したりする．政府はそれを放置できず，また「行政指導」を行うことになる．「計画」ではないがゆえに救済「政策」がつぎつぎに必要になったのである．ただし，企業は政府出動の期待をいだきうるからこそ，高度成長期に大胆な設備投資を行うことができたとはいえよう．全体を通観すれば，経済成長の原動力は，何よりも企業の努力であった．高度成長期以後は，企業の自己資本の蓄積が進み，行政指導を好まない場合もふえてきた．政府による「計画経済」論や「日本株式会社」論は，日本経済の一面を誇張したものということができよう．

これに対して，政府の「経済計画」はどんな機能をもってきたであろうか．政府の手で経済計画が正式に決定されるようになった1955年から1992年までの間に，12の経済計画が策定されてきた．多くは5ヵ年計画であったが，ひとつの計画の平均寿命は2年半．首相の交代のたびに新内閣のイメージを盛ろ

うとして，計画が作られたという事実は否定しえないが，それにもまして，経済の現実が計画の想定をこえて変容し，その数字や内容が現実にそぐわなくなったことによるものである．その大要は第53表に要約されている．

　日本の経済計画は，三つの性格をもつとされる．第一は「望ましい経済社会発展の方向」を示すこと（展望）であり，第二はその実現のために政府がとるべき政策の方向を示すことであり，第三には国民や企業に活動の指針を示すことである．計画の中の数字は，政府の公共投資や社会保障等についてはある程度政府を拘束するが，民間設備投資や消費支出などについては予測の性格が強いのである．全体としてみれば，見通しないし指針の色彩が濃い．それは経済成長に対してどのような意味をもっていたのであろうか．

　これらの計画は，大別して三つの時期別のグループに区分できるであろう．第一の時期は，1960年の「所得倍増計画」にいたるまでで，日本経済のもつ高い成長力をしだいに認識してゆきつつ，経済の自立（国際収支の均衡達成）と完全雇用を実現することを課題としている．もっとも重要なものは「倍増計画」であって，当時の日本経済がもっていた高い成長力を，はじめて全面的に承認し，バラ色の将来をうたいあげて，企業や国民に将来の期待をうえつけたものであった．その影響の例として，1961年の設備投資が，設備投資ブームであった60年につづいて大拡張となり，未曽有の設備投資ブームを呼んだことや，61年3月の春闘のベース・アップ幅が，前年の1792円に対して一挙に2984円にのぼったという事実などをあげることができよう．この計画は，内容は必ずしも精緻ではなかったにもかかわらず，強い影響を及ぼしたのである．

　以後すべての計画は，計量経済学のモデルを利用しつつ，経済の予測を行い，政策効果を測定するという洗練された手法を駆使するようになった．第二の時期の「中期経済計画」から「新経済社会発展計画」までは，この手法によりつつ，新しい課題——完全雇用下のマイルド・インフレーション——に対処しようとしたものである．そのために，潜在成長力を全面的に発揮した高い成長をさけ，物価上昇率を低目におさえるようにして，現実と乖離してしまったのが，はじめの二つの計画であった．そして，1970年の計画は，60年代の高い成長力を承認して立てられたが，その直後に，70年代の新しい経済状況が出現したのである．とくに田中内閣の「経済社会基本計画」は，田中首相が公約とし

第53表 日本の

名　称	経済自立5ヵ年計画	新長期経済計画	国民所得倍増計画	中期経済計画	経済社会発展計画—40年代への挑戦—	新経済社会発展計画
策定年月 諮問 答申	1955年12月 55. 7 55.12	1957年12月 57. 8 57.11	1960年12月 59.11 60.11	1965年 1月 64. 1 64.11	1967年 3月 66. 5 67. 2	1970年 5月 69. 9 69. 4
策定時内閣	鳩 山	岸	池 田	佐 藤	佐 藤	佐 藤
計画期間 （年度）	1956-60 （5ヵ年）	1958-62 （5ヵ年）	1961-70 （10ヵ年）	1964-68 （5ヵ年）	1967-71 （5ヵ年）	1970-75 （6ヵ年）
計画の目的	経済の自立 完全雇用	極大成長 生活水準向上 完全雇用	極大成長 生活水準向上 完全雇用	ひずみ是正	均衡がとれ充実した経済社会への発展	均衡がとれた経済発展を通じる住みよい日本の建設
実質経済成長率 （計　画）	4.9%	6.5%	7.8%	8.1%	8.2%	10.6%
（計画期間における実績）	8.8%	9.7%	10.0%	10.1%	9.8%	5.1%
名目経済成長率 （計　画）	—	—	—	10.6%	11.3%	14.7%
（計画期間における実績）	14.1%	15.0%	16.3%	15.9%	15.9%	15.3%
完全失業率 計画最終年度 （計　画）	1.0%	—	—	—	—	—
（計画最終年度の実績）	1.5%	1.3%	1.2%	1.1%	1.3%	1.9%
消費者物価上昇率				計画期間年平均	計画期間末までに	年平均4.4% 計画期間末までに
（計　画）	—	—	—	2.5%程度	3%程度	3%台
（計画期間の年平均実績）	1.8%	3.4%	5.7%	5.0%	5.7%	11.1%
計画最終年度における経常収支尻 （計　画） （実　績）	0億ドル △0.1億ドル	1.5億ドル △0.2億ドル	1.8億ドル 23.5億ドル	0億ドル 14.7億ドル	14.5億ドル 63.2億ドル	35億ドル 1.3億ドル

1) 成長率の実績は新SNAベース（1985暦年基準）による。
2) 消費者物価上昇率は持家帰属分を除く総合指数による。

『ESP』1992年8月号。

第6章 高度成長

経済計画一覧

経済社会基本計画 —活力ある福祉社会のために—	昭和50年代前期経済計画 —安定した社会を目指して—	新経済社会7ヵ年計画	1980年代経済社会の展望と指針	世界とともに生きる日本 —経済運営5ヵ年計画—	生活大国5ヵ年計画 —地球社会との共存をめざして—
1973年2月 72.8 73.2	1976年5月 75.7 76.5	1979年8月 78.9 79.8	1983年8月 82.7 83.8	1988年5月 87.11 88.5	1992年6月 92.1 92.6
田中	三木	大平	中曽根	竹下	宮澤
1973-77 (5ヵ年)	1976-80 (5ヵ年)	1979-85 (7ヵ年)	1983-90 (8ヵ年)	1988-92 (5ヵ年)	1992-96 (5ヵ年)
国民福祉の充実と国際協調の推進の同時達成	我が国経済の安定的発展と充実した国民生活の実現	安定した成長軌道への移行 国民生活の質的充実 国際経済社会発展への貢献	平和で安定的な国際関係の形成 活力ある経済社会の形成 安心で豊かな国民生活の形成	大幅な対外不均衡の是正と世界への貢献、豊かさを実感できる国民生活の実現 地域経済社会の均衡ある発展	生活大国への変革 地球社会との共存 発展基盤の整備
9.4% 3.5%	6%強 4.5%	5.7%前後 3.9%	4%程度 4.5%	$3\frac{3}{4}$%程度 4.9% (88-91年度)	$3\frac{1}{2}$%程度 —
14.3% 14.5%	13%強 10.0%	10.3%前後 6.5%	6～7%程度 6.0%	$4\frac{3}{4}$%程度 6.6% (88-91年度)	5%程度 —
— 2.1%	計画最終年度 1.3%台 2.1%	計画最終年度 1.7%程度以下 2.6%	計画最終年度 2%程度 2.1%	計画最終年度 $2\frac{1}{2}$%程度 2.1% (91年度)	計画最終年度 2%程度 —
計画期間年平均 4%台 12.9%	年平均6%台 計画最終年度までに 6%以下 6.4%	計画期間年平均 5%程度 3.6%	計画期間年平均 3%程度 1.6%	計画期間年平均 $1\frac{1}{2}$%程度 2.4% (88-91年度)	計画期間年平均 2%程度 —
59億ドル 140.0億ドル	40億ドル程度 △70.1億ドル	国際的に調和のとれた水準 550.2億ドル	国際的に調和のとれた対外均衡の達成 337.2億ドル	経常収支黒字の対GNP比を計画期間中に国際的に調和のとれた水準にまで縮小 900.8億ドル (91年度)	国際的に調和のとれた対外均衡の達成 —

てかかげた「列島改造」を旗印に，高い成長の持続を前提として，産業中核都市の全国への分散と高速交通網の建設を企図したものであったが，インフレーションの高進と石油危機によって崩壊に終った．

第三の時期は，1976年の三木内閣の「昭和50年代前期経済計画」から，92年の宮沢内閣の「生活大国五ヵ年計画」まで，五つの計画を含んでいる．これらの計画の共通の特色は，第一には，「展望」の色彩をいっそう濃くし，経済成長率の目標などもおよその数字にとどめ，「計画」の性格を政府の行政面に限定したところにある．第二には，政策目標として，経済成長よりも「国際的に調和のとれた対外均衡の達成」，「国民生活の質的充実」などに重きをおくようになってきたことである．その変化は，第7章以下で検討するポスト「高度成長」期の日本の立場を反映するものといえよう．

以上のようにみると，「所得倍増計画」の影響力が抜群に大きかったことは否定しえないように見える．1950年代後半までは，多くの人びとは，成長を長期的・安定的なものとは考えていなかったようである．しかし，倍増計画の発表，大幅なベース・アップの実現ののちは，国民もまた高い成長の定着と，それにともなう所得や生活水準の向上を当然視するように変っていったのであった．しかし，のちの諸計画も，成長率と物価上昇率の想定を誤ったとしても，その他の諸点とくに政府の政策運営上の「指針」となり，また社会資本政策の規準となったことはつけ加えるべきであろう．

(4) 国民生活水準の向上と公害問題

経済成長は何をもたらしたであろうか．すでに見たように，成長は日本の工業を飛躍的に発展させ，完全雇用を達成し，国民の物質的生活水準を向上させた．高い成長によって日本経済はその規模を拡大し，国民生活水準をたかめたのである．

その結果もたらされた国民生活水準の上昇とその内容の変化について，第17図にとりまとめておこう．まず，都市世帯の消費水準は30年近くの間に，ほぼ4倍に上昇した．GNP成長率よりははるかに低いが，それにしても驚くべき上昇である．とくにその内容の変化を端的に示すものは，エンゲル係数（消費支出総額中の食料費比率）の低下であった．反対に，雑費ないし選択的

第6章 高度成長

第17図 都市全世帯の実質消費水準と各種比較

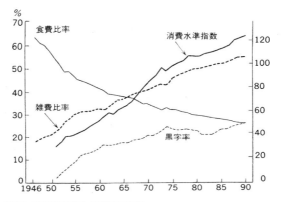

総理府（総務庁統計局）「家計調査報告」．
黒字率は勤労者世帯の黒字÷可処分所得，他はすべて全世帯の消費支出総額に対する比率．

第54表 消費支出に占める商品とサービスの比率(%)

	商品計	耐久財	半耐久財	非耐久財	サービス
1971	73.1	8.6	16.0	49.3	26.9
74	71.8	8.2	16.1	47.4	28.2
77	69.3	7.0	14.9	47.4	30.7
80	67.3	6.1	14.3	47.0	32.7
83	66.1	6.4	13.3	46.3	33.9
86	64.5	6.4	13.1	45.0	35.5
89	63.3	7.1	13.6	42.5	36.7
91	62.7	6.8	13.5	42.4	37.3

総理府（総務庁）統計局『家計調査年報』1985, 91年版．

消費（理容衛生，交通通信，教育費，教養娯楽，交際費）の比率は急上昇した．両者の比率が60年代後半に逆転し次第にその差が開きつつあるのは，国民生活の内容が，住の面についてはまだ問題が残るにせよ，少なくとも衣食の面における基礎的な需要を充足し，個人の嗜好に応じて多様な消費を行うことができるようになったことを物語っている．雑費のなかでも，教養娯楽費，交際費等の増加が著しいのはその例証といえよう．雑費の支出増を反映するように，消費の内容が急速にサービス化していることも興味深い（第54表）．また財の消費の中にも，たとえば調理食品や弁当などのように，家計内部の手間を省く

第 55 表　住宅状況の変遷

	住宅総数(千戸)	住宅1戸当り人口(人)	住宅所有関係別構成(%)					住宅の1人当り畳数別構成(%)					
			計	持家	公営, 公団公社の借家	民営借家	給与住宅	計	2.9畳以下	3-4.9	5-6.9	7-9.9	10-
1958	17,432	5.26	100.0	71.2	3.5	18.6	6.7	100.0	31.6	45.3	17.1	9.4	6.7
63	20,372	4.72	100.0	64.3	4.6	24.1	7.0	100.0	22.2	35.3	20.3	12.5	9.8
68	24,198	4.19	100.0	60.3	5.8	27.0	6.9	100.0	14.2	33.9	23.5	15.6	12.9
73	28,731	3.78	100.0	59.2	6.9	27.5	6.4	100.0	7.5	26.8	25.0	20.5	20.2
78	32,189	3.58	100.0	60.4	7.6	26.1	5.7	100.0	3.8	19.0	23.0	24.1	29.8
83	34,705	3.44	100.0	62.4	7.6	24.5	5.2	100.0	2.5	14.0	21.4	24.5	37.3
88	37,413	3.28	100.0	61.3	7.5	25.8	4.1	100.0	1.5	10.1	18.5	24.2	44.5

1958 年は建設省住宅局『住宅対策要覧』, 以後は総理府統計局『住宅統計調査報告 (全国)』各年版による. 所有関係別構成の計には所有関係の不詳を含む.

ためのサービスが混入している場合も少なくないのである.

　もっとも立ち遅れていた住宅事情についても, 大きな改善のあとがみられる. すなわち, 住宅戸数は高度成長の間に 6 割以上増加し, 核家族化を反映して, 住宅当りの人口は急減した. 持家の比率は低下したが, 都市の勤労者たちが借家に入居している例が多いことを示すものとみていいであろう. 住宅の 1 人当りの畳数が著しく増加したのは, 住宅が広くなり過密居住世帯が少なくなったことを反映している (第 55 表). 建築の時期別にみても, 60 年代以後の住宅が 80% 以上, 70 年代以後が 60% 以上に達している. にもかかわらず, 住宅問題が現代においても重大な問題となっているのは, 地価の上昇が著しく, そのために土地を入手して自己の持家を新築することが, 通常の収入をもっては不可能なほどの状況が発生しているからである (第 56 表, 第 18 図). 地価の値上がりが一般物価に比べてとくに目立つようになったのはまず高度成長期であり, ついで 1980 年代後半である. 土地つき一戸建ての家を持ちたいという願望が強くなったのは戦後のことであるが, それと同時に土地は個人の所得では手のとどかない高価なものになってしまった. 地価の上昇には, いくつかの理由があるが, その第一は, 太平洋岸ベルト地帯の大都市に人口が集中し, 土地に対する需要が増大したことである. 土地の量には限りがあるし, 土地は「市街化調整区域」など, 住宅建築が制限されている地域もある. しかも近郊の農民など土地所有者は値上がりを見越して販売を好まないために, 地価は上昇せざるをえない. 第二に, その事実を見た不動産業者や各種の企業が, 開発を目的と

第56表 市街地の地価上昇

(1) 全国戦前基準（1936年9月1日＝1）

	商 業 地	住 宅 地	工 業 地	平 均 (A)	日銀卸売物価指数 (B)	A/B
1945	1.63	5.99	5.31	5.01	3.02	1.66
55	366.5	291.6	263.1	310.6	331.3	0.94
65	2,607.8	2,067.4	2,404.5	2,384.8	343.3	6.95
75	8,607.8	8,664.3	7,286.8	8,346.7	593.9	14.1
85	12,312.35	15,993.0	10,008.1	12,955.9	801.2	16.2
90	19,990.2	22,020.9	13,826.2	20,350.7	743.4	27.4

日本不動産研究所「全国市街地価格指数」．

(2) 1970-92年（1970年＝100）

	全国市街地平均 (A)	6 大都市				日銀卸売物価指数 (C)	A/C	B/C
		商業地	住宅地	工業地	平均 (B)			
1975	193	160	210		187	157	1.23	1.19
80	231	195	319		242	207	1.12	1.17
85	299	299	427		332	206	1.45	1.61
90	437	1170	1077		987	187	2.34	5.28
91	483	1208	1113		1016	186	2.60	5.46
92(9月)	461	896	816		779	183	2.52	4.26

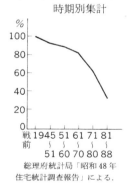

第18図 住宅の建築
時期別集計

総理府統計局「昭和48年住宅統計調査報告」による．

する場合はもちろん，投機の目的で土地を買占める場合もある．そのような状況が積み重ねられて，地価の騰貴が惹起された．「国土利用計画法」（国土法）によって，土地の転買収益に禁止的な税が課せられるようになったのは1974年であり，地価はそれまでに大幅に値上がりしてしまっていたのである．高度成長以後も地価は依然として上昇をつづけ，1989－90年当時の異常な騰貴を

第19図 国民消費の変容
(1) 耐久消費財の普及率

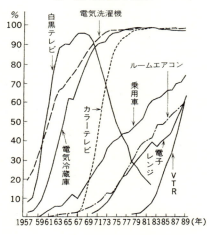

(2) 世帯員1人当り食品消費数量

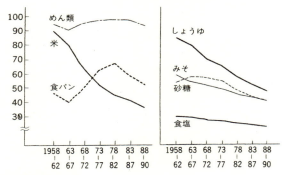

経済企画庁「家計消費の動向」.
米は1kg, しょうゆは100ml, 他は100g.

もたらしたが，その点は次章でくわしく考えることにしよう．

さらに，国民生活様式の急激な西欧化にふれておくべきであろう．第19図に示すように，生活内容が西欧化して，全世帯の半分近くが食堂セットをもち，乗用車をもち，図には示されていないが8割以上が電話をもつようになった．家庭用電気機械の普及は著しく，50年代終りにはまだ珍しかった各種機械は，いまではすべての家庭の必需品となった．それは耐久消費財メーカーの宣伝に

第57表　青少年の身長と体重

	6 歳				17 歳			
	身長 (cm)		体重 (kg)		身長 (cm)		体重 (kg)	
	男	女	男	女	男	女	男	女
1900	107.0	104.8	17.0	17.0	157.9	147.0	50.0	47.0
05	106.4	105.2	17.5	16.8	159.1	147.9	50.3	46.7
10	107.0	105.8	17.5	17.0	159.1	148.8	51.4	46.8
15	107.0	105.5	17.5	17.1	159.7	149.1	51.7	47.1
20	107.0	105.8	17.6	17.0	160.0	149.7	51.8	47.4
25	107.6	106.1	17.7	17.3	160.6	150.3	52.4	47.3
30	108.1	106.9	17.9	17.3	161.0	150.7	53.0	48.1
35	108.9	108.0	18.1	17.5	161.8	151.2	53.7	48.5
40	—	—	—	—	—	—	—	—
45	—	—	—	—	—	—	—	—
50	108.6	107.8	18.5	17.9	161.8	152.7	52.6	49.1
55	110.3	109.3	18.7	18.1	163.4	153.2	54.5	49.8
60	111.7	110.6	19.1	18.5	165.0	153.7	56.1	50.4
65	113.4	112.5	19.7	19.2	166.8	154.8	57.5	51.3
70	114.5	113.6	20.1	19.5	167.8	155.6	58.7	52.1
75	115.1	114.4	20.5	20.1	168.8	156.3	59.2	52.2
80	115.8	114.9	20.8	20.3	169.7	157.0	60.6	52.1
85	116.4	115.7	21.2	20.7	170.2	157.6	61.5	52.8
90	116.8	116.0	21.5	21.1	170.4	157.9	62.0	52.8

1)　文部省『文部省年報』各年版.
2)　なお,戦前における壮丁検査の結果によれば,満20歳の男子の平均身長は1891年156.3cm, 1902年157.3cm, 1910年157.9cm, 1920年158.8cm, 1925年159.4cmであって,上記の17歳の男子のそれより有意に低い.上記の数字は中等学校在学者のものであるため,一般よりも体格が良かったものと思われる.

よる強制消費であったとも考えられるが,生活様式が一変したことも否定しえない.食生活の分野でも,米がパンに変り,さらに副食物,それも動物性蛋白質やサラダ用の野菜などの消費が増加して,主食としての米や伝統的食品や調味料が減っているという事実は,やはり注目に値しよう.食生活の内容変化によって,日本人の体格が一変し,青少年の身長と体重が著しく増加したことは第57表に示す通りである.日本人の体格は,都市化が進んだ1920－30年代から大きくなりはじめたが,決定的に変化したのは戦後の高度成長期においてであった.成長期の国民生活の変化はまことに目ざましいものであった.

　以上のような生活の水準と内容の変化は革命的とさえいえるものであったが,それは日常的,連続的ないとなみの中で進行したのであった.家計はその収入の増加にともなって消費の水準を高め,生活様式を変化させてきたけれども,

第20図　個人貯蓄率の推移

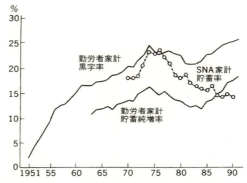

経済企画庁『国民所得統計年報』昭和52年版，総理府統計局『昭和38年-50年の家計―家計調査』による．

　むしろ個々の家庭の行動様式はきわめてつつましく，節倹を重ねて貯蓄を増やしてきたのであった．第20図は，いくつかの指標から求めた貯蓄率の数字を示しているが，戦後におけるその急上昇には驚くべきものがある．国際比較を行っても，国民所得統計上の個人可処分所得に対する個人貯蓄の比率は，1976年において日本24.9％に対し，アメリカ7.9％，イギリス11.2％，西ドイツ14.5％，フランス12.3％，イタリア（73年）19.4％にすぎない（日本銀行『日本経済を中心とする国際比較統計』昭和52年）．

　この高い貯蓄率は何によってもたらされたのであろうか．多くの研究者によってその答を求める努力がつづけられてきた結果，およそ考えられる諸要因のうち，高い貯蓄率にほとんど関係のないものと関係の深いものとを区分することが可能になっている*．

* 小宮隆太郎「個人貯蓄の供給」（『現代日本経済研究』東京大学出版会，1975，所収），溝口敏行『消費関数の統計的分析』（岩波書店，1964），同「日本の消費関数の展望」（『経済研究』第39巻第3号，1988，所収）．正地信夫「個人消費とそのパターン」（日本経済研究センター『中期安定成長実現のために』所収）．

　高度成長期について正地が従来の成果をとりまとめた実証によれば，多くの仮説のなかで，統計的検証の結果まったくないしほとんど支持できないものと

第 21 図 勤労者家計の月別平均消費性向（対可処分所得）

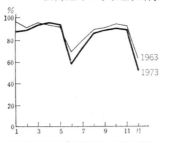

総理府統計局『昭和38年-50年の家計―家計調査』による．

して，①日本の社会保障が不十分であり，老後や不時の事態に備えて貯蓄率を高めるという仮説，②借家や借間世帯では住宅建設のための貯蓄を行うものが多いという仮説がある．さらに若干の影響は認められるがそれほど大きな要因とは認めがたいものとして，③実質所得の対前期の上昇率が高い場合，消費者は従来の消費習慣から大きくはなれることは難しく，結果として貯蓄率が高まるという（習慣）仮説，④1世帯当りの世帯人員の減少にともなって消費需要が低下するという仮説がある．結局，日本の貯蓄率の高さを説明する最有力な仮説として，次の二つが残される．⑤高度成長にともなう実質所得の上昇，⑥ボーナスその他臨時所得比率の増加．このうち前者はケインズ型の素朴な消費関数であり別に説明を要しないが，後者について若干の解説をつけ加えておくべきであろう．第21図に示すように，日本の勤労者家計においては，月々の消費支出と可処分所得の比率（平均消費性向）は，ボーナス月である6-7月と12月をのぞけば90％前後に達しており，貯蓄率はとくに高くはない．それは，家計にとって「経済成長に伴う予想以上の所得の増加がボーナス比率の増加という形をとり，そのために消費水準の上昇にかなりのラッグを伴い，かつそのラッグが拡大したため」にこのような結果を生じたというのが小宮隆太郎の解釈である．ともあれ，この変数が大きな説明力をもっていたことは，第58表の決定係数の高さからも知られるであろう．一方，実質所得も0.9程度の決定係数を示しており，当然，高い説明力をもつ．そのために，この二つの要因によって，高い貯蓄率の大部分が説明されると考えられてきたの

第58表 世帯主臨時収入の対定期収入比率(X)と平均貯蓄性向(Y)の回帰式($Y=\alpha+\beta X$)と決定係数

期間	α	β (カッコ内はt値)	決定係数 R^2
1952-75	−2.801	0.5017(14.45)	0.9047
1952-62	−5.722	0.6571 (6.20)	0.8103
1963-75	0.3699	0.4212 (5.82)	0.7548

総理府統計局『昭和38年-50年の家計—家計調査』より算出.
人口5万人以上の都市の勤労者家計の時系列データを使用.

である.

この事実は,貯蓄率の秘密のすべてが解明されつくしたことを意味するのではもちろんない.たとえば1973年の石油危機以後,かえって貯蓄率が上昇その後低下して,さらに80年代後半に再上昇した.その理由については,物価の上昇の後,保有金融資産が実質的に減少したために,その補塡を意識したものではないかなど,いくつかの新しい仮説が提示されているが,なお未解決で第58表のモデルも1970年代後半以後については説明力をもっていない.また第20図に示したように,SNAの個人部門の貯蓄率(黒字率)は,1980年代に入って中期的に低下の傾向をたどっている.人口が高齢化し,年金生活者世帯が増加したことなどが,その一因になっているかとは思われるが,この点の解明は今後の研究にまたなければならない.

以上を総合して考えてみよう.高度成長期以来,国民の意識の上では,消費水準を積極的に高め,貯蓄を増やして,生活上の充足感を味わうという気持はあまりなかったに違いない.むしろ,個々の家計が付き合っている範囲の人たち——その世帯の属する社会層の人たち——の,平均的な消費水準が上昇し,生活様式が変ってゆくのに追随し,歩調を合せてゆかなくてはならないという発想が先に立ったように思われる.テレビがなければ子供が学校で友達と話ができないとか,学校給食でパンと肉と牛乳の食事に慣らされたとか,皆が家を改築するから自宅もとか,自動車がなければ気ままにレジャーが楽しめないとかというような他律的な動機が,その変化の大きな理由であったように思われる.いわゆる「情報化」が発達し,所得水準が平準化した社会においては,デューゼンベリーのいうような「相対所得仮説」が,重要な意味をもってきたよ

うである．

　もしこの考え方が正しいとするならば，高度成長期の生活水準の上昇が，個人にとっても社会的にみても，ただちに満足度の上昇を意味しないのも首肯しうることである．もし社会的な生活水準の上昇に追随できなければ，それは直ちに不満の増大に結びつくであろうが，追随できたとしても従前の満足度を維持しうるにすぎない結果になろう．高度成長下における所得と生活水準の上昇がつづくなかで，高度成長に対する批判の意識が生じてきたのもこのように考えれば理解できる．成長にともなう生活水準の向上を当然の傾向とみたうえで，「人間疎外」や「成長のひずみ」が問題とされるにいたったのである．ここでは公害問題に代表される「ひずみ」論についてふれておくことにしよう．

　いわゆる「産業公害」の問題が意識されるようになったのは，足尾や別子の鉱害以来のことであって，工場街の悪臭や有害な排水や騒音も近代工業の成立とともに古いことであった．当時はそれほどその影響が目立たなかったのかもしれないし，またあっても無視されたのかもしれないが，公害が問題視されるようになったのは1960年前後からであった．水俣病や四日市ゼンソクが問題にされはじめたのは50年代から60年代初めのことであったし，田子の浦のヘドロや，荒川や多摩川，神崎川，寝屋川などの異常な水質汚染が社会問題になったのも，富山地区や安中周辺のイタイイタイ病との関連で米のカドミウム汚染がとりあげられたのもこのころからのことである．1964年には，三島市の住民による沼津市周辺のコンビナート計画に対する反対運動が展開され，進出予定企業は計画変更を余儀なくされるにいたった．それまで各地方は競争して工場誘致を企ててきたが，ここにはじめてそれに対する反対が公然と展開されたのである．「公害」ということばは60年代初頭から用いられてきたが，この時以後社会的な問題として定着するようになったのである．

　公害には多くの種類があるが，産業，自動車，都市，農薬などを発生源とするものが多く，大気汚染，水質汚濁，騒音・振動，地盤沈下，悪臭，土壌汚染，農薬による被害，廃棄物処理，自然破壊などの種類がある．産業を主発生源とする公害が，1960年代に入るころから著しくなりはじめ，社会問題となった結果，その対策が重要な政策課題とされるようになったのは，60年代後半以後のことであった．1964年に厚生省に公害課が設けられたのをはじめ，65年

第22図　汚染物質排出量等の推移

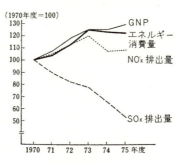

環境庁『環境白書』昭和52年版による．

には公害防止のための共同防除施設の設置や工場移転用地の造成，公害防止施設資金の貸付けを行うための公害防止事業団が発足し，66年には新型車の排気ガス規制が実施され，67年には公害防止基本法が施行されたが，なお「経済の健全な発達との調和をはかりつつ」生活環境を保全するというおよび腰の態度を脱することができなかった．70年にはそれが改正強化されて，はじめて公害発生企業の無過失責任の原則が明示され，関連立法も整備されたのである．大気汚染，水質汚濁，騒音などについて防止のための法律が制定され，71年には環境庁も発足した．汚染が全体としては改善の方向に向っていることは第22図に示す通りである．「公害」が経済成長，とくに重化学工業化や自動車の普及にともなって急増したことはうたがいをいれない．60年代になって目立ちはじめた公害病などの問題が公然化したことによって，その規制が必要になったことも理解できることがらである．しかしそれとともに，成長による完全雇用と生活水準の上昇の実現が，成長第一主義からそれ以外の価値を重視する方向への転換を要請したことも事実であった．経済成長がうみだしたプラスとマイナスの果実が，国の経済政策の姿勢をも変化させるほどの力を発揮したのである．価値観の多元化といわれる現象の象徴的な一例をわれわれはここに見ることができる．

第7章 国際化のなかの安定成長

1. 高度成長がもたらしたもの

(1) 日本の国際的地位

1960年代の生産や輸出の増加によって,世界経済のなかにおける日本の地位は変化した.1968年には,日本の米ドル換算のGNPは,米ソに次ぐ世界第3位,社会主義圏をのぞけば第2位に躍進した.GNP「大国」日本の出現である.このころ,日本の輸出構成は重化学工業中心に変貌し,鉄鋼,造船などの生産増加はめざましく,世界経済の中に占めるその比重は急激に上昇したのであった.それを象徴する事実は,日本の経常収支が67年の短期の赤字を最後に,安定した黒字に転換したことである.日本は,65年以後,経常収支の赤字を解消するために金融の引締めによって国内需要を抑制し,景気を後退させる政策をとる必要がなくなったのである.実際,67年の引締めは,景気後退をもたらす以前に解除された.

この事実は,国内の経済成長とともに,日本の国際競争力が強くなり,1949年以来の360円レートが円安化していたことを物語っている(第59表).それゆえに,日本は金・外貨を蓄積し,1967年以後従来の債務国から債権国に転じることができたのであった.日本の国際的経済における地位は60年代後半以後一変したのである.その事情は第60表に示す対外資産負債残高から明らかに読みとられる.

この転換が,日本の対外投資を刺激したのは当然であった.日本の海外投資は1965年までは,総額10億ドルにみたなかったが,70年までの5年間に36億ドルに達し,70年代に入ってさらに急激な増加を示すのである.その投資の対象は,1970年当時において,鉱業をはじめとする「資源指向型」が40%,

第59表 世界(A)と日本(B)の生産・貿易・金外貨準備

		主要物資生産量						金外貨準備 (100万ドル)	貿易 (100万ドル)	
		粗鋼 (100万トン)	窒素肥料 (100万トン)	セメント (100万トン)	船舶 (1000総登録トン)	乗用車 (100万台)	電力 (10億kWh)		輸出	輸入
1938	A	109.7	2.6	85	2,976	3.05	459	27,700	21,100	23,700
	B	6.47	0.256	5.9	442	0.002	32.7	289	1,109	1,070
	B/A	5.9%	9.9	6.9	14.9	0.06	7.1	1.04	5.26	4.51
1955	A	269.3	6.7	217	5,317	11.01	1,545	52,400	84,300	89,200
	B	9.41	0.633	10.6	829	0.020	65.2	768	2,011	2,471
	B/A	3.5	9.5	4.9	15.6	0.18	4.2	1.47	2.39	2.77
1960	A	346.6	9.9	317	8,356	12.81	2,304	56,900	113,000	119,400
	B	22.14	0.922	22.5	1,732	0.165	115.5	1,824	4,055	4,491
	B/A	6.4	9.3	7.1	20.7	1.29	5.0	3.21	3.59	3.76
1965	A	459	19.2	433	12,230	19.1	3,379	70,520	165,830	175,970
	B	41.17	1.615	32.5	5,363	0.696	188.4	2,107	8,452	8,169
	B/A	9.0	8.4	7.5	43.9	3.6	5.6	2.99	5.10	4.64
1970	A	581	30.2	569	21,690	22.7	4,923	92,806	282,180	296,600
	B	91.9	2.13	57.2	10,476	3.18	359.5	4,399	19,318	18,881
	B/A	15.8	7.1	10.05	48.3	14.00	7.30	4.74	6.85	6.36
1975	A	643	43.9	690	35,668	25.2	6,439	227,579	795,703	815,741
	B	102.3	1.56	65.5	17,740	4.57	475.8	12,815	55,753	57,863
	B/A	15.9	3.5	9.5	49.7	18.1	7.4	5.63	7.01	7.09
			半導体 (百万ドル)	テレビ (百万台)					(10億ドル)	(10億ドル)
1980	A	712.0	10,857	65.1	13,572	31.4	7,999.0	445,348	1642.8	1689.1
	B	111.7	3,674	13.6	7,308	6.2	589.6	25,232	129.8	140.5
	B/A	15.7	33.8	20.8	53.8	19.7	7.4	5.7	7.9	8.3
1990	A	676.0	50,854	120.2	14,680	35.3	10,879	820,210	3019.4	3152.0
	B	107.9	25,942	13.3	6,531	9.1	799.8	85,072	274.6	186.5
	B/A	16.0	51.0	11.1	44.5	25.7	7.4	10.4	9.1	5.9

日本銀行『日本を中心とする国際比較統計』1971, 1977, 1992年版.

繊維，電機，金属等，現地の労働力や市場を考えての「市場指向・労働力指向型」が22％，商業・金融等が38％となっている＊．また地域別には，北アメリカ25％，東南アジア22％，ヨーロッパ18％，中南米16％，中近東9％となっていた．日本の進出についてしばしば激しいしい批判の的になった東南アジア向け投資の比率は，日本の投資全体からみれば2割強にすぎなかったのである．しかし，先進諸国（DAC）のアジアの途上国向け直接投資は，1956－70年の

第7章 国際化のなかの安定成長

第60表 対外資産・負債残高　　　　　　　(100万ドル)

(1) 1962-70年（長期資産）

	1962	1963	1964	1965	1966	1967	1968	1969	1970
長期資産	1,478	1,760	2,041	2,503	3,209	4,082	5,181	6,689	8,745
長期負債	2,428	3,243	3,898	3,932	3,825	3,880	4,538	5,891	6,326
純資産	△950	△1,483	△1,857	△1,429	△616	202	643	798	2,419

(2) 1971-75年（全資産）

	1971	1972	1973	1974	1975
資　産	32,753	43,595	47,551	55,942	58,334
負　債	22,980	29,728	34,535	46,999	51,316
純資産	9,773	13,867	13,016	8,943	7,018

(1)は某民間金融機関推計（日本経済新聞），(2)は大蔵省調．

間に12.3億ドルにすぎず，日本はその63％の7.8億ドルを占めていたことになる．そのうえ，現地の習慣や生活感情を無視し，民族主義を刺激するような日本企業の行動様式が加わって，対日批判が引き起された．「現代日本帝国主義」が海外のジャーナリズムの話題となったが，日本側はそれに無関心でありつづけたのである**．

　＊　関口末夫・松葉光司『日本の直接投資』（日本経済新聞社，1974）付表．
　＊＊　J. Harriday and G. McCormack "Japanese Imperialism Today", Penguine Press, 1973（林理介訳『日本の衝撃』実業の日本社，1973）．

　1960年代後半から，日本と世界との間に，日本の国際的な地位や経済力についての理解の食いちがいが生ずるようになった．1969年における沖縄返還交渉と日米繊維交渉のからみあいによって日米関係は冷却し，やがて1971年8月のニクソンの新経済政策——円切上げの問題が発生したのである．欧米からみた日本は，すでに高い競争力を備えた工業国であり，円レートの切上げなしには，アメリカの国際収支は維持しがたく，ヨーロッパの多くの産業（たとえば造船業や自動車産業）もその市場を奪われると意識されるようになっていた．日本経済についての日本側の後進国意識と欧米の高い評価とのギャップは次第に開いていったのである．

　日本の経済人たちも，この種の批判を知らなかったわけではなかったが，敗

戦後の廃墟から立ち上がって，近代産業を再建し，国際競争力をもつ製品をつくりだし，世界に販路をひらいたのは，自分たちの努力の結晶なのだという自負があった．努力を怠った諸国に対して，日本が優位に立つのは当然で，公正な競争の結果に対してクレイムをつけられる理由はない，というのである．さらに，日本側からみれば，米，畜産物，砂糖，果実のような農産物はもとより，航空機やコンピューターなどの分野でも，競争力がはるかに弱い．工業製品の場合でも，大量消費される一般品でようやく追いつき，追い越しただけで，高度の技術を要する産業ではまだ立ち遅れているから，今後さらにその発展をはからなければならないというのが，日本の政府や財界主流の公式見解であった．360円レートは今後の発展のためにも，残された分野のキャッチ・アップのためにも維持されるべき規準と考えられていたのである．ただこの考え方は，追いつき追い越すまではそれでよかったが，「大国」になってしまったあとでは海外に対して通用しなくなる．日本はこのことを理解できなかったのである．

(2) 金融引締めと「列島改造計画」

　高度成長を支えたのは，1910年代から30年代前半に生れた世代であった．戦争は彼らの共通体験であり，戦時・戦後の窮乏が身に沁みているだけに，経済成長はこの世代にとって共通の目標であった．つとめ先の仕事に没頭し，趣味も道楽ももたない「猛烈サラリーマン」たちの努力の積み重ねが，「経済大国」をもたらしたのである．彼らは労働組合員として賃金引上げや労働時間短縮を要求し，総選挙に際しては革新政党に投票したかもしれない．だが，その労働組合も，企業と運命をともにする企業別組合であり，革新政権が誕生する場合でも，彼らと企業との連帯に裂け目が生じないことは，自明のことのように考えられていたのである．

　しかし，世代の交替が進むにつれて，国民の意識は少しずつ変りはじめた．それはひとつには，戦時・戦後の記憶を持たない世代が，社会人として活躍するようになったためである．1960年代の終りに，パリでも，ニューヨークでも，東京でも吹き荒れた大学紛争の嵐は，戦後世代による戦前・戦中派への反抗の意志表示であった．貧しいが故に成長を求めた世代に対して，成長の中で生育し，窮乏を知らない世代が，経済成長のみを目標とする社会にあきたりな

くなり，価値の転換を求めて反抗したのである．すでに成長の果実を享受している者にとって，成長が最上の価値でなくなったのは当然のことで，豊かな社会における人間性の回復とか，組織された管理社会からの離脱とかが，魅力的な目標として意識されたのである．成長下の労働力不足にともなう終身雇用制と年功賃金体系の変貌も，またこの傾向に拍車をかけた．1950年代までは，職場を変えることは，ほとんどの場合，賃金その他の労働条件の低下をともなった．しかし60年代の労働力不足状況のもとで，20歳代の若い労働力は，よりよい労働条件と自己に適した職場を求めて，職場を移動するようになった．年功賃金体系の賃金上昇曲線の勾配も，若年層の賃金上昇率が大幅であったために，次第にゆるくなりはじめた．若い世代にとって，少なくとも若い間は終身雇用制の魅力は次第に色あせていったとしても，不思議はない．

　その一方，高度成長下における産業公害がようやく大きな社会問題として登場するに至った．高い成長のもとで，生活が安定してきてはじめて，成長のもたらす弊害が，真剣にとりあげられるようになったのである．60年代初めには，多くの地方が，免税や工場用地整備などの特権を与えてまで企業誘致に努力したが，60年代後半からは，工業化よりも自然や生活環境の保全に力をそそぐようになった．太平洋岸ベルト地帯においても，堺，水島，福山などにつづいて，最後に鹿島のコンビナートが完成したが，それ以後はむつ小川原，苫小牧東部，志布志湾などの計画は未完成に終った．

　経済成長に対する否定的な対応が，60年代の終りから70年代にかけて一般化したことは，高度成長がしだいに終末に近づいたことを暗示していたのかもしれない．しかし，成長の直接の担い手である産業ないし個別企業は，これまで通りに，生産能力の拡張と，労働力の節約の二つの目的から，大規模な拡張投資を行った．その資金は自己資金だけでは足りず，借入金がさらに増えていき，自己資本の対使用総資本比率は，低下をつづけていた．借入金に依存して設備を拡張し，金利や減価償却費を負担しても，完成した設備がフル稼働さえすれば，期待通りの利潤をあげることができるという強気が，なおこの時期の大多数の企業を支配していたのである．その予想は60年代を通じてつねに的中した．企業は，公害問題や，立地の困難はあっても，基本的な強気の態度を転換するには至らなかった．

成長から取り残された地方の立場に立っても，高い成長は否定しがたい魅力をもっていた．1972年，田中角栄が池田勇人の「所得倍増計画」の再版ともいうべき「日本列島改造論」をひっさげて首相に選ばれたのは，偶然や金権のためだけではなかった．「列島改造論」は，1985年まで年率10％の成長を持続しうると想定し，太平洋岸ベルト地帯に集中した工業を，内陸部と裏日本に再配置して地域間格差を解消し，9000キロの新幹線と，1万キロの高速自動車道路と，7500キロの石油パイプラインを建設して，全国を結ぼうという計画である．当時開通していた新幹線も，高速道路も，ともに700キロ程度にすぎなかった．それは成長のメリットを全国に撒布する夢の構図だったといってよい．人口25万の近代都市を全国に建設し，大都市の機能を分散するという発想も，地方の人たちの期待をふくらませた．「列島改造」ブームは全国の地価を引き上げただけで，すぐ翌年に襲来した「石油危機」ときびしい物価安定政策の中で消滅してしまったが，成長への期待の強さを物語るエピソードであった．この成長のためには，当然，360円レートが維持されることが必要で，今後の成長を支える柱になると考えられていた．海外からの批判に耳を傾ける余裕はなかったのである．日本経済についての海外からの評価と国内での見解とには大きなギャップがあり，それはますます拡大しつつあった．そのような日本側の姿勢が政策面で表面化し，国際的に大きな問題を引き起す直接の原因になったのが，1969年9月の金融引締め政策であった．日本銀行は，1969年9月，公定歩合を年率5.84％から6.25％に引き上げた．それとともに，預金準備率を引き上げ，さらに，窓口指導によって，市中資金の供給を直接に制限した．問題はこの時点において金融引締めが必要と考えられた理由にあった．

1969年の夏，日本の輸出は好調を持続し，国際収支は大幅の黒字を維持していた．鉱工業生産の伸びも，四半期別のデータでみて，前期比3－4％の増加であったから，年率10％をこえる成長がつづいていた．この時，金融引締めが必要とされるに至ったのは，この年に入ってから急速に上昇のきざしを見せてきた卸売物価に対する懸念からで，その背後には，ベトナム戦争下の世界的なインフレーションによる輸入物価の大幅な上昇の事実があった．当時アメリカ，イギリスでは年率4％程度，フランスでは年率9％程度の卸売物価の上昇がつづき，国際商品相場の上昇が目立ちはじめていた．インフレーションを

防止するためには，国内の需要を抑制して，国際物価の上昇が国内に波及するのを食い止めなければならないというのが，当時の通貨当局の判断であった．69年後半から70年初頭にかけて，国際物価の高騰は激しさを加え，輸入物価もこれと歩調を合わせて上昇した．引締めは予想を越えて長びき，国際物価が沈静し，国内需要が資金の不足によってほぼ完全に抑制された70年夏にいたって，ようやく解除された．この時，国内の景気はすでに下降局面に入っていて，とくに設備投資は容易に回復しなかった．鉱工業生産の成長率は，71年4－6月にはついにマイナスを記録したのである．

　従来の金融引締めは，国内の需要が活発化し，輸入需要も旺盛で，国際収支が赤字化した場合，国内需要をおさえることを意図して行われた．この場合は条件が異なり，国際収支が黒字であるのに，主として国際物価の高騰にもとづいて発生した卸売物価の上昇が，一般的なインフレーションを引き起さないように，予防的な目的で金融を引締め，国内需要を抑制しようと企てたのである．しかし，この場合のように輸入価格が上昇しているときには，引締めによって可能なことは，せいぜい輸入価格の上昇が一般の国内物価に波及するのを抑制する程度にすぎず，しかも国内需要を萎縮させてしまい，景気を冷却させる副作用をともなうと予測される．国内需要が伸び悩むならば，輸出圧力がかかり，また輸入は沈滞して，国際収支の黒字はいっそう大幅になるであろう．おそらく正しい政策的処方箋は，360円レートを，5ないし8％切り上げることであったが，為替相場の変更は政府や財界からタブーとされていたのであった．

　事実，日本の卸売物価は，国際物価が70年4－6月に反落してのち，ようやく沈静に向った．他方，国内需要が沈静して70年後半から日本の輸出は一段と増加し，輸入は横ばいに近くなり，国際収支の黒字幅はさらに拡大した．しかも，国内需要は引締めを解除しても，自律的に下降してしまった．以上のような結果から，この政策は当初の目的に対してあまり有効でなく，副作用の方が大きかったのである．

2. 高度成長の終り

(1) 「ニクソン・ショック」

1971年8月，アメリカのニクソン大統領が「新経済政策」を発表したのは，次第に激しくなるインフレーションを抑制し，あわせて国際収支の赤字幅がこの年に入って急に拡大したのを阻止しようと企ててのことであった．そのとき，金・ドル交換の停止，賃金・物価の凍結，減税による需要の誘発などの処置とともに，輸入課徴金の賦課が公表され，日本からの輸入をチェックしようとする意図が明示されたが，それは，主要諸国に対して為替レートの調整を要請するシグナルだったのである．この報をきいて，西欧諸国はいっせいに変動相場制に移行したが，日本は約10日間360円レートを維持しつづけたため，円レートの上昇を見越したドル売りが殺到し，外貨準備は，8月の1ヵ月間で46億ドル増加して125億ドルに達した．政府と日本銀行はその状況をみて360円レートの維持をあきらめ，変動相場制に移行した．以後円レートは上昇をつづけ，同年12月のスミソニアン協定によって1ドル308円の新レートが決定された．日本はこの時をもって，戦後22年間維持してきた360円レートと訣別したのである．

当時，日本の国際競争力は著しく強化されていた．第61表に示すように，日本の輸出単価は，1951年から65年まで低下をつづけ，他方，西欧はこの間

第61表　輸出単価の国際比較　　（1963年＝100）

	日　　本	アメリカ	西　　欧	先進国	発展途上国	自由圏
1951	134	93	101	100	128	108
55	103	95	95	96	111	100
60	107	99	97	98	103	100
65	98	104	104	103	103	103
67	100	110	105	105	103	105
70	111	114	112	114	109	112
72	110	121	130	130	126	128
75	165	201	223	219	233	240
77	162	218	243	237	404	266

日本の場合，米ドルに換算すると，1972年129，75年201，77年219となる．
日本銀行『日本経済を中心とする国際比較統計』1969，1975，1979各年版により算出．

はほぼ横ばい，アメリカは上昇の基調にあった．この間360円レートが据え置かれたのである．60年代後半には，日本の輸出単価も上昇したけれども，50年代からの期間を通じてみれば，日本の輸出競争力の改善は著しいものがあった．1970年代初頭にも各国の単価は大幅の上昇を示したのに，日本のみは微減の傾向にあった．1969-70年の金融引締めは一層の輸出増加をもたらした．したがって308円レートは，国際競争力の実勢と見合う適切な水準だったと思われるが，当時の日本においては，日本の輸出の拡大は360円レートのもとでこそ可能だったので，308円では無理だとする悲観論が大勢を制し，「ニクソン・ショック」と俗称されるパニックが日本経済をおそったのである．

　この当時，国内経済は景気後退の谷底にあって，すでに，政府は景気回復のために，財政支出を拡大し，日本銀行は思い切って通貨供給量を増加しつつあった．輸出による回復の望みが失われたとすれば，国内需要を刺激して，これを埋め合わせなければならないと政策当局は判断したのである．第23図に示すように，1970年の後半から71年前半にかけて，景気後退を食い止めるために，金融の緩和（利子率の低下と通貨供給の増大）と，財政による公共投資の増大が，急速に進められた．「ニクソン・ショック」によって，景気がふたたび後退することを恐れた日本政府は，景気刺激策を一層強化して，国内需要を振興しようとつとめたのである．ところが，パニックはなかば心理的なものであった．71年12月に308円レートが設定された後においても，またその以前においても，輸出の成約に格別の落ち込みは見られなかったし，むしろ，71年秋には，円が高くならないうちに契約を急ごうとする動きさえ見られたほどである．しかし，輸出にまったく影響がなかったのではない．1970，71，72年のドル建ての通関輸出の対前年比増加率は20％前後であったが，円建ての輸出増加率は72年には4.3％と落ち込んでいて，為替レートの上昇の影響をあらわしている．実際，円建ての輸出物価指数も，72年にはマイナス2.9％であって，レートの上昇にもかかわらず，かえって低下していたのである．円切上げの影響は，予想されたほど破滅的ではなかったけれども，輸出手取り収入の減少をもたらした．しかし，その対策としての通貨と財政の膨脹政策は行き過ぎであり，インフレーションを準備したのであった．

　その理由は，まず企業の手元流動性が著しく緩和して，値上り期待の土地購

第23図 1970年代の経済動向

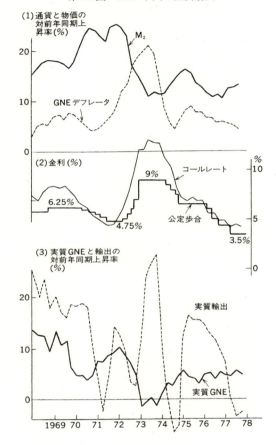

　入や，意図的な在庫の積み増しが可能になったことである．法人企業の手元流動性（手元現金・預金の売上高に対する比率）は，第24図に示すように，71年の初めから増加に転じていたが，「ニクソン・ショック」の後異常な上昇をつづけて，72年から73年初頭まで，12％という高さを持続した．この遊休資金の利用形態が，まず投機目的の土地購入，つづいて在庫の積み増しであった．大都市近郊の通勤可能圏はもちろん，全国いたるところで土地の買漁りが進め

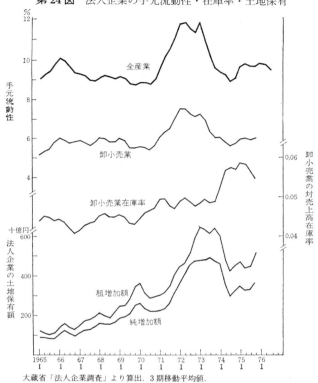

第24図 法人企業の手元流動性・在庫率・土地保有

大蔵省「法人企業調査」より算出. 3期移動平均値.

られた.「列島改造計画」によって刺激されたこの傾向は73年いっぱいつづき,地価は大幅に値上りした. 全国市街地の土地価格指数（毎年3月調べ,1955年3月＝100）は,72－74年の間に5割以上の暴騰を示したのである（なお第56表参照）. それと同様の投機が,もう一度さらに大規模に展開されたのが,1980年代末のブームの時期であったことはのちに述べる通りである.

　土地ばかりでなく,一般商品の価格上昇も,これに踵を接して発生した. それに拍車したのが,第25図に示すような,1972年から発生した国際物価の急騰であった. それは,世界的な成長のために,60年代を通じて供給超過であった第1次産品の需給関係が需要超過に転じたという事実を示していた. OPEC（石油輸出国機構）は,1970年にはメジャーとの間で原油価格を5年間

第 25 図　国際物価と国内価格

物価指数は日銀.

に約50％段階的に引き上げる契約を締結し，さらにリヤド協定によって，メジャーへの資本参加と，自国産原油の直接販売の権利を取得していた．原油は1960年代には供給超過だったのが，ようやく需給が均衡したことがその背景になっていた．そのうえ，1972年には社会主義諸国の穀物が不作で，ソ連がアメリカ市場で大量の穀物買付を行ったのを契機に，国際１次産品の価格上昇が急に表面化した．手元資金に余裕をもつ日本の商社・卸売商が，値上りを期待して手持ちの在庫を積み増したのはこの状況をみてのことであった．

　72年半ばまでは，為替レートの切上げの効果があらわれて，日本の輸入物価は低下の傾向をたどった．しかしその後は，輸入品の価格上昇が表面化し，卸売物価も上昇しはじめた．73年２月にはアメリカが，穀物の国内価格の暴騰から，大豆の対日輸出を禁止したために，豆腐も味噌，醬油も不足するといわれ，とくに豆腐の価格は暴騰した．同じ２月には，のちに見るように変動相場制への再度の移行が行われ，円相場は10％以上切り上げられたが，国内物価の上昇を抑制することはできなかった．生革，木材，繊維原料，金属原料，石油製品等も，原材料価格の上昇と不足の懸念から買い急がれた．そのために，

第62表 1973年の財政・金融の引締め

	財 政 政 策	公 定 歩 合	預 金 準 備 率	窓 口 指 導
1973年 1-3月		4.5%	1月16日,3月16日の2度引上げ	貸出を前年同期比12.7%増に.その後強化された
4-6月	公共事業の施行時期繰り延べを決定(4月12日),これを強化(6月29日)	5.25%(4月5日) ↓ 5.75%(6月2日) ↓	5月30日第3次引上げ	前年同期比16%減
7-9月	公共事業費・財政投融資の8%を翌年度に繰り延べ.地方財政をふくめて1兆円強(8月31日)	6.25%(7月5日) ↓ 7.25%(9月1日)	8月28日第4次引上げ	前年同期比24%減.のち40%減に修正
10-12月		↓		前年同期比41%減
1974年 1-3月		9.00%(1月4日)	1月4日第5次引上げ	前年同期比34.6%減

財政政策,公定歩合,預金準備率については『経済白書』昭和49年度による.窓口指導については『日本経済新聞』より作成.

日本の国際収支は一転して大幅の赤字を示し,物価の上昇傾向におびえて,一般消費者までが買い急ぎの傾向を示すようになった.1973年9月の卸売物価指数は,前年同月比18%を上回り,1950年代以来最悪の状況に達した.実需の増加が仮需要を刺激し,物価の上昇を呼び,さらに買い急ぎを誘発するというスパイラルが発生したのである.

政策当局も,この状況を傍観したわけではなかった.1973年3月からは,まず金融の引締めが行われ,5月以降は財政支出の繰り延べも行われた.第23図と第62表が示すように,財政・金融当局がインフレーション抑制のための手段をとりはじめたのは73年に入ってからで,本格化したのは4月以降であった.田中内閣がはじめて編成した73年度予算は前年度比24.6%増の大型予算であって,公共投資は32.2%増となっていた.この予算が国会を通過した73年4月初めまで,本格的な引締め政策の実施をためらったことが,インフレーション抑制の時機を失したのである.

その後の引締めの強化はきびしいものがあった.とくに,窓口指導の強化は著しく,7月以降は本来の規制の対象である都市銀行ばかりでなく,地方銀行,

長期信用銀行，相互銀行，さらに外国銀行に対しても，きびしい規制が行われたのである．しかし，73年9月までは，金融は引き締まっていったものの，企業の資金繰りにはなお大きい余裕があり，国際的なインフレーションは日本にも激しい影響を及ぼしたのである．

(2) 「石油危機」と「狂乱物価」

　国際的な大インフレーションを決定的な状況に追い込んだのは，1973年10月の第4次中東戦争にともなう「石油危機」であった．アラブ対イスラエルの積年の確執が4度目に火をふいたとき，アラブ産油国は石油戦略を発動した．はじめは，アラブ諸国に友好的でない国に対する石油供給の停止を打ち出し，ついで石油価格の4倍弱の値上げを公表した．1次エネルギー供給量の4分の3を原油に依存しており，国内に見るべきエネルギー資源をもたない日本のうけた衝撃は，当然のことながら，きわめて大きいものであった．国内にインフレーションの炎が燃え盛っているとき，原油価格が大幅に引き上げられることになって，直接の石油製品や関連製品にとどまらず，多くの財の価格が急上昇した．すでに多くの商品の需給が逼迫していたところに，石油危機のショックが訪れて，パニックと便乗値上げをもたらしたのである．たとえば，73年10月，関西地方を中心に，トイレット・ペーパーが買えなくなるという噂が流れはじめ，10月末，某新聞がこれを記事にしたのをきっかけに，主婦たちがスーパー・マーケットに殺到し，一人の重傷者さえ出るにいたった．政府は在庫の緊急放出を指令して，応急措置をとったが，その後トイレット・ペーパーは大幅に値上りし，消費者は価格にかまわずその入手につとめた．供給業者は原料と賃金の上昇のためのコスト上昇を考え，むしろ生産の増加に慎重で，かつ値上りを期待して売り惜しみをする．かくて需給ギャップはいよいよ拡大し，その価格は生産費との比例を失して急上昇したのであった＊．このような事例は，消費財のみならず，生産財についても発生したと考えられる．こうして「狂乱物価」といわれるインフレーションが訪れたのであった．

　　＊ 辻村江太郎「市場競争理論の再考―需給バランスと競争圧力―」，続幸子「スタグフレーション期におけるトイレット・ペーパー市場の分析」(*Keio Economic Observatory*, No. 1, 1975).

第7章　国際化のなかの安定成長

第63表　産業資金供給額の推移　　（百万円）

		産業資金供給総額	民間金融機関貸出総額	うち都市銀行分
1972	1-3月	31,234	25,824	11,702
	4-6月	33,635	29,111	11,683
	7-9月	57,932	50,494	19,831
	10-12月	77,752	68,562	23,144
1973	1-3月	45,250	35,379	14,865
	4-6月	48,422	38,800	11,759
	7-9月	60,458	51,996	13,759
	10-12月	63,519	54,137	13,677
1974	1-3月	33,056	25,891	8,855
	4-6月	34,464	26,606	8,061
	7-9月	42,608	34,978	9,582
	10-12月	56,460	45,984	13,546

1) 日本銀行『経済統計年報』による.
2) ここにいう産業資金供給額とは，金融機関の貸出額や各種債券発行額の期末残高の，各期間における増減を意味している．

　政府は政策を転換してインフレーションの抑制に全力を注がざるをえなくなった．引締め政策は一層強化された．田中内閣も，急死した愛知揆一蔵相のあとを受けた福田赳夫の要請に従って，「列島改造」の計画を一時——結局は永久に——放棄して，インフレーションの安定に力を注ぐことになった．

　この当時の引締めがきびしかったことは，第63表の示す通りである．引締めの中心となるものは民間金融機関の貸出であるが，窓口規制の主な対象とされた都市銀行の貸出増加は73年の4-6月からすでに伸びなくなって，7-9月には前年比マイナスになった．ついで窓口指導が他の金融機関に対しても行われるようになった73年10-12月期からは，産業資金供給額全体がきびしく削減されたことが，この表から看取される．第23図をみても，1973年末から75年はじめにかけて，M_2の伸び率がGNEデフレータの伸び率をはるかに下回る異常な事態がつづいている．かくて，この引締めはそのきびしさにおいても，継続期間の長さにおいても，従来の例をはるかに上回るものになった．それまでの引締めは，金融機関の貸出増加額が前年同期のそれを下回ることはなく，せいぜい伸びが鈍る程度であったし，継続期間も満1年にとどまっていたが，このときの引締めは満2年にわたり，しかもはるかにきびしく行われたのである．それは，異常なインフレーションを抑圧するために，あらゆる犠牲を

第 II 部　近代日本経済の発展

第64表　対前年比物価上昇率の国際比較　(%)

	日本		アメリカ		イギリス		西ドイツ		フランス	
	W	C	W	C	W	C	W	C	W	C
1970	3.7	7.7	3.6	5.9	7.1	6.4	4.9	3.4	7.3	5.9
71	0.8	6.1	3.2	4.3	8.9	9.4	4.3	5.3	3.7	5.3
72	0.8	4.5	4.6	3.3	5.3	7.1	2.6	5.5	5.9	6.1
73	15.8	11.7	13.1	6.2	33.1	9.1	6.6	6.9	12.7	7.3
74	31.4	24.5	18.9	11.0	22.6	16.0	13.4	7.0	23.7	13.7
75	3.0	11.8	9.4	9.0	23.0	24.0	4.6	5.9	△5.7	11.8
76	5.0	9.3	4.6	5.8	16.2	16.6	3.6	4.4	5.8	9.7
77	1.9	8.1	6.2	6.5	18.2	15.8	2.8	3.6	7.0	9.3
78	△2.6	3.8	7.7	7.6	9.9	8.3	1.1	2.7	4.3	9.1
79	7.3	3.6	12.5	11.2	10.9	13.5	4.7	4.2	13.4	10.8
80	17.8	8.0	14.2	13.5	14.0	17.9	7.6	5.4	14.8	13.5
81	1.4	4.9	9.1	10.4	9.5	11.9	7.8	6.3	11.7	13.4
82	1.8	2.7	2.0	6.1	7.8	8.6	5.8	5.3	11.4	11.8
83	△2.2	1.9	1.3	3.2	5.4	4.6	1.5	3.3	8.8	9.6
84	△0.31	2.2	2.4	4.3	6.2	5.0	2.9	2.4	8.9	7.4
85	△1.14	2.1	△0.5	3.5	5.5	6.1	2.2	2.2	4.5	5.8

W：卸売物価指数，C：消費者物価指数．
日本銀行統計局『日本経済を中心とする国際比較統計』による．

辞さないと決意した政府当局と日本銀行の強い意志の結果であった．この政策の目標であったインフレーションの抑制が，意図された通りに成功したことは，第64表に示した物価上昇率の国際比較からも明らかである．1973―74年における日本のインフレーションは，イギリスについで激しかったにもかかわらず，その後急速に沈静した．それはアメリカやフランスなどのインフレーションが70年代を通じて恒常化し，生産は停滞し失業率は高まるという，いわゆるスタグフレーションを惹き起したのにくらべて，顕著な対照をなしている．このことは第2次石油ショック後の1980年代初頭においても同様であった．もちろん，その成功を，すべて財政金融政策の成果と見るわけにはいかない．労働組合の賃金引上げの自制，企業の合理化のための努力などが大きな意味をもっていたことはのちに述べる通りである．

ただし，峻烈なインフレ対策は，当然，大きな犠牲をともなった．1971―78年の景気指標をとりまとめた第26図は，その事実を明示している．まず，1973年から74年にかけて，インフレーションが進行するなかで，企業の経常利益率は急激に低落した．その理由は，需要の低落とコストの上昇とであった．

第7章 国際化のなかの安定成長   223

第26図　国内経済の動向

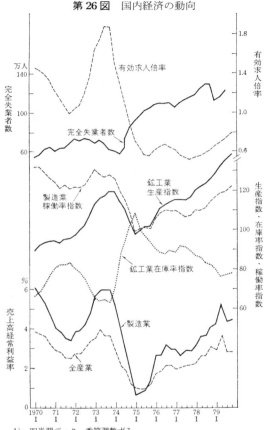

1) 四半期データ．季節調整ずみ．
2) 完全失業者数は総理府統計局「労働力調査」．有効求人倍率は労働省「職業安定推計」．鉱工業生産指数・在庫率指数・製造業稼働率指数は通産省調（1975年＝100）．売上高経常利益率は大蔵省『法人企業統計季報』．

需要の伸びは，財政・金融の引締めと，インフレーションのための実質需要量（消費数量）の減少とがあいまって，急激に低下した．また，原材料・燃料価格の騰貴と，賃金の上昇とのために，コストは上昇し，製品価格上昇によってカバーすることができなくなり，マージン率は低落した．加えて，成長下における借入金の金利や，設備投資の減価償却費などの負担も増大したからである．また鉱工業の生産は，1973年10－12月期から，75年1－3月期までに，19％

低下した．これは戦後日本におけるもっとも激しい生産の低下であった．生産の落ちこみがもっとも激しかったのは，金属製品，セメント，非鉄金属などの重化学工業と，木材工業，紙パルプ工業などであった．造船業や鉄鋼業は，輸出が比較的好調だったために，このときの谷底は比較的浅かったが，その後の不況によって大きな打撃をこうむった．また，繊維工業は，1973年半ばまでは，価格の騰貴と消費者の買い漁りによって，熱狂的なブームを迎えたが，74年に入るとその反動で価格はいち早く落ちこみ，需要は減退して，著しい不況に陥った．生産の落ちこみが軽くてすんだのは，強い輸出競争力をもつ自動車などの少数の産業と，食料品など生活必需品産業にすぎなかった．企業の製品在庫率指数——製品在庫量と出荷量の比の指数——は，意図しなかった在庫の急増を反映して異常な上昇を示した．また，このために，企業の設備稼働率指数は，75年には，73年初頭に比べて約4分の1も低下した．73年初頭において，ほぼ設備能力の90%程度が稼働していたとすれば，この時期には生産設備の約3分の1が停止してしまったわけである．これは企業の利益をおし下げる要因として働いたが，同時に，企業の設備投資意欲を全く失わせる結果をまねいた．

　不況とともに，失業の問題が急に表面化した．第26図にみるように，74年には完全失業者数は急上昇したし，何よりも，職業安定所の窓口における有効求人倍率*は急激に下落した．そして，ここに示されている完全失業者の増加よりもはるかに多数の，家庭の主婦をはじめとするパート・タイム労働者は，たちまち職を失った．その人たちの多くは，完全失業者として労働市場にとどまることなく，家庭に帰って非労働力化したものと思われる．しかも，日本の場合，ほとんどの企業は終身雇用制を建前としているので，簡単に人員整理にふみ切ることはできない．むしろ，労働組合との間に，不況にさいしても指名解雇を行わないという暗黙の諒解が成立しており，それが日本の労使関係を良好に維持してきた理由であった．したがって後にのべるように，雇用調整は70年代後半から80年代にかけて深刻化した．

　　* 有効求人倍率とは，職業安定所に登録されている企業側の求人数を，登録されている求職者数で割った比率であって，この値が1以上になれば，求人数が求職者数を上回って人手が不足していることを示し，1以下になれば，求人数より求職者数

が多くて人手が過剰であることを示す.

　以上のようにして，1973年にはじまったインフレ抑制政策は，日本の経済に深刻な影響を及ぼした．1950年代から20年以上にわたってつづいてきた高度成長が，この時をもって完全に終りを告げたのである．高度成長を内側から支えたのは，すでにみたように，成長を期待する企業の強気の経営態度であった．大規模な設備投資がまず国内経済を刺激して成長力を付与し，それが完成すれば生産能力をたかめ，国際競争力を強化して，さらに新たな成長を可能にしてきたのであった．しかし，国内の需要は大幅に低落した．何よりも，膨大な遊休設備をかかえた企業は，かつての強気を放棄して設備拡張意欲を失った．政策的な景気刺激も，後にとりあげるような財政的な理由から，行われにくくなった．消費と輸出とが，辛うじて成長の支柱となった．こうして，日本経済は，短期的には不況になやみ，中期的には高度成長からの脱皮の時代をむかえることになったのである．

3. 成長体質からの脱皮過程

(1) 1970年代の国際環境

　1973年2月，アメリカはふたたび通貨危機に見舞われた．そのため各国はアメリカの要請を受けて，固定為替レート制を放棄して一斉に変動為替相場制に移行した．日本はアメリカとヨーロッパ諸国の要請をうけいれて，変動相場制移行と同時に，対ドル円相場の17－20％の切上げを諒承せざるをえなかった．変動相場制は，一時的な措置ではなく相当長期にわたると予想されていたが，現在までそのままに存続している．金本位制時代の特色をできるだけ維持しようとして考案された戦後のIMF体制は，1971年のニクソン大統領の新経済政策によって，その実質を失ったが，このとき全く変質したと考えてよいであろう．変動相場制への理論的期待は，次の点にあった．一国の国際競争力が強く（弱く），経常収支が黒字（赤字）基調になるときは，為替相場は上昇（下落）して，輸出を抑え（増やし）輸入を増やす（抑える）ように働くであろう．したがって，変動相場制のもとでは，為替相場を媒介にして国際収支の

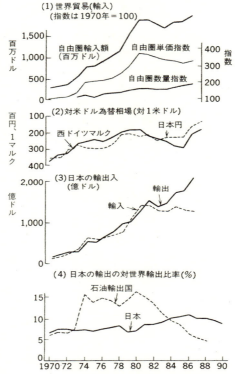

第27図 貿易と為替相場の動向

均衡が回復されるというのである．この期待は，長期的には成立すると考えてよいであろう．しかし，短期的には，資本移動や後述のJカーブ効果，さらには通貨当局の政策的介入などのために，経常収支の動向が直ちに為替相場に反映されるとは限らず，国内経済にも大きな影響を及ぼしたのである．

さて，1970年代と80年代前半の世界と日本の貿易為替相場との動向をとりまとめれば，第27図がえられる．1970年代の世界貿易は，国際的なインフレーションと経済活動の停滞を反映して，輸入単価は3.5倍に達したが，貿易量は5割増にとどまった．先進工業国および非産油発展途上国の貿易は，70年代半ばから80年代初頭にかけて大幅な赤字つづきであった．当然，石油輸出国の貿易は黒字つづきであった．サウジアラビアをはじめとする諸国のオイル・マネーが国際金融市場の動向を大きく動かした．このなかにあって，ドイ

ツと日本だけは比較的速やかにこの変動を乗り切ることができたのである．

為替相場（対米ドル）をみると，1973年に，308円からいったん265円に上昇した為替相場は，石油危機以後，いったん下落に向い，74年から76年にかけて300円に近づいた．ところが1975年から，日本の輸出はふたたび急増しはじめた．自動車やカラー・テレビなど機械類が輸出増加の主力であって，後に述べる74年の不況のなかで進められた合理化の成果が早くもあらわれたのである．日本の輸出は75年の557億ドルから，85年の1756億ドルまで，10年間に3.2倍に増加した．世界貿易もほぼ同じ倍率で増加したが，それは原油，原材料輸出の拡大に負うところが大きく，先進工業国のなかでの日本の輸出の比率は急に上昇したのである．そのために石油危機にともなう貿易赤字は76年には解消し，ドイツとともに，黒字幅を次第に拡大させていった．このため，ドイツ・日本に対する批判の声がたかくなり，経済学者L．クラインは米，日，独がまず国内の成長率を引き上げて輸入を増加させ，アメリカとともに3台の機関車となって世界経済の回復を刺激すべきであると提案した．アメリカはまずドイツの為替相場の引上げを要請し，ついで日本の為替相場の引上げが望ましいとブルメンソール財務長官自ら声明するにいたった．

だが，つけ加えておくべきことは，このときのドル建ての輸出が，円高のもとにおいてもなかなか衰えを示さなかった理由についてである．その第一は，この時期のスタグフレーションのもとで，アメリカ，イギリス，フランスなどの物価が上昇をつづけたために（第64表），ドル建てのドイツや日本の輸出単価の上昇率は，これらの諸国にくらべてむしろ低目であったことが指摘される．第二には，いわゆるJカーブ効果を考えなければならない．為替相場が上昇すると，その後しばらくの間は，既成の契約とそれまでの傾向にともなう輸出が行われるため，外貨建ての輸出はかえって増加するので，新しい為替相場のもとで輸出価格が騰貴し，現実に輸出が減少するまでは一定の期間が必要である．同様に，為替相場の低落のさいにも，外貨建ての輸出は一時減少し，一定の期間をおいて拡大に転ずるというのである．このような事情のために，為替相場が一度上昇しはじめると，輸出はにわかに減退することはなく，しばらく増加しつづけるため，為替相場は望ましい均衡水準（もしそれが確定しうるものとして）を越えて上昇したのちに，ようやく反落することになるであろう．

またその逆に，為替相場が低下しはじめてもしばらくは輸出の伸びがはかばかしくなく，為替相場が均衡水準を越えて低下したのちに，ようやく増加が明らかになるというのである．1979年の『経済白書』によれば，1回限りの円為替レートの上昇は，Jカーブ効果が働く，6-7ヵ月の間は，かえってドル建ての輸出額を増加させるが，そののち，輸出は減退する．しかしながら，1976-78年の日本のように，連続的に為替レートが上昇すると，新たな上昇にともなう輸出増加がつぎつぎに発生して，かつての為替上昇にともなう輸出減退と相殺するため，輸出は伸びつづけ，輸出の減退が生じたのは12ヵ月以上すぎてのちになるとされている．

(2) 「減量経営」

1950年代から60年代にかけての高度成長期には，企業はつねに強気の経営方針に徹してきた．多くの産業分野において，業界内におけるシェアの争いはきわめて激しく，企業はそれに伍してゆくために，借入金の増大をおそれずに，設備投資を行い，生産の規模を拡大してきたのである．企業の設備投資行動はますます大胆になり，新設備が完全に稼働し，その売上げによって金利と減価償却費を負担したうえ，なお期待通りの収益を上げることができると確信するようになった．その結果，企業は借入金による設備投資をつづけたから，借入金の増加と，そのために自己資本比率が低下するのは当然の帰結であった．高度成長期にあっては，積極策が裏目に出たことはほとんどなかったから，企業の経営態度はますます強気になっていったのである．

この結果，日本の企業の体質は，高度成長期を通じて悪化していった．その状況は第6章の第48表および第65表の通りである．自己資本比率は，70年代には14%に落ちている．ちなみに，海外の場合も，この比率は趨勢的な低下をつづけているが，1976年の大企業の場合のみについて比較すれば，アメリカ52%，イギリス42%，旧西ドイツ29%に対して，日本は21%であった（通産省『世界の企業の経営分析』．第65表とは対象が異なるため，数字は一致しない）．それは，主として，借入金による設備投資増大の結果であるから，固定比率は当然増大するし，減価償却率も上昇する．そのため，売上高のなかの金融費用（支払利子，割引料）と減価償却費の比率も高まらざるをえない．そこで，い

第7章 国際化のなかの安定成長

第65表 企業の財務諸比率　　　　　　　　　　（％）

	1970	73	76	79	82	85	88	90
全産業								
自己資本比率	16.1	14.4	13.7	14.3	16.0	18.3	18.3	19.1
固定比率	226.9	234.4	258.7	241.7	234.2	223.8	218.0	216.6
売上高金利比率	2.5	2.5	2.8	2.1	2.3	2.2	1.9	2.4
付加価値金利比率	15.2	14.3	16.9	12.5	14.4	13.1	10.8	14.0
借入金利子率		8.3	9.1	7.2	8.0	7.0	5.2	6.6
売上高営業利益率	4.7	5.2	3.2	3.6	2.8	2.8	3.4	3.5
総資本経常利益率	4.8	4.1	2.8	5.9	4.6	4.3	4.7	3.5
製造業								
自己資本比率	19.9	21.1	17.0	19.3	22.6	25.7	29.1	30.6
固定比率	195.3	199.8	214.4	180.0	159.5	146.5	132.4	131.9
売上高金利比率	1.7	3.1	3.7	2.5	2.7	2.2	1.7	2.1
付加価値金利比率		12.7	16.8	11.3	12.3	10.5	7.3	9.4
借入金利子率		8.4	9.4	7.7	8.4	7.2	5.1	6.7
売上高営業利益率	7.3	8.0	4.5	5.7	4.2	3.9	4.9	4.8
総資本経常利益率	5.9	7.1	3.2	8.1	5.6	5.4	6.2	5.2

大蔵省『法人企業統計年報』各年.

ったん不況に陥ると，営業利益は低下するのに，利子や償却費などの固定費用は減少しないから，営業利益率からこれら固定費用の比率をさしひいた経常利益率はさらに落ちこむことになる．その状況が出現して，すでにみたように経常利益率が惨憺たる低下を示したのが，1974－75年であった．

石油危機以後，企業は「減量経営」によってその体質の改善を図った．減量経営といわれるものは，大きくいって三つの内容をもっている．その第一は，雇用調整（雇用量の削減）と労働費用の切りつめである．第二は，金融費用（金利負担）の削減である．そして第三は，この両者以外のありとあらゆるコスト切下げ（合理化）の努力である．

まず雇用量の削減と労働費用の切りつめについて．73年秋の石油危機によって，エネルギー供給が減少し，生産の停滞ないし縮小が生じたときから74年にかけて，企業はまず期限付きの女子労働者，主として家庭の主婦からなるパート・タイマーの整理を行った．しかし，それ以上の人員の縮小は，建前としての終身雇用制にふれる．良好な労使関係を維持するために，企業は一時に大幅な人員整理を行うことを避け，とくに，労働者を指名解雇することはほとんどなかった．その条件のもとで雇用を削減するために，退職者の後任の不補

第66表 非農林業の規模別雇用者数（男女計，カッコ内は女子）　（万人）

		総数	1～29人	30～99人	100～499人	500人以上	官公
全産業	1973	3,562(1,172)	1,164(437)	536(183)	506(165)	921(256)	426(127)
	76	3,682(1,195)	1,237(457)	572(198)	513(162)	902(239)	451(137)
	79	3,846(1,300)	1,329(509)	596(213)	545(183)	888(236)	483(157)
	82	4,068(1,408)	1,390(552)	628(232)	589(201)	961(262)	492(159)
	85	4,285(1,539)	1,426(590)	673(257)	654(233)	1,017(288)	503(168)
	88	4,507(1,660)	1,508(623)	715(281)	708(261)	1,065(323)	499(167)
	91	4,972(1,907)	1,635(703)	793(317)	815(312)	1,200(391)	514(179)
製造業	1973	1,200 (403)	324(127)	211 (82)	234 (84)	430(109)	1 (0)
	76	1,133 (370)	316(126)	216 (86)	216 (73)	383 (85)	1 (0)
	79	1,107 (373)	325(134)	215 (89)	215 (76)	350 (73)	2 (0)
	82	1,151 (392)	324(136)	220 (94)	226 (83)	378 (78)	1 (1)
	85	1,235 (435)	335(147)	238(103)	253 (96)	407 (88)	1 (0)
	88	1,245 (440)	337(148)	244(108)	259 (99)	403 (85)	1 (0)
	91	1,357 (489)	355(160)	251(116)	288(110)	451(103)	1 (0)
商業、不動産業、金融・保険業、サービス業	1973	1,434 (640)	583(279)	201 (82)	183 (70)	264(119)	199 (88)
	76	1,595 (695)	635(297)	229 (94)	208 (79)	291(125)	229(100)
	79	1,729 (789)	687(334)	255(107)	239 (96)	312(136)	233(115)
	82	1,906 (875)	746(371)	277(119)	268(105)	367(155)	246(119)
	85	2,051 (962)	778(400)	304(135)	305(126)	403(174)	257(127)
	88	2,240(1,071)	828(425)	335(154)	349(139)	464(213)	257(128)
	91	2,518(1,235)	905(479)	381(178)	415(185)	55(259)	262(133)

総務庁統計局「労働力調査報告」．

充，工場内での，あるいは他工場への配置転換，他企業への出向，さらには希望退職の募集と，あらゆる手段がつくされた．けれども，このような手段によるだけでは，人員削減の目的を達するためには，数年間が必要であった．第66表は産業別，規模別の雇用者数を示したものであるが，全産業についてみても，500人以上の事業所の雇用者数は1973年から79年までに33万人余減少しているが，同じ規模の製造業では同じ期間に80万人余の減少がみられる．また製造業の減少のうち，44万人は男，36万人が女である．製造業以外の各産業，とくに商業・サービス業では，総数も増加しているし，大規模事業所の雇用も減少していない．「減量経営」を強いられたのは，製造業の大経営だったのである．

減量のためには，労働関係費用をできる限り節約する必要がある．そこで，男子から女子へ，しかも低賃金の主婦層パート・タイマーへの切り替えが進行

した．労働省の「雇用動向調査」によれば，パート・タイム労働者数は，1975年の70万人から80年146万人，85年230万人，91年467万人と急増し，全労働者中の比率は2.9％から5.8，8.6，12.6％と高まってきている．産業別にみれば，製造業では，2.7，5.3，8.5，10.4％であったが，とくに比率の高い商業では，5.6，11.2，14.6，25.5％に達している．また，企業別労働組合の協力をえて，春闘におけるベース・アップ率を消費者物価指数の上昇率をわずかに上回る水準におさえたことも，減量のかなめのひとつであった．春闘の賃上げ率は，1974年の33％から，75年の13％に大きく落ちこんだあと，76，77年8.8％，70年代末には6％程度，80年代初頭の第2次石油危機のさいに7％台，80年代半ばからは4％前後に落ち着いて，労働関係費用の伸びは安定したのである．産業界は，雇用量を抑制し，支払賃金総額を切りつめることは成功したといっていい．

　第二に，金融費用の問題．金融費用の規模は，借入金（社債等を含む）の規模と，金利水準の両者によって決定される．第65表に見たように，70年代後半以後，企業の財務比率は大きな変化を遂げた．自己資本比率の改善，固定比率の低下，2度の石油危機のさいの引締め政策を経たのちの利子率の低下，売上高と付加価値額に対する金利（利子・割引料）比率の低下などの事実は歴然としている．金利負担に苦しんだ企業は，設備投資を切りつめて，極力新規借入金の増加を抑え，旧債の償還につとめる一方，金利の低下を機に借替えを行って利子負担の軽減に成功した．高度成長の体質から，低成長に対応可能な体質への脱皮がはかられたのである．それはのちにみるように，わが国の企業金融中心だった金融のメカニズムの変貌をもたらしたのである．

　第三に，これ以外にとられたさまざまの減量方法について，いくつかを例示しよう．まず，在庫の抑制があげられる．企業は1975年の異常な在庫増の苦い経験から，好況が見込まれる状況下にあっても，極力在庫の積み増しを抑えた．第Ⅱ部第6章の第12図（165ページ）に示したように，民間企業在庫増加額の対GNP比率は，1970年代後半以後著しく低下して1％以内におさまるようになってきた．在庫管理技術の発達によって，これが可能になったのである．同じような努力のあとは，設備投資の抑制にも見られる．75年当時の生産減の結果，企業は稼働率の低下のために苦しんだ．以後，設備投資をできる

だけ抑制し，公害防止，生産性向上などやむをえないもの以外は，生産能力の拡張をもたらさないで，稼働率の向上をはかる努力がつづけられてきたのである*. 大型コンビナートの建設は，第1次石油危機以後あとを絶ち，むしろ，石油化学，造船などの設備の解体が進められるようになった．それはのちにみるような産業構造の変化――電子，機械工業への特化の進行と第3次産業化に対応する事実であった．

* ただし，高度成長期型の設備投資関数が全く当てはまらなくなったわけではない．第6章（p.180）に示したモデルはこの時期においても有効である（データは1985年価格，カッコ内はt値）．

1970—90年 $\quad I_p = -5957.4 + \underset{(19.4)}{0.12558} K_p + \underset{(3.35)}{3531.9} \pi_c \quad R^2 = 0.97432$

とくにK_pの係数が小さくなったとはいえ正の値を示していることは，設備投資行動様式は投資水準が低下しても継承されていることを意味するのかもしれない．

また，あらゆる分野で，コストの低下と原燃料の節減が工夫された．たとえば，セメント工業のNSPキルンや鉄鋼業の連続鋳造法などの採用によって，燃料効率は大幅に上昇した．ある古いタイヤ工場では，蒸気を配管して動力に使用しているが，手あきの労働者を動員してパイプに断熱材を巻きつけたところ，燃料使用量が半分近くに低下した例もある．テレビ関係では，プリント配線から集積回路の使用によって，組立工程の人員を大きく削減することに成功した．自動旋盤やNC工作機械の採用によって，機械部品生産の能率も大きく向上した．

以上のようなさまざまの企業努力と，これに対する政策の対応とがあいまって，減量経営は一応の成功を示し，78年末から79年にかけて，利益率の回復がはっきりしてきた．減量経営は，5年あまりの期間をかけて，実を結んだのである．しかしながら，この手段が及ぼした社会の各方面に対する影響は大きなものがあった．次にそれらをまとめて考えてみよう．

(3) 雇用情勢の悪化と生産性向上・省エネルギー

減量経営がもたらした影響の第一は，雇用情勢の悪化であった．第66表に

よってみても，製造業，とくに大企業の雇用縮小，男子の雇用者数の伸び悩みは顕著である．製造業を含む非農林業全体の雇用量をみても，1973年から79年までの6年間に，男子の増加率は6.5％に対して，女子のそれは10.9％．このうち，従業員数1-29人の事業所では男子12.8％，女子16.5％と高い伸びを示しているのに，30人以上の事業所では，男子の伸びは3.8％にすぎず，女子も7.6％増加しているだけである．賃金その他の労働条件が劣っている小事業所の雇用だけが伸びたのである．この間商業では，男女の雇用者の伸び率はほぼ同じ，サービス業では女子の伸び率の方が大きかったのである．全体として，低賃金の女子パート・タイマーや学生アルバイトの進出が目立ち，雇用面での合理化が徹底したことはたしかである．

　第28図に示すように，雇用者数を分母とする雇用者失業率は，75年から80年代後半まで上昇しつづけた．この図には示されていないが，職業安定所の窓口の労働力需給関係を示す有効求人倍率も1975年から87年まで，つねに供給超過の状況を示していた．労働力過剰のもとでとくに問題になったのは高齢者の雇用問題である．1960年代から，定年延長が政府の方針として奨励されてきた．その結果，1970年には55歳定年制がほぼ60％弱の企業で採用されていたが，85年には27％に下がり，60歳定年制が50％を超えるに至った．しかし，老齢年金があるとはいえ，なお就業を希望する高齢者はなお多く，55歳以上の高齢者の有効求人倍率は好況だった1980年代には0.1ないし0.2にすぎなかった．高給を望み，仕事の選り好みがはげしいなどの問題があるとはいえ，企業側が高年者を敬遠しがちなことも事実である．人口の高齢化の進行とともに，この問題は今後の大きな課題になっている．

　次に，減量経営の積極的側面としての合理化——生産性向上の成果について考えてみるべきであろう．かつての高度成長の時代には，日本の労働生産性向

第28図 実質賃金指数と雇用者失業率

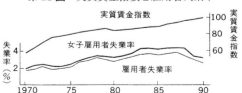

第67表　産業別労働生産性指数の年平均成長率

	1955-70	70-75	75-80	80-85	85-91
産業総合	10.1	5.4	8.3	4.4	6.4
公益事業	11.4	5.5	4.8	5.1	5.1
製造業	10.1	5.5	8.6	4.0	5.3
鉄鋼	12.4	6.5	7.7	2.7	5.9
非鉄金属	10.9	5.4	9.5	1.5	5.5
金属製品	10.3	4.0	7.9	1.2	3.9
機械	14.2	6.6	11.2	7.6	7.1
窯業土石	8.3	4.0	8.6	2.5	7.1
化学	11.8	4.8	9.6	5.3	7.1
パルプ・紙・紙加工品	9.4	5.9	9.0	4.8	6.8
繊維	7.8	4.9	5.8	2.9	2.0
木材・木製品	3.1	-0.4	3.4	0.1	0.9
食料品・たばこ	2.2	5.0	1.0	-0.5	0.9

日本生産性本部『労働生産性指数』より作成.

上率はきわめて高く，とくに1955—70年の間には，製造業計で年率10.1％を記録し，その後の70—73年の間も平均11.7％の高さであった（日本生産性本部『労働生産性統計』による）．それは，この時期まで活発につづいていた設備投資に付随する技術革新の効果であったと考えられる．プラントを大型化して規模の利益を追求し，最新の技術をとりいれ，自動化を行った結果の生産性上昇であったといってよいであろう．その動向は第67表に要約されているが，とくに70年代後半から80年代にかけての発展の中心となった機械工業，化学工業の生産性上昇率が高かったことに注目したい．

(4) 産業構造の転換

石油危機は，重化学工業を中心に発展してきた日本経済にとって大きなショックであった．日本の産業は，エネルギーを大量に消費する鉄鋼業と石油化学工業を中心に発展してきたし，主力エネルギー源は輸入原油であった．1960年代の低い原油価格は，日本の重化学工業の基盤であった．それによって，鉄鋼業，アルミニウム製錬業，石油化学工業など，エネルギーを大量に消費する素材産業が発展しえたのである．これらの工場のほとんどすべてが海浜に立地し，専用の港湾を利用して，原材料の積み取りと製品の積み出しを行ってきたのであった．

第68表 輸入物価指数（特殊分類）(1973年=100)

	総平均	食料品・飼料	原材料・燃料	軽工業品	重工業品
1968	81.7	64.3	82.6	69.7	98.4
76	189.9	150.0	230.6	112.0	132.8
78	150.1	112.9	178.3	109.6	112.6
82	303.7	138.0	430.9	130.8	164.0
85	265.3	122.6	363.6	124.7	157.7

日本銀行『卸売物価統計』.

第69表 実質国内総生産指数 (1973年=100)

	1970	1975	1980	1985	1990
国内総生産	81.1	100.8	127.9	154.6	194.3
農林水産業	86.8	97.5	87.6	97.9	100.5
鉱　　業	87.0	81.9	111.4	90.4	90.3
製　造　業	76.4	95.5	130.5	172.8	228.5
軽　工　業	81.1	98.9	116.7	132.6	149.9
素材工業	71.4	93.9	119.3	146.3	170.9
機械工業	74.7	92.4	159.1	250.6	386.1
建　設　業	81.9	102.9	108.7	104.8	145.3
電気ガス水道	85.5	110.4	132.2	166.6	214.3
卸売小売業	74.7	102.2	157.0	176.7	228.1
金融保険業	58.7	100.6	139.2	198.2	295.7
不　動　産	75.5	106.2	139.6	163.9	202.9
運輸通信業	89.3	107.6	115.8	143.7	175.5
サービス業	90.8	102.5	127.1	163.1	195.1
公　　務	88.8	110.9	134.9	149.7	153.3
第1次産業	86.8	97.5	87.6	97.9	100.5
第2次産業	78.1	97.3	123.6	151.3	201.5
第3次産業	80.9	104.7	135.5	165.2	205.4

経済企画庁『国民経済計算統計年報』平成4年版および『長期遡及主要系列国民経済計算報告』(昭和30年-平成元年)より算出.
なお，軽工業とは，食料品，繊維，紙パルプ，およびその他工業．素材工業とは，鉄鋼，非鉄金属，化学，窯業土石製品，石油および石炭製品の諸工業．機械工業とは，一般機械，電気機械，輸送用機械，精密機械，金属製品の諸工業．

　しかし，石油危機の後，原油をはじめとする1次産品の価格上昇にともない，これら産業の有利な条件は，完全に消滅したとはいえないまでも，著しく弱まったことは，原材料・燃料価格の異常な相対的上昇を示す第68表から明らかである．詳しくみれば，第1次石油危機後に急騰した指数は，78年当時の円高のためにいったん低落したが，第2次石油危機後の82年をピークにして再度の高騰を示した．しかも，設備投資や建設投資が伸び悩んだ．このような事

第70表　工業生産指数の動向　（1973年＝100）

	1970	1975	1980	1985	1990
総合	78.6	85.4	118.2	140.1	168.9
鉄鋼	79.3	84.2	105.3	106.3	113.5
非鉄金属	73.0	77.8	109.4	110.1	136.2
金属製品	72.7	75.0	102.1	99.3	115.7
機械平均	74.7	85.1	141.6	207.0	268.3
一般機械	81.7	77.8	122.8	151.1	186.3
電気機械	71.4	82.0	166.3	340.1	485.4
輸送機械	70.9	96.7	125.7	136.8	160.3
同（除船舶鉄道車輛）	72.9	96.8	163.5	180.5	218.2
精密機械	81.8	101.9	278.3	387.6	471.3
窯業土石	79.8	79.1	104.7	100.6	115.5
化学	78.8	90.7	129.4	157.2	202.4
石油石炭製品	74.9	93.8	95.0	80.1	83.0
プラスチック製品	70.1	73.9	102.7	118.6	140.7
パルプ・紙・紙加工品	82.3	83.8	112.4	125.5	161.5
繊維	88.8	84.4	91.5	89.3	83.0
食料品・たばこ	90.8	100.9	114.4	116.4	120.6
その他工業	76.0	81.1	110.2	109.2	152.6

通産省『鉱工業生産指数年報』より算出．

情が重なって，重化学工業を中心とする経済成長に転機が訪れたのである．そのなかで，重要な役割を担うようになったのは，機械工業と卸売・小売業，サービス業を中心とする第3次産業であった．第69表は1970－90年における産業別の国内総生産の動きを，1973年を基準として示したものであり，第70表は鉱工業生産指数を同様の基準でとりまとめたものである．明らかに，1985年までの第2次産業の生産増加の歩みは遅く，とくに1975年の落ちこみはきわめて深く，その後の回復も困難なものが多かった．

　石油危機以後の製造業は，輸入原料価格の騰貴，世界不況の影響などによって，かつての成長部門が一転して不況にあえぐことになった．高度成長期から停滞的だった繊維産業などはもちろん，成長期の主力産業だった鉄鋼，非鉄金属，造船などの各部門が，長期の不況に陥ったのである．そのために，通産省，運輸省，労働省を中心に，不況産業と地域とを対象として，1978年5月，いわゆる「構造不況業種」対策が決定された．その骨子は，「特定不況産業安定臨時措置法（特安法）」によって，「構造不況業種」を指定し，過剰設備の共同

廃棄,政府による設備処理計画の作成と共同処理の指定,設備処理のための共同基金の設立などを定めている.雇用問題や地域対策のためには,「特定不況業種離職者臨時措置法(特離法(業種))」,「特定不況地域離職者臨時措置法(特離法(地域))」,「特定不況地域中小企業対策臨時措置法(企業城下町法)」が制定された.「特安法」によって指定された「構造不況業種」は,平炉・電炉,アルミニウム製錬,ナイロン長繊維,アクリル短繊維,ポリエステル長繊維,同短繊維,尿素・アンモニア,湿式りん酸,綿等紡績,梳毛等紡績,フェロシリコン,段ボール原紙,造船の13業種であった.これらの業種では,いずれも共同行為(カルテル)として,設備処理が進められた.その例をあげれば,1981年までに合成繊維4業種合計で18%,尿素・アンモニアは34%,造船では年産37%(358万トン)の生産設備が処理されたのである.そのための離職者は10万以上にのぼり,離職者に対しては雇用保険給付期間の延長,職業訓練などをうける間の手当の支給,公共事業等への就職斡旋などが行われ,不況地域の中小企業に対しては,低利融資,税制上の優遇などが行われた.なお第2次石油危機以後83年4月に,「特安法」は「特定産業構造改善臨時措置法(産構法)」に切り替えられ,設備処理のほか,業務提携,近代化投資も追加されることになったし,財政投融資の拡大,補助金支給,優遇税制も実施されることになったのである.

　製造業の不振のなかにあって,機械工業の伸びは例外的に高かった.付加価値率が高く,輸入原材料依存度が低いうえに,技術的な改良の余地を多く残していたこの産業は,造船業などの不況業種を含んでいるにもかかわらず,急激な進歩を示したのである.とくに乗用車とエレクトロニクス製品とを機械製品と組合せたいわゆるメカトロニクス製品は,国内普及率の上昇と,輸出の好調とがあいまって急激な伸びを示した.小型コンピュータを工作機械に連動させたNC工作機械,VTR,日本語ワープロ,能力が高くて廉価なパソコン,その素材となる半導体素子などマイクロエレクトロニクス関係の新製品が,当初から輸出を意識して開発された.労働生産性の伸び率をみても,製造業平均では,1973−80年の間に年率4.7%,1980−90年には5.6%であったが,電気機械は9.5−9.6%,精密機械は15.2−9.0%と,その好調さがうかがわれる.

　また第3次産業は,国内の生活様式の急激な変化と,対企業向けサービス分

第71表 1人当り県民所得の平等化

(千円, %)

	1人当り平均個人所得 ($\bar{x}$)	同標準偏差 (σ)	同変動係数 ($\frac{\sigma}{\bar{x}}$)
1965	230.7	41.2	17.86
70	472.7	77.5	16.40
75	1016.1	144.6	14.23
80	1545.8	227.5	14.72
85	1981.0	296.9	14.99
90	2478.9	407.2	16.43

経済企画庁『県民所得統計』,『県民経済計算年報』より算出.

野の拡大などを通じて,新しい発展の機会をつかんだ.たとえば,石油危機以後における日本経済の顕著な特色のひとつは地域間所得の平等化である(第71表参照).第2次産業が不振なのに,農民の所得は政策的に保障されていたことなどによって安定して伸びつづけた.消費の様式は全国的に均質化し,乗用車の普及率は大都市圏よりも農村においてかえって高くなるほどであった.あるいは,住居の形式もベッドとソファを中心とした洋風化が農村においても一般化して,商業・サービス業のために新しい市場が開拓されたのである.一方,コンピュータのソフトウェアの開発,産業廃棄物の処理をはじめ,ビルディングの警備,清掃など,企業向けのサービス業務の範囲も拡大した.また都市・農村を問わず外食の習慣が普及し,チェーン化された「外食産業」といわれる新しい分野も注目されるようになった.さらに流通産業においては,1960年代後半から,大型のスーパー・マーケットのチェーンが急激に膨脹した.このようにして第3次産業は一般に発展し,しかも従来その活動が活発でなかった地域において拡大したのである.それは,日本の生活や経営の様式が急速に欧米,とくにアメリカに近づいたことを示している.

4. 第2次石油危機と財政再建

(1) 第2次石油危機への対応

第2次石油危機が訪れたのは,急激な円高のもとで,内需振興政策が軌道にのりかけた1979年からのことであった.1973年秋以降,イランにおいてはイ

スラム教の教義にそむく近代化を図ったとして，王政に反対する革命の動きがたかまり，79年にはイスラム教シーア派のホメイニ政権が成立した．この過程でイランの石油生産は大きく落ちこんだ．つづいて80年にはイラン・イラク戦争が勃発する．イランの石油生産の崩落がはっきりした74年1月以来，OPECはふたたび原油価格の引上げに踏み切った．はじめは79年中に通算14.5％を引き上げる計画であったが，戦争勃発のためもあって上げ幅が大きくなり，81年10月までの3年近くの間に，1バーレル当り12.7ドルから34ドルまで，3倍近い値上げが実施されたのである．第1次石油危機の際には1年間に4倍以上の値上げがなされたが，その上げ幅は2.6ドルから11.7ドルと9.1ドルであった．しかし今回は，まず20ヵ月間に20ドル，34ヵ月間に22.7ドルの引上げが行われたのである．

当時の日本では，高度成長後の引締め政策によって国内の設備投資の伸びが鈍り，そのなかで生き残るために企業が「減量経営」につとめ，同時に産業構造の転換と，新製品の開発が進み，自動車，電気，精密機械工業が中核産業になったことはすでに述べた．それとともに，経済成長のための輸出の役割がたかまった．第72表は，1970年から90年まで5年ごとに4期間に分けて，5年間の実質国民総支出（GNE）の各要素の成長率と，寄与率を示したものである．寄与率とは，ある期間のGNEの成長率がa％であるとき各要素がそれぞ

第72表 GNE諸要素の成長率と寄与率

		GNE	国内民間需要	国内政府需要	輸　出	輸　入	輸出-輸入
5ヵ年間の成長率(%)	1970-75	24.3	21.2	34.4	59.7	39.7	—
	75-80	25.2	21.8	22.2	59.5	25.8	—
	80-85	20.6	17.7	4.0	47.5	6.9	—
	85-90	25.5	34.1	14.3	39.5	84.8	—
寄与率(%)	1970-75	24.3	18.3	6.2	4.8	△5.0	△0.2
	75-80	25.2	18.4	4.3	6.2	△3.6	2.6
	80-85	20.6	14.5	0.8	6.3	△1.0	5.3
	85-90	25.8	27.3	2.4	6.4	△10.6	△4.2

寄与率とは，実質GNEをY，各要素をB, C, D, Eとし，かつ期間の最初の年の構成比を$b=\frac{B}{Y}$, $c=\frac{C}{Y}$, $d=\frac{D}{Y}$, $e=\frac{E}{Y}$として，それぞれの増加分にΔを付して示すならば，次のように定義される．

$$\frac{\Delta Y}{Y} = b\frac{\Delta B}{B} + c\frac{\Delta C}{C} + d\frac{\Delta D}{D} + e\frac{\Delta E}{E}$$

経済企画庁『国民経済計算年報』平成4年版より算出．

れ $b\%$, $c\%$…をつくりだしたことを意味し，b，c…の和が a に等しくなるように定義されている（第72表の注参照）．これによると1970－75年には，国内の民間需要と政府需要の寄与率とが 18.3％ と 6.2％ で，GNE 成長率 24.3％ にほぼ等しく，輸出と輸入は，ともに絶対値 5％ 程度で相殺されてしまい，国内の需要だけで成長が達成されたことがわかる．しかし，1970年代後半，とくに80年代前半には輸出入の差額が大きな黒字になって，成長に大きく寄与し，政府需要の寄与率の低下をカバーしたのである．なおプラザ合意以後の1980年代後半には，輸入が増加して輸出入差額は赤字化し，国内民間需要がその分までカバーして成長がつづけられたのである．

ところが，1970年代後半から80年代初頭にかけての時期は，世界的なインフレーションと生産停滞と失業の時期であって，しかも，原油高のために各国の貿易が赤字となっていただけに，日本の輸出増加は非難の的となった．そのために，アメリカを中心に1977年から円為替を引き上げようとする動きが強まり，73年以降 1 ドル 290 円程度で推移してきた円相場は上昇の一途をたどり，78年10月には一時的に 170 円台を記録するにいたった．円高が進行しても，ドル建ての輸出価格の引上げは難しいために，円建ての輸出額の伸び率は低落し（第29図参照），輸出産業は手取の円収入が低下して，企業の利潤は減少し，77年から78年にかけて，円高不況が深刻化した．当時，のちにくわしくみるように，財政も税収入の伸び悩みから，赤字幅が拡大していたけれども，政府は78年度予算において，赤字公債を発行して景気浮揚策をとった．その効果がようやくあらわれはじめたとき，第 2 次石油危機が発生し，政策は，急遽引締めに転じることになったのである．

このとき財政金融当局は，第 1 次石油危機のさいの苦い経験にかんがみて，きわめて迅速に事態に対処した．第29図はその前後の経済動向を要約したものである．3.5％ にまで引き下げられていた公定歩合は，段階的に引き上げられて，80年初めに 9％ に上昇し，金融は引き締まり，M_2＋CD の前年比増加率は，13％ 近い水準から 6％ 強に低下した．この対応の結果，物価は輸入原油とその関連商品の値上りのために一時的に上昇し，GNE デフレータでも1979年 4－6 月期から 80 年 10－12 月期の間に 9.2％，卸売物価指数も 21.5％，消費者物価指数も 10.4％ の上昇を記録したが，激しい上昇は80年いっぱいで

第7章　国際化のなかの安定成長　　　241

第29図　第2次石油危機前後の経済動向

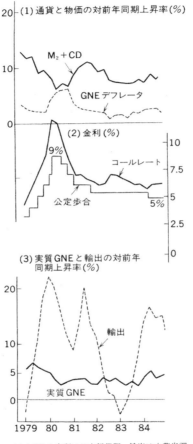

M_2＋CDと金利は日本銀行調，輸出は大蔵省調，
GNEとデフレータは経済企画庁「国民経済計算年
報」による．この数字は第23図に接続する．

収まったし，便乗値上げの動きもなく，対策は成功したのである．しかし国際的にみれば，石油危機の打撃は第1次の場合に劣らず大きかった．そのなかで，日本の輸出は，82－83年には落ちこんだが，84年以後顕著な回復を示した．それはおもに，日本の輸出がマイクロエレクトロニクス製品など，この時期の世界の成長商品に特化しつつあったことが幸いしたものとみることができる．

第30図　エネルギー消費量,実質GNP,原油通関価格

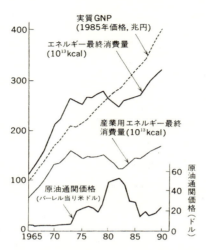

実質GNPは経済企画庁,エネルギー消費量は日本エネルギー産業研究所,原油通関価格は大蔵省調.

　さきの第12図からも知られるように,1980年代半ばの経常収支の黒字幅がGNPの3－4％に達した．それはやがてプラザ合意による円高への転換をもたらすのである．

　なおここで,2度にわたる石油危機の時代におけるエネルギーの節約についてもふれておこう．その時期を中心とするエネルギー消費量,原油通関価格,実質GNPの動向をまとめれば,第30図がえられる．この図によって,わが国の生産活動とエネルギー消費の関係を要約しておこう．まず,実質GNPは,1965－73年の間は,年率9.5％の成長をつづけていたが,それ以後の73－90年の間も,4.0％の成長をつづけている．ところが,エネルギー最終消費量は,73年まではGNPとほぼ同率で増加してきたが,1973－86年の間は全体として横ばいで推移し,とくに1973－75年,および84－86年の2回の石油危機にさいしては鋭い落ちこみを示した．産業用消費に限ってみれば,73－83年の間には,ほとんど25％の低下になっている．そのような需要の停滞の原因は5ドル弱から50ドル以上と10倍をこえる原油通関価格上昇にあった．

第7章 国際化のなかの安定成長

第73表 1973-82年の間の生産指数1単位当りエネルギー消費量指数（1973年＝100）

	紙・パルプ	化 学	窯 業	鉄 鋼	非鉄金属
エネルギー消費量指数(A)	69.3	70.2	76.9	71.6	60.4
生産指数(B)	107.8	131.7	94.6	92.5	99.0
生産指数1単位当りエネルギー消費量指数(C)	64.3	53.3	81.3	77.4	61.0

日本エネルギー経済研究所『エネルギー統計資料（国内編）』より試算．(C)＝(A)÷(B)×100．

エネルギーの消費がこのような動きを示したのは，すでにみたようなエネルギー多消費型の産業構造からの転換が急速に進行したことが第一の要因になっている．製造業の内部においても機械工業に代表されるような加工度が高く付加価値が大きい産業のシェアが圧倒的に高くなった．第二の要因は，個々の産業におけるエネルギー消費節約が進められたからである．第73表に示すように，エネルギー多消費型の諸産業でも，生産指数1単位当りのエネルギー消費量は，2回にわたる石油危機を経過するうちに，20％から40％の節約がなされたのであった．価格機構（プライス・メカニズム）の作用は大きいものであったといわざるをえない．

(2) 財政再建

1970年代後半から80年代にかけて，国家財政の赤字が大きな問題になった．第74表は1971年から91年までの財政収入と支出の数字を，3年ずつ平均し

第74表 国家財政収支の動向（1950-91年，3年平均値）（1970年までは億円，それ以後は10億円）

	歳　　入					歳　　出				
	合計	租税印紙収入	専売納付金	公債・借入金	前年度剰余金受入	合計	うち防衛関係費	うち国債費	うち社会保障関係費	うち国土保全及び開発費
実　額										
1950-52	8,970	5,896	1,227	0	961	7,523	1,158	365	740	945
53-55	11,768	7,924	1,332	0	1,836	10,253	1,493	431	1,332	1,183
56-58	13,620	10,106	1,212	0	1,568	11,961	1,462	465	1,490	1,656
59-61	20,247	16,164	1,459	0	1,473	17,671	1,677	401	2,432	3,042
62-64	32,085	25,586	1,651	0	3,431	29,706	2,479	755	4,467	5,395
65-67	45,415	35,164	1,659	5,240	929	44,317	3,463	535	7,396	8,440
68-70	72,093	60,812	2,614	4,072	1,664	70,141	5,092	2,517	11,197	12,028
71-73	13,176	10,354	329	1,634	514	12,091	823	487	1,953	2,219
74-76	22,310	14,815	448	4,880	1,292	21,476	1,387	1,264	4,527	3,146
77-79	34,707	20,994	633	11,236	598	33,982	1,892	3,307	7,452	5,054
80-82	46,495	28,777	790	13,705	716	45,857	2,444	6,351	9,869	6,078
83-85	52,610	35,155	687	12,859	825	51,707	2,987	9,194	10,868	5,994
86-88	60,828	46,500	11	9,275	250	57,614	3,502	12,031	11,951	5,948
89-91	69,082	58,608	9	6,431	1,262	68,619	4,195	14,192	12,641	5,787

大蔵省『財政統計』より算出．

たものである．これによると，1974年以後，収入に占める税収入の比率が急低下し，その不足分を公債・借入金で埋めて，財政が運営されてきたことがわかる．税収入のなかでもとくに減収が目立ったのは，不況による収益の減少を反映する法人税，ついで申告所得税であった．その一方で，財政支出は増加せざるをえなかった．一般物価の騰貴のために行政費や人件費が膨脹したばかりでなく，73年には社会保障制度の充実が行われ，老齢年金が物価スライド制を含めて充実され，また老人医療が無料化されるなど，画期的な改正が行われたことも，財政支出の増額をもたらす結果になった．加えて1977—78年には，いわゆる「円高」不況のもとにあって，アメリカからも内需拡大が要請され，公共事業費の規模は1975年の3.3兆円から74年の6.6兆円と4年の間に倍増したのである．その結果財政赤字が膨脹したのは当然の帰結であった．

　もちろん政府は収入の増加のために手段をつくした．従来，物価の上昇のために名目所得が増加すれば，所得税額の対GNP比率が一定となるように税率を引き下げる「税法上の減税」を行ってきたのを取りやめたのはその一例である（第75表参照）．そのほか，酒税，ビール税をはじめとする間接税の増徴などの政策もとられたが，結局は赤字国債の増発が避けられなくなった．それはただちに国債の元利償還のための国債費支出の増加になって，さらに財政を圧迫する．1980年代半ばには財政支出に占める国債費の割合は社会保障費とともに20%に達したのである（第74表参照）．

　このような問題をかかえた財政再建のために，行政，財政の整理を目標として「臨時行政調査会（臨調）」が設置され，財界を代表して土光敏夫が会長になったのは1981年のことであった．その方針は「小さな政府」，「増税なき財政再建」である．経済界は1970年代後半の「減量経営」によって苦境を乗り

第75表 租税負担率の上昇　　　　　　　　（兆円，%）

	国民所得	租税負担額			租税負担率		
		国 税	地方税	合 計	国 税	地方税	合 計
1970年	61.0	7.8	3.8	11.5	12.7	6.1	18.9
75	124.0	14.5	8.2	22.7	11.7	6.6	18.3
80	199.6	28.4	15.9	44.3	14.2	8.0	22.2
85	259.6	39.2	23.3	62.5	15.1	9.0	24.1
90	338.1	61.8	33.7	95.5	18.3	9.9	28.2

大蔵省『財政金融統計月報』による．

切った自信にもとづいて，それと同様の努力を政府に対しても求めたのである．財政再建の方法は，まず，新規事業費を前年比マイナスに抑える歳出の削減であった．それとともに，所得税，法人税等の負担率を軽減し，すべての商取引について，例外なくその付加価値分の3%を課税する消費税の創設である．消費税の創設は野党の抵抗にあって難航し，10年間の曲折の末に，1989年からようやく実施にうつされた．なお，赤字公債の発行は1989年以後ようやくその必要がないことになり，財政再建が実現したが，それは1980年代後半の好況によって，税収入が増加したことが最大の要因であった．

5. 自由化と国際化

(1) 金融の自由化と国際化

1970年代以来，日本経済は自由化と国際化を進めてきた．この二つの方向は切りはなせないもので，国際化のためには自由化が不可欠であり，自由化が行われれば，国際化がいっそう進むという関係が成り立ってきたのである．その代表的な分野は金融・証券界であった．従来，この業界では大蔵省による厳しい規制が行われ，たとえば銀行の開業，店舗の新設，配置転換なども免許が必要とされた．証券業についても全く同様の免許制が1968年から施行されていた．業務についても，銀行は2年以内の短期金融，信託業務と長期金融は，それぞれ信託銀行と長期信用銀行の分野とはっきり分野が分けられていた．預金金利の上限も「臨時金利調整法」によって定められていた．このような規制は，"護送船団方式"と呼ばれ，業界から落伍者を出さないように行政指導が行われてきたのである．預金者保護の名分はあったにせよ，事実においては業界の利益が保護されてきたとみることができる．

その状況に変化が起きたのは，1970年代後半以降，日米経済摩擦が激しくなって，日本からの輸出規制が鉄鋼，自動車などについて行われる一方，オレンジ，牛肉など農産物の市場開放が問題とされたことが第一の要因であった．アメリカは，日本の金融・証券市場が閉鎖的であると鋭く非難し，日本も一歩一歩その要請に応えてゆかざるをえなくなったのである．第二の要因は，前章の終りでみたように，国債の発行額が急増したために，それまでとは異なる国

債管理方式を採用する必要に迫られたことである．それまでは国債価格の値下がりを避けるために，発行された国債の大部分は，都市銀行や地方銀行を中心とするシンジケート団が引き受けて，1年後には日本銀行がそれを買いオペレーションで吸収することになっていた．しかし，国債の大量発行にともなって，このような規制は実行不可能となり，国債は公社債市場で流通するようになった．その価格形成は自由化され，やがて，国債の利回りは長期金利の基準となった．それはやがて「中期国債ファンド（中国ファンド）」や公社債投資信託などの新金融商品が発売される条件を形成したのである．

一方，円の国際化を推し進める画期として，1984年の「日米円・ドル委員会報告書」と，これを受容した大蔵省の「金融の自由化・円の国際化についての現状と展望」の発表があり，さらに翌年には外為審議会が「円の国際化について」答申した．これらの答申によって，海外との垣根が取り外され，自由化が別の角度からも進行するようになったのである．

ところで，金融の自由化は，大きくいって次の三つに分類される．その第一は，金融商品の開発である．譲渡性預金（Certificates of Deposit；CD），期日指定定期，市場金利連動型預金（MMC），中国ファンド，ビッグ・ワイド等，一時払養老保険などがそのおもなものであって，最近においては，大口預金だけを対象にしていたMMCの小口化が進行している．第二は，金融資本市場における自由化である．外貨預金の自由化，インパクトローンの自由化，円建てBA市場の創設，ユーロ円貸付などがあり，また外国証券投資の自由化，外貨建て転換社債，ユーロ円債の公認などが80年代前半にあい次いで行われた．第三の金融業務の自由化では，すでにのべた銀行の国債ディーリングや窓口販売，証券会社のCD取扱い公債担保金融など，業務分野の相互乗入れのほかに，外国銀行の信託業務参入，外国証券会社の東京証券取引所会員権獲得などが認められた．

以上簡単にみてきたところからも知られるように，金融証券の自由化と国際化とはまさに連動していたのである．それは当然，国内に限定されていた企業の投資や資金調達の場を海外に広げることになった．第76表は，三つの指標によって日本をめぐる金融の国際化の動向を物語るものである．その第一は，日本企業の長期資金調達の国の内・外別の数字である．70年代後半から海外

第7章　国際化のなかの安定成長　　247

第76表　円の国際化を示す3つの指標

	本邦企業の資金調達(社債,転換社債,ワラント債,有償増資),(10億円)		ユーロカレンシー市場におけるユーロ円の地位(10億ドル)		市中銀行対外債権債務残高(10億ドル)	
	国内	国外	全通貨計	うち日本円	債権	債務
1977	2,113	436				
78	2,623	576	673.4	6.2	33.7	39.0
79	2,326	771	873.8	10.3	45.5	50.5
80	2,251	807	1,056.6	11.2	65.7	80.2
81	3,609	1,410	1,222.5	16.1	84.6	100.4
82	2,528	1,441	1,253.8	16.9	90.9	100.0
83	2,411	2,013	1,614.9	21.7	109.1	106.6
84	3,147	2,824	1,679.2	21.7	126.9	127.0
85	3,235	3,274	1,979.1	49.2	194.6	179.3
86	5,187	4,365	2,521.1	83.8	345.3	346.0
87	8,055	5,348	3,233.8	137.2	576.8	592.0
88	12,295	6,916	3,511.9	141.2	733.7	772.4
89	16,844	11,465	4,196.9	158.7	842.1	879.7
90	4,038	5,037	4,956.1	179.8	950.6	958.5
91			4,889.7	171.7	942.4	845.7

新株引受権は社債．

での調達がはじまっていたが，80年代を通じてその額が大きくなり，1985年と90年には国内を上回る金額に達した．金利裁定による内外市場の選択が敏感に行われるようになったのである．第二の指標は，国の外部における市場——ユーロカレンシー市場における円の地位が次第に高まってきたことである．それは金融機関がユーロ円の貸付が自由化されたことによって，活発化してきた．第三に，市中銀行の対外業務も80年代に入ってのち，急速に拡大したことである．1970年代に入るころまで，さまざまの規制のために窮屈な——見方によれば安全なともいえる——経営を強いられてきた金融業務が，一転して大きくなった日本の経済力を背景に国際的な舞台に進出したのである．それは，日本経済の国際化を象徴するできごとであった．

(2)　レーガノミックスと日本

1980年代のアメリカは，「強いアメリカ」を旗印として軍事力でソ連に対抗し，経済政策の面ではマネタリズムと「供給側の経済学（サプライサイド・エコノミックス）」を主張するレーガン政権の時代であった．この政権の経済政策，いわゆるレーガノミックス

(Reaganomics) が華やかに登場した．ただし，その成果は，はっきりと功罪二つの側面をもっていたということができる．その功績は，高金利政策によってインフレーションを抑えつけ，1970年代以来のスタグフレーションの進行を食い止めたことである．それはサッチャー・イギリス首相とその政策とともに，70年代以来の欧米経済の混乱を収拾し，1980年代の経済に明るい展望を示すものであった．しかし，問題点としては，いわゆる双子の赤字——貿易の赤字と財政の赤字——が発生したことを指摘しなければならない．その論理は次のように要約される．貯蓄＝投資という関係を，個人，企業，政府，海外の4部門に分けてまとめれば次の式がなりたつ．

$$\text{個人貯蓄}+\text{企業貯蓄}+\text{財政の黒字}=\text{民間投資}+\text{純輸出} \tag{1}$$

ここで純輸出とはサービスを含めた輸出と輸入の差額であって，輸出超過のときは海外への投資が行われたことを，輸入超過の場合は海外からの投資が流入したことを意味している．さてアメリカでは第77表にみるように，70年代から貿易と財政の赤字がつづいていたが，80年代に両者とも赤字幅がいっそう大きくなった．(1)式についてバランスを考えると，貯蓄（左辺）では，民間貯蓄が一定とすれば，財政赤字が生ずるとその分だけ総貯蓄が減ってしまい，その結果，投資（右辺）の民間投資が一定とすれば，総貯蓄の減少分だけ純輸出の赤字幅がひろがるはずだ，ということになる．レーガン政権初期の経済諮問委員長フェルドスタインはこの因果関係を次のように説明する．高金利による通貨供給の抑制→需要減退→税収入の不足→財政赤字拡大という連鎖の結果，

第77表　アメリカにおける双子の赤字　　　　（億ドル）

	1970-74 ニクソン	1975-77 フォード	1978-81 カーター	1982-85 レーガン(I)	1986-89 レーガン(II)	1990-91 ブッシュ
GNE	11,872	17,054	26,356	36,174	41,446	55,932
貿易						
輸出	609	1,146	1,951	2,110	2,919	4,076
輸入	618	1,216	2,347	3,069	4,215	4,916
収支	−9	−70	−396	−959	−1,296	−840
連邦財政						
歳出	2,162	3,120	4,948	6,547	8,807	10,428
歳入	2,303	3,721	5,578	8,381	10,506	11,874
収支	−141	−601	−630	−1,834	−1,699	−1,446

日本銀行『日本経済を中心とする国際比較統計』より算出．

公債発行額が増加して，政府の資金需要が増加し，高金利が持続する．それは海外からの資本流入をもたらすので，国内の設備投資は抑制されることはない．しかし高金利はドルに対する需要を増加させるので，ドル高を招き，アメリカの輸出を減退させ，輸入を増加させるから貿易赤字を招き，双子の赤字を生じたのだ，というのである（土志田征一，『レーガノミックス』中公新書，1986）．

いずれにしても，アメリカ経済において，国内の総需要（D）が国内総生産を上回り，恒常的な経常収支赤字を招き，海外の資金の受けいれによって均衡を維持するというアブソープション現象を生じているのである．日本側からみれば，国内の貯蓄超過が高金利のアメリカに流入してゆく条件が存在していたのである．第6章第12図に示したように，1970年代以来の2度の石油危機の時期における短期の経常収支赤字をのぞき，大幅の黒字がつづいていたが，それが資金不足のアメリカに流出していったのである．

高度成長期においては，日本経済における部門別の貯蓄・投資バランスは，大まかに要約すれば，家計は大幅の黒字，企業は赤字，政府と海外両部門はほぼ均衡していたから，家計の貯蓄がいかに企業の投資資金として循環するかが中心課題であった．そこで，金融機関がその仲介の役割を果し，家計の貯蓄を受けいれてこれを企業に貸し出す，いわゆる間接金融方式が働いていたのである．しかし，70年代から80年代にかけての安定成長への移行過程において，事態は第78表に要約されるように大きな変化を遂げた．個人（家計）部門の大きな貯蓄超過は変らないが，70年代後半から三つの大きな変化がおこった．

第78表 日本の部門別貯蓄・投資バランス（対GNP比率，％）

	1970-72	1973-75	1976-78	1979-81	1982-84	1985-87	1988-90
非金融法人企業	-8.7	-11.3	-4.9	-5.7	-4.1	-4.3	-7.5
金融機関	0.8	0.8	0.2	0.2	-0.1	-1.0	-1.6
一般政府	0.8	-0.8	-4.0	-4.1	-2.7	-0.1	2.8
対家計民間非営利団体	0.2	0.3	0.2	0.2	0.2	0.1	0.1
家計	8.8	10.8	9.6	13.3	8.6	8.9	8.5
海外部門	-1.9	0.4	-1.3	0.5	-2.0	-3.8	-1.8
統計上の不突合	-0.1	-0.2	0.2	0.1	0.1	-0.1	-0.6

1) 各部門の貯蓄と投資の差をGNPで除した数字．
2) 海外部門は，海外の立場からみた数字なので，日本の経常収支が赤字のときにプラス，黒字のときにマイナスになっている．

経済企画庁『国民経済計算年報』．

第79表 日本の対外

	長　期　資　産			短　期　資　産	
	合　計	うち直接投資	うち証券投資	合　計	うち金融勘定
1976	36.9	10.3	4.2	31.1	30.9
77	42.1	12.0	5.6	38.0	37.7
78	63.3	14.3	12.2	55.4	54.8
79	83.7	17.2	19.0	51.7	50.6
80	87.9	19.6	21.4	71.7	70.8
81	117.1	24.5	31.5	92.2	90.3
82	139.5	29.0	40.1	88.2	85.4
83	170.9	32.2	56.1	101.1	97.6
84	229.2	37.9	87.6	112.0	104.8
85	301.3	44.0	145.7	136.4	127.4
86	476.1	58.1	257.9	251.2	238.0
87	646.2	77.0	339.7	425.5	402.3
88	832.7	110.8	427.2	636.7	600.1
89	1,019.2	154.4	533.8	751.8	712.9
90	1,096.1	201.4	563.8	761.8	724.2
91	1,247.8	231.8	632.1	758.7	714.1

資産・負債計，純資産残高の数字は第60表(2)に接続する．
大蔵省調．

　まず，設備投資を削減して減量経営を開始した法人企業の貯蓄不足が著しく減少したこと，つぎに，中央・地方の政府収入の不足のために，一般政府の貯蓄不足が一気に増加したこと，海外部門の赤字が拡大し，とくに一般政府の貯蓄不足が減少しはじめた80年代半ばに拡大したことがそれである．法人部門に流入していた個人部門の資金が，政府の赤字と，アメリカの双子の赤字の補填に向けられたのである．

　それは第79表に示すように，日本の対外資産・負債残高の数字は，70年代なかば以降ほぼ一貫して増加をつづけているが，とくに1978－79年，86－88年にとくに急激に増加している．長期資産のなかでも証券投資がとくに増加していることもたしかである．その投資の大部分がアメリカに向けられていたことは第31図の日米間の金利格差の動きからもはっきり見てとることができる．78－79年には主にアメリカの金利が急騰したために，また80年代半ばには日本の金利が低下したために，アメリカの財務省証券などへの証券投資が活発に行われたのである．それは，第29図でみたように，国内の資金需要が伸び悩んだのと同時に，敏感な金利裁定の結果行われた投資であった．事実，1990

資産・負債残高(10億ドル)

長期負債			短期負債		資産計	負債計	純資産
合計	うち直接投資	うち証券投資	合計	うち金融勘定			
18.4	2.2	11.2	40.0	29.3	68.0	58.4	9.5
19.6	2.2	11.9	38.5	28.4	80.1	58.1	22.0
29.3	2.8	18.0	53.2	40.5	118.7	82.5	36.2
36.4	3.4	22.6	70.2	54.1	135.4	106.6	28.8
47.8	3.3	30.2	100.3	81.8	159.6	148.0	11.5
74.2	3.9	47.9	124.1	104.5	209.3	198.3	10.9
77.6	4.0	47.1	125.4	105.0	227.7	203.0	24.7
102.8	4.4	69.9	131.9	111.1	272.0	234.7	37.3
113.2	4.5	77.1	153.6	133.7	341.2	266.9	74.4
122.3	4.7	84.8	185.6	165.5	437.7	307.9	129.8
192.3	6.5	143.6	354.6	329.3	727.3	547.0	180.4
236.2	9.0	166.2	594.7	534.0	1,071.6	830.9	240.7
311.6	10.4	254.9	866.0	770.3	1,469.3	1,177.6	291.7
447.5	9.2	374.0	1,030.3	911.7	1,771.0	1,477.8	293.2
464.0	9.9	334.5	1,065.8	927.7	1,857.9	1,529.8	328.1
647.4	12.3	443.8	976.0	846.4	2,006.5	1,623.4	383.1

年以後日本の金利が引き上げられたときは,証券投資は抑制されたのである.

以上にみたように,1980年代のアメリカの双子の赤字の処理のために,日本からの資金の流入は大きく貢献したが,それは国内の金融の緩和化と日米間の金利格差によるものであった.日本の金融当局は,円高による不況への対策として金利を引き下げ,その後も物価が安定していたため,80年代後半には低金利政策を長きにわたって持続した.けれどもその結果として,国内においては通貨供給量が膨脹し,いわゆるバブル経済の原因となったことは後に見る通りである.

6. 円高以後の新局面

(1) プラザ合意

1973年2月,日本が変動相場制に移行して以来の円相場(対米ドル)の足どりは第32図に示す通りである.移行当時260円程度だった円相場は,石油危機ののち,300円に近い水準に低下していたが,日本の輸出の増加の傾向か

第31図　日米間の金利格差

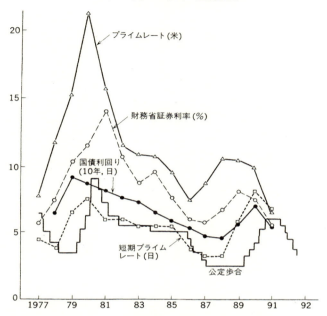

日本銀行『日本経済を中心とする国際比較統計』および『経済統計年報』より作成.

第32図　円相場の推移（東京市場終値，月末ベース）

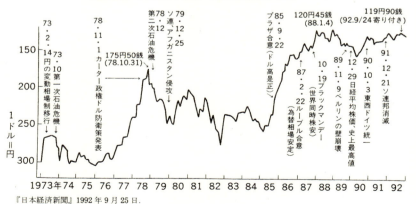

『日本経済新聞』1992年9月25日.

ら，1977-78年に急上昇した．このために，日本経済は小さなリセッションを経験し，ときの福田内閣は大型予算を組んで景気対策を実施しなければならなくなった．もっともそれに続いて第2次石油危機が発生したために，久しぶりに訪れた1979年の好況は短命に終った．第2次石油危機以後，1985年夏にいたるまで，円相場は二つのピークと三つのトラフをもつ波動を描きながら，5年余にわたって低下の傾向をたどっていった．低下傾向は西ドイツ・マルクの方が一層急激で，1980年1ドル当り1.82マルクから85年には2.94マルクと，5割以上の低落を示した．その理由は，ひとつにはアメリカの高金利を求めて円やマルクがドルに換えられるために，アメリカの輸入超過によるドルの流出にもかかわらず，ドルはかえって需要超過になったからである．レーガン政権のもとで「双子の赤字」が拡大しても，アメリカ政府のマネタリストたちは，「為替レートがおかしくなるのは，市場が不完全で正常に機能していない」からだと考え，「この理論に基づいて，彼らは市場から距離を置き，市場が非常に混乱した状態になった時にのみ市場に介入するという態度をとっていた．日本の巨額の貿易黒字にもかかわらず円が安いままであった時，彼らは，日本の金融市場にみいだされる多くの障害や歪みにその原因があるという結論をだした」（ポール・ボルカー，行天豊雄，江沢監訳『富の興亡』東洋経済新報社，pp. 363）．

しかし，1985年になると，アメリカの国際競争力からみて不自然なドル高に対する反省がアメリカ政府部内にも強まり，竹下・ベーカーの日米両国蔵相会議においてもこの問題が取り上げられ，数回の予備折衝ののち，ニューヨークのプラザホテルで開かれた9月22日の5大国蔵相・中央銀行総裁会議（G5）において，いわゆる「プラザ合意」が成立したのである．「ドル以外の主要通貨のドルに対するある程度の一層の秩序ある上昇が望まれる」，そのために各大臣と中央銀行総裁は協力の用意があるというのが声明の骨子であって，円やマルクのドルに対する切り上げを望む意向が表明されていた．その席上で非公式に配布された文書においては，ドルの「10～12％の下方修正」が意図されていたのだそうである（ボルカー，行天前掲書，pp. 368-369）．

第33図　輸出物価指数の推移（1985年＝100）

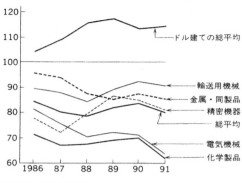

日本銀行「卸売物価指数」.

(2) 円高不況から好況へ

1985年9月23日，G5各国が一斉にドル売りを行ったことによって，円・マルク高，ドル安への移行がはじまった．その勢いは当初の非公式な諒解であった10−12％のドル安の線を突破しても止まらず，予想外の円高傾向が1988年初頭まで持続する結果になった．この間，87年2月のG7（G5諸国にイタリア，カナダが参加）のパリの会議では，為替相場の安定についての合意（ルーブル合意）が成立したが，円高の傾向は一時足踏みしただけであった．しかも，円高とともに，日本のドル建ての輸出は，第33図にみるように，従来よりもはるかに急激に伸びはじめ，貿易黒字は拡大の一途をたどった．

ドル建て輸出が増加した理由としては，1977−78年にもみられたJカーブ効果（pp.227-228参照）がもっと大規模に生じて，86年から88年ごろまで影響を及ぼしたことがあげられよう．1回限りの円高が生じたのであれば，ドル建ての輸出はやがて減少に転ずるはずであるが，円が連続的に高くなっていったために，新たなJカーブ効果が発生して，つぎつぎに輸出をおしあげていったと考えられるのである．いまひとつの理由は，産業側が懸命の合理化につとめ，円高による輸出価格の引上げの回避に成功したことであった．第33図にみられるように，契約通貨（外貨と円を含む）建てでみても，円がほぼ2倍に切上げられたにもかかわらず，1985−91年の間に輸出価格の騰貴は20％以下におさまっていたし，円建てでみれば総平均20％，電気機械，化学製品等

第 34 図　日本の貿易（ドル建てと円建て）

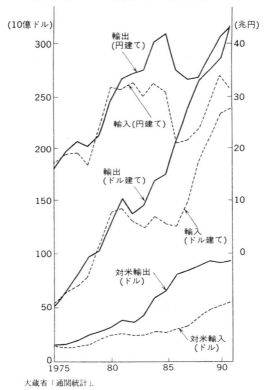

大蔵省「通関統計」．

では40％近い切り下げになっている．それでも，企業が利潤を生み出してゆけるだけの合理化が達成されたのである．実際1985年を100とする労働生産性指数（日本生産性本部調）は，精密機械の176をはじめ，電気機械159，化学工業146など大幅な向上を示している．もちろん，輸出価格の低下のためには，のちにみる輸入原材料の円建て価格の低落や部分品の海外での生産などが大きな役割を果したが，日本の輸出産業はその試練を切り抜けることに成功したのであった．

　もっとも，円高の当初の打撃は痛烈なものであった．第34図に示す円建ての輸出額は，1980年代前半には40兆円を上回っていたのに，86，87年には30兆円台前半に減少してしまったのである．輸出数量は85年から87年まで

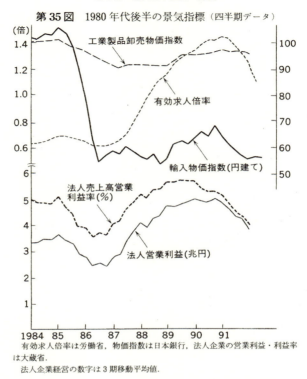

第35図　1980年代後半の景気指標（四半期データ）

有効求人倍率は労働省，物価指数は日本銀行，法人企業の営業利益・利益率は大蔵省．
法人企業経営の数字は3期移動平均値．

ほとんど横ばいであったから，この減収はそのまま企業経理に打撃を与えた．企業はそのために懸命の合理化をつづけなければならなかったのである．86－87年は，輸出産業の不況を反映する「円高不況」の年になった．第35図は，その不況の概要を示している．円高にともなって，輸出品価格の低落はもとより激しかったが，工業製品の卸売価格が急に低落し，平均してみても，86年中に，約1割の低下を示した．この時期には，世界的なインフレーションはすでに収拾されていたから，円高は主として円建て価格の切下げによって吸収されたのである．そのために急激な合理化が進められたにせよ，まずおこったのは営業利益の低落であった．実際，売上高営業利益率は1年間に5％から3.5％まで低下したのである．低迷していた雇用情勢は，一層きびしさを増して，上向きかけていた有効求人倍率はふたたび低下した．それまでのきびしい財政方針が堅持されていたために，景気対策としては86年1月には，公定歩合が

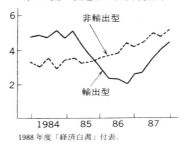

第36図 製造業の経営利益率

1988年度「経済白書」付表.

5％から4.5％に引き下げられて以来引下げがくり返されて，翌87年2月には，史上最低の2.5％に至った．財政支出の増加による景気対策はタイミングが遅れ，6兆円（一般会計の伸びは2.1兆円）規模といわれる景気対策が決定されたのは87年5月であった．

しかし，円高不況とはいいながら，その内実は，当初から輸出産業が不況で，非輸出産業はむしろ好況とみるべきところがあった．製造業の利益率は平均してみれば低下したが，おもに輸出型産業でのことであって，非輸出型産業利益率は86年からかえって上昇していたのである（第36図参照）．円高が輸出価格の引下げから加工度の高い輸出産業に打撃を与えた一方，為替上昇にともなう円建ての輸入価格の低落は著しく，輸入原材料に依存して国内向けの生産を行う非輸出産業は交易条件の改善の利益を受けたからである．両者の中間には，たとえば鉄鋼業や石油化学工業のように，輸入原材料を使用するが輸出依存度も高い産業があるが，この分野でも，かなりの国内向け生産がある以上，有利と不利を相殺すれば，いく分か有利さの方が残ったとみてよいであろう．もっとも，その事実が明らかになってきたのは1987年に入ってからで，86年中は，輸出産業の悲鳴が経済界をおおい，不況一色につつまれていたのである．

景気が自律的に回復しはじめたのは，輸入物価低下の影響が広く浸透したことが第一の要因であったが，また輸出物価の値下がりも86年いっぱいで一段落し，輸出型産業でも合理化努力の結果，低い価格水準での採算がとれるようになったからであろう．第37図によれば，卸売部門では輸入品の激しい値下がりに応じて，国内品の価格も1割近い低下を示した．しかし，その格差は歴然たるものがあり，企業収益の改善は公然化したのである．第80表に示すよ

第37図 1980年代の物価動向（1985年＝100）

(a) 卸売物価指数

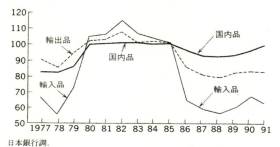

日本銀行調.

(b) 消費者物価指数

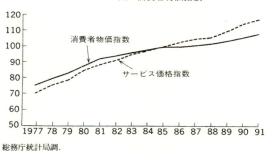

総務庁統計局調.

第80表 製造業の投入（I）・産出（O）物価指数（1980年＝100）

	1985		1988		1991	
	I	O	I	O	I	O
食料品	105	111	95	107	93	103
繊維製品	95	100	81	94	90	101
石油化学	86	89	53	67	81	77
石油製品	105	107	38	61	49	76
鉄鋼	98	99	79	90	89	96
非鉄金属	80	66	69	61	95	97
一般機械	101	102	95	98	99	102
電気機械	92	93	83	83	83	79
自動車	100	103	92	93	94	93

日本銀行調.

第38図 固定資本形成と建築着工床面積

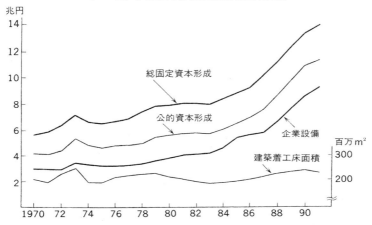

うに製造業の各部門の原材料などの投入物価指数が，産出物の物価指数を下回り，産業の交易条件が改善されたことも明らかである．また，仕入価格の低落を利して，流通部門もマージン率を高めた．おそらく企業部門のマージンが増加したことや，農産物やサービスを含むために，消費者物価指数は，80年代後半にも依然上昇の傾向をつづけていた．けれども，卸売，消費者物価指数を総合してみれば，円高によって，商品とサービスの物価は1985－89年の間は完全に落ちついていたといえよう．

物価安定のもとでの好況には，また第1次石油危機以来沈滞をつづけていた建設部門の活況が大きな役割を果した．企業の設備投資も久しぶりに活況を呈した．第38図に示す通り，1960年代末以来の設備投資ブームが訪れた．設備投資の増加の理由は，まず将来の需要増加を考え，現存資本ストックを拡充しようとするストック調整原理にもとづくものである．自動車，エレクトロニクス関係など，成長産業においては，設備の新設拡張がラッシュを呼んだ．

それと同時に，労働力不足に備えての省力化や，情報化もその目標とされた．産業用ロボットや，FA機器，OA機器の導入が活発に行われるようになったのである．そのほかに，1960年代末期までに行われた設備投資の更新の時期が来ていたことも，もうひとつの理由に数えられるであろう．いずれにしても，石油危機以後の安定を求めての長い調整の時代は，80年代半ばに終り，新し

第81表 対外直接投資 (百万ドル)

	時期別				地域別		
	1969-75	1976-80	1981-85	1986-90	北アメリカ累計	アジア累計	ヨーロッパ累計
農業	179	394	172	578	448	330	16
漁業水産業	118	171	141	296	186	195	19
鉱業	3,526	3,207	4,683	4,783	2,089	7,357	1,559
建設業	86	284	401	1,592	1,176	740	117
製造業	4,478	7,536	11,826	57,213	40,322	18,659	12,540
木材・パルプ	382	249	362	1,847	2,061	525	20
化学	754	1,852	1,356	6,958	4,824	2,641	1,415
鉄,非鉄金属	692	1,839	2,544	5,119	4,183	2,804	599
機械	355	495	1,077	5,963	3,973	1,649	1,794
電気機械	494	1,057	2,166	16,613	11,099	4,175	4,322
輸送機械	282	619	2,395	7,507	5,030	1,699	1,899
商業	1,930	3,202	7,269	18,640	16,983	3,792	6,702
金融保険業	1,114	1,127	7,713	54,459	19,393	4,231	25,129
サービス業	240	920	3,333	29,981	20,741	5,703	3,264
不動産業	317*	344*	2,533	43,316	31,034	3,028	6,635
その他	1,945	3,370	8,399	16,313	3,811	3,483	3,284
合計	13,934	20,554	47,152	227,157	136,185	47,519	59,265

＊は不動産取得.
大蔵省調. 通商産業省産業政策国際企業課「第21回我が国企業の海外事業活動」.

い時代が訪れたのである．さらに，円高が恒久的なものになったことが明らかになったとき，諸産業はたとえばマレーシア，タイなど労働コストの安い東南アジアに部品生産基地を移動させた．第81表に示すように，1986年以後，製造業の海外直接投資は急増している．金額がもっとも大きいのは北アメリカ向け，次がヨーロッパ向けであるが，製造業に限ってみれば，アメリカに次ぐのはアジア向けであった．表には示されていないが，アジア向けの製造業の投資のうち，111億ドルは1986年以後のものであった．それとともに，輸入のなかでの製品輸入の比率は，1985年の31％から，87年には44％，89年には50％と増加した．国産部品から輸入部品への転換が急激に進行したのである．

　投資資金の調達は，ふたたび外部資本に依存しなければならなかった．第78表にみたように，非金融法人企業の投資過剰が拡大し，家計の貯蓄が法人企業に供給されるようになったのである．その場合，絶好の条件になったのは，1986－87年以来の低金利であった．次にみるようにこれ以後の経済は，異常な金融緩慢化と通貨供給量の膨脹とをともなうことになった．

第39図　通貨供給量とGNP対前年比増加率

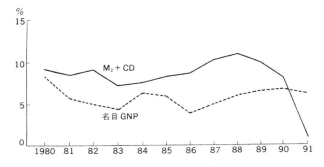

(3) 通貨膨張の帰結

「円高」不況のもとではじめられた低金利政策は，1986年から89年まで継続された．しかし，一度切り下げられた金利を引き上げるきっかけがつかみにくいままに，年2.5％という記録的な低金利が2年余にわたって維持されたのである．金融当局としても，物価がほぼ完全に安定したまま好景気がつづいているという状況のもとで，金利を引き上げるきっかけがつかみにくかったのは事実であった．1987年10月にアメリカをはじめ各国の株価が一斉に崩落したことも，金利引上げをむずかしくしたといわれている．市中の金利もこれにならって低く維持されたことが，本格的な設備投資のピークをつくりあげたが，またそれにともなういくつかの問題を発生させる結果になった．

通貨供給量の指標としては，現在の日本では M_2+CD が用いられている．CDとは譲渡可能な定期預金証書（譲渡性預金）であって，法人の余裕資金を運用するために活用される．M_2+CD の期末残高（末残）は，1985年には315兆円であったが，90年末には505兆円と，60％の増加を示した．M_2+CD が金融政策上もっとも注目される指標とされるようになったのは，1970年代以後のことであるが，その考え方は，次のようなきわめて簡単なものである．CDを省いて表示すれば，$M_2=k_2Y$（Y は名目GNP）であるから，$\Delta M_2=k_2\Delta Y$，したがって，k_2 が一定であれば，$\Delta M_2/M_2=\Delta Y/Y$ となる．実際には k_2 の値は毎年約2％増加しているので，M_2 の増加率は名目GNPの増加率（＝実質GNPの増加率＋GNPデフレータの増加率）より2％程度高いのが適当であるとされている．その80年代の増加率は第39図の通りである．あわせて

第82表 全国銀行業種別貸出残高 (兆円)

	総額	製造業	建設業	卸小売業	金融保険業	不動産業	サービス業	個人	その他
1980	134.6	43.0	7.3	34.4	4.4	7.6	9.2	15.2	13.5
85	222.8	58.2	12.7	49.2	16.8	17.2	23.6	20.6	24.5
89	355.1	59.1	19.2	63.1	36.7	41.0	51.3	54.1	30.6
91	385.7	60.0	21.6	64.3	36.1	44.7	60.3	65.0	33.7
1985-89年の増加分	132.8 (100)	0.9 (0.7)	6.5 (4.9)	13.9 (10.5)	19.9 (15.0)	23.8 (17.9)	27.7 (20.9)	33.5 (25.2)	6.1 (4.6)
うち設備資金 1980	36.7	7.2	0.6	3.4	0.4	2.0	4.2	12.9	6.0
85	53.5	8.5	0.9	4.9	2.5	4.6	7.9	17.0	7.2
89	115.8	12.1	3.4	11.9	6.9	17.0	19.9	39.6	5.0
91	140.7	14.7	4.5	14.5	10.6	18.1	26.9	47.8	3.6
1985-89年の増加分	62.3 (100)	3.6 (5.8)	2.5 (4.0)	7.0 (11.2)	4.4 (7.1)	12.4 (19.9)	12.0 (19.3)	22.6 (36.3)	-2.2 (-3.5)

日本銀行調.

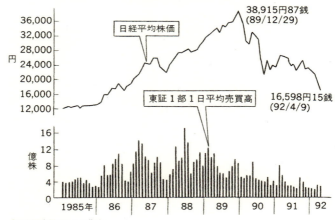

第40図 日経平均株価と東証1部売買高の推移

『日本経済新聞』より作成.

　名目GNEの成長率を図示した．1980年代後半，とくに1987，88，89年の3年間はM_2+CDの増加率が名目GNPのそれを大きく上回っていることが知られる．実際の数字は，87年には10.8％と4.9％，88年には10.2％と6.0％，89年には12.0％と6.0％であった．そこに過剰流動性の種子が播かれたのは否定できない．実質的な経済成長のかたわらで，大量の資金が，株式をはじめとする金融資産や不動産に投入されたのである．
　その資金がどのように供給されたかを示す一例として，第82表の銀行の業

種別貸出残高の数字をみておこう．従来の主力貸出先だった製造業の伸びはほとんど見られない．1985年以後の貸出増加の主力は，金融保険業，不動産業，サービス業，個人であって，この4部門が貸出増加の83％を占めていた．個人向けのうちの6割以上は住宅ローンとみられるが，その他の貸出も大幅に増加していたことが知られる．こうして供給された資金のかなりの部分が，不動産や株式市場での投機のために投ぜられたことはほぼたしかである．もちろん，製造業などでも，貸出以外の資金調達ルートを活用し，あるいは自己資金を運用してこれらの部門に参入した企業も多くあったし，保険会社など金融機関も当然これらの市場で活躍したにちがいない．

投資ないし投機の対象とされた株式と不動産の値動きを示すのが第40図と第56表の(2)（第6章p.199）とである．株価は日経平均で86年初めまでは12,000－13,000円で落ち着いていたが，86年春から上昇しはじめ，途中2度の落ちこみがみられたものの，88年から89年までは一本調子に上がりつづけ，89年12月には約3倍の38,915円に至った．この異常ともいうべき値上がりが，企業や個人を株式市場に動員し，平均売買高も1日10億株を超えるときが多かった．日本銀行は89年3月から公定歩合の段階引き上げに踏み切っていたから，株価はその後9ヵ月で最高値に達したのである．市場の余裕資金が潤沢だったことを示すものといえよう．株価は翌90年に反落し，その後もひきつづいて低落して92年8月に14,000円台に落ちこんだ．不動産，とくに地価の上昇も目を見はらせるものがあった．第56表の(2)は1970年基準に換算した市街地の地価を示すが，全国平均でも91年には4.8倍，6大都市の場合は平均で10倍，商業地では12倍の高騰が記録されている．とくに値上がりが急になったのは86，87年からのことで，6大都市の商業地を先頭に，順次波及していった．地価の高騰のために，無理にでも住民を立ちのかせ，まとまったビル用地を造成するなど"地上げ"と呼ばれる社会問題が発生したことは記憶に新しいところである．

法人企業の資産における土地の保有額は，1985年6月には39兆円であったが，90年6月には81兆円，92年6月には106兆円とふくれあがった．株式保有額も，同様の時期に20兆円，41兆円，56兆円となっている（大蔵省「法人企業統計季報」）．それはいずれも値下がりが償却されていないであろうから，

第41図　土地と株式のストック価額の対GNP比率

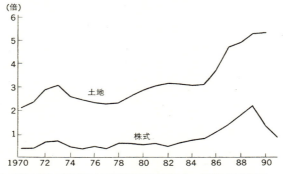

経済企画庁「長期遡及主要系列国民経済計算報告」,「国民経済計算報告」より算出.

含み損失がかくされていることになる．この事態を総合して，国民資産データにおける土地の時価評価額と株式の時価評価額をとり，GNP総額との倍率をとってみれば第41図がえられる．1986年以後，89年まで両者はともに上昇の一途をたどり，いずれも89年には異常な上昇を示したが，その後低落に向った．いわゆるバブル経済とはこのような事態をさしていうのである．念のためにいえば，地価や株価の上昇下落にともなう資産価値の騰落も，土地や株式の売買にともなう損益も，これを業とする者の場合以外には国民所得計算には計上されない．したがって，それは一応経済成長率には無関係のはずである．ただし，土地や株式の資産価値の上昇は，金融危機のさいの担保価値を高め，地価や株価の高騰をもたらしたことは否定できないところである．

1989年3月の公定歩合引上げ後も，金融は急には引き締まらず，諸価格の上昇は89年いっぱいはつづいた．90年から株価や地価は部分的に反落しはじめたが，景気の後退が明らかになったのは91年の夏からである．1985年9月のプラザ合意にはじまる景気上昇はこのようにして幕を閉じることになったが，そのもたらした影響はきわめて大きいものであった．それを要約してみよう．

第一に，日本の国際的役割がいっそう大きいものになった．貿易額においても，対外純資産の規模においても，日本は世界で最高の地位にある．そのため，日本の経済動向が全世界に及ぼす影響は著しく大きい．しかし，それと同時に，日本経済の国際化も，たとえば工業製品の輸入，資本移動などの上で，大きく

進展を示すようになった．国際分業への参入が，ようやく日常的なものとして定着してきたのである．

　円高ブームはまた，2度にわたる石油危機の後遺症から完全に回復するきっかけになった．1970年代後半から80年代前半までは，たとえば財政赤字の累積，労働力の過剰などの問題が，日本経済をつねに圧迫してきたけれども，その重荷が好況によって解消したからである．ほとんど不可能とされていた「増税なき財政再建」——赤字公債からの脱却が，税収入の増加によって達成されたのは1989年のことであったし，労働力の不足がはげしくなったのは，やはり87－88年からのことであった．

第III部 現代経済の構造

第1章　成長の機構と政策

1. 成長のメカニズム

　日本経済の成長の構造を考えてゆくために，成長のメカニズムを要約してみよう．

　(1)　まず成長の上限を，1950－60年代について設定する．その前提は，日本の輸出によって，日本の必要な輸入がまかなわれると仮定する．日本の輸出の世界の輸入に対する弾性値（η）は，第Ⅱ部第6章（p.171）に計算した通り，50年代には2.7，60年代には1.8であった．一方世界貿易の成長率は，1951－60年の間は4.4％，61－70年の間は10％であった．したがって，日本の輸出の成長率の最大限は両者の積にひとしく，50年代には11.9％，60年代には18％であった．全期間を通算すれば，世界輸入の成長率は7.0％，弾性値は2.0であったから，その積の14％ということになる．輸出の成長率に応じて，輸入も同じ成長率で伸びることができるわけである．50年代には日本のGNPにおける輸入の割合はやや不安定で10－15％の間を変動していたが，平均して12％程度，60年代には交易条件が改善された結果，10％程度に安定していた．この割合が一定と考えられる限り，輸入の成長率の上限はGNP（名目）の成長率の上限と見なしうるであろう．そこで，50年代には名目12％，60年代には名目18％，この20年を平均すれば14％の成長が可能な条件が存在したわけである．

　50年代には，GNEデフレータでみて4％，60年代には4.6％，全期間を通算すれば，4.5％の物価上昇がみられたので，この分をさし引くと，実質GNPで，50年代には8％，60年代には13％強，全期間を通じて9.5％の成長が可能であったことになる．現実の実質GNPの成長率は50年代には8.3

%，60年代には10.5%，全期平均でみて9.6%であった．すなわち，50年代には特需によるドル収入があったために，国際収支の限界をこえて成長がなしとげられたし，60年代には限界内に成長が抑えられたというべきであろう．そのために60年代後半には，国際収支の恒常的な黒字が実現しえたのである．

(2) これを戦後の西ドイツと対比することは興味深い．西ドイツでは，50年代から国際収支の制約の範囲内に成長が抑制された．それは戦後西ドイツの経済政策と企業の慎重な行動様式によりもたらされたが，その結果，国際収支は50年代末には早くも黒字化し，西ドイツ政府は1961年にはマルクを切り上げて，海外のインフレーションが波及するのを防ごうとする政策をとった．日本においても政府や企業が西ドイツ型の態度を持していたとすれば，国際収支の黒字化と円切上げは10年近く早い時期に実現したかもしれなかったのである．2度にわたる石油危機を経過したのちの日本の経済成長の類型は，明らかに西ドイツ型に近づいたとみることができる．金融引締めをきびしく行ってインフレーションに対処し，対外為替相場の大幅な上昇に耐えて合理化を行い，対外投資を増加させていったのである．またドイツも日本も軍事大国の道を選ばず，経済大国の範囲内で踏みとどまる道を選んで，1970年代以後，アメリカの経済力が弱まったのちも，基軸通貨としてのドルを支持する役割を果してきたのである．

(3) 経済の10%成長が実現するためには，年々10%の財貨・サービスが，追加供給されなければならない．さもなければ，実質成長率は追加供給がなされえた範囲にとどまらざるをえないであろう．また，10%の追加供給がなされても，10%の追加需要が創出されないならば，追加供給能力は過剰化してしまうであろう．その点はどのように解決されたか．追加供給能力の拡充は，高度成長期には強気の企業行動によって達成された．第1表に示すように民間粗資本ストックは，1955年から70年までに約5倍にふえたが，実質GNEの4倍強に増加しているので，この間には，実質GNPとほぼ同じ成長率を示したのである．このことは，日本の平均資本係数も限界資本係数に近く，低かったことを意味する．しかしながら，1970年代後半以後，資本ストックの増加にくらべてGNEの増加の勢いは鈍り，はっきりした資本係数の増加がみられるようになった．全体としての資本の生産性が低下したのであって，それは

第1章 成長の機構と政策　　　　　　　　　271

第1表 資本係数の推移

(1985年価格, 10億円)

	民間粗資本ストック (K)	実質GNE (Y)	平均資本係数 (K/Y)	Kの増分 (ΔK)	Yの増分 (ΔY)	限界資本係数 ($\Delta K/\Delta Y$)
1955	30,813	42,943	0.72	—	—	—
60	45,665	65,145	0.70	14,852	22,202	0.67
65	81,196	100,821	0.81	35,531	35,676	1.00
70	151,001	171,293	0.88	69,805	70,472	0.99
75	251,548	212,876	1.18	100,547	41,583	2.42
80	347,800	266,634	1.30	96,252	53,758	1.79
85	493,131	321,532	1.53	145,331	54,898	2.65
90	690,396	383,448	1.80	197,265	61,916	3.19

Yは『長期遡及主要系列国民経済計算報告(昭和30年-平成元年)』および『国民経済計算年報平成4年版』, Kは『昭和60年基準民間企業資本ストック(昭和30年-昭和45年)』『同(昭和40年-平成2年)』, いずれも経済企画庁刊より算出.

80年代以降, 成長率の上限を画する要因になっていると考えてよい.

(4) それに対する需要も, 高度成長期には, 資本供給の増加にも支えられて, 順調な伸びを示した. 第7章の第72表 (p.239) でみたように, 高度成長期には, 国内の民間需要が約75%, 政府需要が25%と内需だけで10%成長の条件をみたし, 輸出入はほぼ均衡していたが, 70年代後半から80年代にかけては, 海外需要によって成長率の4分の1程度を支えるという状況になった. 80年代後半には海外需要の比重がマイナスになったが, それは円高の急展開にともなう一時的傾向だったように思われる. 90年代に入ってのち, 名目, 実質とも輸出超過の傾向はふたたびはっきりしはじめている.

(5) 1980年代後半の異常な円高のなかで, 日本の金融政策は3年にわたって低金利を維持した. 一般の物価指数が輸入物価の低落に支えられて落ちつきを示していたからである. しかしそれは, 資産ストック, とくに地価と株価の異常な高騰をまねき, いわゆるバブル経済の状況をもたらした. 広い意味での資産ストックの増加のなかで生じたこの異常事態は, インフレーションの指標としてひとり財・サービスの価格ばかりでなく, 資産価格にも目をくばるべきことを教えた. それは1980年代後半以降の経済がそれまでとは異なった性格のものになってきたことを示している.

(6) 次に所得の分配とインフレーションの問題を考えてみよう. 成長下において増加した所得の国民諸階層に対する分配は, 市場のメカニズム, 労働組合

その他の団体や制度によって行われてきた．

　一般論として次のように要約することができるであろう．戦後の日本では，次章に分析するように，労働力が過剰から不足へと転換し，そのために，労働市場における賃金水準が一般に騰貴した．労働組合の賃金闘争は，この有利な労働市場の条件を速やかに現実化するために有効であった．1950年代後半以来，労働組合による毎年の「春闘」は，労働力不足の圧力を背景に，前年のGNP増加分を労働者に分配するための制度として機能した．公務員給与が人事院勧告によって改訂されるときも，その年の春闘相場が基準とされるし，労働組合を持たない企業においても，春闘のベース・アップの率や金額が目安とされた．

　賃金の上昇は実際に賃金をうけとる労働者の所得上昇のみを意味するのではなく，すべての労働力にとって，目標となる所得水準——シャドウ・プライスとしての意味をもつようになった．農民も自営業者も，その家族労働者も，その所得を労働者に準じて引き上げることを期待し，実現しようとした．たとえば，農民団体は政府買上げ米価の引上げを要求し，米価算定方式をパリティ方式から生産費所得補償方式に変更させ，自家労賃を春闘相場と連動させることに成功した．一般の農産物や，中小企業の工業製品や，各種のサービス料（理髪・パーマ料金，コーヒー代，旅館・ホテルの宿泊料，デザイン料等）なども高騰した．これらは一般的にいって，成長にともなう技術進歩によって労働生産性を引き上げる可能性の少ない種類の財・サービスであり，その所得を引き上げるためには，コストの中にふくまれる労務費を引き上げるほかはなかったからである．一般に労働生産性の上昇率が高ければ，労務費が高騰しても供給曲線の上方へのシフトは全く生じない（またはかえって低下する）かもしれないし，生じても小さくてすむからである．以上の議論が，大まかにいって妥当していることは，第2表によっても知られるであろう．以上のような事実に注目する論者たちは，50－60年代のインフレーションを，「生産性格差インフレーション」と特徴づけた（高須賀義博『現代日本の物価問題（新版）』新評論，1975）．

　(7)　それは一方において広く国民諸階層に対して所得分配を比較的平等に行ってゆくためのメカニズムだったといえよう．実際第1図および第3表に示すように，60年代の経済成長下に，所得分配は平等化した．すなわち，家計調

第1章　成長の機構と政策

第2表　特殊分類消費者物価指数

	1990年 （1970年＝100）	年平均の 上昇率(%)
総　　　　　　合	289.8	5.5
商　　　　　　品	257.2	4.8
農　水　畜　産　物	276.9	5.2
米	276.9	5.2
生　鮮　食　品	278.0	5.3
工　業　製　品	249.5	4.7
（大企業性製品）	192.7	3.3
（中小企業性製品）	310.5	5.8
食　　料　　品	276.3	5.2
繊　維　製　品	286.1	5.4
耐　久　消　費　財	124.4	1.1
その他の工業製品	246.8	4.6
電　気　ガ　ス　水　道	221.8	4.1
出　　版　　物	348.7	6.4
サ　ー　ビ　ス	347.1	6.4
民　営　家　賃　間　代	281.7	5.3
公共サービス料金	338.3	6.3
個人サービス料金	406.1	7.3
外　　　　　　食	344.1	6.4

総務庁統計局「消費者物価指数」．

査による五分位階層別の所得格差にしても，個人別の賃金の四分位偏差率にしても，その縮小は顕著であった．家計調査の分散度が，63年から70年ごろまで，急に低下する傾向が読みとられる．また，男子賃金については，1958年まで，いったん開いていった四分位偏差が急激に縮小していった．高度成長は所得分布の平等化を促進したのである．第1次石油危機のさい，家計の分布は一時的に拡大したが，その後はふたたび縮小し，80年代に入って実収入の格差がやや開いていったが，税と社会保障費の負担をさし引いた可処分所得の分布は，70年代初頭に近い平等度を維持している．

(8)　所得分配の平等化は，国民の95％までが自らを中産階級と意識するという事態をうみだした（総理府広報室『国民生活に関する世論調査』1960-90年代各年）．消費の類型は急激に西欧型に変化してゆき，パンや肉を好み，カラーテレビ，冷蔵庫，電話，VTRその他家庭用電器一式を備え，自動車をもち，レジャーを楽しみ，旅行を好み，ファッションに敏感な現代日本の風俗を創りだ

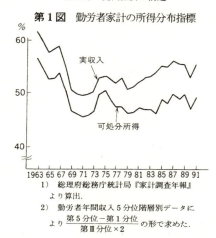

第1図 勤労者家計の所得分布指標

1) 総理府総務庁統計局『家計調査年報』より算出.
2) 勤労者年間収入5分位階層別データにより $\dfrac{第5分位-第1分位}{第Ⅲ分位\times 2}$ の形で求めた.

第3表 男子全労働者平均賃金の四分位偏差

(千円)

	第1四分位数	中位数	第4四分位数	四分位偏差率(%)
1948	4.6	6.7	9.4	0.72
54	10.4	15.1	21.3	0.73
58	11.5	17.3	27.1	0.90
64	20.8	29.1	39.5	0.64
73	67.7	87.0	113.4	0.52
80	142.9	185.3	233.2	0.49
91	210.2	277.2	363.9	0.55

1) 1948年, 54年は労働省「個人別賃金調査」, 1961-73年は労働省「賃金構造基本調査」.
2) 四分位偏差率 = $\dfrac{第4四分位数-第1四分位数}{中位数}$

したのである．中学校卒業者の9割が高校に進み，高校卒業者の半分近くが大学・短大に進むというのも，またそのあらわれであろう．生活様式の平等化は，高度成長がもたらしたもっとも大きな変化だったといえるかもしれない．

　もとより，それがすべてではない．成長下の日本の家計はきわめて高い貯蓄率を示していて，都市勤労者の場合，20％以上の黒字率を持続していることは第Ⅱ部第20図（p.202）にみた通りである．これは家計の堅実な行動様式を示すといえよう．以上にみたように，高度成長が終ったことは，この種の変化の勢いを弱めたが，成長期以来の傾向は不可逆的なものであった．

高度成長は，このように進行した．成長に対する疑問はくり返し提起された．笠信太郎の『花見酒の経済』（朝日新聞社，1962）は成長のメカニズムについての，成長に酔った企業や個人の間で，カネが流れ，GNPをふくらませているだけではないかという疑問を提起した最初の代表的な文献であろう．公害や環境汚染が，成長のもたらしたいまひとつの悪として意識されるようになったのは60年代の半ば以後である．経済開発が積極的に進められ，工場の誘致が地方一体となって進められた時代から，住民の反対が激化するように変ったのも同じ時期である．また，大量生産工場や大企業のラインの社員たちが，人間疎外に対する疑問をもつようになったのも，それと同じころである．成長の中で育った学生たちが大学・高校に反乱するのは60年代の終りであった．成長以外の時代を知らない世代が，何の疑問も抱くことなく成長の豊かな果実をうけとりながら，成長の害悪を批判し，成長に対する観念的な「根本的」批判を提起するようになったのである．

けれどもそれらの批判は，成長のメカニズムを直接変える力をもたなかった．公害や環境汚染に対しては「公害防止基本法」や「大気汚染防止法」によって対処してゆけばいいというのが，基本的な政府の方針であった．成長のメカニズムの基礎をゆるがしたのは，1971年以後の国際的な衝撃であった．日本はいったんはそのために動揺し，70年代前半のインフレと危機を招いたが，以後80年代前半までにそれを克服し，以後の新しい局面を迎えたのである．

2. 重化学工業化

高度成長の主軸をなしたものが重化学工業化であったことは，よく知られている．そこには，「投資が投資を呼ぶ」メカニズムが存在したこともすでに見た．その事情について少しくわしく考えてみることにしよう．

重化学工業化は，それ自体が巨大な投資需要をうみだすとともに，それから派生する需要をつくりだす点においても，従来よりははるかに大きい影響力をもっていた．そのメカニズムが，高度成長の目に見えない原動力だったといってもよい．重化学工業が経済循環の過程に占める地位は，きわめて特異なものであった．産業連関分析によってその事実をたしかめておこう．産業連関分析

には，影響度係数，感応度係数といわれる概念がある．前者は特定の産業に対する最終需要1単位の増加によって，全経済の各部門が生産しなければならない生産量の計を示し，また後者は全経済の各部門に平等に1単位ずつの最終需要が追加された場合，特定の1部門が生産しなければならない生産量の大小を示している．前者が1より大きいことは特定部門が他部門に及ぼす影響が大きいことを，後者が1より大きいことは他部門から受ける影響が大きいことを，それぞれ示していると考えてよい*．

* X, Y, A を，それぞれ総生産ベクトル，最終需要ベクトル，投入係数行列，Iを単位行列とする．

$$X = AX + Y,$$
$$Y = (I-A)X \text{ から}$$
$$X = (I-A)^{-1}Y$$

ここで逆行列 $(I-A)^{-1}$ の要素を b_{ij}，部門の数を n とすれば，影響度係数 V_j，感応度係数 V_i はそれぞれ，次のようにあらわされる．

$$V_j = \frac{\sum_{i=1}^{n} b_{ij}}{\frac{1}{n}\sum_{i=1}^{n}\sum_{j=1}^{n} b_{ij}}$$

$$V_i = \frac{\sum_{j=1}^{n} b_{ij}}{\frac{1}{n}\sum_{i=1}^{n}\sum_{j=1}^{n} b_{ij}}$$

いずれもその値が1であることは全部門の平均に等しいことをあらわし，したがって，1より大きいほど，影響度，感応度が大きいことを意味する．

1960年の産業連関表（行政管理庁）によって，影響度・感応度の大小別に産業を分けてみれば，次のようになり，それによって，重化学工業の産業連関上の地位がはっきり理解されうるであろう．その後の産業連関表によって検討しても，基本的な状況は大きく変化してはいない．すなわち，各種の産業のうち次のような諸類型が明らかである．

〔1〕 影響度，感応度ともに高い産業――銑鉄粗鋼，鉄鋼1次製品，基礎化学製品，パルプ・紙，一般機械，電気機械，その他食料品，織物その他繊維

製品，製材木製品

(2) 影響度のみ高い産業——水産食品，家具，ゴム製品，屠殺・肉・酪農品，化繊紡績，身廻品，皮革・皮革製品

(3) 感応度のみ高い産業——工芸作物，一般作物，林業　商業，運輸，金融保険，電力

明らかに，第2次産業とくに重化学工業は，自らに対する最終需要から派生する他産業への影響度も，他産業への最終需要から派生する感応度もともに高く，投資をはじめとする需要の増加を敏感に反映する特色を示している．しかし，軽工業の多くは，影響度は高いが感応度は低い．そして第3次産業の多くは感応度だけが高い．したがって重化学工業化の進展は，全経済的な影響を及ぼし，とくに重化学工業相互間において需要を拡張し合い，投資ブームを呼びやすい体質をもっていたのであった．

戦前の軽工業中心の産業構造の時代にくらべて，このような産業構造が成立したことは，経済内部における派生需要が生じやすくなり，経済内部から成長を刺激しやすい事情が発生したことを意味していたのである．

さらに，設備投資の拡大は経済の重化学工業化を刺激した．第4表は，1単位の固定資本形成が引き起す各部門の生産増加を示したものである．1960年においては，0.3前後の生産増加を引き起す建築，土木につぎ，機械，鉄鋼などでも0.2ないし0.15の生産増加がもたらされることになっていた．そのような構造のもとで固定資本形成が急増すれば，これら資本財部門の生産増加は著しく，自らも能力増加のための投資を行わざるをえないのは，ただちに理解されうるところである．1960年前後の「投資が投資を呼ぶ」メカニズムの一端は，このような誘発投資の必然性からも理解されうるであろう．

こうして，1960年代の重化学工業化がほぼ完了したときの日本の産業は，どのように変化したであろうか．二，三の数字を利用しつつ，1970年前後の姿をとりまとめておこう．

1955年以後，第5表と第6表に示すように，民間資本ストックと総生産とは急激に増加した．ここでは1955年，1973年，1990年の3つの年について，総生産とストックの存在量とその間の増加倍率をかかげておく．前半は18年，後半が17年，倍率を直接比較してもほぼ差しつかえないであろう．両者の倍

第4表 固定資本形成の生産誘発係数

	1960	1965	1970
建　　　　　築	0.33718	0.38771	0.36478
土　　　　　木	0.29099	0.23987	0.20929
一　般　機　械	0.23605	0.19902	0.22474
鉄鋼一次製品	0.20264	0.14030	0.14411
輸　送　機　械	0.16301	0.16726	0.15409
電　気　機　械	0.15865	0.13572	0.15362
鉄　鋼　粗　鋼	0.12029	0.07460	0.07611
商　　　　　業	0.11498	0.12655	0.16055
製 材 木 製 品	0.08159	0.07025	0.05929
林　　　　　業	0.07548	0.04613	0.02573
金　属　製　品	0.07175	0.08041	0.08048
窯　業　土　石	0.07155	0.06956	0.06924
運　　　　　輸	0.06457	0.06565	0.04623
非鉄金属一次製品	0.03764	0.02760	0.03144
基 礎 化 学 製 品	0.03109	0.02654	0.02249
石　油　製　品	0.03022	0.03081	0.02658

1) $(I-(I-\hat{M})A)^{-1}X((I-\hat{M})Y+E)$ の形で計算されたもの（$\hat{M}$ は非競合輸入係数対角行列，E は輸出係数ベクトル）.

2) 行政管理庁『昭和35-40-45年接続産業連関表』計数編1による.

率はほぼ見合っており，その間資本係数があまり上昇していないことがうかがわれる．問題はその総計よりも成長にともなう部門別の倍率の格差にあった．高度成長期にとくに拡張が目ざましかったのは第2次産業，とくに重化学工業で生産，資本ストックともに記録的な伸び率を示した．商業，金融保険業，不動産業など第3次産業がこれに次いでいる．ところが，73－90年には，これと反対に第2次産業の倍率は低下し，第3次産業を下回るようになった．第1次産業のストックも，ほぼ成長率に見合う上昇を示しているが，それは第1次産業の労働生産性が急上昇しうるほどの機械化・省力化を可能にしたのであった．高度成長期には重化学工業を先頭に，すべての産業が急激に変容したことがうかがわれる．石油危機以後は，このような劇的な変化は見られなくなった．

第6表によれば，全産業を通じての労働生産性は高度成長期には3.2倍に増加したが，とくに，素材産業，機械工業における伸びが目ざましく，商業，金融保険業がこれに次いでいた．73年以後は，生産性の伸び率も，平均で1.7倍，機械工業でも3.8倍と沈静した．ただし，そのなかで総生産の伸びがとく

第1章 成長の機構と政策

第5表 民間資本ストックの増加（取付ベース）

(1985年価格, 兆円)

	実　　　数			倍　　率	
	1955年度	1973年度	1990年度	1973/1955	1990/1973
全　産　業	31.18	217.74	705.76	7.0	3.2
農林水産業	6.77	34.32	92.66	5.1	2.7
鉱　　　業	0.62	1.54	2.40	2.5	1.6
建　築　業	0.38	7.59	25.49	20.0	3.4
製　造　業	10.81	96.68	257.72	8.9	2.7
軽　工　業	4.23	38.86	73.19	9.2	1.9
素材産業	2.22	34.96	99.17	15.8	2.8
機械工業	1.37	22.87	85.36	16.7	3.7
卸・小売業	4.26	21.94	74.12	5.2	3.4
金融保険業	0.68	5.35	15.37	7.9	2.9
不　動　産	0.17	5.55	20.08	32.7	3.6
運輸通信業	2.06	14.76	72.89	7.2	4.9
電気ガス水道業	3.90	19.35	56.60	5.0	2.9
サービス業	1.52	10.66	88.45	7.0	8.3
第1次産業	6.77	34.32	92.66	5.1	2.7
第2次産業	11.82	105.82	285.61	9.0	2.7
第3次産業	12.51	77.60	327.50	6.2	4.2

経済企画庁経済研究所国民所得部『民間企業粗資本ストック―昭和30-40年度―』,『同, 昭和40-平成2年度』.

に高いのは機械工業で，その労働生産性の上昇は他産業を大きく上回っている．これに次ぐものは金融保険業，卸小売業，電気・ガス・水道，不動産業など，いずれも第3次産業であった．しかし，高度成長下に生じた経済全体の変化は，日本経済のありかたを全く変えてしまったのである．

　経済成長の出発点は重化学工業化であったが，また全経済がその変化に自ら適応させてゆく柔軟な適応力を秘めていたことを，上記の事実はものがたっていると見ることができるであろう．

3. 財政政策の機能

　すでに見たように，政府とその関係機関が高度成長のために大きな役割を果してきたことは事実である．それならば，経済政策の根幹をなすはずの財政・金融政策はこれに対してどのように機能したであろうか．まず財政について検

第6表 経済活動別総生産，就業者数，生産性

(1985年価格，万人，倍率)

	経済活動別総生産 (10億円)			就業者数			総生産		就業者数		就業者1人当り総生産	
	1955	1973	1990	1955	1973	1990	1973/1955	1990/1973	1973/1955	1990/1973	1973/1955	1990/1973
農林水産業	8,633	10,431	10,482	1,680	903	599	1.21	1.00	0.54	0.66	2.25	1.51
鉱　　　業	292	1,061	957	48	19	10	3.63	0.90	0.40	0.53	9.18	1.71
製　造　業	6,032	54,785	125,205	747	1,522	1,549	9.08	2.29	2.04	1.02	4.46	2.25
軽工業	4,429	22,678	34,001	421	679	655	5.12	1.50	1.61	0.96	3.17	1.55
素材産業	1,134	19,167	31,974	158	339	294	16.90	1.67	2.15	0.87	7.88	1.92
機械工業	468	12,940	59,231	168	503	600	27.65	4.58	2.99	1.19	9.23	3.84
建　設　業	3,797	24,228	35,212	217	521	607	6.38	1.45	2.40	1.17	2.66	1.25
電気ガス水道	1,074	6,720	14,512	22	41	51	6.26	2.16	1.86	1.24	3.36	1.74
卸・小売業	1,937	24,247	55,301	498	932	1,180	12.52	2.28	1.87	1.27	6.69	1.80
金融保険業	895	8,564	25,328	64	146	230	9.57	2.96	2.28	1.58	4.19	1.95
不動産業	5,387	19,749	40,070	5	43	85	3.67	2.03	8.60	1.98	0.43	1.03
運輸通信業	2,277	14,679	25,761	180	323	369	6.45	1.75	1.79	1.14	3.59	1.54
サービス業	12,453	38,947	75,992	507	992	1,720	3.13	1.95	1.96	1.73	1.60	1.13
公　　　務	4,911	9,617	14,747	102	194	209	1.96	1.53	1.90	1.08	1.03	1.42
小　　　計	47,688	213,030	423,558	4,068	5,635	6,608	4.47	1.99	1.39	1.17	3.22	1.70
輸　入　税	120	2,231	2,505									
帰属利子	−922	−8,035	−23,606									
国内総生産	46,886	207,126	402,456									

経済企画庁『長期遡及主要系列 国民経済計算報告（昭和30年-平成元年）』および『国民経済計算年報 平成4年版』より算出．

討しよう．

　1947年に成立した「財政法」は，長期赤字国債の発行を禁止する条項をふくみ，均衡予算の原則を明確にしていた．戦時下における赤字公債の濫発がインフレーションを招いたことへの反省と，政治的圧力に対して財政の「中立性」を守ろうとする大蔵省の願望がそこにこめられていたとみてよいであろう．しかも，49年のドッジ・ラインのさいには，従来認められていた1年以内の大蔵省証券のような短期借入金をも行わない方針が定められ，以後日本の財政はきびしい均衡を前提として運営されることになったのである．財政法を改正してその制限を緩めざるをえなくなったのは，1965年の景気後退にさいしてであった．財政政策の運営は，この時を境として大きく変化し，景気後退に対して強力な景気対策をとることが可能になったのである．もっとも，以上は国家財政に限ってのことであって，地方財政を含めてみれば事態は異なり，地方

債は50年代後半から発行を再開していたのであったから,「均衡財政」を過大視すべきではないという議論も成立しうるであろうが,国家財政の巨大な比重を考えれば,やはりこの変化を無視することは許されないであろう.

以上を前提として,講和締結以後の国家財政について考えてみよう.経済成長と予算規模の関係をみておこう.第Ⅱ部第7章の第74表を見れば,明らかに,五つの時期を区分することができる.その第一期は,1954－56年の一万田(尚登)財政の時期である.折からの国際収支赤字と物価上昇を抑制するために,鳩山内閣の一万田蔵相は「1兆円予算」を3年間にわたってとりつづけ,他方では所得税を中心とする減税を行った.それは「安価な政府」をめざす古典的な政策を回復しようとする努力であったといえよう.

第二期は,石橋内閣(1956－57年)以後の成長の時代である.石橋内閣は,石橋首相－池田蔵相のコンビのもとに成長政策に転じ,岸内閣の一万田・佐藤(栄作)蔵相時代にはその色がいく分薄れたものの,池田内閣が成立して,「所得倍増」が政策の最重点におかれると,ふたたび成長政策が支配的になった.この時期は予算の伸びが著しく大きくなったのが特徴的である.とくに,1960年代初頭の高度成長期には,前年比25%以上という巨大な伸び率が成長を促進したのであった.

この時期における予算の伸びが可能になったのは,次のような理由からであった.財政当局は予算の編成に当り,経済成長率も税収の伸びも低目に見積るが,実際には,成長率がはるかに高くなり,税収が予想以上に増加するので,年度後半に補正予算を組んで支出を拡大する結果になる.59,60年の補正後の予算の対前年増加率が,当初予算のそれに比して著しく高いのはそのためであった.いわゆる岩戸景気は,景気の上昇にともなって増加する財政支出によって一層加速されたと見ることができよう.景気の上昇に対して財政はむしろ好況時には抑制ぎみに,不況期には拡大ぎみに,反循環(カウンター・シクリカル)的に運営されるのが望ましいとすれば,この時期の財政政策は,その原則とは反対に,むしろ景気変動を増幅する要因をはらんでいたのである.この時期にも,累進性の強い所得税が存在したために,好況期には税収の伸び率が国民所得の伸び率以上に高まり,不況期には逆に低下する,ビルト・イン・スタビライザ機能がみられたが,それは景気変動を抑制するほどの力はなかった.反循環的な政策はあげ

て金融政策に委ねられていた．そのために，1963—65年の時期に企業の利潤が減退し，税収の伸びが鈍るとともに，財政支出の伸びも鈍化して不況を一層深刻化させるという逆効果をもたらした．64年の金融引締め時のように当初予算よりも減収が生ずると，補正予算の伸び率がいっそう抑制された．不況下にあった1965年の当初予算の伸び率が，この前後において最低であったのはこのためである．しかも同年6月には財政当局は税収の伸び悩みを見越して，歳出を当初予算よりもさらに縮小する計画をたてた．その直後に山一証券が危機に瀕し，日本銀行が無制限の融資を声明せざるをえない状況になったため，財政法改正，赤字公債の発行が行われることにきまって，補正予算の伸び率が上昇しうるようになったのである．

　第三期は，1965—73年までである．この時期の特色は，国債発行が可能になり，はじめて反循環的な財政政策がとられうるようになったこと，および予算編成の当初から高い成長率と大幅な税収増加を見込むようになった結果，年度内における補正の規模が少なくてすむようになったことであった．事実，60年代後半には，国債発行を抑えつつ，15—20%の安定した財政支出の伸び率が確保されるようになった．

　第四期は，70—71年の金融引締めと，その直後の円切上げのショック以後，1974年から80年代後半までである．財政当局は，国債を発行して大幅に財政支出を拡大し，景気回復につとめた．その直後に70年代のインフレーションと石油危機が突発し，税収は減少し，国債依存率が上昇して，不況下に支出の抑制を行うことになった．しかし，その結果，第2図の1にみるように，異常な財政の赤字が発生し，赤字公債への依存度と発行残高は急増した．この間，インフレーションにともなう名目所得の増加にもかかわらず，所得税などの税率は据え置かれたので，税負担率は急上昇している（第Ⅱ部第75表）．財政危機とその再建が叫ばれ，臨時行政調査会が「増税なき財政再建」を旗印にかかげて発足したのはすでにみた通りである．80年代前半の成長率の低下の時期にかえって財政支出を引き締めたことは，財政が景気浮揚に貢献しえない結果になった．

　第五期は，80年代後半のブームのために税収が増加し，ほとんど不可能と思われていた赤字公債の発行停止が実現してからのことである．財政はなお

第1章 成長の機構と政策

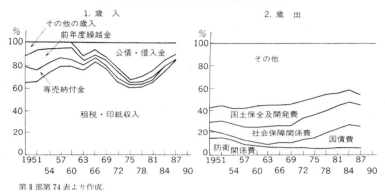

第2図 歳入および歳出の構成比（％）

第Ⅱ部第74表より作成．

　190兆円を超える公債をかかえてはいるものの，1992年には，7兆円にのぼる大型の補正予算を組んで景気振興を企てることができるほどに財政は機動力を回復した．ただしその一方において，直接税の増税が限度に達し，所得税の減税が行われたのと同時に，1989年から新税として消費税が創設された．今後は税制全体の改変をふくめて，財政の構造を考え直す必要が生じているのである．

　財政の機能として大きな意味を持つのは，その支出の内容である．第2図の2は歳出内訳の推移を示している．このうち公共投資を中心とする国土保全及開発費は1960年代前半からその比率が高くなっており，成長政策の時代に，道路，港湾，新幹線など，いわゆる社会資本が大量に建設され，産業にとっての外部経済をつくりだしたことが知られる．第7表に公共投資の金額と内容の変遷をまとめてみよう．1950年から60年代にかけては治山・治水，災害復旧などに重点がおかれていたが，60年代から道路に主力がそそがれるようになり，70年代以後は住宅，下水道などの比重が高まっている．道路整備によって，国内の輸送の中心が自動車に移ったことは第8表から明らかであろう．60年代後半以後拡充されたのは，とくに年金と医療費を中心とする社会保障関係費であった．しかし，財政収入の不足や人口の高齢化のため，その支出はいまでは財政の大きな負担になっていて，年金支給開始年齢の65歳への引上げは避けられない状況になっている．また今後とも大きな比重を占めるのは，赤字

第7表 公共事業関係費の動向（各年を中心とする5年平均値）

(合計は10億円，その他は合計100とする百分比)

	合計	治山治水	道路整備	港湾漁港空港	住宅	下水道環境衛生	農業基盤	林道・工業用水	災害復旧	その他
1955	153	24.1	25.1		(8.6)		18.1	0.5	31.9	0.3
60	316	19.7	34.2	7.2	(4.7)	(0.9)	12.9	2.8	23.0	0.4
65	750	16.8	42.1	7.6	5.4*	2.3*	12.6	3.6	12.0	0.6
70	1,640	16.5	39.9	8.2	6.6	5.8	12.9	2.4	7.4	0.5
75	3,581	15.8	32.0	7.7	9.2	10.3	12.3	2.4	9.9	0.3
80	6,709	16.1	28.1	7.6	11.4	14.0	13.0	2.6	6.9	0.2
85	7,081	15.9	26.7	7.5	13.1	14.2	12.8	2.5	7.3	0.2
90	7,851	16.2	26.8	7.5	13.9	14.2	12.7	2.4	5.7	0.1

1955, 60年のカッコ内は外数．また*には，それぞれ2.4%, 0.7%の外数を含む．
大蔵省『財政統計』より算出．

第8表 道路延長と貨物輸送量

	道路延長		貨物輸送量(10億トンキロ)	
	舗装道路実延長(千km)	高速道路総延長(km)	鉄道	自動車
1955	14.0*	—	43	10
60	29.8	—	55	21
65	73.4	190	57	48
70	186.6	710	63	136
75	370.8	2,022	47	130
80	535.7	3,010	38	179
85	674.9	3,910	22	206

*は1953年．
運輸省調．

国債の元利支払いのための国債費の増加である．国債費の負担が，今後の財政の機動性を制約することは避けられない．

ここで，社会保障制度がもたらした所得再分配効果についてつけ加えよう．1970年代に拡充された社会保障制度は，年金・恩給，社会保険，生活保護の各分野にわたっている．一般国民は税を負担し，社会保険料を支払う一方，多様な社会保険給付を受ける．それにより高所得階層は一般に負担が重く，低所得階層は負担が軽いうえ，社会保障給付をより多く受けるので，高所得階層から低所得階層への所得の移転が行われる結果，所得再分配が実現するのである．

第3図は，1989年の税，保険料の納付と社会保障給付が行われる以前の当初所得と再分配後のローレンツ曲線（同図の注参照）を示したものであって，

低所得層を中心に再分配が行われた結果,不平等度がかなり改善されていることが読みとられる.1981年以来89年までのジニ係数と,再分配による分布の改善度をまとめた第9表によると,1980年代を通じて,当初所得の不平等度が強まったが,再分配の結果,ジニ係数の悪化が大きくは進まなかったことが知られる.当初所得が不平等化したのは,80年代の一般的傾向であって,若年層,中年層の所得の伸びが弱まったことを反映している.また80年代半ば以後の所得税減税のために,直接税による改善度も89年には小さくなった.その一方,高齢者の増加を反映して,社会保障による改善度が80年代後半から大きくなっていることがはっきりしている.税と社会保障によって拠出する金額と受給する金額を1989年の当初所得の階層別に対比した第4図によれば,拠出金と受給金との差額は,年収450万円以下の層ではすべてプラスであって,それ以上ではマイナスになることが知られる.現代の社会では,一世帯200万円程度の所得が保障されているのである.しかし,人口の高齢化が進むなかにおいて,国民の負担をこれ以上高めないで,現状を維持するのは困難なことであって,そこに今後の課題が残されている.

第3図 1989年のローレンツ曲線

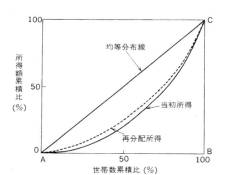

所得分配・所得再分配の状況は,世帯を所得の低い順に並べ,世帯数の累積比率を横軸に,所得額の累積比率を縦軸にとって描いたローレンツ曲線によっても観察できる.所得が完全に均等に分配されていれば,ローレンツ曲線は,原点を通る傾斜45度の直線(均等分布線)に一致し,不均等であればあるほどその直線から遠ざかる.一世帯が所得を独占し,他の世帯の所得がゼロである完全不均等の場合には,ローレンツ曲線はABC線になる.
厚生省大臣官房政策課調査室「平成2年所得再分配調査結果」.

第9表 所得再分配による不平等是正効果(ジニ係数)

	当初所得	再分配所得		税による再分配所得 (当初所得－税金)		社会保障による再分配所得 (当初所得＋医療費＋社会 保障給付金－社会保険料)	
	ジニ係数	ジニ係数	改善度%	ジニ係数	改善度%	ジニ係数	改善度%
1980	0.3491	0.3143	10.0	0.3301	5.4	0.3317	5.0
1983	0.3975	0.3426	13.8	0.3824	3.8	0.3584	9.8
1986	0.4049	0.3382	16.5	0.3879	4.2	0.3564	12.0
1989	0.4334	0.3643	15.9	0.4207	2.9	0.3791	12.5

ジニ係数は,第3図にあるようにローレンツ曲線と均等分布線とで囲まれた面積の均等分布線より下の三角形の面積に対する比率によって,分配の均等度を表したものである.したがって,ジニ係数は0から1までの値をとり,0に近いほど分布が平等,1に近いほど不平等ということになる.

$$\text{ジニ係数の改善度（％）} = \frac{\text{当初所得のジニ係数} - \text{再分配所得のジニ係数}}{\text{当初所得のジニ係数}} \times 100$$

出所は第3図に同じ.

第4図 当初所得階級別1世帯当り再分配金額 (1989年)

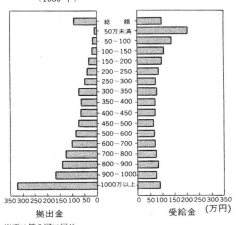

出所は第3図に同じ.

　さらに財政の問題に関連して,財政投融資にふれておかなくてはならない.郵便貯金,厚生年金,国民年金などの資金運用部資金や,簡易保険の掛金,さらには各種国家金融機関の回収金をあつめて行われる国家資金の投融資は,1950年代はじめから制度として確立し,その規模も次第に拡大され,第2の予算と呼ばれて経済成長のために大きな役割を果した.第10表はその原資や使途を要約してある.経済成長がつづくうちに,その規模はもとより,対GNP比率も1950年代には3％台だったのが,80年代には8％台に上昇して,

第1章 成長の機構と政策

第10表 財政投融資の動向　　　　　　　　(10億円)

	1953	1955	1965	1975	1985	1990
原資合計	337	298	1,776	11,344	29,432	36,572
(内訳)　一般会計	46	11	—	—	—	—
産業投資特別会計	57	34	43	66	31	64
資金運用部資金	175	153	1,187	9,800	23,642	28,453
郵便貯金	81	82	465	5,050	8,739	7,200
厚生年金・国民年金	16	31	370	2,132	5,325	5,540
回収金等	77	39	353	2,618	9,577	15,713
簡保資金	20	48	109	1,014	2,577	6,055
政府保証債等	38	52	437	464	3,182	2,000
支出合計	323	322	1,621	9,310	20,858	34,572
(内訳)　生活・住宅・文教等	123	146	856	5,972	14,566	19,208
道路・運輸通信・地域開発等	106	103	516	2,345	4,574	6,015
産業・技術・貿易・経済協力	94	73	248	992	1,718	2,400
資金運用	—	—	—	—	—	6,950

一般会計のほぼ半額の規模に達した．それとともに興味深いのは，投融資の重点の推移を，その使途別の構成がはっきり示していることである．1950年代においてはまず基幹産業向けが多く，住宅，中小企業，運輸通信がこれに次いだ．住宅を別とすれば，産業ないし産業むけ社会資本が第一とされていたのである．ところが60年代に入ると基幹産業が自立し，資金面でのテコ入れの必要性が薄くなって比重が低下してゆくが，それと対照的に，住宅，生活環境整備，文教，中小企業などと運輸・通信，貿易，経済協力に重点がうつされてゆく．60年代後半以降は，住宅と生活環境整備の比率が他を引きはなし，70年代に入っていっそうたかまってゆく．この経過は，成長から福祉へと，投融資政策の重点的対象が推移していった事実をものがたるといえよう．

とはいえ，日本の財政は，海外諸国に比べて，なおその規模が小さいことが特色であった．GNPに対するその比率はなお低い．それは軍事費がGNPの1％以下におさえられていることにもよるが——欧米ではその比率は3－5％にのぼる——，また増税を回避する伝統的な姿勢にもよるものであった．しかし70年代後半以後，その姿勢は変化を余儀なくされ，いわゆる「高福祉，高負担」の方向への政策転換が行われ，その限界をどこに求めるかが，今後の課題になっているのである．

4. 金融の機構と政策

　第Ⅱ部第5章・第6章にのべたように，戦時・戦後における金融制度と金融統制の事実が，戦後の金融に大きな影響を与えたことは否定しえない．それは，次のように要約することができる．第一に，戦前において日本銀行は大蔵省に対して相対的な独立を保ち，また財閥系銀行など有力市中銀行は自己資金のみによる堅実経営を誇りとし，日本銀行に対する相対的独立を維持していたが，戦時・戦後の時期に日本銀行からの借入に依存するようになり，日本銀行は政府から，市中銀行は日本銀行から統制をうけざるをえない状況に陥ったことである．第二に，金融は，戦時には軍需生産の増強を，戦後には経済復興を目標として，そのために所要の資金を供給しつつ，他方，インフレーションの激発を抑制するという困難な使命を担い厳しい統制を行うことを余儀なくされた．1950年代以後においても，基軸産業の発展のための資金供給が課題となったときにも，国家資金をこの方面に集中し，民間の資金を吸引する方法がとられた．第三に，すでにみたように財政政策によって国際収支の赤字に対処しての経済の引締めや，不況期の景気刺激を行うことが難しかったから，景気対策はほとんど金融政策の任務とされた．

　その一方で，1951年ごろまでに戦時以来の金融制度の再編成がほぼ完了した．まず敗戦による占領政策によって大規模な制度改革が進められ，その後，日本の事情にそくしてさらに手直しが行われた結果である．ここでその結果について要約しておくことにしよう．

(1) 金融制度の再編成

　占領軍による改革の結果，まず1945年10月，朝鮮銀行，台湾銀行，南方開発金庫などの植民地占領地関係機関は閉鎖され，日本勧業銀行，日本興業銀行，横浜正金銀行，北海道拓殖銀行など政府系特殊銀行も1950年，商業銀行に転換した．興銀のみは52年に債券を発行権をもつ長期信用銀行に再転換したが，日本銀行以外の戦前以来の政府関係特殊金融機関はこのとき整理されたのである．わが国の金融機関は商業銀行系統一色にぬりつぶされるかに見えた．しか

第1章 成長の機構と政策

し,この改革は再度の変更を余儀なくされる.とくに朝鮮戦争がはじまってのち,ようやく講和条約の見通しがつくようになり,変化は急テンポとなった. 51年には国家資金による銀行としての日本開発銀行と日本輸出銀行(のちに輸出入銀行)とが設立された.両銀行はそれぞれ産業の長期資金と,輸出(とくにプラント輸出や海外投資,のちにはプラントの輸入を含む)の面で,「一般金融機関が行う金融を補完」(開銀法第一条)することを目的に設立された.事実においては,この二つの特殊銀行は,民間金融機関のリスクを肩代りするというにとどまらず,とくに開銀の場合,民間金融機関の融資の水先案内の役目を果し,その融資に民間金融機関が追随するという地位を占めるようになった.また長期信用については,52年には長期信用銀行法が制定されて,金融債の発行を認められることになり,それまで民間銀行資金が長期貸付に固定しがちであった弊害をのぞき,オーバー・ローンを解消することが企てられた.その目的は達成されなかったが,民間企業として長期信用銀行が創設され,さらに日本興業銀行が,このタイプの銀行として再発足することになった.

また,かつての信託会社は,戦時中,普通銀行化していたが,戦後のインフレ下で金銭信託業務が伸びなやみ,証券業務の兼営が認められなくなって,再出発を余儀なくされた.52年に「貸付信託法」が制定され,一般大衆の長期安定資金を吸収して,「緊急産業」に導入する業務が認められ,信託銀行はこれを機に蘇生するにいたった.こうして一時排除された長期信用制度は,占領の終結にともなって新たな出発をとげ,以後の設備投資の拡大の主柱としての役割を担うことになるのである.

いまひとつの方向は,専門金融機関の新設であった.1927年の銀行法改正以来,中小銀行の整理がすすみ,大銀行の優位が確立した.その一方,無尽会社や信用組合の力は弱かった.そのような状況に対して,次第に専門金融機関をもって補完しようとする動きが生れてきた.その最初は,47年に農業協同組合制度が発足したのを契機に,農協,府県連,農林中央金庫の系列で,農業におけるいわゆる系統金融機関が再編されることになった.のちにその余裕金は大きな比重を占めることになるのである.ついで中小企業専門金融機関があいついで誕生する.中小企業金融は,戦前の銀行集中の結果,もっとも不充分な分野になっていた.商工中金,庶民金庫などは戦時中にその欠を補うために

つくられたが，なお力が弱かった．それらを再編して，庶民金庫を国民金融公庫にあらため，また開銀の対象とする大企業と，国民金融公庫の対象とする零細企業の中間規模の企業のために中小企業金融公庫（1953年）が設立された．一方，無尽会社，市街地信用組合もそれぞれ相互銀行，信用金庫に再編されて，普通銀行業務を営なむことになり，中小企業金融の一翼をになうことになったのである．これらの機関は中小企業金融の役割を果すとともに，次第にその規模を拡大していった．

なおこのほか，1949年には住宅金融公庫が発足し，政府資金による住宅金融の道をひらき，52年には農林漁業金融公庫，56年，北海道開発公庫（57年に北海道東北開発公庫），57年，公営企業金融公庫，58年，中小企業信用保険公庫，60年，医療金融公庫，海外経済協力基金，67年，環境衛生金融公庫がつくられている．

以上のようにして占領が終了するころに，日本の金融制度はほぼ再編を完了した．こうしてつくられた制度の上で，60年代後の重要な変化としては，農協系統機関や中小企業関係機関の比重がしだいに増大してきていること，また郵便貯金をはじめ簡易保険などが，金利を高めて一般の預金を吸収し，その資力を大きくしたため，銀行の比重が低下したことが第11表によって明らかである．また最近では相互銀行の普通銀行への転換が認められ，ほとんどがすでに転換を終った．

(2) 金融政策の機能と運用

経済成長は1950年代にはじまるが，高度成長期においては，産業資金の供給を円滑に行うことが，金融政策の最大の使命であった．その動向を示すものが第5図であって，個人，政府，公社・公団，地方政府，企業，海外の5部門の資金過不足をGNPとの比率で示している．高度成長期から1970年代の初めまで，公団等が小さな不足を示していた以外，法人部門の不足がきわめて大きく，それを個人部門の過剰分が埋めていたのである．そのさい，金融機関からの貸出が主たる資金供給ルートとされてきたことは周知の通りである．金融機関は一方では家計の余裕資金を貯蓄として吸収し，それを貸し出して企業に供給する媒介者の役割を果してきたのである．この形態の資金供給は，「間接

第1章 成長の機構と政策

第11表 金融機関の資力と投資（預貯金債券(A)，貸出金(B)，有価証券(C)）

(その他とも計を100とする百分比)

		全国銀行		相互銀行	信用金庫	商工中金	農林中金	農業協同組合	生保・損保	政府系金融機関	資金運用部	簡易保険郵便年金	その他とも計(兆円)	重複勘定(兆円)	差引計(兆円)
		銀行勘定	信託勘定												
1960	(A)	51.8	7.6	5.8	5.1	0.9	1.5	4.4	4.6	—	10.3	3.7	18.82	2.11	16.71
	(B)	51.4	4.5	6.0	4.9	1.1	1.4	2.1	3.0	9.5	9.6	3.3	15.91	1.16	14.75
	(C)	47.9	18.1	2.1	2.6	0.1	1.6	0.4	8.0	0.4	13.2	1.8	3.19	0.82	2.37
1970	(A)	42.7	6.7	5.9	7.2	1.1	2.1	5.7	6.2	—	12.7	2.2	107.88	12.11	95.78
	(B)	43.3	5.7	5.8	7.3	1.3	1.8	3.4	4.4	8.6	11.4	1.6	91.12	7.73	83.39
	(C)	40.3	7.8	3.1	3.6	0.1	3.0	1.3	9.6	0.2	19.4	3.8	17.76	3.49	14.27
1980	(A)	35.0	7.2	5.5	6.9	1.1	2.5	6.1	7.1	—	22.0	3.4	499.30	51.58	447.72
	(B)	35.4	4.6	5.6	6.8	1.4	1.6	2.9	4.4	12.5	22.3	2.0	385.51	39.35	346.16
	(C)	33.2	11.4	3.1	4.7	0.3	4.6	1.7	8.5	0.3	17.4	5.4	119.82	11.82	108.01
1988	(A)	33.4	7.2	4.5	6.0	1.0	2.4	4.3	9.9	—	19.2	3.7	1094.26	151.54	942.71
	(B)	42.7	3.4	4.9	5.9	1.2	1.4	1.6	4.7	9.8	18.7	1.9	779.72	65.80	713.93
	(C)	26.0	15.8	2.6	3.0	0.5	3.3	0.6	15.2	0.2	18.4	5.6	338.58	282.23	310.35

日本銀行統計局『経済統計年報』各年版による．

第5図 経済諸部門の資金過不足

（対GNP比率，％）

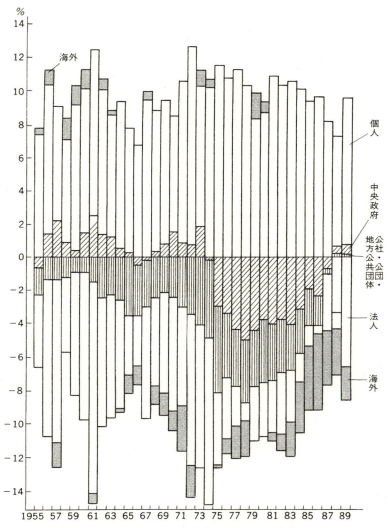

日本銀行『資金循環勘定』および経済企画庁『長期遡及主要系列国民経済報告』より算出．

金融」方式と呼ばれている.

その結果,金融機関は激烈な預金獲得競争を展開して,系列企業への資金供給を行った.しかも,そのような状況にあって,金融機関の借入金依存がつづく以上,日本銀行が最終の資金供給のパイプを握ることになるという優位はつねに変ることがなく,ために,その統制力は一貫して保持されてきたのである.日本銀行は成長の時期には日銀貸出や買オペレーションなどによって大胆に資金供給を行ってきたのである.その一方で,とくに高度成長期には,ブームになると国際収支の赤字が発生し,そのために内需を抑制し,輸出を振興して赤字を解消しなければならなかった.そのために金融政策は景気の調整にあたらなくてはならない.1960年代後半以後,赤字公債の発行が認められてのちは,財政にも,やや機動性が認められるようになりはしたが,それまでの景気対策はほとんど金融の担うところであった.そこに,日本の金融政策が戦後においても,通常採用される市場機構の範囲内の金利政策や預金準備率操作にとどまらず,窓口規制のような直接統制に近い手段をとりつづけなくてはならなかった理由があったと考えられる.しかも成長期には,日本の企業も金融機関も,一般に自己資金に乏しかったために政策的な統制に抵抗する力が弱く,政策が効果的に機能しえたという事情もある.そのために,高度成長期の金融政策は,はなはだ振幅の大きいストップ・アンド・ゴーをくり返さなくてはならなかったのである.

1960年代後半以後,国際収支の黒字が定着してからは,金融政策の役割は,主として国内のインフレーション対策と景気対策に向けられた.しかし,1969年からの海外のインフレーションの波及を抑制する目的の金融引締めが,国際収支の黒字幅を拡大し,そのためにいわゆる"ニクソン・ショック"を呼んで円切上げをもたらしたことや,その対策としての1971-72年の内需拡大政策が,異常な金融の緩慢化とインフレーションを呼び,それが第1次石油危機以後の"狂乱物価"の引き金となったことはすでに見た通りである.その苦い経験と,おりからのケインズ主義批判の風潮のなかで,金融政策の最大の指標として,通貨供給量の対前年比伸び率がもっとも重要とされるようになった.本書においても第Ⅱ部第7章,第39図にM_2(現在ではM_2+CD)の対前年比伸び率をかかげておいた.金融政策はその伸び率をめどとして調節されるよう

になったのである．$M=kY$ から，M_2 の伸び率は，実質 GNP, GNP デフレータ，および k の三者の伸び率に等しいという関係がみちびかれる．k が長期的に増加していることは第Ⅰ部第1章第4図から知られるであろう．したがって M_2 の伸び率は，名目 GNP の伸び率（実質 GNP とデフレータの伸び率の和）に2%程度（k の伸び率）を加えた水準が適正とされている．

　ところが，第5図からわかるように，1970年代半ばから80年代半ばにかけて，中央政府の赤字が拡大し，同時に企業は設備投資を差し控えたために，個人部門の資金が，間接的に国債の消化にまわるようになった．国債の増加のために金融の自由化がもたらされたことは第Ⅱ部第7章でみたところである．そして財政の資金不足が解消に向かうにつれて，海外に対する資金の流出が拡大したのである．

　経済の国際化と自由化にともなって，考えるべき要因が増加し，複雑化しているために，金融政策の舵取りはいっそう難しくなっている．すなわち，為替相場の変動とともに輸入物価はもちろん一般物価も変動する．国際資本移動が自由化されたことによって，金利裁定のもとで，国内で資金を調達したり投資したりするか，海外に向かうかは，企業の自由に委ねられる．第Ⅱ部第7章の終りでみたように，地価や株価の騰貴といういわゆるバブル経済は，円高による一般物価の鎮静のもとで生じた資産インフレーションであった．1990年の金利の上昇によって，海外に投資されていた資金は急に国内に還流した．そのような問題は，固定為替レートのもとで，しかも海外との資本取引が規制されていた高度成長期には存在しなかった．1980年代以後の自由化と国際化のもとで，金融政策は新しい対応を迫られているのである．金利を指標とする自由市場の動向がこれまで以上に決定的な役割を果すようになったことに注目し，国内とともに国外要因を考慮にいれた政策運営を行うこと以外の道はないと要約することができよう．日本銀行は1991年7-9月期以後窓口指導を廃止したが，この種の量的規制が自由化と国際化の流れのなかで有効性を失いつつあることを象徴しているかのようである．

第2章　労働市場・中小企業・農業
―――「二重構造」の生成と解消―――

1. 就業構成と労働力需給

　1930年代初頭の昭和恐慌期にも，太平洋戦争直後の1950年前後にも，日本の失業者数や失業率は意外に低いものであった．たとえば1950年の国勢調査によれば，総人口8320万人中，海外からの引揚申告者は482万人で全体の6％に近く，巨大な人口圧力が存在したことを示している．しかし同じ調査によれば，引揚者中の就業者は307万人，失業者は7.6万人，他は非労働力であって，失業率は2.5％にすぎなかった．また全労働力人口3631万人中の失業者も73万人余で，失業率は2％強であった．1947年以来の「労働力調査」結果によっても，失業率は2％を上回ったことはほとんどなかった．けれどもそれは雇用について問題がなかったことを意味するのではもちろんなく，極端な低所得就業者が多数存在したのであって，当時この人びとは「潜在失業者」（のちに「不完全就業者」）と呼ばれ，その状態の改善は大きな政策課題とされたのであった．ことばをかえれば，この時期の人びとは，所得なしに生活してゆくことはできなかったから，どんなに条件が悪くても就業できさえすればよしとしなければならなかったのである．このような状況を完全雇用と区別して「全部雇用(トータル・エンプロイメント)」ということがある．

　第12表は，1940-90年の間の国勢調査によって，産業を農林水産業と，それ以外とに分け，従業上の地位を三つ（自営業主――内職者を含む，家族従業者，雇用者）に区分して，有業人口の推移を示したものである．これによって，敗戦の衝撃とその後の高度成長の過程におけるその変化をたどることによって，大量の失業が発生しなかった理由や，「潜在失業者」がどこに滞留し，どこに流出していったかを知ることができる．まず，1947年を40年と対比しよう．

第12表　有業人口の構成（1940-90年）　　　　　　（千人）

	総数				農林水産業				非農林水産業			
	計	業主(A)	家族従業者(B)	雇用者(C)	計	A	B	C	計	A	B	C
1940	32,230	8,455	10,268	13,508	14,193	4,890	8,610	693	18,037	3,567	1,658	12,815
47	33,329	8,216	12,974	12,139	17,812	5,329	11,562	921	15,517	2,887	1,412	11,218
50	35,575	9,297	12,248	13,967	17,224	5,666	10,537	1,019	18,351	3,631	1,711	12,984
60	43,691	9,687	10,509	23,490	14,346	5,231	8,329	785	29,344	4,456	2,180	22,705
70	52,235	10,151	8,536	33,544	10,075	4,246	5,336	492	42,161	5,905	3,201	33,053
80	55,811	9,543	6,495	39,764	6,111	2,728	2,927	455	49,700	6,815	3,568	39,309
90	61,682	8,305	4,764	48,607	4,391	2,028	1,955	406	57,291	6,277	2,809	48,201

1) 国勢調査結果．総理府統計局，昭和25年『国勢調査最終報告書』，昭和35年，昭和45年，昭和55年『日本の人口』，および平成2年『国勢調査報告』．
2) 総数の計と，非農林水産業の計のなかには分類不能の者を含む．したがって，ここでは，A，B，Cの和は計より少ない．

　47年の農林水産業には，1780万人と，360万人以上の有業者が流入し，そのうち約300万人が家族従業者となっていたことが知られる．しかも総有業人口は110万人増加している．一方非農林水産業では，約250万人，うち雇用者160万人が激減した．この主要部分は建設業・製造業，商業・サービス業であった．これほどに巨大な労働力が農村に吸収されたことは，収穫逓減の法則が作用して，農林業の限界生産力が大幅に低下したことを意味する．それにもかかわらず，農村がこの労働力をかかえこまなくてはならなかったのは，他の部門の限界生産力が農村以下か，少なくともそれに見合うほどに低下したからであった．敗戦直後の経済はそれほどまでに窮迫していたのである．

　したがって，経済がわずかでも立ち直ってくれば，非農林業の限界生産力が改善され，それに見合って農村に一旦吸収された労働力は流出に向うであろう．他方農村において開墾が行われ，家族従業者となった二・三男が分家することによって，1950年までは農林業の「自営業主」が増えてゆく．1947-50年の間に，農林業の有業人口は微減にとどまりつつ，家族従業者が大きく減少したのは，このためと考えてよい．都市においては流出する農村からの人口と，新たに労働力化した若年者を迎えて，第2次・第3次産業の人口は再度増大に向ったのである．

　1950-60年の間は，朝鮮戦争ののち，経済成長の条件をととのえ，急激な復興が開始されつつあった．農林業人口は287万人流出し，非農林業人口は

第2章 労働市場・中小企業・農業

第13表 製造業の就業者の増加 (千人)

	合　計	繊維工業	機械工業	その他工業
1955	6,902	1,543	1,603	3,756
60	9,495	1,804	2,814	4,877
65	11,510	2,015	3,748	5,474
70	13,541	2,157	5,143	6,241

機械工業には金属製品製造業を，繊維工業は衣服身廻品製造業を含む．各年『国勢調査報告』による．

1100万人の増加をみた．1955年以降，農林業人口の大規模な流出がはじまる．そのゆくえは，表には示されていないが，まず建設業・製造業であった．重化学工業，なかでも機械工業の発展が巨大な吸収力を発揮したのである．すでに見たように，機械工業は，投資ブームのなかで急激に拡大し，しかもきわめて労働集約的な産業であった．第13表にみるように，1955－70年の間の製造業における就業者増加の53％が，機械工業における増加だったのである．1959年にはじまった「岩戸景気」の主力は投資ブームであったが，同時に，家庭用電気機械や，輸出向けの軽機械なども，この時期に拡大した．それとともに，「労働力不足」の声がにわかに深刻化したのである．その事情は，第14表に示すいくつかの指標によって理解されうるであろう．

「労働力不足」への転換は，にわかに起ったものではない．1950年代後半から，労働力の供給と需要の差は急激に縮まりつつあった．すなわち，新規学校卒業者以外の労働力の需給を示す一般の職業安定所の求人倍率は，供給過剰には違いないにしても，急速にたかまりはじめた．とくに，新規学校卒業者についてみれば，中卒就業者のうち農林業（そのほとんどは自家農業）に従事する者の比率は50年代前半から急激に低下しはじめ，また中学卒業者についての求人倍率は53年に1を超えて需要超過に転じたことを示し，高校卒業者についても，57年には1を超えるにいたった．若年労働力の供給は，50年代後半にはすでに不足の傾向が現われていたのである．そこに，機械工業を中心とする労働力需要が急にふえて，需要超過への転換が一気に表面化したのである．それまではきわめて低かった一般の求人倍率も50－60年代を通じて上昇をつづけた．農村の労働力の流出が激化したのもこの時期以後であった．

過去において，日本は労働力の過剰から不足への転換を2度経験した．一度

第 14 表 1950 年代後半以後の労働市場の動向

	(1)求人倍率*(倍)	(2)中卒就職者中の第1次産業就業率(%)	(3)新規学卒者の求人倍率**(倍)		(4)農業就業人口(千人)
			中学校	高等学校	
1955	0.22	31.9	1.1	0.7	
60	0.59	13.8	1.9	1.5	14,542
65	0.64	7.4	3.7	3.5	11,514
70	1.41	5.2	5.8	7.1	10,252
75	0.61	3.7	5.9	3.4	7,907
80	0.75	2.5	2.8	1.9	6,973
85	0.68	1.9	1.8	1.8	6,363
90	1.40	1.7	3.0	2.6	5,653

(1)(3) 労働省職業安定業務統計.(2) 文部省学校基本調査.(4) 農林省農林漁家就業動向調査(1963年以後は農家のみ調査.農家就業動向調査と改称).
　　* 有効求人数÷有効求職者数. ** 求人数÷求職者数.1950年代前半の数字は次の通り.

	1950	1951	1952	1953	1954
中卒就職者中の第1次産業就業率	61.5	52.4	48.4	36.1	33.1
中卒者の求人倍率	0.6	0.8	0.9	1.1	1.2
高卒者の求人倍率	—	0.5	0.5	0.7	0.7

は第1次世界大戦当時(1917−19年)であり,次は日中戦争から太平洋戦争にかけての時期であった.そのいずれも突発的な事情によるもので,前者は大戦の終了と戦後恐慌によって崩壊し,後者は敗戦によって崩壊した.しかし,戦後成長期において,需給関係ははじめて長きにわたって需要超過を示すにいたったのである.その転換点が1960年代初期であったことは,ほぼ定説になっている*.ただし,1970年代後半から80年代前半にいたる調整期には,労働市場の緊張度はゆるみ,一般の求人倍率は0.6ないし0.7程度に低下した.しかし,若年労働力は依然として売手市場であったところをみても需要超過の基調は変らなかったとみてよいであろう.

　　* 日本経済の労働力不足への転換を計量経済学モデルでくわしく分析したものに南亮進『日本経済の転換点』(創文社,1970)がある.

　第Ⅰ部の第10表にみたように,1960年代後半以後就業人口構成はふたたび変化する.第1次産業人口の流出,雇用者の増加の基本的傾向は変らないが,

その人口を吸収する主要部門は建設業・製造業から，商業・サービス業を中心とする第3次産業に転換した．第2次産業は，むしろ労働節約的となり，その一方で，第3次産業は，商業・サービス業が量的に拡大するとともに，新しい分野をひろげていったのである．その傾向が石油危機以後現代にいたるまでつづいていることが明らかに読みとられる．

　上記のような推移は，どのように労働市場のメカニズムを変化させ，農業や在来産業，中小企業にどのような影響を及ぼしたであろうか．

2. 労働市場と賃金構成

　敗戦によって労働力が過剰化して大量の人口が農村に流入し，高度成長によってそれが第2次・第3次産業に再流出して，農業人口が劇的に縮小するという激しい変化が生じたけれども，その底に部門間の限界生産力の均等という簡単な原則が貫かれていたことは，上記の通りである．ここでは，そこでおこった労働市場の変化について，問題別にとりあげてゆくことにしよう．

　都市・農村の所得の対比からはじめよう．戦前において，都市・農村の所得格差の変動は著しかった．戦前に関する大川一司らの国民所得推計と梅村又次の有業人口推計とを，戦後の公式数字に接続すれば第6図がえられる．この図は，次のことをものがたっている．まず，戦前と戦後の相対所得（非1次産業有業人口1人当り所得を1次産業のそれで割った倍率）を対比すれば，戦前にはその水準は平均して3-4倍であり，もっとも低かったのは第1次大戦ブームの絶頂の1919年（2.16倍），もっとも高かったのは1931年（6.25倍）をピークとする世界恐慌の時期であった．概して好況期に低くなり，不況期に高くなるといえるであろう．それは次のようなメカニズムによると考えられる．すなわち，好況期には農産物価格も上昇し，また副業収入も豊かになって所得が増加すると同時に，有業人口が非1次産業に吸収されて，所得をわけあう有業人口が少なくなる．非1次産業の所得も総額としてはもちろん増えるが，有業人口の増加の結果，その1人当り所得の伸びが第1次産業より鈍るのである．ところが，この説明は経済理論的には問題をはらんでいる．すなわち，第1次産業人口が非1次産業に転出したいという希望は，所得倍率が高くなれば強ま

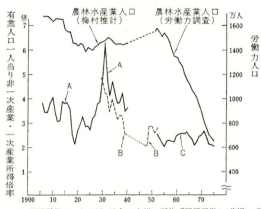

第6図　第1次・非1次産業間有業者1人当り所得倍率と第1次産業人口（1906-75年）

1) 国民所得は，A 1906-40年は大川一司他『国民所得』（前掲），B 1930-51年は経済企画庁旧推計，C 1952-75年は同新推計による．
有業人口は1940年までは前掲梅村推計（第 I 部第10表参照），戦後は労働力調査結果．但し1951-54年は旧推計と新推計間の回帰式によって推定．

2) 所得倍率 = $\dfrac{\text{非1次産業有業人口1人当り所得}}{\text{第1次産業有業人口1人当り所得}}$

り，倍率が低まれば弱まると考えるのが自然であるのに，ここでの動きは倍率が下がると流出が増え，倍率が上がると流出がとまるという傾向を示しているからである．そこで，非1次産業側の需要が好況期にたかまり，不況期に低くなるという理由の方が，戦前においては決定的に強く，労働供給側の要因はそのかげにかくされてしまったと見るべきであろう．1950年代後半以降，60年代の流出も，また強い需要要因の結果であった．しかもこの時期になると，農業の機械化が進み，とくに稲作の機械化体系が完成して，農業に必要な労働力は急減した．この時期の農村は過剰化した労働力を他産業に供給しうる条件が備わっていたのである．

　一方，人口が集中しつつあった都市においても，就業機会を求める労働力が増加していた．いわゆる「ダグラス－有沢の法則」といわれる経験法則がある．それは「労働供給の主体は家計であり，世帯主は家計を支えるために働くが，世帯主の収入が低ければ，その他の家族も収入を確保するために働きに出なくてはならなくなる．したがって世帯主収入が低いほど，家族の有業率は高くな

第2章 労働市場・中小企業・農業

第7図 世帯主の所得，従業上の地位別世帯主の配偶者（女子）の有業率（1982年）

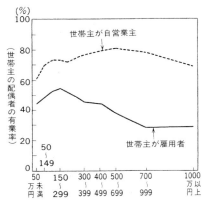

総務庁統計局『就業構造基本調査』．

第15表 配偶関係別女子有業率の推移（1968-87年）
（％）

	総　　数	未　　婚	有配偶	死別・離別
1968	47.5	57.0	45.1	40.2
71	46.5	57.6	44.0	38.5
74	44.0	54.0	42.5	35.4
77	45.3	52.6	45.3	35.2
79	45.6	50.6	46.6	34.3
82	48.5	52.1	50.8	34.5
87	48.1	51.3	51.0	32.6

総務庁統計局『就業構造基本調査』による．

る」というものである（農家の場合には「世帯主収入」を「農業収入」とおきかえ，「家族の有業率」を「世帯員の兼業率」とおきかえて考えてよいであろう）．その傾向は1950年代に指摘されたが，1980年代になっても明らかに見られることは，第7図から確認される．有配偶女子の有業率（第15表）は，1970年代から80年代にかけて，石油危機の一時期以外はつねに上昇しつづけている．それは，成長にともなって就業機会が増加するにつれ，主として妻が，あるいは未婚の娘たちが，労働市場に吸収されていったことをものがたるものであろう．労働省の「雇用動向調査」によれば，ほとんどが主婦からなる短時

間の女子労働者（パートタイマー）は，1975年には約70万人，企業の労働者の3％程度であったが，91年には467万人，12％をこえるようになった．また，「家計調査」によれば，1965年半ばには，家計実収入の3％程度であった「妻の収入」は，70年代後半には6％に近づき，90年には8.5％に達したのである．有配偶女子の労働力化は，ひとり日本だけではなく，先進工業国に共通した現象であるが，日本ではそれが1960年代から急にはじまり，いまその傾向がつづいているのである．

　動員の過程を示すものとしては，第8図の男女年齢別の労働力率が印象的であろう．それは5歳きざみの年齢層の総人口中に対する労働力人口（有業者と完全失業者の計）の比率を算出したものであるが，高度成長期以後におこった事実を鮮やかに示している．すなわち，1970年，さらに90年には55年に比して，男女とも高学歴化を反映して19歳以下の労働力が低下したことは当然であったが，それとともに重要なのは，35歳以上の女子の労働力率が著しい上昇を示したことである．55年にはまだ農業の比重が高かったから，女子の労働力率は，出産・育児に忙しい25-34歳でいく分の低下は示しても50％台

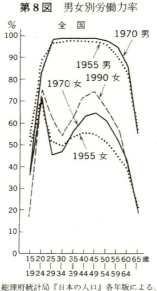

第8図　男女別労働力率

総理府統計局『日本の人口』各年版による．

で比較的安定していた．しかし，農業の比重が低下し都市化が進んだ70年になって，25－34歳層の労働力率が低下したことはむしろ当然であるが，中高年女子の労働力率が急上昇し，90年には25－34歳層の出産・育児期の労働力率も上昇した．それは，この人びとの就業機会が増加し，パートタイマーとして都市の諸産業に動員されたことをものがたるといえよう．

　労働需要側の状況に目を転じよう．1950年代の労働市場は買手市場であり，企業側の意図通りに，労働力は選択され，使用されることになった．そこに，「二重構造」の特色を形成する階層的な労働市場が発生したのである（第16表参照）．それは1920年代の型を再現しつつ，その特色を一層際立たせたものであったといえよう．

　1950年代におけるその構造を要約すれば次のようにいうことができよう．第一に，大企業における終身雇用，年功序列賃金制度のもとにある常用労働力がある．このグループは，企業別労働組合員であり，賃金をはじめ賞与，退職金，住宅その他の現物給与を含めて，相対的に高い給与をうけ，原則として学校卒業とともに採用され，年功賃金制のもとで定年まで働き，比較的平等な昇進を約束される．とくに高度成長前期にあっては，初任給が低かったためもあって，第17表に示すように，年功賃金の昇進カーブは一般に急であった．1000人以上の大企業では，50年代には年功賃金曲線の傾斜は一層急になっていった．それ以後，労働力不足のもとで，若年労働者の給与の上昇にともない，

第16表　賃金の水準と構造の指標（Ⅰ 事業所平均）

	全産業平均賃金指数（1975年：100）		製造業規模別賃金格差（500人以上事業所：100）			
	名　目	実　質	500人以上	100-499人	30-99人	5-29人
1950	5.6	24.2	100	83.1	67.3	
55	10.1	32.8	100	74.3	58.9	
60	13.6	41.0	100	70.7	58.9	46.3
65	22.0	49.4	100	80.9	71.0	63.2
70	43.7	75.3	100	81.4	69.9	61.8
75	100.0	100.0	100	82.9	68.7	60.2
80	146.4	106.7	100	80.5	65.3	58.0
85	175.7	112.0	100	79.1	62.9	54.9
90	200.0	123.7	100	79.0	60.3	55.2

労働省毎月勤労統計．

第17表　賃金の水準と構造の指標（II 個人ベース）

年次	(1)初任給(男子)(千円)		年次	(2) 企業内賃金格差（高卒，製造業労働者）															
				1000人以上企業								10-99人の企業							
	中卒	高卒		18-19歳	20-24	25-29	30-34	35-39	40-44	45-49	50-54	55-59	18-19	20-24	25-29	30-34	35-39	40-44	45-49	50-54	55-59
1950	4.0		1954	71	100	138	172	199	222		226		71	100	136	165	182	194		181	
55	4.1	6.6	61	77	100	139	188	224	261		269		75	100	135	167	190	202		190	
60	5.9	8.2	65	69	100	127	160	190	218		232		76	100	113	129	138	151		107	
65	13.2	16.4	70	70	100	123	143	159	184		195		81	100	126	141	149	156		149	
70	23.8	28.4	75	85	100	122	144	157	168	180	191	172	81	100	142	151	156	156		158	141
75	58.0	70.4	80	83	100	121	144	163	175	182	191	182	85	100	124	147	164	171	173	173	157
80	81.1	92.8	85	85	100	120	144	163	181	189	193	187	86	100	121	143	164	180	183	181	168
85	96.1	112.2	89	81	100	126	159	187	208	227	236	223	83	100	123	142	163	181	196	197	184
90	117.0	133.0																			

1) 労働省『戦後労働経済史』資料篇および日本生産性本部『活用労働統計』各年による．
2) 1954年『個人別賃金調査』，61年以後は『賃金構造基本調査』．

年功賃金の上昇率はゆるやかになってきた．そのため，年功賃金は崩壊すると主張するものもあらわれた．しかし，70年代以後，年功賃金の傾斜はほとんど不変のままに推移し，80年代末にはかえって拡大している．年功賃金制はなお健在とみるべきであろう．第二に，中小企業においては，1955年前後には中卒者，高卒者の初任給が大企業に比べて低かった．それが接近するのは60年代に入ってからのことである．さらに，中小企業では50年代から年功曲線の傾斜はゆるやかであった．昇給も中年になるとほとんどなくなり，かえって下がりはじめる．そのためもあって，中小企業の労働者はむしろ仕事を身につけて自立することを望み，また転々と移動する場合も多かった．入職率および離職率を年齢別にみると，大企業では20歳以下の入職率，離職率はともに高いが，30歳をこえるとともに低下するのに反し，中小企業では30歳以上でもかなり高い．99人以下の中小企業では，終身雇用制への期待は薄かったようにみえる．しかし，その後最近にいたるまで，10－99人規模の企業でも，中高年者の給与が改善され，次第に年功賃金制が形成されてきているように思われる．それは中小企業も熟練労働力の定着につとめるようになった結果なのかもしれない．

けれども，労働市場の階層的構成はこれにとどまるものではない．大企業にも中小企業にも，雇用期間を限定した臨時労働者・日雇労働者等が大量に雇用されていた．1950年代を通じて30人以上の事業所には産業平均で6％前後，

製造業においては7％前後の臨時日雇労働者が存在し，その賃金は，常用労働者の半額前後であった．彼らは，大企業はもちろん，中小企業の常用労働者よりも劣った労働条件に甘んじなくてはならなかったのである．企業側からみれば，臨時・日雇労働力は，期限付ないし日雇であるために，景気変動に応じてその数を自由に増減できるし，常用労働者への昇格を期待させて労働意欲をかきたてることも容易であった．常用者に対して，終身雇用を暗に約束している以上，景気変動に対する雇用面での緩衝装置（クッション）が不可欠だったのである．このような労働側にとって不利な雇用が大量に存在しえたのも，雇用者が自由にその要求をおしつけることができるほど，労働力が供給超過だった結果である．もっと労働条件が低かったのは，さまざまの家内労働関係の職種であった．たとえば1954年3月の調査によると，女子の家庭内職の平均時間当り平均単価は，15.75円であり，かりに月間200時間労働としても3150円の月収である．小企業の女子製造業労働者の給与と比べても50－60％程度にすぎない．この種の労働に従うものの理由のうち，もっとも多かったのは家計収入の補足であり，次いで失業であった．

　以上を要約すれば，戦後初期の労働市場では，労働力過剰を背景に，需要側の条件が一方的にうけいれられたと考えてよいであろう．その結果，大企業と中小企業，企業内部の常用者と臨時日雇，さらに外部の家内労働というように，格差の大きい階層的な労働市場が出現し，労働供給側はその不利に甘んじねばならなかった．そのために日本の低賃金が問題とされ，後述するいわゆる「二重構造」の問題が生じたのである．

　しかし，1960年前後の労働力不足への転換ののち，事態は急激に変化した．労働力不足は，まず新規学卒者の不足からはじまった．その求人倍率と初任給の上昇がそれを象徴する．しかし，労働力不足は，もっと多方面に波及した．企業は労働力を新規学卒者以外から求めなくてはならなくなった．その給源のひとつは農村からの流出労働力であり，いまひとつは企業間移動であった．企業が他企業からの移動労働力を歓迎するようになった結果，とくに，若年労働力は60年代にはよりよい労働条件を求めてはげしく移動するようになった．これらの労働力をうけいれるには，中小企業も労働市場で形成される世間相場に見合う賃金を支払わなければならない．それによって賃金の企業規模別格差

は若年層については急激に消滅していったし，必要な労働力を確保しようとすれば，かえって中小企業の方が高くなるという逆格差の発生をみるに至った．また，企業間を移動するいわゆる中途採用者の賃金も，従来は類似の条件の長期勤続の標準労働者に比べて著しく劣っていたのが，次第にその差が狭まってゆくという状況がみられるようになった．

その事情は企業の労務政策にとっても大きな影響を及ぼした．第一に，若年層の賃金上昇にともなって，年功賃金体系が変貌を余儀なくされたことである．ただし，それが年功賃金体系を危くしたと解すべきではないであろう．年功曲線の傾斜がゆるくなったとはいえ，年功賃金制，終身雇用制の建前を崩すことは，企業別組合の体制を守ってゆくためにも，労使双方の好まないところであったし，成長率が低下した1980年代には，年功賃金制が再度強化されたのも事実であった．

第二に，臨時・日雇労働者のような労働者にとって不利な雇用形態は次第に存続しがたくなった．働き盛りの労働力に対する就業機会が増加して，労働力は有利な条件を求めて移動したからである．企業はこれを引き留めるために給与の引き上げ，常用労働者への昇格など多くの措置をとったが，その数は急減し，やがて消滅してしまった．

そこで第三に，まず未婚の女子労働力が，ついで35歳以上の中高年女子労働力が，かつての臨時・日雇労働力に代る緩衝装置(クッション)として登場するのである．第8図に示した女子の労働力率の上昇の事実は，それを裏書きする．1960年代後半以後における女子労働力は，内職，家族従業者，パートタイマーとして動員されたが，とくに増加の著しかったのはパートタイマーであった．その一例は第18表に示す「仕事は従な者」の推移の通りである．「仕事は従な者」というのは，労働者ではあるが，本人の意識のうえで，仕事以外の家事，通学などを主たる生活の目標としている者をいう．それが1965年以来，一貫して急速に増加していること，その95％以上はつねに女子であり，なかでも雇用者がふえていることは，パートタイマーとして労働市場に動員されたことをものがたっている．主婦たちが就業を希望する理由について，同じ調査によれば，「生活困難ではないが，もっと家計収入をえたいから」という者がもっとも多く，これに次ぐものは「学費・小づかい」がほしいことであった．働きに出る

第18表 非農林業における就業者のうち「仕事は従な者」の推移 （千人）

		総　数	自営業主	家族従業者	雇用者	総数のうち		
						製造業	卸小売業	サービス業
男女計	1965	1,934	490	718	727	570	742	416
	71	3,997	1,097	1,271	1,627	1,370	1,320	878
	77	5,375	1,177	1,571	2,627	1,688	1,867	1,224
	87	7,987	1,565	1,507	4,916	2,133	2,762	2,123
女子	1965	1,772	438	690	592	486	689	375
	71	3,699	1,036	1,237	1,428	1,294	1,233	811
	77	5,063	1,120	1,544	2,400	1,629	1,762	1,141
	87	7,325	1,471	1,473	4,378	2,059	2,511	1,913

総理府統計局『就業構造基本調査』各年版より.

理由も，かつての「少収入」や「失業」に代って，余裕あるものが首位を占めたのである．

　この種の女子労働力は，かつて梅村又次によって「縁辺労働力」と名づけられたように，「就業機会」があれば労働市場に参入するが，なくなれば家庭にもどるという性格をもち，生計を支えるために隠退するまで労働市場に踏みとどまらねばならない男子の「基幹労働力」とは性格を異にしていた*．ところが，この10年来，この種の労働力も，もはや労働市場に定着し，勤続年数も長くなって，「基幹労働力」に近いものになりつつある．しかし同時に，世帯主の扶養家族として，自らは健康保険に加入せず，所得税制上の配偶者控除の対象となることを求め，そのために収入の総額が年間100万円以下におさまることを望む場合が多い．企業の立場からは，かつての臨時・日雇労働者にかわる景気変動に対する緩衝装置（クッション）をこの種の労働力に求めたのである．パートタイマーの動員は，60年代後半から70年代初頭にかけて急激に進み，それによって労働力不足を補なった．石油危機の後にまっさきに整理されたけれども，雇用調整の過程で，定年退職者の補充などのために再度急激に増加した．現在では，総数約500万人といわれるパートタイマーのほかに，高校，大学生のアルバイト労働力も，また100万人といわれる外国人労働力も，同じく比較的低賃金の臨時的労働力として活用されている．1988－90年の労働力不足当時にはこれらの臨時的労働力の給与が正規従業員よりもはるかに高くなるという奇現象さえあらわれた．現代の社会は，ついに何らかの労働力を緩衝装置（クッション）とするこ

となしには，順調に機能しえないのであろうか．

* 梅村又次『労働力の構造と雇用問題』（岩波書店，1971）および中村「労働力構造の変貌」（中村『日本経済の進路』東京大学出版会，1975，第7章）参照．

3. 中小企業の問題性

(1) 中小企業と「二重構造」論

戦前における中小・零細企業（以下には中小企業というとき，在来産業ないし零細企業を含めて用いることにする）が，はげしい競争をつづけつつ，増加していったことはすでに見た通りである．それは，労働力の過剰のなかにあって，労働集約的な技術を駆使しつつ，強靱な生命力を保ちつづけてきた．太平洋戦争のさい，政府は中小企業を整理してその労働力を軍需産業に吸収しようとはかり，企業整備を強行した．したがって，大戦末期には，軍需に直接関係しない中小企業の多くは姿を消すにいたった．しかし，敗戦後，各種の中小企業はふたたび急激に増加しはじめた．そうなった理由を検討することを通じて，中小企業「問題」の所在について考えてみることにしよう．

はじめに，中小企業の規模の推移を第19表によって要約しておこう．ここには事業所数と従業員数の動きをとりまとめたが，これによって，非農林業における中小企業の比重がいかに大きいものであったかを知ることができよう．さらに時期別に見れば，中小企業について次のような傾向が存在したことが読みとられる．まず製造業について．従業員1-29人の零細企業は，戦後一貫して絶対数では増加し比率は減少をつづけて現在にいたっている．30-49人の中小企業ないし小企業は，絶対数，比率ともに上昇をつづけてきた．一方300人以上の大企業は，1950年代後半から60年代の高度成長期に拡大したが，70,80年代には絶対数も比率も低下している．

また卸売・小売業にあっては，全体の増加率は製造業をはるかに凌ぐものがあり，その中で，1-29人の零細企業は比率は低下しているものの，絶対数は大きな伸びを示している．しかし，もっとも伸びが大きかったのは50年代には30-99人程の企業であり，以後はそれ以上の企業であった．商業の分野で

第19表　人員規模別の事業所数と従業員数

		事業所数 (1,000)					従業員数 (1,000人)				
		非農林水産業（公務を除く）									
		総数	1-29人	30-99人	100-299人	300人以上	総数	1-29人	30-99人	100-299人	300人以上
実数	1954	3,309	3,239	57	10	3	18,788	10,878	2,738	1,598	3,494
	63	4,014	3,863	120	23	7	30,040	15,113	5,876	3,757	5,294
	75	5,524	5,304	178	34	9	43,159	22,567	8,735	5,345	6,511
	86	6,641	6,368	225	40	9	52,343	28,855	10,990	6,767	6,231
	91	6,687	6,375	257	45	10	57,983	31,233	14,534	7,099	7,116
構成比	1954	100	97.9	1.7	0.3	0.1	100	57.9	14.6	8.5	18.6
	63	100	96.3	3.0	0.6	0.1	100	50.3	19.6	12.5	17.6
	75	100	96.0	3.2	0.6	0.2	100	52.3	20.2	12.4	15.1
	86	100	95.9	3.4	0.6	0.1	100	55.1	21.0	12.0	11.9
	91	100	95.3	3.8	0.7	0.2	100	53.9	25.1	12.2	12.3
		製造業									
実数	1954	528	499	22	5	2	6,196	2,704	1,087	740	1,665
	75	814	747	51	12	4	12,699	4,513	2,521	1,901	3,764
	91	857	777	61	14	5	14,096	5,001	3,074	2,323	3,698
構成比	1954	100	94.5	4.2	0.9	0.4	100	43.6	17.5	12.0	26.9
	75	100	91.8	6.2	1.5	0.5	100	35.5	19.9	14.9	29.6
	91	100	90.7	7.1	1.7	0.5	100	35.5	21.8	16.5	26.2
		卸売・小売業									
実数	1954	1,609	1,601	7	1	0.1	4,963	4,454	304	109	96
	75	2,636	2,594	36	5	0.8	12,368	9,383	1,719	735	533
	91	2,923	2,854	61	6	0.9	16,913	12,448	2,873	985	608
構成比	1954	100	99.5	0.4	0.0	0.0	100	89.7	6.1	2.2	1.9
	75	100	98.4	1.4	0.2	0.0	100	75.9	13.9	5.9	4.3
	91	100	97.6	2.1	0.2	0.0	100	73.6	17.0	5.8	3.6
		サービス業									
実数	1954	825	810	12	1	0.2	3,341	2,460	578	173	130
	75	1,232	1,185	40	6	1	8,295	4,590	1,974	999	733
	91	1,715	1,630	69	14	3	14,614	7,474	3,416	2,101	1,624
構成比	1954	100	98.3	1.5	0.1	0.0	100	73.6	17.3	5.2	3.7
	75	100	96.1	3.2	0.5	0.1	100	55.3	23.8	12.1	8.8
	91	100	95.0	4.0	0.8	0.1	100	51.1	23.4	14.4	11.1

総務庁統計局『事業所統計調査』による。

は，零細企業から中小企業への規模拡大がいまも進行したとしてよいであろう．ただし，1975年には，労働力不足の緩和を反映するかのように，零細企業が幾分増加しているのが注目される．

　このような推移からわかるように，中小企業は，高度成長期にあっても，最大の就業人口を吸収する分野であった．そこに，労働市場のところでみたような，賃金格差の問題が発生したのである．この事態は，形式的には，第9図を利用して次のように説明することができるであろう．労働市場においては，労働力はすべて等質であり，かつ全部雇用が成立しなくてはならない．すなわち，労働市場に出現した労働すべて（N_O）は雇用されなくてはならないと仮定しよう．その場合，もし大企業・中小企業の差別がなければ，その社会の賃金はN_O人目の労働者の限界生産力に等しい水準（W_O）に定められるであろう．しかし実際には，大企業においては終身雇用制，年功賃金制，労働組合の圧力などの制度的理由から，その賃金はW_Oよりも高い水準（W_L）に定められねばならないとしよう．大企業の雇用量（N_L）はしたがって，W_Lを限界生産力とするように，W_Oを限界生産力とした場合の雇用量（N_L'）よりも低く定められなくてはならなくなる．一方，全部雇用を前提すれば，中小企業は，大企業に雇用されたN_L以外の労働力のすべて（$N_O-N_L=N_S$）を吸収しなくてはならず，N_Sは当然N_S'よりも大きくなり，その限界生産力W_SはW_Oよりも低下せざるをえない．このようにして賃金格差（W_S/W_L）が形成されたのである．

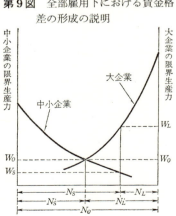

第9図　全部雇用下における賃金格差の形成の説明

そのメカニズムは，労働力過剰がつづく1950年代において急激に進行したのであった．中小企業は大量の労働力を吸収し，その平均賃金の大企業との格差は拡大した．いわゆる「二重構造」論は，この状況下において起り，その深刻化が憂慮されたのである*．

* 有澤広巳「日本における雇用問題の基本的考え方」（日本生産性本部編『日本の経済構造と雇用問題』1957）は「二重構造」の問題をはじめてとりあげた文献であり，ついで32年版『経済白書』によって全面的に論じられた．

中小企業労働者は大企業労働者との間の賃金の格差のために，同じような経歴をもち，能力をもっていても，当然，生活水準も低く，倒産や企業の整理に当っては，失業の危機にさらされることにもなる．中小企業の常用労働者が，その地位を捨てて，終身雇用制と年功賃金制にまもられた大企業労働者をうらやみ，大企業の臨時労働者となる例も多かった．一時は収入も低下し，雇用条件も不安定になるけれども，大企業の常用労働者への昇格の機会をつかもうとしたのである．しかも農村には都市における就業機会を求めて大量の労働力が待機している．中小企業労働力の給源は尽きることがない．「二重構造」論は，以上のような認識のもとに，この種の階層性が日本経済のなかに定着（ビルト・イン）しており，その解消は至難であろうという見方に立っていた．そのために多くの議論が展開されたが，今は論争自体には深入りしないことにしよう*．

* 当時の論争の便利な要約として，川口弘・篠原三代平・長州一二・宮沢健一・伊東光晴『日本経済の基礎構造』（（日本経済の現状と課題）シリーズ春秋社，1962）をあげておこう．

賃金格差が形成されたことは，さらにいくつかの連鎖反応をよびおこした．労働市場は大企業の買手市場性となり，新規学卒者を他企業に先だって選択採用したり，臨時・日雇労働者に不利な労働条件を強いたりすることも行われた．しかし最大の問題とされたのは，大企業による中小企業の下請化の問題であった．下請制自体は昭和初期から行われた制度であるが，軍需生産のために，戦時中に広く行われるようになった．その下請関係は戦後にも引きつがれており，賃金格差の拡大のために，大企業は自ら生産するよりも，中小企業の低賃金労

働力を下請化によって間接的に利用することが有利であった．それが主要な理由のひとつとなって，下請制が一般化したのである．

1950年代における下請制の普及については，もちろん「低賃金労働力の利用」以外の理由もあった．その代表的なものは「資本の節約」と「危険負担の転嫁」，とくにその後者であったとされる．すなわち，親企業は不況期には下請を切り捨てたり，代金の支払を引き延ばしたりするし，好況期には下請を増加する．合理化を要求し，低い価格で買いたたく．下請制が「対等でない外注」と規定されたのは理由のないことではなかった．このような無理が通ったのは，中小企業が多くの不利を背負っていたためである．たとえば，50年代には，銀行は資金が豊富な金融緩慢期には中小企業に貸し進むが，金融が逼迫しはじめると急いで回収するといわれた[*]．したがって，親企業に資金の面倒を見てもらうことも多ければ，技術の指導をうける場合も多い．第20表は，製造業における中小企業のうち，下請企業となっているものの数を示すが，これによると中小工業の過半は下請関係にあり，繊維工業，電気機械工業，機械工業，衣服その他繊維製品工業，鉄鋼業などではその7割前後が下請関係下におかれている．

[*] 川口弘「中小企業への金融的『シワ寄せ』機構」（館龍一郎・渡部経彦編『日本経済と財政金融』岩波書店，1965）はこの点についてくわしい分析を行っている．

第20表 中小企業の下請状況（1966年末）　　　（％）

	一社と専属的に取引をしている (A)	数社と下請取引をしている (B)	下請取引と下請でない取引をしている (C)	(A)+(B)+(C)
製　造　業	24.2	18.8	10.6	53.6
鉄　鋼　業	15.7	35.1	15.1	65.9
非鉄金属工業	13.0	22.5	15.5	51.0
機械製造業	26.6	26.9	18.1	71.6
電気機械工業	28.8	34.3	14.4	77.5
輸送用機械工業	27.7	32.0	9.6	69.3
精密機械工業	25.0	27.8	10.1	62.9
繊　維　工　業	50.6	22.2	6.8	79.6
衣服その他の繊維製品工業	42.0	21.0	6.7	69.7
化　学　工　業	15.1	13.5	4.1	32.7

清成忠男『日本中小企業の構造変動』（新評論，1970）p.166．（原資料は中小企業庁『第三回中小企業総合基本調査報告書』）．

下請の問題が注目されるようになったのは50年代前半の朝鮮戦争直後からのことであったが，54年不況以来懸案となっていた「下請代金支払遅延防止法」が成立したのは1956年であった．ついで57年には，中小企業政治連盟の運動もあって，「中小企業団体法」が成立した．中小企業者が生産，販売，設備，仕入などを共同で行う事業協同組合や，信用協同組合などを組織することが法的に承認され，独占禁止法の除外例としてのカルテル化が大幅に可能になったのである．

　さらに60年代に入るころには，中小企業が大企業と対比して技術的に立ち遅れており，そのために付加価値生産性が低いという事実が注目されるようになった．さらに国際競争，労働力不足などが発生していることが中小企業のゆく手をけわしくするであろうというのである．それらを理由にして，1963年，「中小企業基本法」が制定された．その要旨は中小企業を資本金5000万円以下または従業員300人以下の企業（商業サービス業では同じく1000万円以下，50人以下）と定め，それに対して国は近代化設備の導入，技術向上，経営管理の合理化，「企業規模の適正化，事業の共同化，工場，店舗等の集団化，事業の転換および小売商業における経営形態の近代化」「取引条件の不利を補正」するための過当競争の防止と下請取引の適正化等をはかることが義務づけられた．その結果成立したのが「中小企業近代化促進法」（1963年）であって，そのための資金の配慮，指導の制度がつくられた．業種を指定し，「近代化」の計画をたて，カルテルの結成，資金の融通などを国が指導しようというのである．それは68年以後に共同化，協業化，合併などをともなう「構造改善」方策をつけ加えて現在も実施されている．

　ここで問題とされているのは，大企業にくらべて弱いもの，保護されるべきものとしての中小企業であり，それを改善するのには大企業と同じような設備や経営方式や技術をもつ，いわば大企業のミニアチュアとしての中小企業をつくりださねばならないと考えられていた．たしかに不況時に下請を切り捨てたり，代金の支払を遅らせたりすることが放置されるべきではない．けれども，「弱者」なるがゆえにカルテルの結成の自由が認められ，大企業に匹敵する設備をととのえることが中小企業の生存にとって不可欠とは考えられない．中小企業には中小企業の特色がある．以下に二つの角度から大企業と中小企業を対

比して，その特色を検出してみたい．

(2) 付加価値生産性格差の分析

中小企業にとって致命的な欠陥とされるのは，通常付加価値生産性の低さであった．しかし，その事実はそれほど重大な意味をもつものであろうか．そこにはなお考えるべき問題が残されている．付加価値は利潤（P）と賃金（W）の和であり，雇用量を N とあらわせば，$(P+W)/N$ は付加価値生産性を示す．そこで，使用総資本を K_1，固定資本ストックを K_2 とあらわせば，次の恒等式が成立する．

$$\frac{P+W}{N} = \frac{P}{N} + \frac{W}{N} = \frac{K_2}{N} \cdot \frac{K_1}{K_2} \cdot \frac{P}{K_1} + \frac{W}{N}$$

付加価値生産性 ＝ 資本装備率 × $\dfrac{使用総資本}{固定資本ストック}$ × 総資本利益率

＋1人当り賃金コスト

すなわち，付加価値生産性は，従業員1人当り利潤と1人当り賃金コスト（福利費を含む）とに分割され，前者はさらに資本集約度，固定資本（土地を含む）—総資本比率（以下，固定資本比率とよぶ），総資本利益率の三者の積の形に書き直すことができる．「法人企業統計」を使用して，この式にあたるデータをとりまとめ，それぞれの数字を資本金規模別に計算してみれば，第21表がえられる．その際注目すべきことは次の事実である．まず，付加価値生産性の格差は現在に至るまできわめて大きく，それが中小企業の「弱者」たるゆえんとされたのであった．しかし，それは産業による資本集約度の違いによってほとんど説明しつくされることは，同表注の回帰係数と決定係数からも明らかである．してみれば，付加価値生産性のひらきは，同種産業内部における企業の優劣の結果生じたものとはみなしがたく，むしろ資本集約度の異なる産業間の問題とみるべきであろう．

他方，資本主義経済においては当然のことながら，企業の利潤率は均等化するはずであるが，いずれの年においても，資本金の少ない中小企業ほど，利潤率が高いことが読みとられる＊．「弱者」の方が利益率が高いことは，大企業との対比において，中小企業はすでにのべたような多くのマイナス要因を償って

第21表 法人企業の付加価値生産性分析 $\left(\text{単位千円, ただし}\dfrac{K_1}{K_2}\text{は1},\ \dfrac{P}{K_1}\text{は\%}\right)$

製造業計	1953年（千円）					1960年（千円）					1970年（百万円）					1989年（百万円）				
	$\dfrac{P+W}{N}$	$\dfrac{K_2}{N}$	$\dfrac{K_1}{K_2}$	$\dfrac{P}{K_1}$	$\dfrac{W}{N}$	$\dfrac{P+W}{N}$	$\dfrac{K_2}{N}$	$\dfrac{K_1}{K_2}$	$\dfrac{P}{K_1}$	$\dfrac{W}{N}$	$\dfrac{P+W}{N}$	$\dfrac{K_2}{N}$	$\dfrac{K_1}{K_2}$	$\dfrac{P}{K_1}$	$\dfrac{W}{N}$	$\dfrac{P+W}{N}$	$\dfrac{K_2}{N}$	$\dfrac{K_1}{K_2}$	$\dfrac{P}{K_1}$	$\dfrac{W}{N}$
平均	265	213	3.30	18.7	134	531	608	2.89	15.5	259	1.67	1.96	3.18	11.9	0.93	5.82	4.75	3.70	5.7	4.39
資本金200万円未満	130	49	4.30	31.3	63	320	217	3.08	20.6	182	1.09	0.57	3.28	24.5	0.63	3.03	1.27	4.29	4.3	2.79
200- 500	238	128	3.95	21.3	130	404	304	3.56	18.7	201	1.16	0.73	3.19	20.7	0.68	3.65	2.06	4.11	5.3	3.20
500- 1,000	269	149	4.22	17.7	158	438	407	3.35	15.4	228	1.21	0.86	3.45	17.0	0.71	3.75	1.99	5.77	4.8	3.21
1,000- 5,000	322	247	3.49	16.9	177	534	551	3.21	15.6	258	1.32	1.21	3.32	14.5	0.78	4.58	2.87	5.34	6.2	3.63
5,000-10,000	348	298	3.39	14.9	198	693	905	2.86	13.4	348	1.50	1.42	3.45	12.0	0.91	5.23	3.93	4.95	6.3	4.01
10,000-*	486	508	3.04	15.9	240	1,035	1,588	2.71	14.0	428	1.72	1.98	3.09	11.2	1.03	6.42	5.22	4.66	6.2	4.91
100,000-											2.53	4.08	3.14	9.7	1.29	9.47	9.85	5.49	5.6	6.44

大蔵省『法人企業統計年報』により算出.
*1970, 89年は 10,000-100,000.
付加価値生産性を資本集約度で説明する式 $\dfrac{P+W}{N}=\alpha+\beta\dfrac{K_2}{N}$
について推定されたパラメータと決定係数 R^2 とは右の通り（カッコ内は t 値）.

	α	β	R^2
1953年	133.4	0.5739 (9.98)	0.9614
1960	235.3	0.5067 (32.67)	0.9963
1970	0.8647	0.4126 (11.54)	0.9958
1989	2.2583	0.7474 (3.98)	0.9940

余りあるプラス要因をもっているということになりはしまいか．第21表には，固定資本比率が計算されている．中小企業は資本装備率が低く，さらに固定資本比率も低い．中小企業は資本の回転率を高め，いわば小回りをきかせて大企業に対抗しているといえるであろう．

  * このことをはじめて問題にしたのは小宮隆太郎である．「独占資本と所得再分配政策」（『世界』1961年3月号所収）．

そして，賃金コストの規模別格差は，最大規模と最小規模をくらべて，53年には4倍弱であったが，最近では2倍近くまでちぢまってきてはいるものの，なおかなり大きい．それにはおそらく二つの大きな理由がある．ひとつはすでに見たような大企業と中小企業の労働力の年齢，勤続年数の差からくる要因であり，かりにこれを労働力要因とよぼう．いまひとつは，とくに50年代における過剰労働力の全部雇用からくる労働市場要因（第9図に示したメカニズム）であった．高度成長期以後は，その第二の要因は弱まってきたとみてよいであ

ろう.してみれば,現在のこっている格差は労働力の質的な差にもとづく労働力要因と考えてよいであろう.中小企業は,50年代から60年にかけての労働力過剰から不足への転換のなかで,変貌を余儀なくされた.その意味では,かつてのような低賃金労働力の存在によってはじめて成立しうる中小企業という見方は再考されるべきである.

　男子低賃金労働力を労働集約的に使用することが不可能となってゆく状況に対応しつつ,中小企業も,その生産技術を少しずつ資本集約的な方向に変えていった.その事情を示すアンケート結果(第22表)によれば,中小企業で60年代なかばに至って労働節約的な設備投資(自動旋盤をはじめとする各種自動機械の採用,製法・工程の改良,等)が進められたことがはっきりしている.中小企業も機械工業の発達にともなって,各種の作業のための専用機が開発され,しかも低廉な価格で入手できるようになったのである.しかしながら,設備の近代化が進められる一方で,労働費用の上昇と労働力の不足を内職や臨時工,パートタイマーの利用はもちろん,かつては韓国,台湾,その後は東南アジア諸国に下請工場をもち,現地の低賃金労働力を利用することで切りぬけようとするものも急増している.ここに中小企業のもつ複雑な一面が示されているといえよう.

第22表 規模別にみた設備投資の目的別事業所比率
(設備投資計画のある事業所) (％)

規模	主として労働力節約を目的としている	労働力節約をかなり考慮している	労働力節約などよりも生産力の拡充などを目的としている	その他	主として労働力節約を目的とするようになった時期*			
					1961年以前	62-64年	65-67年	68年以後
製造業計	18.9	29.9	48.4	2.7	5.7	17.1	52.6	24.6
1,000人以上	19.6	35.6	42.9	1.9	6.5	14.1	55.4	23.9
500-999人	15.3	28.1	54.1	2.6	6.7	20.0	60.0	13.3
300-499人	12.4	23.4	60.6	3.6	5.9	23.5	52.9	17.6
100-299人	22.0	26.4	48.2	3.4	4.5	18.0	47.2	30.3

1) 労働省「労働経済動向調査」.
2) *は「主として労働力節約を目的とするようになった時期」は「主として労働力節約を目的としている」事業所を100とした比率.
3) 清成前掲書,p.143より引用.

(3) 中小企業の多様性と規模移動・出生・死亡

中小企業はそれなりの存在理由をもち，また大企業にまさる平均利潤をあげながら，これまでのところ「弱者」扱いされてきたのにはそれなりの理由がある．そのひとつは，おそらく中小企業経営の多様性であろう．多様性というのは，ここでは中小企業の技術や経営者の経営能力までふくめたその収益性が幅広く分布していることを指している．大企業においてもある程度同じような事実があることは認められるけれども，中小企業の分布よりははるかに狭いのである．その実態は第10図に要約されている*．好況であった1969年には，両者とも，利潤率は左方にピークをもつ分布をしているが，大企業と中小企業を比較すれば，中小企業には2％以下ないし欠損の企業と，12％以上の高利潤率企業が相当に多く，大企業にはそれが少ない．また不況であった71年には，両者とも欠損企業がもっとも多く，利潤率が高まるにつれて企業数が少なくなってゆく，不況時に右下がりの分布を示している点では共通であるが，8％以下の利潤率の企業は大企業に多く，8％以上のものは中小企業に多いという対

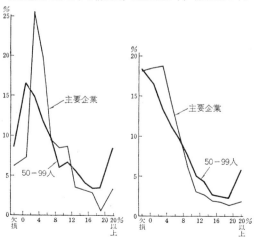

第10図　大企業と中小企業の総資本利益率の分布
（企業数を100とする構成比，左は1969年，右は1971年）

日本銀行『中小企業経営分析』昭和44年度版および『企業規模別経営分析』昭和46年度版より作成．

照が鮮やかである.

* この点につきくわしくは中村『経済成長の定着』(東京大学出版会, 1970) 第5章参照. 同書では1957−65年の実態を分析したので, ここにはそれ以後の数字をかかげたが, 大勢に変るところはない.

　この事実は上記のような経営内容の格差が, 中小企業の内部において大きいことを物語るものといえよう. 中小企業の世界においては, 総合的な経営能力の格差が著しい企業間で競争が展開されているために, 企業の栄枯盛衰が激しいのはやむをえないのである. その事情をある程度示すものが, 企業の発生・死亡, 規模の上昇・下降を示す第23表である. これによると, 50年代には全事業の14−15％が年々新たに参入し, 現在でも6−7％以上が参入する一方, 3％前後が廃止・脱退している——その多くは廃業であろう——のである. また清成忠男によれば, 1964−66年の間に従業員9人以下の製造業事業所の22.6％は転・廃業しており, 一般機械工業の41.4％をはじめ, 重化学工業系統でその比率はとくに高い. しかもこの間に, 全体として中小企業は増加をつづけているのである. 中小企業は「多産多死型」なのである.

　さらにまた, 清成が明快な調査結果を示しているように, 小規模企業の開設者は, 小規模企業の従業員として経験を積んだものが全体の63％に達し, また開業時の年齢は30−34歳のものがもっとも多く, 34歳以下を合計すれば56％に及ぶ. 彼らは「将来独立できる仕事」として小規模企業を選んだのであ

第23表　失業保険適用事業所数の推移

	適用事業所数 (千)	新規加入率 (％)	廃止・脱退率 (％)
1956	253	13.7	6.4
60	361	14.2	4.7
64	521	14.5	5.4
68	641	10.5	6.7
72	740	8.8	4.0
76	1,045	3.3	0.7
80	1,313	3.0	0.5
84	1,451	5.8	4.2
88	1,612	7.2	3.3
90	1,734	6.1	2.9

労働省職業安定局「失業保険事業統計」および「雇用保険事業統計」.

り，「独立」の希望は勤続年数が長くなるにつれて強まってゆくのである（清成前掲『日本中小企業の構造変動』，p. 245 以下）．かれらの開業資金は平均200万円余であり，自己資金はその半分位，あとは「親戚，知人，友人からの借入と企業間信用が大部分」であるという（同上，p. 259）．新規参入が多いのは容易に理解しうるであろう．

「多産多死」が現実であることは，当然，ひとつの中小企業が存続しているにしても，その拡大・縮小がはげしいことを意味している．したがって中小企業は全体として流動的であり，たえず新陳代謝をくり返しているのである．そのことを前提として考えたとき，「中小企業団体法」や「近代化促進法」などに代表される中小企業政策の問題点が明らかになる．すなわち，それらは現に存在する一群の「中小企業」集団が，増加も減少もしないままに存続する，ないし存続させるべきだという前提に立って，メンバーの固定した集団についてカルテルを作ったり，設備近代化を行ったりしてゆくことができるという発想に立っている．しかし現実が流動的なのに，この政策は特定の地域や業種を保護するという問題をはらみ，しかも，その集団以外の新規参入者の行動によって所期の効果があがらないおそれもある．いわゆる「近代化促進」事業がしばしば効を奏さなかった理由はここにある．たとえば繊維産業などでは，設備過剰と過当競争を理由に，組合をつくって老朽設備の廃棄と少数の新鋭設備の導入を行い，国がそれを援助するという政策が50年代からくり返し行われているが，それは新規参入者のアウトサイダー行動によって攪乱されることが多い．一時設備拡張をおさえるだけが目的であるのならば別であるが，現在の政策は的外れの感なきをえない．部分的な保護育成や，スクラップ・アンド・ビルドなどよりも，中小企業金融の改善や，下請に対する不利の是正などの方向で，中小企業の競争上の不利を是正しつつ，公正な競争が行われる条件をととのえてゆくことが政策の本道であるように思われる．

(4) 中小企業の存立条件

中小企業が以上のような性格をもつことは，その果している機能の複雑さからも容易に理解しうるところである．第Ⅱ部でくわしく見たように，戦前においては，農業のほかに在来産業が消費財の生産・配給と輸出を担当し，人口の

第24表 1955年産

	農林水産業A	鉱業 Min	エネルギー産業 E	金属機械工業 M 小 S	金属機械工業 M 大 L	化学工業 C 小 S	化学工業 C 大 L	繊維産業 T 小 S	繊維産業 T 大 L	その他軽工業 L 小 S	その他軽工業 L 大 L
A	392	1	10	0	1	22	40	47	61	524	83
Min	0	0	0	0	80	14	20	0	0	0	0
E	26	4	207	13	93	32	82	14	14	36	4
M_S	16	1	5	84	54	1	3	3	2	22	1
M_L	9	2	9	251	833	5	2	0	0	5	0
C_S	11	3	6	14	23	98	58	10	15	88	9
C_L	103	0	4	5	13	159	156	19	39	10	1
T_S	14	0	1	2	2	3	3	243	2	13	9
T_L	2	—	—	0	2	0	0	390	54	1	0
L_S	37	1	2	11	20	3	2	6	1	232	1
L_L	15	0	2	4	16	6	13	1	0	23	0
S	173	16	97	79	315	157	147	108	63	302	23
Tu	17	1	25	8	25	25	22	9	4	34	2
小 計	814	30	368	472	1,476	526	549	850	256	1,291	132
付加価値・間接税	1,682	84	351	271	386	263	234	183	258	679	212
合 計	2,495	114	719	743	1,862	789	783	1,033	514	1,970	344

佐倉致・中村隆英「産業連関の企業規模別分析」(『経済研究』1960年10月).

大きな部分を吸収していたのであった．戦後その事情は変化したのであろうか．そこに大きな変化がないとすれば，中小企業は在来産業の機能を引きついでいるはずである．その点について産業連関分析の手法によって解明を試みよう．

かつて著者は佐倉致と共同で，1955年の産業連関表(第24表)により，製造業の分野において大規模企業(従業員300人以上)と小規模企業(同300人以下)が，それぞれ支配的であるような部門を統合して，規模別産業連関表を作成したことがある*．その分割方法の要点は「産業連関表の産業部門に相当する工業統計表の産業分類(あるいはそのいくつかを合算したもの)において，従業者規模300人以上の事業所の出荷額がその産業の全出荷額の50%以上を占める場合，その部門を大規模的，50%以下の場合(300人未満の事業所の出荷額が50%以上の場合)小規模的とした．産業連関表の各部門(産業細分類)をこのように大規模的あるいは，小規模的と格付けした上で，それにしたがって統合し，繊維，化学，金属・機械，軽工業の製造諸部門を大規模，小規模に分けた」のである．このようにして作成された産業連関表から読みとられる事実について以下に考えてみることにしよう．

業連関表 (十億円)

商業サービス業 S	運輸通信業建設業 Tu	小 計	消 費	総資本形成	輸 出	最終需要合計	競合輸入	総生産額	総供給額
137	18	1,338	1,227	151	28	1,406	-249	2,495	2,744
2	38	156	—	-3	1	-2	-40	114	154
65	114	703	126	-1	14	139	-124	719	842
92	83	368	65	242	103	409	-34	743	777
122	121	1,360	49	328	160	537	-34	1,862	1,897
249	60	642	130	1	31	163	-16	789	805
87	63	659	89	9	38	136	-12	783	795
32	5	328	386	61	262	709	-4	1,033	1,037
27	—	477	19	-3	22	38	-1	514	51
379	179	874	1,059	33	88	1,179	-83	1,970	2,053
46	6	132	206	0	7	214	-2	344	346
1,328	317	3,125	3,221	51	236	3,508	-62	6,571	6,633
263	60	498	343	1,065	154	1,561	-5	2,053	2,059
2,828	1,066	10,658	6,920	1,935	1,143	9,998	-666	19,900	20,656
3,745	988		438	—	1		—	9,772	
6,571	2,053		7,359	1,935	1,144		-666	29,672	

* 佐倉致・中村隆英「産業連関の企業規模別分析」(『経済研究』1960年10月所収).

産業連関表の需要別構成比を見よう．そこで内生部門の需要が高い部門は，鉱業，繊維（大），エネルギー，化学（大），化学（小），金属機械（大）の順になっていて，これらはいずれもその比率が0.7以上である．一方それが低い部門は，運輸通信，繊維（小），その他軽工業（大），その他軽工業（小），金属機械（小），農林水産業の順で，その比率が0.5以下である．このように見ると，繊維，その他軽工業などでは昔通りの在来産業の機能がうけつがれており，消費はもとより，輸出の主力もやはり中小企業であった．そして，1960年代に入っても，輸出の中心は大企業に移ったにせよ，消費財生産の主力は，やはり中小企業であった*．消費という安定した需要を中小企業は依然として確保しているのである．

* たとえば粕谷信次「中小企業」（大内力編著『現代日本経済論』東京大学出版会，1971）第111表.

第Ⅲ部 現代経済の構造

第25表 影響力係数と感応度係数

	影響力係数	感応度係数
A	0.7262	1.2735
Min	0.6526	0.5896
E	0.8611	1.1126
M_S	1.2104	0.6845
M_L	1.3798	1.4440
C_S	1.1235	0.8969
C_L	1.1350	1.0561
T_S	1.3090	0.6813
T_L	0.9227	0.8244
L_S	1.0186	0.8200
L_L	0.7878	0.5478
S	0.8893	2.3271
Tu	0.9919	0.7423

第24表に同じ.

　次に，ゴチックで示してある製造業の内部における大企業と中小企業の関係を見よう．軽工業以外の三つの製造業では，いずれも大企業から小企業への流れが大きく，逆に小企業から大企業への流れは小さい．原料部門を大企業が担当し，製品化を小企業が担当するのが支配的なのである．もちろん，電気機械，自動車など組立産業では，部品産業は小企業である場合が多く，小から大への流れも存在し，最近ではその比重がたかまっているのは周知の通りである．しかし，従来までの類型からは，次のような結果が生じる．すなわち，大企業部門に向けられた最終需要は，小企業部門に対して需要を誘発することは比較的少ないが，小企業部門に向けられた最終需要は，大企業に対して需要を誘発することが大きい．そのことは，逆行列表から求めた影響力係数と，感応度係数（第25表参照）をみれば理解されうるであろう．一般に製造業に向けられた最終需要が引き起す影響力は，それが他の部門に向けられた場合に比して大きいが，その中でも小企業に向けられた場合の影響は大企業に向けられた場合に比して大きい．また反対に感応度は，商業・サービス業がとび抜けて大きく，また農林水産業もかなり高い（農林水産業が高いのは，この表が競合輸入を含んでいるため，数字が大きく出ているからであろう）．しかし製造業の内部においては，いずれの産業をとってみても，大企業のそれの方が，小企業のそれに比してはるかに高いのである．最終需要に近いところに位置する小企業にとっ

第2章 労働市場・中小企業・農業

第26表 1955年出荷額の需要先別構成（総供給額に対する比率）

	内生部門合計	消　費	総資本形成	輸　出	最終需要計	競合輸入
A	.4876	.4544	.0550	.0102	.5124	−.0907
Min	1.0130	−	−.0195	.0065	.0123	−.2597
E	.8349	.1496	−.0012	.0166	.1651	−.1473
M_S	.4736	.0837	.3115	.1326	.5264	−.0438
M_L	.7169	.0258	.1729	.0843	.2831	−.0179
C_S	.7975	.1615	.0012	.0385	.2025	−.0199
C_L	.8289	.1119	.0113	.0478	.1711	−.0151
T_S	.3558	.3722	.0588	.2527	.6365	−.0039
T_L	.9262	.0369	−.0058	.0427	.0738	−.0019
L_S	.4257	.5158	.0161	.0429	.5743	−.0404
L_L	.3815	.5954	0	.0202	.6185	−.0058
S	.4711	.4856	.0077	.0356	.5283	−.0003
Tu	.2419	.1666	.5172	.0748	.7581	−.0024
小　計	.5160	.3350	.0937	.0553	.4840	−.0322

同前．

て，それは当然のことともいえようが，全経済的な効果の点で，小企業に対する需要の意義の大きさをあらためて考えさせられる事実といえよう（第26表参照）．

　以上の分析から，日本における在来産業の存立条件は戦後にうけつがれ，中小企業が成立するゆえんは変っていないことが理解されうるであろう．高度成長期以後もその事実には変化はない．ただ変化しているのは，すでに見たように，労働力不足と技術進歩のなかにあって，中小企業もかつてのように低賃金労働に依存する労働集約的技術のみでは立ちゆかなくなり，資本集約的な変貌をとげつつあることである．その変化を通じて，中小企業の中から，独自の技術や経営手法を用いて大企業の追随しえない成果をあげる企業が生れ，「中堅企業」や「ベンチャー・ビジネス」といわれる成長企業が輩出したのもいわれのないことではない．最後にこの問題にふれておくことにしよう．

　「中堅企業」とは，1960年代に注目されはじめた企業群であって，その面の研究の先駆者であった中村秀一郎によれば，それらの企業は，「個人資本家としての側面よりも，……革新的な企業の管理者，組織者としての性格」の強い人びとの経営にかかり，「独自な……成長性のある商品選択を行い」，「その商品の量産化と品質向上，大量市場の開拓に成功」し，「スケール・メリットを

実現して」大企業に対しても「比較優位を確立した」企業群をさしている*.このような企業は,戦前や50年代にもなかったわけではない.戦前の松下電器や,戦後のソニーや吉田工業はその好例である.しかし,高い成長と技術進歩のなかで,この種の企業が増加しやすい環境が形成されたことが,その増加をよびおこしたのであった.

> * 中村秀一郎『中堅企業論』(東洋経済新報社,1968).ただし,上の引用は清成忠男・中村秀一郎・平尾光司『ベンチャー・ビジネス』(日本経済新聞社,1971) pp.137-138.

さらに70年代の特色とされるベンチャー・ビジネスは,中堅企業の特色をひきつぎながら,さらにそれをおし進めたとされる.その特色は,中村秀一郎によれば,第一に「能力発揮に生きがいを求める志向」が一層強くなり,第二に「独自な研究成果(デザイン開発を含む)としての新製品の企業化から出発」し,第三に「専門商品に特化し,生産上のスケール・メリットを追うものは少な」く,第四に「新しいマーケットの開発と制度化」,第五に「製品開発に企業努力を集中する結果として,実際の生産は外部に大幅に依存し」,第六に「テクノストラクチュアの層が厚く」,第七に「中小・中堅企業にありがちな経営継承問題」も少なく,また「大企業のような組織の重圧もない」点であるとされる(前掲,『ベンチャー・ビジネス』pp.138-139).

これらはいわゆる「知識集約型」企業の好例といえよう.もとよりこれらが,中小企業の主流になるだろうというわけではない.ただ注目すべきことは,生産のスケール・メリットを追求する方向にかわる別の企業のあり方が,この種の企業に見られるようになった点である.労働力が稀少化し,その価格が高騰した時代における企業の方向を,その規模が小さいだけに先どりできたところが,この種の企業の特色なのである.

4. 戦後の農業の変貌

農業は敗戦後1700万人をこえる有業人口を吸収したが,農業人口は急激に減少した.いわば高度成長のために,労働力を供給する役割を果したのである.

第 27 表 農家戸数と農業人口

	農家戸数（千戸）				農業人口（千人）	
	総　数	専　業	第一種兼業	第二種兼業	就業人口	基幹的農業従事者
1941	5,499	2,304	2,040	1,155	—	—
47	5,909	3,275	1,684	951	—	—
55	6,043	2,105	2,275	1,663	—	—
65	5,665	1,219	2,081	2,365	11,514	8,941
75	4,953	616	1,295	3,078	7,907	4,889
85	4,229(3,315)	(498)	(758)	(2,058)	6,363	3,696
90	3,835(2,971)	(473)	(521)	(1,977)	5,653	3,127

1) 『農業センサス』,『農業調査』による.
2) 1985, 90年のカッコ内の数字は販売農家のみの数字. これに自給的農家を加えたものが総数となる.

　しかし，その農業も成長のなかで激しい変化をとげた．その動きを第27表によってみておこう．

　人口増加とともに，農家戸数も増加して600万戸を越えた．帰農した労働力が農家を創設したからである．その結果，1950年代の農業は，農地改革によって小作問題は解消したけれども，小農・過小農化の傾向が一層深刻化することが憂慮されたのであった．しかし朝鮮戦争後の成長の過程で，労働力は次第に農村から流出しはじめた．それ以後の高度成長過程で人口の大流出がおこり，農家戸数は減少に向ったが，その勢いは鈍く，1990年で380万戸が残っている．

　はじめに，農地改革以後の農業政策の流れについてとりまとめてみよう．農業政策は，まず戦前のような地主制度の復活を許さないことを目的として，農地法（1952年）が制定され，農地の移動，農地保有，小作料等に対してきびしい制約を課することになった．しかしそれは，戦後一層分散化，零細化した土地所有をそのまま温存する結果をもたらしたことも否定できない．他方，重要であったのは，農村における公共事業――水利改善，土壌改良，耕地整理，暗渠排水，水温上昇，畑地灌漑，農地保全等――である．愛知用水のように，治水，電力，工業用水，水道用などとの共同による水利開発も注目をあつめた．一般会計予算に占める農林関係公共事業費はつねに「基盤整備」に力をそそいできたのである．

　戦時以来の食糧管理制度は，その重点をかつての食糧確保から，次第に米作

農民の所得保障へ移行させつつ存続した．たとえば，戦後食糧の不足が緩和するにしたがって，米価決定方式も，1952年からはそれまでの価格パリティ方式（米価を農家購入品価格の変動にあわせて決定し，農民の実質所得を維持する）から，所得パリティ方式（農家購入品の価格変動のほか，生産財投入量の変化と，都市・農村家計の消費水準上昇率のギャップを考慮に入れ，農家の実質所得上昇をはかる）に切り替えられ，さらに60年からは生産費所得補償方式に移行した．この方式は限界的な米生産者の自家労賃を，工業の平均賃金で評価して米価のコスト計算を行おうとするものであり，結果的には労働力不足下で高騰しつつあった都市の賃金と米価をスライドさせようとするものであった．

　しかし60年代に入るころには，この型の農業政策では，経済の変化に対応してゆけないことが認識されるようになり，61年には農業基本法が制定されるにいたった．この法律は以後の農業政策の大綱を定めようとしたものである．まず前文には，経済成長下に農業が曲り角にきているのは，農業が他産業に比して自然的・経済的・社会的に不利な条件に置かれているからであるとして，この条件を補正するために，農業の近代化，合理化をはかり，農民が他の国民各層と均衡のとれた生活を営むことができるようにする旨がうたわれ，本文には格差の是正，生産性向上，農民と他産業従事者の所得均衡の三つが政策目標としてかかげられていた．この法律は，一方においては経済合理性の考え方を農業にも採用して，価格機構の上で有利な分野を拡大し，また生産性の向上を図ってゆこうとする考え方をとりいれつつ，他方政策的に農業と非農業との所得格差を是正するためには，農産物価格の「安定」を図るとのべて，直接的保護の姿勢を示していたのであった．それは従来の農政の方向を転換しようとする一面と，継承しようとする他の一面とを併せもっていたということができる．以後この立場は現在にいたるまで貫かれており，農政の基本となっているのである．たとえば，貿易の自由化が推進されるなかで，日本は農産物の輸入制限と，比較的高い関税率を維持してきた．牛肉やオレンジやグレープ・フルーツの自由化が日米間の懸案として政治問題になったし，現在では米の輸入を自由化して関税化する問題でも農業関係者ははげしい反対を行っている．この政策は，価格「安定」の建前にかなうものであったが，結果において高位「安定」

第2章 労働市場・中小企業・農業

第28表 農業機械の保有台数 (千台)

	動力田植機	稲麦用動力刈取機	自脱型コンバイン	動力耕うん機・農耕トラクター
1970	32	263	45	3,452
80	1,746	884	1,524	4,233
90	1,983	1,215	1,282	4,328

加用前掲書, pp.168-169.

になりがちであり，1990年代で，米価は国際価格の8倍といわれるように，日本の農産物価格を国際的にみて著しく割高なものにしてきた．

そのような，いわば農業と農村とを現状に近く維持しようとする政策的背景のなかで，現実の農業と農村とは，経済的環境の変化に敏感に対応しつつ，足早に変貌をとげていった．農業有業人口は劇的に減少したが，農業生産は増加をつづけた．全体として1960年までの増加には目ざましいものがあったし，その後も畜産を中心に増加のテンポは急激である．それをもたらしたひとつの理由は，農地改革によって，東北・北陸など小作制度が根強く残っていた地域の農民の所得が上昇し，技術も進歩して生産性が向上したことがあげられる．たとえば米の1ヘクタール当りの収穫が1950年の327キログラムから55年の431キログラムへと大きな上昇をとげ，全国平均をはるかに上回るようになった．それとともに大きいのは，この時期に実現した農業技術の進歩である．その第一は耐冷性早熟品種の出現，保温折衷苗代などのような技術の普及，第二に尿素，化成肥料さらには合成肥料など新肥料の開発と施肥技術の進歩，第三に土地改良など公共事業の進展，第四にはBHCや有機水銀粉剤（有害なのでのちに製造が中止された）のような殺虫剤・殺菌剤，PCPのような除草剤の普及であり，第五には農業機械の普及（第28表）であった．それらは稲作を中心に発展したが，しだいに他の作物や，畜産の領域にも波及していったのである．

稲作を例として，その普及のあとをたどってみよう．基本的な品種や施肥技術は1950年代前半に進歩した．農薬もこの時期から出現した．小型トラクターが国産化されて大量に使用されるようになったのは50年代の後半以後であったが，65年までに，200万台以上の保有を示すようになった．動力噴霧機，動力散粉機の普及がこれにつづき，60年代後半からは動力刈取機や，自脱型

コンバインが一般化し，さらに70年代に入って，これまで困難とされていた動力田植機が実用化して，稲作には完全な機械化作業体系が完成したのである．一方で品種が改良されて自然条件の変化に耐える力が強くなり，農薬によって病虫害のおそれが減じ，除草の手間が省かれるようになり，他方機械化によって労働節約が可能となり，開発がおくれた田植と稲刈が機械化されるに及んで，季節的な大量の労働投下の必要が減少した．1970年代に入って，成長率の鈍化にもかかわらず農業人口がさらに減少した理由はこのあたりに求められる．

他の分野でも機械化と省力化が急激に進んだ．第29表の農業生産性の向上はこの事実をものがたる．畜産の場合，多頭飼育による能率化が進んだことは大きな特色であり，肥育豚の場合，1962年には100頭以上を飼育するものは全体の1％にみたなかったのが，70年には2％をこえ，92年には42％に達した．乳牛の場合も，10頭以上の飼育者は60年には1％以下であったが，70年には14％，92年には80％，50頭以上が13％になった．「鶏のアパート」といわれる採卵鶏やブロイラーの例はいうまでもないであろう．畜産はこのように，しだいに工業の生産工程に近い形態をとるようになったのである．

農業における技術進歩によって，農業がかつてのように大量の労働力を季節的に投入しなくてすむようになったことは，農村からの労働力流出を容易にした．農業はそこで大規模な労働節約的な経営により都市の勤労者ないしそれ以上の収入を確保しうるような少数の農業専業者と，農地を手放さないまでも，主として兼業収入に依存する兼業農家とに分解してゆく可能性をたかめたので

第29表 農業生産性の向上
（A 面積当り収量，B 面積当り労働時間，C 単位収量当り労働時間）

	米			ばれいしょ			温州みかん			肥育豚	牛 乳
	A	B	C	A	B	C	A	B	C	1頭当り労働	1年間搾乳牛1頭当り労働時間
単位	kg/10a	時間/10a	時間/kg	kg/10a	時間/10a	時間/kg	kg/10a	時間/10a	時間/kg	(時)	(時)
1950	359	204.5	0.57	1,496	95.1	0.063	2,741	519.7	0.190	—	872.9*
60	443	170.9	0.39	2,249	58.3	0.026	3,239	428.7	0.132	75.3	633.2
70	484	117.9	0.27	3,416	24.6	0.007	2,882	249.3	0.087	16.0	294.6
80	489	68.6	0.12	4,152	18.2	0.004	3,058	189.2	0.062	4.2	—
90	533	57.8	0.08	4,347	15.3	0.003	3,402	209.2	0.061	2.8	—

* は 1951 年．
加用前掲書，pp. 429, 435, 471, 479, 483.

ある．さきの第27表に示すように，1947年には全体の2割弱にすぎなかった第二種兼業農家（所得の半分以上を農外所得が占める農家）は，1955年には2割を，65年には4割をこえ，75年には6割を上回り，92年には販売農家の67％に達した．とくに，水田耕作の技術進歩によって稲作が機械化され，兼業農家はその土地を専業農家に農耕を部分的に依頼（作業委託）したり，全面的に請負わせたり（請負耕作）することが多くなった．農林省の「農業調査」によれば，1965年以来，農作業を部分的に委託した農家は40％前後に達している．請負耕作の事例は5％に達している．これらの農家は農村に住み，農地をもち，農業収入をもっているとはいっても，すでに実質的には農業を営んでいるとはいえないであろう．

その対極に，農業に専従しつつ，専門に特化し，高水準の技術をもって経営を拡大し，都市の勤労者はもちろん，好成績の零細・中小企業経営者に匹敵する収益をあげている一群の農家がある．そのなかには，年収1億円をこえる養豚経営などもみられるようになっている．いわゆる自立経営農家（町村在住勤労者家計の世帯員1人当り収入にみあう以上の1人当り農業所得をあげている農家）の数は，全農家の16％程度であって，それだけが，農業を中心に安定した経営を確保しているといえるであろう．これら農家は，第30表にみる通り，農業全体の粗生産額や農業専従者，固定資本ストック中に占める比率を次第に高めつつある．と同時に，かつての稲作単一経営や複合経営の比率は減りはじめて，野菜作，果樹・工芸作，養豚，酪農などの単一経営が増えはじめているのである．稲作の場合には，機械化を進め，耕地の借入や請負によって規模を拡大し，委託作業も引き受けるという大型化が目立っているし，野菜作の場合は，ビニールハウス，温室などを利用する集約的栽培が成功しているし，

第30表　自立経営農家の諸指標

	下限農業所得（1戸当り，万円）	全農家に占める比率（％）				
		戸　数	農業粗生産額	耕地面積	農業専従者	農業固定資本額
1960	48	8.6	23	24	16	19
70	150	6.6	25	18	19	19
80	408	5.2	30	19	21	21
90	496	6.3	39	26	28	28

加用前掲書，pp. 117, 119．農林省『農林水産統計』．

第 31 表　農家経済

A 農家所得（千円），B 家計費

	0.5町 (ha) 未満			0.5−1町 (ha)			1−1.5町 (ha)		
	A	B	C	A	B	C	A	B	C
1950	138.5	130.5	40.5	170.7	153.5	66.9	220.4	186.0	78.5
60	372.2	338.4	21.4	368.8	348.2	52.0	436.4	390.4	72.0
70	1,362.8	1,182.5	9.3	1,328.8	1,182.4	29.0	1,409.8	1,251.5	51.6
80	4,605	3,897	3.2	4,512	3,885	13.4	4,380	3,812	29.4
89	6,337	5,289	1.6	6,561	5,301	8.6	6,639	5,173	19.6

加用前掲書，pp.503, 505, 507, 509, 511. 農林省『農林水産統計』.

養豚，酪農についても，かなりの省力設備をととのえた大規模経営が目立っているのである．「選択的拡大」はこの分野では，ようやく実りつつあるといえよう．これに反して，果樹作は，みかんの場合のように生産過剰となって価格の低落に苦しんでいる例もある．いずれにせよ，これら大規模農家の多くは，生産性を高め，敏感に市場の動向をキャッチして，企業というにふさわしい経営に脱皮しているのである．

　それでは自立経営化することなく，事実上離農したにひとしい状況にある農家は，経済的採算のバスに乗り遅れたと見るべきであろうか．必ずしもそうとはいえないであろう．むしろ多くの農家は，農業経営の規模や収益性と，農外の就業機会と収益性とを対比し，より有利な収益性をもつと判断して離農の方向を選んだのであり，しかも飯米と若干の現金収入を確保しつつ資産を温存するために，農地を手放さなかったのだと考えるのが当を得ていると思われる．
第 31 表は，1950 年から 89 年までの農家について農家の総合所得と，家計費，および農業所得による家計費の充足率をとりまとめたものである．この表によれば次のことが理解されうるであろう．1950 年当時，すでに耕地面積 1 ヘクタール以下の農家では，農業所得だけで家計をまかなってゆくことはできず，とくに 0.5 ヘクタール以下の層では，農業所得は家計費の半ばにも達しなかった．零細農家は必然的に兼業化せざるをえなかったのである．そして，早く兼業化したものは，一般に，安定した職員や労働者の職を見出すことに成功し，おくれたものは不安定な職にしかつけない例が多かった．ところが 1960 年になると，1 ヘクタール以上の農家でも，農業所得で家計をまかなうことは困難になってくる．したがって兼業化はこの層にも一般的となり，70 年以後は，

の推移
族家計費(千円),C 農家所得に対する農業所得の比率(%)

1.5―2町(ha)			2町(ha)以上		
A	B	C	A	B	C
275.2	219.0	85.6	341.7	256.6	89.0
526.6	449.2	79.4	695.5	555.6	87.3
1,448.8	1,296.5	65.8	1,665.5	1,416.8	77.4
4,381	4,063	42.1	4,634	4,186	61.1
6,650	5,216	29.6	7,449	5,430	54.2

この層でも農業所得は農家所得の半分以下になってしまうのである．70年代に入ってのちも農業だけで一家を支えられるのは全農家の7％にも達しない2ヘクタール以上の層だけになってしまったのである．

しかし，すでに見たように，それは農家なりの計算に立ってのことなのである．中小企業の近代化促進政策のさいにも見たように，農家を農業の範囲内でのみ考えて，農村にふみとどまる農家と，離農するものとのみに区分し，ふみとどまるものに離農者の残した土地を集積させて大規模化し，合理化させようと考える農業政策の立場と，農村に住みながら農業と非農業の双方をにらみ合わせて，もっとも有利な選択をはかろうとする農民の立場の違いが，このような結果をもたらしたと見ることもできるであろう．さらに「二重構造」との関係についていえば，1950年代までの農民の離農ないし兼業化は，労働市場に供給圧力を加える大きな要因であった．都市農村の所得格差の存在が，農民を都市に向わせた．それは過剰を激しくし，賃金の格差をつくりだした．大企業と中小企業の賃金格差の背後には農村から流出する労働力があったのである．しかし労働力不足期になると，都市の企業家は，農民を吸収するためにも，初任給を引き上げ，中途採用者の賃金を引き上げねばならなかった．流出する農民にとってはそれは良い就業機会であったが，また農村に残る者のためにも，米価をはじめ農産物価格の引き上げの機会であった．成長のなかで，労働力が不足に転じたことは，また農民にとっても，その所得水準を引き上げる好機だったのである．この意味からも，「二重構造」は解消に向うことになったのであった．

現在の農業は以上にのべた意味においては，経済合理的な行動に貫かれてい

るのである.もちろん,そのあり方が合理的でありうるのは,政府による手厚い保護政策が存続してきたからであり,今後もその変更がないかぎり,現在のような姿の農業は生きつづけるであろう.この状況に対して,多くの憂慮がなされている.たとえば飼料を輸入に依存しつつ,拡大をつづけている畜産がそれである.国家の買入に依存して生産過剰を起しがちな稲作もそれである.その結果,日本の農産物価格は全体として国際比価よりも高いことも大きな問題である.それに対して,農政当局は,食糧の「安全保障」のためにも,農業生産を維持し,現に低下をつづけている食糧自給率(1965年86%,75年77%,85年74%,90年67%)を維持するためにも,この政策が必要であると主張するのである.国際的にみて著しく高い食糧価格をも,消費者は不時の災厄のためのコストとして耐えるべきなのであろうか.海外からの強い要求のもとで,米の自由化と関税化の問題も早晩決着をつけなければならない.「市場解放」と「安全保障」の矛盾を,「国際化」の波のなかで見直すべきときがきているのである.このさい,考え直すべきことは一部の企業としての実態をもつ専業農家と,非農業重点の兼業農家との複合体を均質的な「農業」とみるフィクション自体なのではないだろうか.現存する「農家」をすべて温存するのではなく,いかにして効率的に農産物を生産し,供給するかの問題と,兼業農家の採算の問題とを切りはなすべきときが迫っているように思われる.政府が重い腰をあげて農家を販売農家と自給農家に区分し,農政の対象を主として前者に限定してゆこうとしているのはその第一歩と見るべきであろう.現在の農業と農政は「二重構造」が解消したのちにおいて,以上のような新しい問題をかかえつつ進められているのである.

333

むすび

1. バブルの崩壊

　第Ⅱ部第7章の終りの部分にのべたように，1986−87年の円高対策として，低金利政策と総額6兆円規模（公共事業5兆円，減税1兆円）の緊急経済対策とが実施された．ところが，はじめは輸出産業の円高に伴なう不況一色に塗りつぶされていた経済界にも，やがて円高がもたらした輸入価格低落の利益が表面に現われるようになって，景気は好転に向った．その後も金融は緩和されたままで，公定歩合は87年2月に2.5%に引き下げられたまま，89年5月に3.25%に引き上げるまで，2年3ヵ月にわたって据え置かれた．その間に，マネー・サプライが急に増加して，金融が緩慢化し，株式や不動産への投機が著しくなったこともすでに見た通りである．

　株式価格や不動産価格（以下には資産価格とよぶ）の異常な高騰はなぜもたらされたのだろうか．資産価格を決定する要因は，資産収益rと，その期間内に期待される資産価格pの値上りとを一般利子率iと比較して決められる．pがp_eに値上りすると考えれば，次の関係が導かれる（野口悠紀雄『バブルの経済学』日本経済新聞社，1992）．

$$i = \frac{r+(p_e-p)}{p}, \quad p = \frac{r+p_e}{1+i}$$

　もし，値上りが期待されなければ，$i=\frac{r}{p}$から，$p=\frac{r}{i}$が成り立つ．これがファンダメンタルズ価格，ないし収益還元価格である．問題はp_eがどのように決定されるかにある．客観的な諸要因から値上りを予測する可能性も考えられるが，それ以上に，市場がその資産の値上りをどう期待しているかを的確に予想してそれに追随することがもっとも安全であろう．そこで誰もが市場が強

気であると考えるならば，それだけで資産価格は値上りを生ずることになる．金融の緩慢化はそのために絶好の条件を作りだしたのであった．

　1980年代後半の株高と地価の高騰は，好況による企業業績の好転や，大都市の商業地域の土地の不足というような実態に与えられながら，それ以上に，市場の強気にもとづく値上り期待によって生じたものと考えるべきであろう．この時期の情況は，1972－73年の過剰流動性インフレーションの時代を彷彿させる．円高不況が財政と金融の緩和をもたらし，株価も不動産価格も騰貴した．違うところは，1972－73年には一般物価も高騰したが，今回はそれは落ち着いていたことである．80年代後半の過剰流動性は，輸入物価の下落のために，一般物価が沈静していたために軽視された．また，アメリカとの金利格差を維持しておきたいという配慮も働いたかもしれないし，1987年10月19日のニューヨーク市場の22.6％に及ぶ株価の暴落（ブラックマンデー）と翌20日の東京株式の14.9％の値下りも，金融引締めをためらわせたであろう．そのために，低金利と金融の緩慢化が89年5月まで持続したのである．

　金融引締めが開始されてからも，株価も地価も相変らず上昇の一途をたどり，株価は89年12月29日，38,916円（日経225種平均）の最高値を記録したのち低落に向った．しかし，地価の上昇は依然として続き，大蔵省は90年3月から，金融機関に不動産融資の状況を毎月報告させ，その伸び率を総融資の伸び率以下におさえるという「不動産融資の総量規制」に踏み切った．公定歩合も，順次引上げをつづけて，90年8月には6％に達した．地価の騰貴がやっとおさまりはじめたのは90年夏からのことであったが，「総量規制」は，同年末まで続けられた．公定歩合が5.5％に引き下げられたのは91年7月である．事実，それまでは景気は底堅く推移しており，景気指標が落ち込んだのは，91年夏にいたってからであった．

　しかし，その後の景気は容易に回復せず，93年春にいたって辛うじて下げどまった．引締め後の不況が激しいものになったのは，いくつかの理由が考えられる．第一に，多くの企業が，土地や株式などの資産の値下りのために，含み損失を抱えており，その処理が困難なこと，第二に企業も意図しなかった在庫増加に悩みその処理が長びいて生産の減少を余儀なくされたこと，第三に，家計も賞与の減少，有価証券の減価などのために消費を差し控えるようになっ

たこと，などが数えられる．いわゆるバブルの最盛期に株式や土地の投機によって利益を収めたものほど，そのあとの処理に苦しむことになったのである．自動車，電機などそれまでの成長産業が一転して不況に苦しんだのも今回の特色かもしれない．主導産業の成長が鈍化し，これに次ぐ産業がなお育っていないのも，不況感が強まった理由の1つであった．

1993年春に入って，不況の谷底が見えはじめたが，1991－92年の国内需要の不振をカバーしたものはふたたび輸出であった．ドル建ての輸出は，1989年の2752億ドルから92年の3397億ドルに，3年間に645億ドル，23%の増加を示した．一方，内需の不振を反映して輸入は2300億ドル台で横ばいであって，貿易収支の黒字幅は拡大し，対外摩擦はふたたびはげしくなった．それとともに，対米為替相場は1990年には一時150円台に低落したが，92年後半には120円台に上昇し，93年4月には110円を記録するにいたった．そのために，輸出による円収入は増加せず13兆円の緊急経済対策が発動されることになったのである．

2. 世界のなかの日本

日本は1992年現在で，ドイツに次いで世界第2の輸出国であり，世界一の対外純資産保有国であり，発展途上国や国際機関に対する援助額においても世界最大の規模に達している．かつて世界最強の経済大国だったアメリカは，大きな債務を背負う状況で，ドイツや日本からの資金の流入によって再建への道を歩んでいる．

米ソの冷戦が終り，ソ連が解体し，アメリカが軍事力はともかく，かつての抜群の経済力を誇ることができなくなった現在，日本が経済面で海外諸国の注目の対象になり，世界経済への貢献を期待されるのは，むしろ当然といわなければならない．ドイツが東部の復興のために力を注がなければならないことを考えると，日本の国際的責任は一層重くなったといわねばならない．

今後の日本の経済政策の舵取りはますます難しくなってゆくであろう．国内における政策目標のほかに，国際的な責任を果たすための目標を意識しなければならないからである．アメリカをはじめ世界各国は，日本が相当に高い成長

第1表 科学技術の研究開発関係指標

	日本		アメリカ		イギリス		ドイツ		フランス	
	1985	1990	85	90	85	90	85	90	85	90
科学技術関係予算（億ドル）	64.3	132.7	472.1	638.1	59.3	82.5*	43.4	94.8	66.9	147.9
研究費（億ドル）	340.3	790.8*	1137.5	1500.0	102.7	184.1†	172.6	344.8*	117.9	284.6
研究費の対GNP比率（％）	2.49	2.69*	2.83	2.74	2.21	2.19†	2.77	2.89*	2.27	2.33*
研究費の政府負担比率（％）	19.4	17.1*	45.8	46.1	42.2	36.7†	38.3	33.2	53.7	49.3*
技術輸出額（億ドル）	7.2	24.8	59.9	152.9	10.5	18.7†	5.5	11.5*	5.1	10.4*
技術輸入額（億ドル）	23.6	60.4	8.9	26.4	9.3	20.4†	9.9	21.5*	9.8	18.0*
研究者数（1000人）	381.3	484.3	849.2	949.2†	98.0	102.4†	147.6	165.6**	102.3	115.2

科学技術庁『科学技術白書』．
*は1989年，†は1988年，**は1987年．

を達成して輸入需要を増加することを望んでいる．その期待に応えるために，少なくとも今後数年の間，内需振興の方針をとるとすれば，財政支出の増加と公債の増発が避けられまい．それは財政の均衡を破る結果になるかもしれない．一方，輸入が増加せず貿易収支の黒字が続けば，一層の円高が進行する可能性が強い．日本の経済は従来経験したことのないディレンマに当面しているのである．

経済の発展をこれからも持続してゆくためには，従来の成長産業に加えて，新しい産業の発展を期待しなければならないであろう．かつて，エレクトロニクスとともに，バイオ技術や新素材などが新しい産業として発展が期待されていた．それだけでなく，新しいきれいなエネルギーをはじめ，地球環境に配慮した新しい産業の出現が待望される．

現在日本の科学技術開発努力は，第1表に示すように，アメリカに次いで世界第2の規模に達している．かつては導入技術を組み合わせて生産技術を開発してきた．しかし現在ではようやく基礎技術を含めた総合的な研究開発能力を備えるにいたったのである．日本経済は，1950年代以来，その置かれた環境に速やかに対応し，困難を克服して今日に至った．いま，これまでとは異なる新たな課題に対しても，世界的な要望にこたえるために，そのもつ能力を十分に発揮することが望まれている．それは政府の任務であるというよりも，個別企業の目立たないが地味な努力の積み重ねによって達成されるはずである．

第 3 版あとがき

　本書の初版は 1978 年に，石油危機以後の動向を追補した第 2 版は 1980 年に刊行された．それから 10 年余を経た現在に至るまで，本書は版を重ねて，主として若い読者に読まれてきた．著者として，これにまさる喜びはない．

　このたび，1990 年代初頭までを統一して分析し，統計数字も新しくし，歴史的叙述も手直しして全面的な改訂を行い，版型も横組みにあらためて，第 3 版を刊行することになった．変容を重ねてゆく経済の実態と，次つぎに出現する新しいデータや分析をとりいれることによって，内容も充実させ，現代の経済を理解するために役立つように努めたつもりである．面倒な改訂の仕事をして下さった東京大学出版会の大瀬令子・黒田拓也の両氏にお礼を申し上げる．

　1993 年 4 月

著　　　者

初版あとがき

　日本の経済について従来書いてきたものを1つの――ルーズではあっても――体系にまとめてみたいと思いながら,「日本経済」についての講義を繰り返してきた．その内容を要約整理したのがこの本である．内容やささやかな抱負については,すでに「はじめに」にのべたのでここに繰返すことはしない.

　この本ができるために多くの業績を引用させていただいた．とくに一橋大学経済研究所のシリーズ『長期経済統計』がなかったら,本書はとうていこのような形にとりまとめることはできなかったであろう．そのことをとくに記して感謝させていただきたいと思う．統計研究会労働統計部会のメンバーとの20余年にわたる交わりからも私は大きな刺激をうけている．「近代日本研究会」の諸氏との共同研究は,私にあらためて経済と政治や社会との関係を考えなおす機会を与えてくれた．東京大学の教養学部の先輩同僚の諸氏との日常の接触が,経済学の枠をこえた社会現象のなかで経済をつかまえ直してみたいという野心をおこさせて下さったことも,ここに記しておくべきであろう.

　この本を,82歳を迎えられて大著をあらわされた有澤廣巳先生にお目にかけることは私の最大の喜びである．と同時に,私はこの書物を,生れ出ようとしている東京大学教養学部教養学科第3（相関社会科学）の学生諸君に読んでもらいたいと思っている.

　いつもながら東京大学出版会の諸氏,とくに石井和夫氏と大江治一郎氏に感謝する.

　　1978年立春

著　　者

図表一覧

第 I 部

第1表	各国成長率の比較	10
第2表	新推計と旧推計の比較	11
第3表	名目国民総支出の推移（5年移動平均値とその構成比）	12
第4表	実質国民総支出の推移（5年移動平均値とその構成比，1934-36年価格）	13
第5表	GNE の諸要素と農業鉱工業生産の成長率	15
第6表	資本ストックと労働力の推移（1934-36年価格）	20
第7表	資本ストックと有業者数および実質国内純生産の成長率，資本係数，雇用係数	22
第8表	$\ln P = A + \beta \ln M_2$ のパラメータと決定係数	26
第9表	各種生産物の価格指数と相対価格指数	27
第10表	有業人口の構成	29
第11表	国内純生産の構成	30
第12表	製造業の生産額とその内訳	31
第13表	産業別有業人口1人当り純生産	32
第14表	全国有業人口の構成（1920年）	33
第15表	農林業，近代産業，在来産業の人口構成	35
第16表	日本の主要貿易品の構成比	43
第17表	機械類の輸出の構成比	44
第18表	軍事費と租税負担	47
第1図	実質国民総生産・実質民間消費の3年移動平均値の対前年比増加率	16
第2図	7年平均成長率の推移	18
第3図	現金通貨，M_1，M_2 のうごき	24
第4図	マーシャルの K	25
第5図	M_2，名目 GNE，GNE デフレータの7年平均成長率	26
第6図	個人業主と家族従業者数	36
第7図	国際収支と正貨（外貨）保有高	40
第8図	対米為替相場の推移	41
第9図	日本と海外の物価変動	42
第10図	農工両部門の名目総生産額	42

第 II 部

第1表	諏訪地方の人口動態	53
第2表	総人口の趨勢	55
第3表	1897年ごろまでに設立された紡績会社の出資者と経営者	57
第4表	幕末農村綿織物産地の事例	59
第5表	地域別耕地中の小作地比率	63
第6表	会社払込資本金及び社数	68

342　図表一覧

第 7 表	官業払下げ	71
第 8 表	工場生産と家内工業生産の構成	81
第 9 表	伊豫絣の単価と織賃	83
第10表	各種車輛数の変遷	86
第11表	産業別にみた経営者の経歴	91
第12表	第1次世界大戦とそれ以後の経済指標	95
第13表	日本の対外貸借	95
第14表	製造業生産額の成長率と構成比（1934-36年価格）	97
第15表	製造業工場の動力化率と電化率	98
第16表	人口の市町村人口階級別構成比	99
第17表	財政支出の主体別分類	100
第18表	労働運動と農民運動	101
第19表	各種物価の国際比較	102
第20表	製造業における大企業への集中度	108
第21表	東京における職工数10人以上の工場の賃金の10人以下の工場の賃金に対する倍率	109
第22表	経済の中の農業の位置	110
第23表	男子各種賃金の比較	112
第24表	世界恐慌の影響	114
第25表	1930年代の経済指標	116
第26表	交易条件の変遷	118
第27表	重要工業製品の生産量	120
第28表	重要産業五ヵ年計画中産業の生産力拡充目標（1937年）	126
第29表	日本の貿易収支（1930年代）	127
第30表	物動計画輸入力一覧表（主要品目）	129
第31表	軍需品生産の推移	132
第32表	生産指数の推移	133
第33表	戦時下の有業人口構成	134
第34表	国富の被害	135
第35表	重要物資生産設備能力	135
第36表	生産の上位集中度	143
第37表	農地改革による小作地比率の変化	144
第38表	反当り米収増加率の高い県と低い県	145
第39表	賠償案の変遷	152
第40表	経済復興五ヵ年計画	153
第41表	1949年4月-1950年6月の間の金融事情	156
第42表	朝鮮戦争前後の経済指標	157
第43表	産業別設備投資の推移	159
第44表	主要大法人の特別措置利用状況	160
第45表	輸出物価指数の各国比較	170
第46表	日本の輸出関数の計測	171
第47表	日本と西欧の輸出入の構成比	174
第48表	企業経理内容の戦前・戦後比較	177
第49表	民間設備投資関係（$I_p = \alpha + \beta_1 K_p + \beta_2 Y_c$）の計測	179

図表一覧　　343

第50表	戦後主要技術進歩一覧	184
第51表	1次エネルギー供給	187
第52表	石炭・重油の1キロカロリー当り単価比較（東京）	188
第53表	日本の経済計画一覧	194
第54表	消費支出に占める商品とサービスの比率	197
第55表	住宅状況の変遷	198
第56表	市街地の地価上昇	199
第57表	青少年の身長と体重	201
第58表	平均貯蓄性向と世帯主臨時収入の対定期収入比率の回帰式と決定係数	204
第59表	世界と日本の生産・貿易・金外貨準備	208
第60表	対外資産・負債残高	209
第61表	輸出単価の国際比較	214
第62表	1973年の財政・金融の引締め	219
第63表	産業資金供給額の推移	221
第64表	対前年比物価上昇率の国際比較	222
第65表	企業の財務諸比率	229
第66表	非農林業の規模別雇用者数	230
第67表	産業別労働生産性指数の年平均成長率	234
第68表	輸入物価指数（特殊分類）	235
第69表	実質国内総生産指数	235
第70表	工業生産指数の動向	236
第71表	1人当り県民所得の平等化	238
第72表	GNE諸要素の成長率と寄与率	239
第73表	1973-82年の間の生産指数1単位当りエネルギー消費量指数	243
第74表	国家財政収支の動向（1950-91年，3年平均値）	243
第75表	租税負担率の上昇	244
第76表	円の国際化を示す3つの指標	247
第77表	アメリカにおける双子の赤字	248
第78表	日本の部門別貯蓄・投資バランス	249
第79表	日本の対外資産・負債残高	250
第80表	製造業の投入・産出物価指数	258
第81表	対外直接投資	260
第82表	全国銀行業種別貸出残高	262
第1図	出生率，死亡率，自然増加率	55
第2図	大阪卸売物価総合指数（1757-1915年）	61
第3図	各種通貨の推移	66
第4図	生産の無差別曲線	76
第5図	繊維産業の生産	79
第6図	絣生産反数	82
第7図	三井・三菱の関係企業系統図（1928年頃）	106
第8図	太平洋戦争中の船舶と物資輸送	132
第9図	労働民主化の衝撃	146

第10図	消費者物価指数とその上昇率	150
第11図	実質GNP,実質民間設備投資および物価の推移	164
第12図	経常収支と在庫の対GNE比率	165
第13図	世界輸入と日本輸出の対前年増加率	172
第14図	輸出入物価指数と交易条件	175
第15図	法人企業総資本経常利益率	178
第16図	男子労働者勤続年数別平均賃金指数	181
第17図	都市全世帯の実質消費水準と各種比較	197
第18図	住宅の建築時期別集計	199
第19図	国民消費の変容	200
第20図	個人貯蓄率の推移	202
第21図	勤労者家計の月別平均消費性向(対可処分所得)	203
第22図	汚染物質排出量等の推移	206
第23図	1970年代の経済動向	216
第24図	法人企業の手元流動性・在庫率・土地保有	217
第25図	国際物価と国内価格	218
第26図	国内経済の動向	223
第27図	貿易と為替相場の動向	226
第28図	実質賃金指数と雇用者失業率	233
第29図	第2次石油危機前後の経済動向	241
第30図	エネルギー消費量,実質GNP,原油通関価格	242
第31図	日米間の金利格差	252
第32図	円相場の推移(東京市場終値,月末ベース)	252
第33図	輸出物価指数の推移	254
第34図	日本の貿易(ドル建てと円建て)	255
第35図	1980年代後半の景気指標(四半期データ)	256
第36図	製造業の経営利益率	257
第37図	1980年代の物価動向	258
第38図	固定資本形成と建築着工床面積	259
第39図	通貨供給量とGNP対前年比増加率	261
第40図	日経平均株価と東証1部売買高の推移	262
第41図	土地と株式のストック価額の対GNP比率	264

第III部

第1表	資本係数の推移	271
第2表	特殊分類消費者物価指数	273
第3表	男子全労働者平均賃金の四分位偏差	274
第4表	固定資本形成の生産誘発係数	278
第5表	民間資本ストックの増加(取付ベース)	279
第6表	経済活動別総生産,就業者数,生産性	280
第7表	公共事業関係費の動向(各年を中心とする5年平均値)	284
第8表	道路延長と貨物輸送量	284

第9表	所得再分配による不平等是正効果（ジニ係数）	286
第10表	財政投融資の動向	287
第11表	金融機関の資力と投資（預貯金債券，貸出金，有価証券）	291
第12表	有業人口の構成（1940-90年）	296
第13表	製造業の就業者の増加	297
第14表	1950年代後半以後の労働市場の動向	298
第15表	配偶関係別女子有業率の推移（1968-87年）	301
第16表	賃金の水準と構造の指標（事業所平均）	303
第17表	賃金の水準と構造の指標（個人ベース）	304
第18表	非農林業における就業者のうち「仕事は従な者」の推移	307
第19表	人員規模別の事業所数と従業員数	309
第20表	中小企業の下請状況（1966年末）	312
第21表	法人企業の付加価値生産性分析	315
第22表	規模別にみた設備投資の目的別事業所比率（設備投資計画のある事業所）	316
第23表	失業保険適用事業所数の推移	318
第24表	1955年産業連関表	320
第25表	影響力係数と感応度係数	322
第26表	1955年出荷額の需要先別構成	323
第27表	農家戸数と農業人口	325
第28表	農業機械の保有台数	327
第29表	農業生産性の向上	328
第30表	自立経営農家の諸指標	329
第31表	農業経済の推移	330
第1図	勤労者家計の所得分布指標	274
第2図	歳入および歳出の構成比	283
第3図	1989年のローレンツ曲線	285
第4図	当初所得階級別1世帯当り再分配金額（1989年）	286
第5図	経済諸部門の資金過不足	292
第6図	第1次・非1次産業間有業者1人当り所得倍率と第1次産業人口（1906-75年）	300
第7図	世帯主の所得，従業上の地位別世帯主の配偶者（女子）の有業率（1982年）	301
第8図	男女別労働力率	302
第9図	全部雇用下における賃金格差の形成の説明	310
第10図	大企業と中小企業の総資本利益率の分布	317

むすび

第1表	科学技術の研究開発関係指標	336

索　引

あ　行

IMF 体制　168, 170, 225
赤字公債　280, 282
　　――からの脱却　265
赤字国債の増発　244
アブソープション現象　249
アメリカの対日基本政策の転換　154
アメリカの輸入課徴金　214
安定成長　189
安定成長論　94, 189
安定帯物資　150
池田勇人　94, 189, 281
いざなぎ景気　17, 166
石橋湛山　102, 148, 190
石原莞爾　126
1次エネルギー供給
一時払養老保険　246
一万田尚登　189, 281
1兆円予算　189
井上馨　87
井上（準之助）財政　113
伊豫絣　82, 83
伊豫木綿　83
岩戸景気　17, 166, 297
インパクトローンの自由化　246
インフレーション　140, 196, 271
　　資産――　294
　　西南戦争後の――　14
　　戦後の――　149
　　1970年代の――　14, 193, 220, 222, 282
　　第1次世界大戦下の――　101
　　――の抑制　222
　　幕末の――　61
売上高営業利益率の低下　229, 256
影響度係数　276
江戸時代　53
　　――における農業生産の発展　54
　　――の教育内容　56

　　――の初等教育の意義　56
　　――の土地所有　57
　　――の読み書き能力　56
NSC 13/2　154
エネルギー革命　186
エネルギー消費節約　243
M_2（通貨＋準通貨）　23
M_2と物価の動き　25
M_2+CD　240, 261
円切上げ　14, 43, 113, 167, 209, 215, 282
エンゲル係数　196
円相場の上昇　240
円高　240, 254
　　――不況　244, 254, 256
　　――ブーム　265
円建て BA 市場の創設　246
円ブロック　126
縁辺労働力　307
OAPEC の石油供給の停止　220
OPEC の原油価格
　　――引上げ　217
　　――再引上げ　239
王子製紙　88
大隈重信　65
小野組製糸場　77
オーバー・ローン　289
思いがけない利潤　96

か　行

買オペレーション　293
海外からみた日本の地位　209, 228, 347
海外（直接）投資　207, 260
外貨準備　214
外貨建て転換社債　246
外貨保有量　39
外貨預金の自由化　246
外貨割当制度　160
外国証券投資の自由化　246
外債　41

索　引

日露戦争のための——発行　93
外資導入　153
会社制度の導入　67
外食産業　238
価格機構の機能　28
価格指数　27
価格相互の間の関係　28
価格調整補給金　152
加工貿易　15,44,173
過剰流動性　262
寡占化　105
価値観の多元化　206
桂太郎　93
家内工業　80
家内労働　305
金詰り緩和方策　155
株価　263
株式保有額　263
貨幣数量説　23
賀屋・吉野三原則　127
カルテル　104,105,161,178
為替レート　41,170,227
　　——の調整　214
　　——の低下　116
　　——の変動（1970年代の）　227
官営工場・鉱山の設立とその払下げ　70
官営事業　70
環境汚染　188
官業払下げ　71,76
韓国併合　46
間接金融（方式）　249,290
完全雇用　119
完全失業者　224
関東大震災　17,103
感応度係数　276
管理社会からの離脱　211
管理通貨制度　39
　　——への移行　39,41,118
器械製糸技術　77
機関銀行　92,103
企業規模別格差　305
企業・金融機関の再建整備　148
企業者精神　57

企業収益の改善　257
企業体質の悪化　228
企業の合理化　222,227,257
企業の新設・拡張（第1次世界大戦下の）　96
企業の手元流動性　215,216
基軸産業　44
期日指定定期　246
技術革新　14
技術者・労働者の養成　136
技術進歩　32,182
技術導入　70,75,158,161
寄生地主（制）　58,64
期待利潤率の上昇（第1次世界大戦下の）　96
キッチン波　16
切符制　130
規模別産業連関表　320
供給側の経済学　247
行政指導　190,192
行政指導力　137
狂乱物価　220
寄与率　239
金解禁（政策）　14,17,41,113
金貨の海外流出　61
均衡財政　281
銀行法改正　103
近代化　5,31
近代産業　31,34
　　——と在来産業の相互依存（分業関係）　84,85
　　——の生産分野　84
近代的な階級関係の成立　100
近代都市化（第1次世界大戦後の）　99
銀の対金価値　39
金本位制（度）　14,41
　　——の崩壊　41
　　——復帰　102,113
　　——離脱　115,118
銀本位制　39
金融恐慌　17,103
金融緊急措置令　140
金融系列　136

索　引　349

金融債の発行　289
金融商品の開発　246
金融政策の目的　290
金融制度　288
　　――・貨幣制度の統一　65
　　――再編成　288
金融統制　288
金融の自由化と国際化　245
金融引締め　17, 115, 165, 207, 213, 221, 282
　　1973-74 年の――　220
金融費用の増大　228
金輸出再禁止　41
金利格差　250
金利裁定　247
金利負担の削減　229
クズネッツ波　16
蔵米　58
軍事費　119
　　――と戦費　48
　　――の対 GNP 比率　48, 287
　　――の膨脹と経済成長　48
軍需会社指定金融機関制度　136
軍需会社法　133
軍需産業　77
軍需生産　133
軍需品生産の推移　132
軍費　41
経営家族主義　111, 180
経営者の経歴　91
桂園体制　93
景気対策　240, 257
経済安定九原則　154
経済計画　192
経済警察　129
経済新体制　130
経済政策　60, 189
　　幕末の――　60
経済成長率　9
　　――の国際比較　10
　　――の鈍化　48
　　1920 年代の――　103
　　明治時代における――　9
経済大国　207, 210

経済の非軍事化　141
経済復興五ヵ年計画　152
経済民主化　140
傾斜生産方式　149
経常収支　165, 207
経常利益率の低下　222, 229
系統金融機関　289
限界資本係数　270
限界生産力　36, 310
　　農業の――　36
　　農林業の――　296
　　非農林業の――　296
減価償却費率の上昇　228
現金通貨　23
健康保険法　137
建設循環　16, 17, 19
原燃料の節減　232
減量経営　229
権力政治　45
交易条件の悪化　118
交易条件の改善　259
公害　188, 205
航海奨励法　77
公害防止基本法　206, 275
工業化　31
工業構造　32
工業生産額のなかに占める地位　31
工業地帯の成立（第 1 次世界大戦後の）　99
高金利政策　248
公債の日銀引受発行方式　117
講座派　4, 109
公社債市場　246
公社債投資信託　246
工場生産と家内工業生産の割合　80
工場労働者層の成立（第 1 次世界大戦後の）　99
護送船団方式　245
交通業　30
公定価格　129, 149
公定歩合　117, 256, 333
高電圧による大量電力輸送　97
高度成長期　162, 163

高度成長の終末 211
降伏後における米国の初期対日方針 140
高福祉高負担 287
国債管理方式 246
国際競争力 41, 207
　1920年代の―― 103
国際収支 41, 94, 118, 165, 207
　――の赤字化 172, 219
　――の危機 93
　――の黒字化 94, 213
　――の破綻 126
国際商品相場の上昇 212
国債ディーリング(銀行の) 246
国内資源 45
国内市場 48
国内純生産 29
国民健康保険法 137
国民消費の変容 200
国民生活水準 196
国民総支出 11
　実質―― 13
　名目―― 12
国民の生活様式 138, 200
国立銀行 65
国立銀行条例の改正 65
小作地比率 64, 144
　幕末の―― 58
小作料率(幕末の) 58
個人消費 11
個人貯蓄率の推移 202
5大国蔵相・中央銀行総裁会議(G5) 253
五代友厚 68, 87
国家総動員法 128
古典派 3
米騒動 96
雇用型経営者 90, 176
雇用係数 22
　平均―― 21, 22
雇用問題 232
雇用量の削減 229
コンドラティエフ循環 16
コンビナート 205, 211

混綿技術 80

さ　行

西園寺公望 93
在外正貨(第1次世界大戦下の) 94
財界パニック 102
在庫循環 16, 165
在庫の積み増し 215
　――の抑制 231
財政再建 243
財政支出の拡大 215
財政政策 280
財政投融資 286
財政の国民経済に対する規模 286
財政法 280
財閥 72, 87, 104
　――の機能 89
　――の多角経営化 88
　――の本社機構 88
財閥解体 141, 142, 162, 176
在米資産凍結 130
財務省証券 250
在来産業 33, 34, 35, 72, 80
　――中の第3次産業 86
　――の技術構成 76
　――の規模 34
　――の競争と盛衰 85
　――の存立条件 323
　旧―― 34
　新―― 34
サッチャー 248
佐渡・生野鉱山 88
産業化の担い手 86
産業組合 72
産業公害 205, 211
産業構造 32, 188, 234
産業資金供給の減少 221
産業政策 178
産業発展のナショナリズム的契機 87
産業別労働組合会議(産別) 145, 155
産業報国会 137, 145
産業連関表 320
308円レート 214

索　引

360円レート　154, 170
　　——との訣別　214
GNEデフレータ　25, 163
Jカーブ効果　226, 228, 254
ジェノア会議　113
時価評価額（土地と株式の）　264
市街地の土地価格指数　217
事業法　121
資金貸付と国立銀行　70
自己資本比率　177, 211
　　——の低下　177, 211, 228
仕事は従な者　306
自作農の経営面積の拡大　64, 329
資産価値　264
市場金利連動型預金（MMC）　246
　　——の小口化　246
G7のパリ会議　254
下請制の普及　136, 312
7年周期の波　16
7年平均成長率　18
失業　139, 224
実質賃金の低下（第1次世界大戦下の）　96
CD取扱い公債担保金融　246
自動安定機能　281
地主手作り　64
地主農政　73
地主の採算　63
芝浦製作所　88
渋沢栄一　65, 67, 78, 87
死亡率　54, 55
資本集約的産業　75, 316
資本集約度の格差　314
資本ストック　19, 21, 270
資本節約的産業　75
資本蓄積政策　159
資本の移動　226
資本－労働比率　75, 79
ジャカード機　78, 84
社会資本の蓄積　283
社会的需要の増加　32
重化学工業　15, 31, 76, 97, 153
　　——製品　15, 28

第1次世界大戦後の——の出発　97
重化学工業化　14, 32, 97, 120, 158, 188
　　——の効果　275
就業機会　35
就業構造　33, 104, 295
　　幕末農村の——　58
重工業の規模及び性格　141
終身雇用型経営者　90
終身雇用制　111, 137
　　——と年功賃金体系の変貌　211
住宅　197
　　——ローン　263
集中排除法（過度経済力）　141, 176
重要産業五ヵ年計画　126
需給ギャップの拡大（1973年）　220
十基紡　78, 87
ジュグラー波　16, 19
出生率　54, 55
準通貨　23
春闘　147, 231, 272
　　——の賃上げ率の低下　231
商業　30
商業営業の許可　62
消極政策　94, 190
譲渡性預金　246
消費水準　196
消費税の創設　245
昭和恐慌　114
殖産興業政策　70, 75, 87
　　後期——　72
植民地の産米奨励　111
食糧管理制度　130, 138, 325
食料品工業　31
所得倍増計画　189, 193, 281
所得分配　271
　　——の平等化　272
　　第1次世界大戦下の——の不平等　96
所有型経営者　90, 176
　　——の没落　103
所有と経営の分離　176
新円切換え　140
人口
　　——構成　35

——の産業間移動 35
——動態 53,54
江戸時代の—— 53
第1次世界大戦後の——の都市集中 35
新興コンツェルン 122
新田の開発 58
水力発電 97
スーパー・マーケットのチェーン（大型） 238
スミソニアン協定 214
住友 87,88
諏訪の蚕糸業 69
西欧化 5
正貨準備（第1次世界大戦下の） 94
正貨（銀）兌換 67
生活様式の洋風化 81,100,200,238
正貨の流出
正貨（金）保有量 39,41
生業 33
生産性格差インフレーション 272
生産性の向上 28,233
生産の上位集中度 105
生産の無差別曲線 75
生産費の変化 28
製糸業 75,105
政商 72
製造業の投入・産出物価指数 258
成長 9,14
——と景気変動の年代記 163
——に対する疑問 275
——の上限 269
——のひずみ 205
成長期 18
成長率循環 17,166
製品在庫率指数の異常な上昇 224
政府紙幣 65
政府消費 11,12
税負担率 46,282
政府投資 12
税法上の減税 244
政令201号 145
世界恐慌 14,17,41,114
世界の国内総生産（GDP）成長率 168

世界貿易数量の成長率 168
石油価格の4倍値上げ 220
石油危機 14,17,43,50,167,190,220,282,307
石油製品の全面的禁輸 130
石油輸出国機構（OPEC） 217
積極政策 94,113
——と消極政策の対立 67,189
設備投資 11,15,259
——の抑制 231
設備投資循環 16
ゼネラル・エレクトリック（GE） 88
繊維工業 31,75,105
——製品 28
——の生産 79
戦間期 93
1920年恐慌 17,102
1930年代 15,112,119
1969年の輸入物価の上昇 212
1972年の国際物価の急騰 218
1972-73年の在庫の積み増し 216
1973-74年の財政金融の引締め政策 219
1989年の公定歩合引上げ 264
専業農家の高生産性 329
戦後成長のメカニズム 269
戦後世代 210
戦後労使関係の源流 137
潜在失業者 295
戦時下の重要物資生産設備能力 136
戦時経済統制 128
戦時補償の打切 147
戦前型堅実経営 80
戦争の経済的効果 46
戦争被害 21,133
戦中派世代 210
船鉄交換 96
増税なき財政再建 244,265
造船奨励法 77
相対価格指数 27
相対価格の変化 28
相対所得仮説 205
総評（全日本労働組合総評議会） 146
租税負担率 48,280

索　引　　　　353

た　行

第1次産業　29, 31, 32
　　――人口の劇的な減少　21
第1次世界大戦　46, 93, 95
対外為替レート　41
対外債権　41
対外資産・負債　207, 209
対外純資産保有高　335
対外貸借　95
対外投資　207
大企業と中小企業の異質性　309
大企業の労働力　303
第3次産業　30, 32, 111, 277, 299
　　――の発展（石油危機以後の）　237
大正デモクラシー　48, 96
大東亜共栄圏　46
第2次産業　30, 32, 111, 277, 299
第2次石油危機　238
太平洋戦争の開戦　49, 131
台湾領有　46
高い貯蓄率の要因　202
高島炭坑　88
高橋是清　94, 115
高橋財政　115
ダグラス―有沢の法則　300
竹下・ベーカー会談　253
太政官札　61, 65
田中角栄　189, 212
反当り収量（明治初年）　57
地上げ　263
地域間所得の平等化　238
小さな政府　244
地価　198
地価上昇　212
筑豊の石炭業　69
地租改正　63
　　――の際の検査例　57
地方財政の拡大（第1次世界大戦後の）　99
地方の名望家　92
中央集権化　63
中期国債ファンド　246

中堅企業　323
中産階級意識　273
中山社　77
中小企業　136
　　――と二重構造　308
　　――の技術変化　316
　　――の規模移動，出生・死亡　317
　　――の存立条件　319
　　――の多様性　317
　　――の労働力　304
中小企業基本法　313
中小企業政策　313
　　――の問題点　319
中小企業専門金融機関　289
長期信用銀行　289
超均衡財政　154
朝鮮戦争　156
町人請負新田　58
貯蓄・投資バランス　249
賃金格差の形成モデル　310
賃金構成　299
追加供給能力の拡充　270
通貨　23
　　――供給量の増加　215
　　――の推移　66
　　幕末の――量　60
強いアメリカ　247
強気の企業行動　178, 181, 211, 270
定期預金証書　261
低金利政策　261
帝国主義　48, 209
低賃金労働力　80
低米価政策　111
出口卯之吉　78
鉄道の敷設　67, 75
鉄道・郵便・電信網の形成　70
デフレーション　155
　　第1次世界大戦後の――　101
　　松方――　14, 63, 65, 67
電化率　98
伝統産業　72
伝統的な手工業　33
田畑永代売買の解禁　62

天保改革　57,60
電力業　97
電力連盟　104
トイレット・ペーパーの不足　220
投機目的の土地購入（1972-73年の）　216
投資が投資を呼ぶ　179,277
投資関数　179
統制会　133
東洋拓殖会社　50
動力化率　98
特需　157
特殊性　5
独占禁止法　142
——改正　161
独占資本　49,105
特別償却制度　160
土光敏夫　244
都市化（第1次世界大戦後の）　35,99
都市・農村の所得格差　299
土地改良　72
土地所有者の確定　63
ドッジ・ライン　149,153,280
富岡製糸場　77
ドル高　249
ドル安　254
問屋制工業　59,82,85

な　行

中上川彦次郎　88
納屋米　58
成金　96
南洋群島の委任統治　46
ニクソン・ショック　14,17,215
ニクソンの新経済政策　214
二重構造　36,73,104,108,139,305
——の解消　331
——の形成　112
2000錘紡績　71
日米繊維交渉　209
日露戦争　46
日清戦争（後）の賠償金　14,41,46
日経平均　263
日本開発銀行の設立　159

日本型技術の特色　183
日本型労使関係　111,180
——の定着　147
日本株式会社論　192
日本銀行の創設　39,67
日本経済論　3,6
日本坑法　70
日本資本主義論争　4,109
日本人の生活様式　81
日本人の体格　200
日本の経済政策のジレンマ　93
日本の国際的地位　207
日本郵船　88
日本の輸出額の世界の輸入額に対する弾性値　171
日本列島改造論　189,212,217
年功序列型賃金　111,137,180,211,306
農家の兼業化　330
農業　57
——と在来産業の生産分野　84
——と他産業の均衡　110
——の生産性　110
——の相対的地位　109
農業機械　327
農業技術の進歩　72,327
農業基本法　326
農業政策（戦後の）　325
農業生産　54
農業生産性の向上　328
農業問題　111
農産物価格　28,114
農産物の市場開放　245
農産物の輸入制限　326
農事試験所　72
農村工業　59
農村の過剰労働力プール説　99
農地改革　138,144
農地法　325
農林業　35
農林業人口の他産業への流出（第1次世界大戦下の）　98

は 行

賠償　147, 151
幕末農村における代表的商品　58
パートタイマー　224, 306, 316
　　――の整理（1974年）　229
馬場鍈一　127
バブル経済　264, 294, 333
原敬　94
非金融法人企業の投資過剰　260
ビジネス・リーダー　89
品種改良　72
フェルドスタイン　248
付加価値率　45, 158, 173
不完全就業者　139, 295
福沢諭吉　46, 56
複数為替レート　152
福田赳夫　189
富国強兵　45, 87
双子の赤字　248
物価　23, 102, 118, 149, 157, 164
　　――と賃金の公定　130
　　――スライド制　244
復興金融金庫　148
　　――の新規貸出　154
不動産融資の総量規制　334
部品生産基地　260
プラザ合意　240, 251, 253, 264
ブラック・マンデー　334
米価決定方式　272, 326
平均資本係数　21
平和的経済活動の再開　141
ペティの法則　32
ベンチャー・ビジネス　323
変動相場制　214
　　――における為替相場のゆきすぎた変動　345
　　――への移行　225
　　――への理論的期待　225
貿易資金特別会計　152
貿易収支　41
　　第1次世界大戦後の――の逆調　96
紡績会社の出資者と経営者　57
紡績業と在来産業　84
補給金の削減　154

ま 行

マイクロエレクトロニクス製品　241
前田正名　72
『興業意見』　72
『所見』　72
前橋製糸場　77
マクロ経済学　3
マーシャルのK　23
マーシャル・プラン　169
松方正義　87
窓口規制　293
窓口指導　219, 294
窓口販売　246
マネー・サプライ　261, 333
マネタリズム　247
マルク高　254
満州国　46
満鉄　46
満蒙の権益　49
見えざる補給金　152
三井　87, 106, 141
三菱　87, 106, 141
民間企業への資金・設備の貸付とその払下げ　70
民間資金の近代産業への動員　68
民間資本ストック　178, 277
民主化　140
民主主義勢力の助長　141
明治維新　53
　　――の制度改革　62
明治7年物産表　14
綿花回転資金　152
綿紡績業　75, 105

や 行

安田善次郎　87
柳田国男　81
山県有朋　93
山辺丈夫　78
ヤミ取引　129, 150

索　引

八幡製鉄所　77
ヤング使節団　153
有業者　20
有業人口　10, 20, 21, 29, 109, 134, 296
　　——の長期系列　34
有業率　20, 300
有効求人倍率　224, 256, 297
輸出型産業　257
　　非——　257
輸出関数　170
輸出競争力の改善　215
輸出市場の重要性　12
輸出超過（第1次世界大戦下の）　94
輸出入の構成　85
輸出入品等臨時措置法　128
輸出の対前年比増加率　215
豊かな社会における人間性の回復　211
輸入依存度（GNE に対する）　45
輸入物価の上昇
　　1969年の——　212
　　1972-73年の——　213, 218
ユーロ円貸付　246
ユーロ円債の公認　246
ユーロカレンシー市場　247
預金　23
吉田茂　161, 189
ヨーロッパ諸国の輸出入の構成　173

　　　　ら　行

利益率波動
リセッション　252
離農のメカニズム
旅順大連租借地　46
臨時行政調査会（臨調）　244
臨時金利調整法　245

臨時資金調整法　128
臨時・日雇労働者　304
ルーブル合意　254
レーガノミックス　247
レーガン　247
歴史統計　9
老人医療の無料化　244
労働運動の成立（第1次世界大戦後の）
　　100
労働組合の賃金引上げの自制　222
労働三法　145
労働市場　33
　　——の構造　303
　　1950年代後半以後の——の動向　297
労働者年金保険法　137
労働者のパート・タイマーへの切替え
　　230
労働集約的産業　75, 112, 316
労働生産性指数　255
労働節約的産業　75
労働争議の増加（第1次世界大戦後の）
　　100
労働の供給超過　111
労働費用の切りつめ　229
労働民主化　145
労働力　19
　　——徴用　133
　　——の移動　21, 98, 305
　　——不足　297
労働力率　20
　　——の変化　302
労農派　4
老齢年金　243
ローレンツ曲線　285

著者略歴
1925年　東京に生れる．
1952年　東京大学経済学部卒業．
東京大学教授，お茶の水女子大学教授，東洋英和女学院大学教授を経て
現　在　東京大学名誉教授．
主要著書
「現代の日本経済」1968，東京大学出版会，「戦後日本経済」1968，筑摩書房，「経済成長の定着」1970，東京大学出版会，「戦前期日本経済成長の分析」1971，岩波書店，「日本経済の進路」1975，東京大学出版会，「日本の経済統制」1975，日経新書，「金融政策」(「昭和財政史」第12巻）1976，東洋経済新報社，「昭和恐慌と経済政策」(「経済政策の運命」改題）1978，日経新書，*The Postwar Japanese Economy* 1981，東京大学出版会，「昭和経済史」1986，岩波書店，「昭和史 I, II」1993，東洋経済新報社，*A History of Shōwa Japan, 1926-1989*，1998，東京大学出版会．

日本経済──その成長と構造〔第3版〕
1978年 3 月10日　初　版第1刷
1993年 6 月10日　第3版第1刷
2008年10月31日　第3版第9刷

［検印廃止］

著　者　中村隆英

発行所　財団法人　東京大学出版会

代表者　岡本和夫
113-8654 東京都文京区本郷 7-3-1 東大構内
電話 03-3811-8814・FAX 03-3812-6958
振替 00160-6-59964

印刷所　大日本法令印刷株式会社
製本所　牧製本印刷株式会社

Ⓒ 1993 Takafusa Nakamura
ISBN 978-4-13-042042-6　Printed in Japan

Ⓡ〈日本複写権センター委託出版物〉
本書の全部または一部を無断で複写複製（コピー）することは，著作権法上での例外を除き，禁じられています．本書からの複写を希望される場合は，日本複写権センター（03-3401-2382）にご連絡ください．

本書はデジタル印刷機を採用しており、品質の経年変化についての充分なデータはありません。そのため高湿下で強い圧力を加えた場合など、色材の癒着・剥落・磨耗等の品質変化の可能性もあります。

日本経済　その成長と構造　第3版

2017年8月30日　　　発行　①

著　者　　中村隆英
発行所　　一般財団法人　東京大学出版会
　　　　　代表者　吉見俊哉
　　　　　〒153-0041
　　　　　東京都目黒区駒場4-5-29
　　　　　TEL03-6407-1069　FAX03-6407-1991
　　　　　URL　http://www.utp.or.jp/
印刷・製本　大日本印刷株式会社
　　　　　URL　http://www.dnp.co.jp/

ISBN978-4-13-009132-9
Printed in Japan
本書の無断複製複写（コピー）は、特定の場合を除き、
著作者・出版社の権利侵害になります。